坚守

王跃斌 著

北方文艺出版社

图书在版编目（CIP）数据

坚守 / 王跃斌著 . -- 哈尔滨：北方文艺出版社，
2017.3（2021.3 重印）

ISBN 978-7-5317-3487-1

Ⅰ . ① 坚… Ⅱ . ① 王… Ⅲ . ① 东北抗日联军 – 史料

Ⅳ . ① K264.306

中国版本图书馆 CIP 数据核字（2016）第 102885 号

坚　守

Jianshou

作　者 / 王跃斌

责任编辑 / 李庭军　王　爽　　　　　封面设计 / 锦色书装

出版发行 / 北方文艺出版社　　　　　网　址 / www.bfwy.com
邮　编 / 150008　　　　　　　　　　经　销 / 新华书店
地　址 / 哈尔滨市南岗区宣庆小区 1 号楼

印　刷 / 保定市铭泰达印刷有限公司　　开　本 / 880×1230　1/32
字　数 / 364 千　　　　　　　　　　印　张 / 17
版　次 / 2017 年 3 月第 1 版　　　　　印　次 / 2021 年 3 月第 2 次印刷

书　号 / ISBN 978-7-5317-3487-1　　定　价 / 69.80 元

目 录

楔　子

抗联部队西征图（画）

　　1944 年 12 月 19 日，中共北满省委特派员于天放被捕。这让伪满洲国的日伪统治者欣喜若狂。他们不惜开动全部宣传机器，铺天盖地地宣传"剿匪"战绩，说是在满洲国的土地上，从此再没有匪乱，河清海晏，并"全国"放假三天，以贺天下太平。可就在他们的作战地图上，当时还鲜明戳着一个黑圈，像眼罩似的贴在那里。眼罩边上印着的日文是"双龙残匪"。这说明日本直到战败投降，都知道"双龙残匪"的存在，他们并没有让抗日武装放弃抵抗。

　　但他们不想说。

　　这个黑圈标志的位置是黑龙江省五常县的拉林河。这支队伍是东北抗日联军第十军的余部。他们的军长汪雅臣牺牲了，他们却不肯投降，也不肯解散，宁可饿死冻死，也要坚守汪雅臣战死前的命令。1941 年，汪雅臣曾向这些部下说，不管我活着还是死亡，你们什么都可以干，就是不能向日本人投降。

第一章

▶ 汪雅臣结义杀寇

汪雅臣（画像）

　　五常那地界多山，山又多聚集在南部地区，当地人称为南山里。南山里的山有高有低，有大有小，有的无名，有的有名，最有名的是九十五顶子。九十五顶子山是南山里的最高峰，山高林密，远离城市，自古以来就是土匪的渊薮。众多土匪以此为老巢，打家劫舍，杀富济贫，砸窑绑票，无所不为。正应了中华民国一句俗话："关东山，一大怪，山山都有响马在。"

　　不过，汪雅臣带着几个人跑进南山里，可不是为了当胡子。

　　那年，"九一八"事变，汪雅臣正在旧东北军当兵吃粮，日本侵略军占领了吉林省省会吉林市。他的长官，第二十六旅二十四团团长一枪没放，就率部投降。这让汪雅臣很是郁闷，也很无奈。那些天，他的心情萧瑟，像是寒风飒飒的秋天，圆脸终日阴沉，乌云密布，仿佛抹一把，都会落下倾盆大雨；电闪雷鸣，碰一下都会焦头烂额。汪雅臣不是那种喜怒皆形于色的人。他遇事喜欢思考，好动脑筋，有时还会玩躲猫猫。但在那些个屈辱的日子里，他的眼睛里总是鲜明地流露出愤怒、抑郁、忧心忡忡。

　　汪雅臣这些情绪上的变化，瞒不过几个弟兄的眼睛。他们就想着法子逗他开心，找他玩牌，找他喝酒，找他逛街，结果还是无济于事。牛犊子叫街，这可让他们蒙了门。他们看再已找不出别的方法排解汪雅臣胸中的郁结，便共同商议，委托张忠喜找他郑重其事地谈谈，薅出他胸中郁结的根子。张忠喜是汪雅臣的好朋友，同他一个连队，年纪比他长两岁，人比他也沉稳一些。平常时节，张忠喜都是听汪雅臣的；特殊时候，他说话，汪雅臣也能听得进去。

傍晚时分，张忠喜将汪雅臣拉进一片小树林。他知道汪雅臣喜欢直来直去，便也开门见山问汪雅臣，你这些天是咋的了，整天拉拉个脸子，像是谁欠你八万丈似的。汪雅臣歪着脑袋，瞥张忠喜一眼，反问他，我的心事，别人猜不透，你还猜不出来吗？张忠喜眉头立即聚拢起来，像用墨汁抹出的一字。他早已怀疑汪雅臣是想拉人起事，又把握不准。现在听汪雅臣如此说，他就知道自己没有猜错。如此，他心里便有些发毛，乱糟糟的，像是扯乱的渔线。张忠喜不像汪雅臣那样，胸怀大志，热血满腔，总想干一番大事业。他是个稍得即安的人，觉得当兵吃粮也不错，但凡有一口饭吃，就不肯轻易砸碎这个饭碗。但他又是个重义气、讲信用的人，只要汪雅臣说句话，他情愿跟着汪雅臣铤而走险，就像一句老话里说的，两肋插刀都不嫌疼。他思忖片刻，抬眼朝树林外窥窥，说，你肚子里爬几根蛔虫，我当然数得过来，但我不敢说。

汪雅臣顿时睁大眼睛，目光像两个石头蛋子，吭吭砸到张忠喜脸上，说，咱们不是亲哥们，胜似亲哥们，也就是多个脑袋差个姓，你跟我说话，别这样吭哧瘪肚的，赶不上个好老娘们。张忠喜听汪雅臣如此说，立时垂下了脑袋。他两脚蹭得草皮沙沙响，一时心慌意乱。汪雅臣看张忠喜还是吞吞吐吐，嘿嘿一笑，索性直接摊牌，说，我想拉几个哥们打小日本，你敢不敢？张忠喜尴尬一笑，再抬起头来说，你敢我就敢，这没说的。可我想这事不是小事，闹不好还没等我们起事就掉了脑袋。所以我们要小心谨慎，不能走漏了风声。汪雅臣立时满脸花开。他两手抓过张忠喜的肩膀，目光烁烁地说，我就知道你是条汉子。可夜长梦多，我觉得这事宜早不宜迟。要不，咱俩分头串联，今儿黑上，就拉上几个弟兄挠岗吧。张忠喜瞥汪雅臣一眼，说，找人，好找；走人，也好走。可你想没想过，我们走了以后，又能到什么地界去呢？汪雅臣说，先走再说，活人总不能让尿憋死。张忠喜摇摇头说，那不行吧？人无远虑，必有近忧。我们既然想起绺子，就要先想好后路。汪雅臣皱起了眉头，问，那你说怎么办？张忠喜抬起右脚，再狠狠地朝下一跺，同时也跺出一句话，说，你前些年拉过杆子，曾在五常南山那地界活动过，熟悉那地界的情况。我看咱们不妨就卷土重来，再上南山。汪雅臣猛的一拳，打在一棵老枫树上，说，那好，就这么着。兵贵神速。我们现在就分头码人，天亮前就直奔南山。

如此，汪雅臣带领七个弟兄，连夜逃出营房，一路昼行夜伏，逃到了五常县的小牤牛河。小牤牛河那里山高林密，沟壑纵横，路险人稀，自古就是啸聚山林的好地方。

这是 1932 年 5 月的事儿。

时值初春，小牤牛河木欣欣以向荣，水涓涓而始流。河两岸的柳树，在经过漫长的冬眠后，次第睁开了睡眼，一点点，一串串，惊喜出一派明媚，像一只只破壳而出的鸡雏，叽叽喳喳叫着，笨笨磕磕地朝远方奔去。远方山峦起伏，近处耸绿，远处贴蓝，层层叠叠，像是一道道展开的屏风，遮掩着几个远道而来的逃跑者。

清晨，汪雅臣从梦中醒来。他用两只胳臂支撑着草皮，抬起上身侧看其他弟兄，禁不住哑然失笑。他身左身右的几个弟兄还在睡觉，有的两手抱胸，有的缩头团腿，有的四仰八叉，个个脸上都疲惫不堪，散爬着慵懒的阳光，像一个个小甲虫，亮亮晶晶。

没睡的只有张忠喜。他正呆呆地看着汪雅臣，睡眼惺忪，像是看着一个陌生人。汪雅臣斜过目光，诧异地问，你那么看我干啥？张忠喜说，我在想咱们今后的去向。他的声音像没有睡醒，懒洋洋的。汪雅臣挑起眉毛问，那你是咋想的？张忠喜从草地上薅起一根枯草，嗤的一声又在手中折断，说，我是怎么想的？我想来想去，事到如今，也只有一条路了。汪雅臣朝张忠喜那边挪挪屁股，问，你说是什么路？张忠喜说，这，你心里有数。汪雅臣就笑出一脸阳光，说，对头。我这一道就琢磨着，拉杆子，打他小日本个狗日的。说完这句话，汪雅臣兴奋地一拍手掌，哈哈大笑。汪雅臣的笑声惊醒了几个弟兄。他们有的坐起身体，有的仍然躺在草上，都看着汪雅臣，神情懵懂，不知汪雅臣笑从何来。

汪雅臣见几位弟兄都醒了，索性竹筒倒豆子，向他们讲述了自己的打算。他原以为这会遭到三两个人的反对，结果却是异口同声，几位弟兄都说这是一条宽路。张忠喜兴致勃勃，他说，既然咱们志同道合，心往一处想，劲往一处使，就干脆磕头拜把子吧。不求同年同月生，但求同年同月死。张忠喜说完，又朝左右看看，声音惋惜地说，只可惜，这深山老林里，没处买香烛。汪雅臣则摇摇头，说，这事好办，咱们可以折几根蒿杆代替香烛。他说过这话，就站起身形，欻欻欻欻，几步走到河边，去折蒿杆儿。河边的柳条通下，生长着密密麻麻的野蒿，尽管经过一个冬天，它们有的仍然挺直着腰板，享受着最后的阳光。

汪雅臣再从河边回来时，手里拿着十九根秋蒿杆。他眯起眼睛，前后左右审视一遍，最后，还是选中了昨夜打小宿的地界。他弓下腰去，先在前方插好三根蒿杆，再朝后退两步，又在后方插好四根蒿杆。插好前后蒿杆，他直起腰，用目光掂量掂量前后两行蒿杆的距离，接着在左边插好了五根蒿杆，又在右边插好了六根蒿杆。最后，他将手中的蒿杆插在了正中央。

张忠喜人等见汪雅臣已插好"香烛"，便跪成一行，齐声让汪雅臣跪在前边。汪雅臣也不谦让，他两手撑地，恭恭敬敬地跪了下去，一脸肃穆，抑扬顿挫地念起了誓词：

> 十八罗汉在四方，
> 大掌柜的在中央。
> 我们兄弟起绺子，
> 不怕蹈火和赴汤。
> 福同享，难同当，
> 不所刀子不怕枪。
> 谁要中途变了心，
> 五雷轰顶死爹娘……

誓词发过，几个人再站起身来时，个个表情凝重，眼睛里闪烁着希望的光芒。张忠喜扑打扑打手，说，按起绺子规矩，我们还得报个号才好。还没等汪雅臣回话，其他几个人就纷纷应和，有的说叫"常胜"，有的说叫"义勇"，有的说叫"老秋风"，有的说叫"东来好"，七嘴八舌，各说各的道理，一时吵得热热烈烈，面红耳赤。骤然间，像水闸下落，截住了水渠里奔腾的流水，他们像是听到命令，同时齐崭崭地收住了话头，将目光投落在汪雅臣脸上。原来，在他们争来吵去时，只有汪雅臣没有开口。

那时，汪雅臣手里揉着一棵大叶樟，眼睛瞄着远方，一脸山重水复。张忠喜有些惊诧，便问，你在想啥呢，大当家的？汪雅臣回过头，低沉着声音说，出头的椽子先烂。我们现在只有八个弟兄，八条枪，单独报号挑帘子，怕是站不住脚。张忠喜禁不住喷喷两声，说，这倒在理……可我们不起绺名，今后咋在绿林里闯荡呢？汪雅臣折断手中的大叶樟，一字一板地说，我看，咱们不如选个大绺子，先安下身来，以后瞅准机会，再重打鼓，另开张。张忠喜说，大掌柜的说的是"靠窑"（土匪黑话，意即投靠），可山里的绺子多如牛毛，我们谁能靠得住啊？汪雅臣甩掉手中那根大叶樟残梗，痛快淋漓地说，我听说南山的"东双胜"打小日本，我们就去靠他。

汪雅臣一行走到南山脚下时，天光已然大亮。山林间游走着霭霭的雾气，散发着缕缕清淡的草香。草气深处，有只大腊子鸟在叫着，一声声像是啼血，啼得山林越发寂静空阔。汪雅臣眼睛瞄着一条茅道，回头对几个弟兄说，我们先歇口气，再沿这条小道上山。他的话音刚落，耳边就响起了哗啦哗啦的枪栓声。他们扭头就看到旱柳子丛中站起四个人来。这四个人手中都端着枪，一个是老抬杆，一个是汉阳造，一个是勃朗宁，一个是镜面大匣子，四支枪口齐刷刷对准了汪雅臣几个人。汪雅臣会心一笑，就知道是找到东双胜绺子了，他将目光锁在那个持大镜面的土匪脸上，既不慌乱，也不发话。

大镜面被汪雅臣的气派镇住了。他倒退一步，眼睛审着汪雅臣问，你是谁？汪雅臣轻松一笑，答，我是我。大镜面将手中的大镜面掂量掂量，又道，压着腕。汪雅臣将手上的长枪交给张忠喜，笑呵呵地说，闭着火。大镜面将握枪的手压在左手上，再朝左一掰，说，甩甩蔓（土匪黑话，报个姓名）。汪雅臣哈哈大笑，说，你回去告诉保胜（东双胜又报号保胜，一般情况下，东双胜是对外称呼，保胜是对内称呼，汪雅臣这么称呼东双胜，表示自己与东双胜关系非常），就说我"双龙"（汪雅臣投军前曾当过土匪，报号双龙）来靠他了。大镜面一听来人是双龙，立马满脸堆笑，敞着两颗大黄牙，说，我当是谁呢，原来是双龙啊，还报什么报，你们就跟我腚上山吧。说罢，他便朝山上走去，一边走，一边南腔北调地哼着：

> 桃花尖又尖，
> 柳花飞满天，
> 众明公莫喧且听我来言。
> 说的是京城外有个宋家庄，
> 庄里头有个员外他叫宋老三。
> 提起那宋老三，
> 两口子卖大烟，
> 一辈子无后嗣生了个女婵娟，
> 取了个名字她荷花叫大莲……

东双胜住的是一个大地窝棚。这种大窝棚又叫地窖子，其实就是一半埋在地下，一半搭在地上，依山而盖的土窝棚。窝棚里顺土墙搭两盘火炕。南炕墙上开两个小窗口，北炕的墙就是山体。汪雅臣他们进屋时，东双胜一伙正聚在南炕上赌博，炕上胡乱扔着衣服、帽子、长枪……

汪雅臣还没看清哪个是东双胜，东双胜却已看清了汪雅臣。他将手上的骨牌啪嗒一声扔在炕上，人从炕上蹿到地上，双手拉过汪雅臣的手，咋咋呼呼地说，啥风把你给吹过来了呢？汪雅臣眼眶就有些湿润。他点点头，说，我双龙是来靠你的。东双胜一双眼睛瞪得比鸽子蛋还大，斜视着跟在汪雅臣后边的几个人，问道，当真？汪雅臣说，这还有假。我还给你领来七个弟兄。说过，将张忠喜等人一一介绍给了东双胜，乐得个东双胜两眼眯成一条线，连声说，好，好，从此你就是我的大炮头，二当家的。汪雅臣从东双胜手里撤出手，一字一顿地说，大哥，我投奔你可是有条件的。东双胜笑眯眯地看着汪雅臣，大大咧咧地，你有话就说，有屁就放，我保胜要是对不起你，你就当秧子（土匪对被绑票的人的称呼）把我撕了，当毒草把我薅了。汪雅臣说，这倒没那么邪乎。我的条件也不多，只有两条。你要是答应我，我就跟你干；你要是不答应，我转身就走，咱们井水不犯河水。东双胜大声大气地说，狗挑门帘子，你双龙的嘴就是好。好吧，我就听听你有哪两条。汪雅臣抿抿嘴唇，有条不紊地说，第一条，现如今东三省都被日本人占领了，我投奔你，就是想跟你一起打小日本……汪雅臣说完第一条，眼睛盯着东双胜，等待着他的答复。东双胜吧嗒吧嗒嘴，看汪雅臣一眼，试探着说，日本人那么旺兴，连大军队都打不过他们，就凭咱们这小斜岔子，哪是人家的对手？汪雅臣两眼虎虎地盯着东双胜，斩钉截铁地说，这，我不管那么多，我只想问你打不打小日本。东双胜躲过汪雅臣的目光，畏缩地说，成，成。你是大炮头，今后打小日本的事儿，你说了算。我不要求别的，只要吃香的喝辣的就得。汪雅臣感觉到了东双胜的目光有些虚飘，他肃穆起面孔，双目盯着东双胜说，你嘎嘣溜脆点，就说到时候让不让我去打小日本吧。东双胜挺起脖子，说，这没说的，没说的，你再说说第二条。汪雅臣说，现在国难当头，我们东北老百姓都当了亡国奴，如果我们再祸害他们，他们的日子就没个过了。所以，以前的我不管，从我进来后，东双胜队就再也不能祸害老百姓了。听汪雅臣说过第二条，东双胜咧开大嘴笑了，说，这没说的，这没说的。我东双胜啃富（土匪黑话，吃饭），啃的是大户；砸窑（攻打城镇），砸的是响窑，单靠那些穷棒子，我东双胜还不得喝西北风啊。汪雅臣长吁一口气，逼上一步，又问，那好，要是犯了绺规呢？东双胜说，家有家规，绺有绺规，照绺规办。我还是那句话，要是我犯了绺规，你就当秧子把我撕了，当毒草把我薅了。说过，他朝炕上睃一眼，冲着一个小个子喊，粮台，你麻溜给我准备宴席，我要好生款待款待双龙老弟。

这天，"插千的"（土匪中负责刺探情报的头领，四梁八柱之一）回来报告，说有队日军住进了牤牛河村。汪雅臣听说日本人送货上门，他满心欢喜，立刻劝说东双胜带队去打。东双胜迟疑片刻，因有言在先，还是同意汪雅臣去打日军，但只派给他三十几人。汪雅臣神色就有些嗒然。他不是嫌东双胜给他的人少，而是嗔怪东双胜不肯出头。虽然东双胜说过让他率兵打日寇的话，可毕竟东双胜是大柜，他是二柜，他带兵的次数多了，容易惹起东双胜的误解。东双胜是个机灵的人。他看出了汪雅臣的内心活动，便拍拍汪雅臣的胳臂，说，你是大炮头，往后行军打仗的事，都由你挑头，我决不会给你打破头风。东双胜嘴上这么说，其实他心里是怕日本人。日本人局红管亮，扔下几个崽子不要紧，要是把自己也赔上，那可就是得不偿失了。他心里常想着这事，便情愿将大权交给汪雅臣，但只派小部分人跟汪雅臣，即使吃了败仗，不伤筋动骨，也不闪腰岔气。

当天夜晚，汪雅臣离队还不到五里路，就有个老乡从后边追上来。他一边跑，一边"双龙、双龙"地呼喊，跑得上气不接下气，喊得断断续续。汪雅臣内心诧异。他命令队伍就地停下来，等那人跑到自己身边，冷峻地问，你噜噜噜地跑，嗷嗷地直叫唤，想干啥？那人抬头瞭汪雅臣一眼，挥手抹去额头上的汗水，气喘吁吁地说，报告……双龙……你们大当家的……东双胜，又进我们村抢东西了。

天黑，汪雅臣看不清那人的面孔，但他能听出那人的声音，有急切，有祈求，又有害怕。汪雅臣两眼烁烁，盯着那人的脸问，谁让你来找我的？那人结结巴巴地说，是一个姓……张的。汪雅臣心里一惊，啊……张忠喜？他清楚这姓张的，就是张忠喜。他啊了一声，脑袋顿时涨大，喉咙里呼呼地朝外喷火。我已跟他东双胜约好，不许抢劫老百姓，谁知他这样口是心非。要是他妈的总这个熊色，别说是打小日本，就是自己的脚跟也站不稳。汪雅臣这样想，极力压制胸中呼啸着的愤慨，暖起脸色问队员，刚才老乡的话，你们都听到了，我想问问你们，大当家的犯下了律条，应该怎样处罚？队员们面面相觑，你看看我，我看看你，谁也不敢吭声，只有一只只眼睛，闪着幽幽的亮光。汪雅臣突然冷酷一笑，说，像这样的大当家，我们跟着他，整个浪儿地就算交代了。为此，我想按跟他的约定，除掉这棵毒草，你们同不同意？沉默的队员终于爆发了，齐呼道，同意！他们竟异口同声，都表示支持汪雅臣。这让汪雅臣兴奋不已。他一字一板地说，既然大家都同意，我就领你们先除掉这棵毒草，再去打小日本。

东双胜见汪雅臣半途而返，一时目瞪口呆。他预感大事不妙，还是硬起头皮，问，你们……不是打日本人……去了吗？汪雅臣黑着面孔，劈头就说，我当初靠你绺子时，你是不是跟我打过保票，说是不再祸害老百姓了？东双胜强词夺理道，这……这屯子是块大肥肉，我不吃别的绺子也会吃。与其让别人吃了，还不如我先吃了。

他的心稍稍有些安定下来，想，只是为着这么点小事，他双龙不会怎么的。

汪雅臣却不这么想。他逼向东双胜一步，说，再肥的肉也不能吃，因为这是我们定的绺规。东双胜腰板一挺，嘴上强横，说，什么绺规绺法的，这支队伍我东双胜当家。他脸上一片死灰，两眼盯着汪雅臣手中的枪，不敢移动。汪雅臣说，家有家法，绺有绺规，我看还是让绺规当家吧。说话的同时，他已将手中的匣子枪，对准了东双胜的额头。东双胜立时头皮发乍，两腿发软，周身泛起一层鸡皮疙瘩。他瞪大恐怖的眼睛，问，你，双龙，怎么还想……汪雅臣说，我就是想插了你。他脸上一片死灰没容东双胜把话说完，言出枪响，砰的一枪，打在东双胜的脸上。东双胜妈啊一声，人便倒了下去，像被某个大力士推倒的石头墩子。汪雅臣则垂头看看冒着热烟的枪口，再抬起头，不紧不慢地说，从今儿黑个起，我就是你们大当家的。你们愿意打小日本的，现在就跟我走；不愿意打的，也别装孙子，说出来就立马走人，我给你们发盘缠。那些人平时就宾服汪雅臣的为人，此时又见生米煮成熟饭，便也不再犹豫，一水水撕破嗓子喊，我们拥护大当家，我们听从大当家的！

汪雅臣见大局已定，决定将东双胜队，改名叫"双龙"队。从此，双龙队不扰民，不抢民，专打小日本的名声越走越远，越走越响，像一阵阵风，呼啦啦地刮遍了五常大地。双龙队也如鱼得水，在小虻牛河扎下营盘。出，则专门找日本人打仗；归，则跟老百姓一起种地，成为五常那一带响当当的抗日队伍。

1933年7月，有两个人找到了汪雅臣密营。他们给汪雅臣送来一个帖子。汪雅臣大致浏览一下，便把帖子递给了副队长张忠喜。

张忠喜接过帖子，越看眉头皱得越紧，挤兑得两眼成了一条线。写信的人是刘营长。他原本是伪军的营长，带队驻扎在五常县山河镇。春天那阵儿，他率领伪军营哗变，活动在南山里。这次，他派人送信的目的，是以盟主自居，约汪雅臣到九十五顶子山的莲花座，共商联合大计。同时被邀请的，还有活动在南山里的其他山林队。这用土匪的黑话说，就是"典鞭"。

张忠喜看过帖子，又沉着脸，将帖子还给了汪雅臣。汪雅臣问，你是什么意见，忠喜？张忠喜说，我看他摆的是鸿门宴，我们不去也好。汪雅臣沉默一会儿，突然将右手攥成拳头，狠狠地朝下一砸，说，去，既然他说是打小日本，我们就去。张忠喜犹豫着说，打小日本，这当然好。我就怕他使花花肠子，打小日本是假，滑了咱们是真。汪雅臣挠挠乱蓬蓬的平头，手下滑时，顺势抹去脸上的汗水，说，去，你不去，怎么知道他是真抗日，还是假抗日。张忠喜见汪雅臣主意已定，便说，要去，我去。你留在山里看家。汪雅臣摆摆手说，他刘营长约的是我汪雅臣，我不去，就是示弱了。

刘营长见双龙汪雅臣如约上了莲花座，喜出望外。他知道在南山里的山林队中，汪雅臣的双龙队名声最好，实力也不差，他汪雅臣能如约而至，是给足了自己的面子，也给其他山林队做出了样子。

刘营长高兴，汪雅臣却不高兴。因为刘营长跟各支山林队商量的，并非打小日本的事，而是要跟另一伙山林队争地盘。这让汪雅臣胸中怒火燃烧，他决定脱离刘营长。这边，刘营长刚宣布开会，那边，他抬脚就走人。刘营长见汪雅臣逃会，脸呱嗒就撂了下来。他恶声恶气地说，双龙，你——慢走。汪雅臣收步，回头，虎视眈眈地瞪着刘营长问，你既然不想打小日本子，还找我来干啥？刘营长暧昧一笑，阴阴地说，我只想问问，你到底想不想跟我干？汪雅臣一脸正气，不卑不亢地回答，你不打小日本，我就不跟你干。而且，我可以直截了当地告诉你，我反对这种窝里斗。这是帮了小日本，害了自己人。

刘营长听汪雅臣揭了他的老底，脸上一阵子红，一阵子白，心上恨不得马上插了汪雅臣，嘴上却故作姿态，铁着面孔，问诸路山林队首领，他双龙的想法，只能代表他双龙本人，与你们无关。你们也别装聋作哑，都表表态，看我们究竟怎么办。那各路山林队，本来就各怀心腹事，只是迫于刘营长的势力，不敢不来，也不敢说出真话。如今见汪雅臣带头反对，他们便也纷纷表态，七嘴八舌，各执一词。结果是反对的多，赞成的少。

这让刘营长左右为难。他阴沉着大脸，像块老榆树皮，只好宣布休会，同时告诉各路首领，各自带着自己的人马，第二天早上到营房前集合。汪雅臣没有听刘营长的话。他料定刘营长要用武力合绺子，当天夜里就下了九十五顶子山，回到了虻牛河，神不知，鬼不觉。

果然不出汪雅臣所料。只只过了两天，插千的就跑回虻牛河报告，说是那些山林队如期赴约，结果就看到刘营长帐房周围，都架起了机枪，有十四五挺。他们迫不得已，只好都归顺了刘营长。汪雅臣听后，淡淡一笑，问张忠喜，我想他刘营长是不会放过我们的，我们怎么办？张忠喜说，如果我们不想被他吞掉，只有再靠股大绺子。汪雅臣咬咬牙，说，我也是这么想的。要不，我们就去找"大德林"，他还是打日本人的。大德林是宋德林山林队的报号。这支山林队人多势众，在五常县一带竖大拇指，也是顶尖级的队伍，又因为他打家劫舍，专挑那些有钱的大户，在老百姓中口碑也不错。

宋德林见汪雅臣来投，自然心中是十分欢喜。因此，他毫不犹豫地答应了汪雅臣的条件，保留双龙队的独立指挥权，跟大德林队有分有合。合的时候，共同打击日伪军；分的时候，可以单独活动。宋德林长得人高马大，心胸豪爽坦荡。他只想扩大队伍，不想吞谁黑谁。这样，他就将双龙队编为四支队，并委任汪雅臣为支队长。

这天，宋德林得到一个情报，说是金马川驻进一支日本守备中队。金马川是距宋德林老巢最近的一个村落。日军开进金马川，说明他们要对大德林动枪炮。先下手为强，后下手遭殃。宋德林胸中有数，他决定主动出击，拔掉这根钉子。如此，他便把各路领袖召集到一起，共商打金马川的计谋。

谁知，各路山林队首领平时说起打日本来，慷慨激昂，义愤填膺，仿佛不打头阵都是耻辱，但轮到真枪真刀，真跟日本侵略者开战时，又都缩手缩脚，谁也不敢先挑这个头。

汪雅臣敢。汪雅臣见各路豪杰推推诿诿，他冷冷一笑，唰的一声从木凳上站起身来，对宋德林说，别人不去，我双龙队去。宋德林眯起眼睛看汪雅臣一眼，说，你去，行吗？他知道汪雅臣手下只有五十来人，怕跟日寇的第一仗打不好，影响士气。汪雅臣猜透了宋德林的心事，他朗朗一笑，说，请司令放心，只要我双龙活着，就把金马川给你拿下来。宋德林听汪雅臣如此说，脸上立时红光闪闪，说，好，双龙。你这仗要是打好了，可给咱中国人争口气了。

汪雅臣回到双龙队，将自己的决定说给了张忠喜。张忠喜便说，这仗早晚得打，我们打也行。但有一条，这是一场硬仗，我怕咱们的队员到打仗时不敢动家伙。汪雅臣点点头，说，我也正琢磨这事呢。要不，咱们把弟兄们都召集来，先给他们鼓鼓气。

这样，汪雅臣将队伍集合起来，粗声大嗓地说，今儿黑上，我们领你们去打小日本。这回啃的是硬骨头。你们当中有害怕的，可以留下来，我不强迫你们；你们要是不害怕，就跟着我走。到时候我打头阵，我往哪疙瘩冲，你们也跟着我朝哪冲。要死，我是第一个。我就不信光咱们怕死，他日本鬼子就不怕死。汪雅臣的讲话激起了战士们的信心，也给战士们树立了样板。连他双龙大哥都不把死当回事，我们还怕他个鸟。他们这么想，就异口同声地表示，决不退队，决不退缩，都跟着汪雅臣去打金马川。

当天夜里，汪雅臣带领双龙队赶到了金马川。果然，他说话算数。战斗开始，他挥动手里的大刀片，咔咔嚓嚓一顿猛劈猛砍，硬是在铁丝网上砍开个豁口。然后，他第一个钻进铁丝网，朝日军驻扎的大院跑去。

那时，大院里的日军还迷糊在梦中。小鬼子从梦中惊醒，连衣服都顾不上穿，就光着膀子，一个个端着大枪，哇啦哇啦喊叫着，朝双龙队反扑过来。双龙队的战士哪见过这种场面，就有两个战士心惊胆战，返身就朝后跑。汪雅臣怒火中烧，两眼喷火。他将手中的大刀片扔到地上，从腰间抽出匣子枪，气呼呼地大喊，都给我朝前冲，你们跑得再快，还比枪子快啊！那两个战士如梦方醒，他们再转回身来，汪雅臣已率先冲进了大院。

这时，屋里的日军打响了机枪，有两个战士应声而倒。汪雅臣手举枪响，那挺机枪顿时变成了哑巴。这伙日军一路开来，所遇到的中国军队，不溃即降，哪里见过这般场面。他们被汪雅臣的英勇震慑了，便也无心恋战，夺路而逃。结果，这一仗汪雅臣不但拔掉了这根钉子，还打死打伤五十多个日本侵略者。

金马川战斗鼓舞了山林队的士气，也打出了双龙队的名气。此后，汪雅臣跟着宋德林，打向阳山，打山河屯，一连取得了几个胜利。他的第四支队也由最初的五十多人，迅速扩展到二百多人。

双龙队的枪多了，人多了，腰板硬了，一些骄傲情绪也应运而生，有的人便在老乡们面前作威作福。这让汪雅臣忧心忡忡。他明白骄兵必败的道理，就不时地给部下敲警钟，告诉他们说，双龙队只能打日伪军，绝不能祸害老百姓，谁胆敢破坏纪律，绝不容情。

这天，有个农民找到汪雅臣，扑通一声，跪在地上，哭丧着声音说，你手下的人到我们屯里抢粮食，我不知道他们是你双龙队的人，就虎了吧唧地开洋炮打伤了他们。他们舞马张枪地说是要我的命，你可千万救救我啊……汪雅臣听过农民的哭诉，慌忙躬身扶起那农民，瞪大眼睛问，你给我说，他们都是谁？那农民满脸恐慌，吞吞吐吐，一时左右为难。他正犹豫，那两个战士已经追进村来。

汪雅臣见追来的是伙食长和一名战士，脸色呼地变白，眼睛也直了：原来这两人都是他的结拜兄弟，当初跟他一起从东北军里跑出来，拉杆子打日本人的。此时，汪雅臣两腮激烈地抽搐起来，胸口也隐隐作痛。他勉力克制住自己的情绪，厉声喝问，是你们，抢了老百姓的粮食吗？那伙食长也不推诿，他倚仗着资格老，振振有词地说，我们为他们打小日本，连命都豁出去了。现在买不到粮食，朝他们借点，他们就用老土炮打咱们，对吗？汪雅臣白了伙食长一眼，慢慢踱到那农民身边，将耳朵贴近那农民的脸，软着声音问，你说实话，他们到底是借，还是抢？那农民浑身就哆嗦成一团。他两眼睃着伙食长，人就朝汪雅臣身后躲。汪雅臣眼睛里揉不得沙子。他一脚踹倒伙食长，怒不可遏地说，我让你去老乡家买粮食，你怎么还抢上了呢？那伙食长情知大事不妙，展臂抱住汪雅臣的大腿，说，我是不想让弟兄们饿死啊，就饶了我们这次吧。他一边说，一边将目光转向张忠喜，请张忠喜替他们求情。

张忠喜见汪雅臣背过身去，眼眶里也噙着泪花，便走到汪雅臣面前，试探着说，看在一起磕头的份上，你就放他们一马吧。汪雅臣却霍地转过身，晴天霹雳似的吼一声，给我拉出去——枪毙！

枪毙伙食长，非但没有使双龙队人心涣散，反倒使其更加团结，更加勇敢，也使一些山林队里敬重汪雅臣，信任汪雅臣，都愿意跟他结盟。

汪雅臣趁热打铁。他将活动在五常的反日山林队联络到一起，在尖山子召开抗日大会，眉飞色舞地说，你们听说过没有，珠河那边的赵尚志，为了共同抗日，已经联合起来了。我们要向他们学习，也要联合起来，心朝一处想，拧成一股绳，联合起来力量大。汪雅臣的话，说得各位首领热血沸腾，摩拳擦掌，仿佛个个都是大英雄，以抗日救国为己任。经过广泛讨论，他们决定成立"反满抗日救国义勇军"，同时推选汪雅臣为义勇军总首领。

反满抗日救国义勇军成立后，汪雅臣的人更多了，势力更大了，威信更高了，人人都以为他将会率领他们，同日本人大干一场。汪雅臣却将张忠喜带到小河边，神色郑重地说，这几天我都在琢磨，琢磨来琢磨去，还是人家赵尚志真心打小日本，也有那个威望，将各路绺子笼络到一起，成大事。所以，我想去投奔赵尚志，你看行不行？张忠喜沉吟半响，说，行到是行，我就怕一山难容二虎，你跟赵尚志合绺子，谁当老大啊？汪雅臣哈哈大笑道，人家赵尚志才算一只虎，我顶多算是一条虫。

这时，已是 1934 年的春天。

汪雅臣走进珠河县（今尚志市）黑龙宫村时，天色已经擦黑了。黑龙村上空缭绕着缕缕炊烟。街上却清静得很，并不见一个人影，只有两只白鹅在街上徜徉，大模大样，左摇右看，像是在检阅路两边的低矮土房。它们看到汪雅臣，一律扬起脖颈，嘎嘎嘎嘎叫着，像是在报讯，又像是说着欢迎。

汪雅臣正怀疑，赵尚志是不是住在这里，突然，就从路边一座破草房里，跑出两个人来。他们一前一后，截住了汪雅臣，手里端的都是汉阳造。前边的那人将枪口逼向汪雅臣，牛起眼睛问，你是什么人！汪雅臣知道他是找到赵尚志的队伍了，便诡秘一笑，说，我是过路的。后边那人用枪口捅住汪雅臣的后腰，狠狠地说，什么过路的，我看你就是日本人的探子！汪雅臣回头看看身后的那人，转过脸来，又对前边的那人说，我真的不是奸细。不信，你们带我去见赵尚志，问问他我是不是奸细。前边那人哗啦一声，拉开枪栓，用嘲弄的口吻说，我 ×，你算老几啊，让我领你见赵司令。走吧，我送你出村。

汪雅臣听那人要干掉他，顿时黑起脸色，说，我看你这人挺精灵的，怎么干事就不靠谱呢？那人眉头一拧，问，你这话是什么意思？汪雅臣不紧不慢地说，你既然说我是奸细，总得审问审问，问我这个奸细是从哪来的，是来干什么的，哪能问也不问，就把人枪毙呢！后边那人听汪雅臣如此说，便绕到他面前，说，既然你说你不是探子，我领你去见赵司令，你敢吗？汪雅臣哈哈大笑。笑声过后，他拍拍那战士肩膀，说，那好啊，你们就把我送到赵尚志那儿去吧。

汪雅臣的话刚说完，就有一人走了过来，接着他的话头说，不用送，我来了。这人正是赵尚志。他欻欻几步走到汪雅臣面前，上下打量打量汪雅臣，见汪雅臣年纪在二十左右，耳阔口方，浓眉耸鼻，目光炯炯有神，脸色如同古铜，闪着烁烁的光泽，心中就先有了几分喜欢。他侧过脸，问前边的那个战士，他是什么人？那战士啪地打个不太规矩的立正，用得意的口吻说，报告司令，我们抓到一个日本探子。

汪雅臣听那战士管来人叫赵司令，心中已是有数，绷着的心弦立时松弛下来。他抬袖揩去额头细汗，狠狠瞪那战士一眼，说，谁是奸细？我看你才是奸细呢！那战士见汪雅臣嘴硬，便用枪托拐下他的臀部，严厉地说，你，放老实点，我们赵司令眼睛里可揉不得沙子。汪雅臣不理那个战士，他把目光锁定赵尚志，亮着嗓子问，你是赵尚志吗？赵尚志说，我就是老赵，赵尚志，你是谁？汪雅臣听说来人真的是赵尚志，他朝前奔两步，就想去拉赵尚志的手。那两个战士见了，慌忙抓住汪雅臣肩膀，一左一右，就想往后边拖。汪雅臣微微一笑，再一晃动肩膀，就甩开了那两人的手。那两人正发愣，汪雅臣已走到赵尚志面前，大锣大鼓地说，我是汪雅臣，双龙你听没听说过，汪雅臣就是双龙我。

赵尚志听说来人是汪雅臣，立马拉过他的手，仰着脸说，听说过，听说过，早就听说你双龙的大名了，如雷贯耳啊。汪雅臣顿时泪花闪闪。他抱过赵尚志的肩头，颤抖着声音说，我是来靠你的，赵司令，你可一定收留我啊。赵尚志摇着头说，不是靠，是联合，是联合。我早就想跟你联系了，真是相见恨晚啊。说完，他回头嘱咐那两个战士，快，你们马上去伙食班，让他们给我整两个好菜，我要跟双龙老弟喝酒。

晚饭桌上，果然摆上了两道菜。一道是鸡蛋炒韭菜，一道是小葱大酱拌大豆腐。赵尚志扫眼桌上的饭菜，啧啧两声，回头得意扬扬地对汪雅臣说，怎么样，现在正是春头喽，我能掏腾出二十样菜来款待你，不算薄吧？汪雅臣眼睛数点着桌上的两盘菜，目光里就流露出了疑惑。赵尚志哈哈大笑道，韭菜韭菜花，二九一十八，小葱拌大酱，整好二十样。他抓起桌上的一双筷子，鸹起一块大豆腐，塞进嘴里，一边咀嚼，一边说，香，香，嘎嘎香。来，来，我们边吃边唠。

山里的夜，来得比平原早。赵尚志和汪雅臣吃过晚饭，屋外已是黑成一团。赵尚志将汪雅臣引进自己住的茅草屋，说，你累不累？不累，咱俩再唠一会儿。汪雅臣说，不累。不累两字刚说出口，随即又跑出两个哈欠。赵尚志摇摇头，说，你都走一天了，哪有不累的，我们莫不如倒在炕上唠。他将叠在炕梢的一床被拽到炕头，又说，你也不是什么外人，这床被就将就着盖吧。汪雅臣扫了一眼那床旧被，难堪地说，就一床被，我盖了，你盖啥？赵尚志说，我这个人好将就，炕上能睡，地上也能睡，实在没地界了，坐在烟囱桥下也能眯着。他一边说，一边走出里屋。

再从外屋进里屋时，赵尚志怀里抱着两捆茅草。他将茅草横放在炕上，打开里边的那捆，哗哗啦啦地朝炕里铺平，再将剩下一捆横在炕沿，用右手拍打拍打，扭头看着正在发愣的汪雅臣，面露喜色，说，一捆当褥子，一捆当枕头，正好。他从墙台上端下玻璃油灯，小心放在炕沿上，又从炕席上抽出一根细篾丝，轻轻折出个角，让细篾更尖些，再用那细篾丝拨拨油灯火苗。火苗刺啦刺啦响几声，缭起几缕游丝般的轻烟，又缓缓地亮了起来。赵尚志顺手将细篾丝扔到地上，回过头来说，灯越拨动越明，人越走动越亲。说过这话，他见汪雅臣还呆呆地坐在炕头，便问，你茶呆呆地，想啥呢？汪雅臣为难地说，要不，我把被横过来，咱们俩一人盖一半吧。赵尚志一翘嘴唇，说，那是干啥？两人都睡不好，何苦来呢。

汪雅臣不再推辞。赵尚志对他的注重让他脸上放光，心口有种烧灼感，炙得他眼眶都有些湿润了。他顺从地上炕，躺下来，盖上被，扭头看着赵尚志，感慨地说，我早就听说你赵尚志是个性情中人，今日见面，果然名不虚传，我汪雅臣靠你，算是靠对了。赵尚志急忙分辩说，不是靠，是联合，我已经说过了。汪雅臣狐疑着目光问，怎么，赵司令是不想收编我吗？赵尚志说，你的队伍人多，力量大，在五常那地界有地盘，园子也好。依我的意思，你还是单独干好。汪雅臣说，我们合起绺子一起干，不是更好吗？赵尚志说，我们合在一起固然好，但你要是单独干，可以给其他山林队做个榜样，让更多的人参加抗日……赵尚志说到这儿，深思片刻，又说，五常离黑龙宫也就是一百多里路，你在那儿保个根据地，过不长时间，咱两块根据地连成一片，那就更让日伪们不得逍遥了。如此下去，我们的根据地再扩大，扩大到同东边道杨靖宇那块，同东满童长荣那块，同汤原夏云杰那块，都连成一体，咱东北就没他小日本落脚的地界了。赵尚志的话穿透了汪雅臣的肠子。他两眼熠熠放光，瞅着赵尚志说，还是你赵尚志能，胸中有这么大韬略。赵尚志愧着脸色说，吃一堑，长一智。我在巴彦游击队那工夫吃亏，就吃在没有建立根据地上。汪雅臣两手撑着炕席，两眼睁得溜圆，感叹地说，可也是，你们巴彦游击队起初那么红火，怎么说败就败了呢？赵尚志脸唰的一下红了，很快又潮水般漫过脖颈，流到胸口上，说，你咋哪壶不开提哪壶呢？接着说道，夜长着呢，你不困，我就跟你讲讲我和巴彦游击队的事。

第二章

▶ 赵尚志威震哈东

巴彦游击队部分人员（前排中为赵尚志、后排中为张甲洲）

　　1932 年 5 月底，赵尚志从哈尔滨赶到巴彦县，巡视那里的"巴彦工农反日义勇军"。当时，他是中共满洲省委常委、军委书记，负责组织、领导抗日武装斗争工作，中共满洲省委书记罗登贤派他去找张甲洲，并担任参谋长，协助张甲，领导巴彦工农反日义勇军。

　　张甲洲是黑龙江巴彦县人。"九一八"事变时，他是清华大学学生，又是中共北平市委书记。"九一八"事变后，他受河北省委和北平市委派遣，带领黑龙江籍大学生夏尚志、张清林、张文藻、于天放和郑炳文，回东北抗日，被满洲省委指派到巴彦县组织抗日武装。说到原因，一是巴彦是张甲洲的老家；二是张家在巴彦县有名气，是巴彦上数的地主，社会关系广泛，有利于拉起队伍。

　　张甲洲果然不负众望。他利用这些关系，在 1932 年 5 月 23 日那天，建立起来一支抗日武装，起了个颇为大众化的名字，叫作"巴彦工农反日义勇军"。但一般老百姓却嫌这名字太长，说着费唾液，背着不好记，干脆就把它叫作了"巴彦游击队"。巴彦游击队的总指挥就是张甲洲，副指挥是王家善，参谋长是孔庆尧。赵尚志到巴彦游击队后，又接任孔庆尧当了参谋长。不过，那时赵尚志没有用真名。他化名叫李育才，人们都叫他李参谋长，也有人叫他小李先生。

赵尚志担任参谋长后，立即跟张甲洲分析敌情，决定在1932年8月30日这天，联合原东北军的才鸿猷团，报号"绿林好"的山林队，共同攻打巴彦县城，并由巴彦游击队攻打正门南门，才鸿猷团攻打东北门，绿林好攻打东南门。结果就是一攻而克。

攻克巴彦县城之后，张甲洲和赵尚志又率得胜之师，攻城略村，连续取得了几个胜利。游击队越战越勇，形势越发展越好，满洲省委却任命吴福海为巡视员，派他到巴彦游击队巡视，结果毁了巴彦游击队。

原来，1932年6月，中共上海临时中央召开了"北方五省联席会议"，参加者有河北、河南、陕西、山东和满洲的五省代表，历史上习惯称它为"北方会议"。北方会议错误地估计了日本占领东北后的形势，认为满洲省委右倾，撤换省委书记罗登贤，另派魏维凡代理满洲省委书记。吴福海就是魏维凡派到巴彦游击队的。他的任务是传达北方会议精神，指导、监督巴彦游击队照北方会议精神行动，在已被日本占领的满洲，仍旧像国统区那样，打土豪，分田地，建立红色根据地。

吴福海一到巴彦游击队，立即传达了省委执行北方会议的指示。第一，将巴彦东北工农反日义勇军改编为"中国工农红军第三十六军江北独立师"；第二，成立军事委员会，由张甲洲任司令，赵尚志任第一政委，吴福海任第二政委，两人都是省委代表；第三，实行打土豪、分田地，执行土地革命政策。

赵尚志是个性情中人，他肚子里没有花花肠子，有话直说，总是当面锣，对面鼓，嗵嗵嗵嗵，砰砰砰砰，像射机关枪，像放高射炮。他对满洲省委的第三条指示有意见，当着吴福海的面，就批评省委，说省委的指示是脱离实际，没能把被日本占领的满洲和关内区分开来，如此，也不利于联合一切反日的人士，共同对抗日本侵略者，推翻伪满洲国。

吴福海对赵尚志的言论嗤之以鼻，他批驳赵尚志的观点是典型的"北方落后论"和"满洲特殊论"，并劝赵尚志立即改变这种观点，尽快回到正确路线上来。赵尚志不服气，说，我们过去打仗，有许多地主老财都支持我们，一些旧军队旧军人也支持我们。如果按你说的去办，让他们都反对我们，或者反过来打我们，那势必是亲者痛，仇者快，结果是不等日本人打我们，我们自己就垮台了。

赵尚志的固执让吴福海恼羞成怒。他指着赵尚志的鼻子，脸红脖子粗地说，你这是什么路线？你这是典型的地主富农路线。小李同志，我劝你立即悬崖勒马，否则的话，不但会给我们党的事业带来重大损失，而且，你本人也要犯大错误。赵尚志却不以为然。他半是揶揄，半是认真地说，犯大错误？还能犯哪儿去？我打小日本总没有错吧。

吴福海不想再跟赵尚志理论，他歪着脸，又去问张甲洲，老张，你说说，你是什么意见？张甲洲本来是同意赵尚志观点的。不过，他看两人越说火气越大，怕影响了内部团结，便搞了个折中，先表态说，既然省委有指示，我们要相信省委，还是照省委的指示办吧。表过这样的态之后，他立即转移话题，劝吴福海和赵尚志各退一步，先放下各自观点，跟他一起研究攻打东兴的事儿。那阵儿，巴彦游击队已制定了计划，联合绿林好，一齐攻打东兴设治局（今属黑龙江省木兰县）。

赵尚志理解张甲洲的苦衷，他翻吴福海一眼，气嚷嚷地说，这事不算完，等打下东兴城，我再同你理论。吴福海也不甘示弱，说，你嘴再大，也说不过省委去，我吴某人愿意奉陪到底。说过，他闭上双眼，心里想着如何向省委打报告，控诉赵尚志，呼哧呼哧地喘着粗气。

1932年10月29日，巴彦游击队和绿林好拿下了东兴设治局，第三天中午，他们便被闻讯赶来的日伪军包围在了东兴城。绿林好一见形势不妙，脚底抹油开溜了，把巴彦游击队陷入孤军奋战的绝地。张甲洲和赵尚志毫不畏惧，他们依托泰东公司大院，一次次地击溃日伪军的进攻。

战斗继续着，赵尚志开始担心了，他怕子弹不够用。所以他一边打，一边提醒战士，一定要节约子弹，瞄准敌人再开枪，不许放空枪。一个新战士听他这样讲，胆先怯了。他看看自己的子弹袋，惶惑地说，我的子弹要打光了咋办啊，李参谋长。赵尚志拍拍自己的子弹袋，暧昧一笑，说，你只管按我说的打就行。真的打光了，我这儿有的是。那新战士瞄瞄赵尚志的子弹袋，果然个个都鼓鼓囊囊的，他悬着的心落了地，又转过身去瞄准敌人。赵尚志嘿嘿一笑，刚举起枪，就有两颗弹片溅在了他左眼眶下，殷红的鲜血喷涌而出，顿时流满了他的脸。

张甲洲见赵尚志受伤，敌人又不见退缩，便决定突围。他们把院墙扒个大豁口，用两张大马爬犁拉着伤员，一路呼啸，冲出东兴城，直奔巴彦。

路上，那个新战士坐在爬犁上，朝赵尚志要子弹。他说，我的子弹都打光了，你把子弹分给我一些吧。赵尚志眨巴眨巴右眼，顺手拖过自己的子弹袋，递给那战士说，都给你，我一颗也不留。那新战士满脸欢喜，从赵尚志手中接过子弹袋，垂下头去，想从子弹袋里朝外抽子弹，结果就是目瞪口呆。原来，赵尚志子弹袋里塞的，不是子弹，而是切成一段段的高粱秸秆。那战士恍然大悟，用肩膀撞赵尚志一下，说，真有你的啊，小李先生。

东兴战斗后，在张甲洲的坚持下，赵尚志潜回哈尔滨，开始医治眼伤。他的左眼伤得很厉害，所赖治疗及时，保住了眼睛，却也在左颧骨和下眼睑之间留下个新月形的伤疤。

赵尚志走后，巴彦江北独立师开始执行北方会议精神，每到一处，都要打土豪，分财物。如此打来分来，最终导致那些原本支持抗日的有钱大户，又反过来同独立师作对。原来巴彦游击队进村，他们给钱，给粮，给马甚至给武器，现在独立师进村，他们不但不给，反而联合起来，攻打独立师。除此之外，原来那些同巴彦游击队合作的山林队，因不满江北独立师的所作所为，也纷纷离去，不再与独立师合作。结果，江北独立师的人，越打越少；仗，越打越被动，打到哪里，都站不住脚。

赵尚志养好伤，再回到独立师时，已是三个月后。

看到江北独立师四面楚歌的境地，赵尚志痛心疾首。他立即建议召开党委会，想彻底讨论研究独立师的方向策略问题。他在会上率先表态，说省委不该执行北方会议精神，搞土地革命，建立苏维埃。这样的结局只能是脱离民众，如鱼无水，自讨失败。

吴福海本来不赞成开这次会，再听赵尚志明目张胆地批评满洲省委，他立时火冒三丈，气呼呼地站起身，当场批驳赵尚志，说赵尚志是彻头彻尾的右倾机会主义者，说赵尚志的言论是嚣张的反党言论。吴福海说这些话时，两眼瞪着赵尚志，越说越生气，越说声音越高。说到高潮处，他突然举起右手，嘭的一声拍上桌面，吓得几个茶碗蹦了几寸高，咔嚓咔嚓乱叫几声，最后又摔倒在桌面上。

赵尚志哪容得吴福海如此霸道，他站起身，用右手食指点着吴福海的脸，说，你拍桌子吓唬耗子啊，耗子怕我不怕。实话跟你说吧，不管谁做的决议，从今而后，它决议归它决议，我赵尚志该咋办还咋办。吴福海听赵尚志如此嚣张，他怒不可遏，呼地上前一步，左手薅过赵尚志的衣领，将赵尚志提起来，右手挥拳，便擂上赵尚志的胸脯。吴福海个头高，身大力不亏；赵尚志身材矮，力气没有吴福海大。但他矮有他矮的优势。他见打吴福海找不到恰当地方，索性倒退一步，再低下头，猛力撞向吴福海肚皮，吴福海措手不及，结果被赵尚志撞倒在地。吴福海从地上挣扎起来，再准备向赵尚志发动进攻时，张甲洲等人已纷纷围上前来，有的拉赵尚志，有的拉吴福海，好说歹说，将他们隔离开来。

此时已是1933年1月。松嫩平原白雪铺地，一片肃杀，北风呼啸，刮到战士们的脸上，如同刀子割面。江北独立师想打，力量薄弱；想走，走到哪里都会遭到日伪军和地主武装的攻击。万般无奈，张甲洲和赵尚志等人商量决定挥师北上，同汤原游击队会师，重整旗鼓，再图抗日大业。

这天，江北独立师走到庆城（今庆安）北一撮毛时，碰上了"索利营"的山林队。所谓索利营，就是索利人居住的村落；所谓索利人，就是鄂伦春人。当年，日伪统治者为了打击抗日武装，挑拨民族关系，便用金钱、大烟收买一部分索利人，组建起一支支山林队，专门跟抗日武装作对。索利营就是这样一支山林队。他们骑的马个头矮小，腰身瘦长，穿山越岭方便；这些马四肢发达，马蹄挂掌，打起仗来非但得心应手，而且耐滑。更厉害的是，因为索利人常年打猎，能骑善射，可以说是弹无虚发，个个都是神枪手。

江北独立师先头部队先碰上的，是几个索利人。他们受过民族政策教育，并不准备同这几个人交火。但那几个索利人却视独立师为敌人，他们率先开枪，挑起了战端。独立师的先头部队忍无可忍，立时缴了那几个人枪。

　　这就惹恼了索利营。他们为了报仇，便纠集伪自卫团，截击江北独立师。那时，江北独立师骑着马，正在欧根河冰面上行走。张甲洲和赵尚志简单地碰碰头，两人一致选择了撤退。赵尚志说，走！不走只有全军覆没。他手执一根藤条，遥指西北方向，又对张甲洲说，你带人先朝那边撤，我边掩护你们边撤。张甲洲说，不行，我们还是一起撤吧。赵尚志指着在冰河上四蹄打滑、左摇右摆的战马，苦苦一笑，说，索利人的马都挂马掌，我们的马没有马掌，我们要是一起撤，那就吃大亏了。

　　如是，赵尚志边打边退，一直退到庆城克苏里桥边的克苏村，同等在这里的张甲洲会师。此时，江北独立师只剩下了一百五十多骑。赵尚志和张甲洲正商量今后去向时，四下里骤然响起了枪声，间或有土炮弹呼啸着而落，炸起一缕缕烟雪。原来是庆城反动民团首领曹荣，带着三百多人，先行埋伏在河边柳条通里等着他们。张甲洲看队伍被包围了，就让赵尚志率队先走。赵尚志嘿嘿一笑：这又不是在冰河上，用不着分兵行动。他说过这话，就命令手下放火，点燃了村北场院里的一个大柴火垛。而后，他和张甲洲率领骑兵，又返回头来，朝东南铁力方向突围。

　　任是如此，从克苏里大桥突围出来，江北独立师又死伤了七十多人，全师仅仅剩下七十多人。张甲洲、赵尚志见大势已去，再加上天寒地冻，队伍行军吃住作战都困难，只好共同决定暂时解散队伍，等待时机，卷土重来，再举抗日旗帜。

这天是 1933 年 1 月 19 日。

张甲洲、赵尚志等举行了个短暂的分别仪式。在分别仪式上，赵尚志用哽咽的声音说，我们都把枪带回去，把马骑回去，等待时机，我们还要重新组织队伍。我赵尚志向你们发誓，不把小日本赶出东北去，我就不下战场。同时，我也希望你们，无论在什么情况下，都要当精忠报国的岳飞，不要当投降卖国的秦桧。赵尚志演说完毕，抱过张甲洲就失声痛；张甲洲敲着赵尚志的肩膀，哽咽着说不出话来。如此，这几个响当当的铁汉，个个哭得泪流满面，一塌糊涂。但在当时，赵尚志无论如何也想不到，自此一别，他同张甲洲就成了永别。

张甲洲，黑龙江省巴彦县人，1907 年 5 月 27 日出生。1923 年考入齐齐哈尔省立第一中学，因反对东北军阀张作霖在学校招兵，被校方开除。1934 年，张甲洲考入沈阳文华中学，并担任学生会长，因声援上海工人运动，领导学生示威，被校方除名。1926 年，他再回齐齐哈尔，考入工业学校，因领导学生开展爱国运动，被封建军阀逮捕入狱。

1927 年，张甲洲考入北平大学理学院学习。1930 年 8 月，他加入中国共产党，9 月考入清华大学政治系，并先后担任中共北平西郊区委书记、北平市委宣传部长和代理北平市委书记。

1932 年 5 月，张甲洲回到家乡巴彦县，组织成立"巴彦工农反日义勇军"，又称巴彦游击队，任指挥；

后改编为"中国工农红军第三十六军江北独立师"。

1933 年初，巴彦游击队解散后，他被开除党籍，到富裕县中学任教，继续从事抗日活动。1937 年 8 月 28 日，他在参加抗日联军途中，遭遇伪自卫团伏击，不幸牺牲。

巴彦江北独立师解散后，赵尚志等人潜回哈尔滨，向满洲省委汇报工作。听取他们汇报的是省委书记魏维凡、省委军委书记季密、省委组织部长何成湘。汇报会一共开了三次。每次开会，赵尚志和吴福海都各说各的理，互不相让，唇剑舌枪，辩论激烈。会议结果，魏维凡代表省委表态，他说巴彦游击队失败，赵尚志应承担主要责任。

赵尚志当时就炸了。他眯着左眼，用右眼瞪着魏维凡，反驳说，你说我走地主富农路线是犯右倾错误，可我执行这样的路线时，总是打胜仗，这事你如何解释？魏维凡风雨满脸，一时还真说不出个子丑寅卯。但他又不甘心被赵尚志问倒，又反诘赵尚志，说，你不讲少数民族政策，遭到鄂伦春人的狙击，这又作何解释？赵尚志据实力争道，违反民族政策，这事是不对。但那是我手下搞的，当时我并不知道。而且，我发现这个问题后，还严厉地批评了他们。魏维凡哧哧一笑，说，事到如今，你还推三诿四，不好好反省自己，我看你这个同志是没救了。赵尚志听魏维凡如此说，他呼啦一声，从椅子上站起来，咻咻喘着粗气说，要说我有错误，这我承认；要让我承担责任，这我也愿意承担。但你说我犯的是右倾机会主义错误，说我执行的是地主富家路线，我坚决反对，也不会承认错误。魏维凡冷冷一笑道，你承不承认错误，是你个人的事；最后怎么处理你，是组织的事。魏维凡说完这话，也从椅子上站起身来。他抬臂将椅子推到一边，再白赵尚志一眼，而后甩甩两只袖筒，扬长而去。走到门口时，他回过头，目光盯着何成湘又说，你把组织的决定告诉尚志同志吧。原来，此次会议召开之前，省委已有了意见。他们决定，如果赵尚志不承认错误，就开除他的党籍。

听过何成湘的宣布，赵尚志顿时蔫了。他一屁股瘫坐在椅子上，两眼落寞地看着天棚，脑袋里一片空白。等到他醒过神，再想为自己辩护时，屋子里的人已经走光了。无可奈何，他只好拖着一双沉重的腿，垂头丧气地回了家。

这天，夏尚志带上两个人，去赵尚志家看望赵尚志。他是怕赵尚志脾气犟，窝囊出火来。

赵尚志父母见夏尚志登门，眼睛都笑出了糖。他们整理出几个菜款待夏尚志，希望他们能好好安抚安抚赵尚志。赵尚志当然理解夏尚志他们的用心。他努力压制着自己的愤怒，故作豁达，跟夏尚志他们一边喝酒，一边划拳行酒令。螃蟹一，爪八个啊，两头尖尖，这么大个个啊。哥俩好，谁喝酒啊，魁首魁首，谁喝酒啊，八马八马，谁喝酒啊……当朝一品红啊，两眼大花翎啊，三星高照四季到五更啊。六六六六，谁喝酒啊，七巧七巧谁喝酒啊……如此十几个回合下来，赵尚志已是酩酊大醉，脑袋发胀，周身燥如火烧。他情难自已，人从板凳上站起身，两手叉腰，醉眼蒙眬地看着桌边几个人，颠三倒四地说，别……划拳了。这玩意太低级。我给你们来个高雅的，作首诗。说罢，他灵感突发，顺口就朗诵出一首诗来：风吹麦波千层浪，雁送征人一段愁。披靡无术，被屏逐于千里之外。吟罢诗，他抬衣袖横抹一把眼眶，又是号啕大哭。

赵尚志的父母原本回避在隔壁，任凭赵尚志他们喝酒、说话、划拳。此时，赵尚志的父亲听出他已醉得失了控，内心很是恼火，便气冲冲地走进客厅，瞪起眼睛，斥责他说，你看看你那个张狂样，还要不要读书人的脸了！说过，拂袖而去。赵尚志眼睛盯着父亲的背影，嘴里嘟嘟哝哝地说，反正这事……不算完，我得找他们说理……说理。

从第二天开始，赵尚志总是去找省委领导，诉说自己的请求，要求他们撤回成命，恢复自己的党籍。领导不同意，他就跟领导理论，理论来理论去，理论得领导厌烦已极，只好一躲了事。赵尚志不甘心，就每天都到大街上遛，道里、道外、南岗，希望哪天一抬头，啊，这不是魏维凡吗？啊，这不是季密吗？啊，这不是何成湘吗？啊，这不是职工部长金伯阳吗？

功夫不负苦心人。这天，赵尚志寻找归来，坐在家里闷看《国际协报》，突然间，他眼睛就一亮，心便怦怦怦地乱跳起来，像是一颗颗大雨点敲打着窗户玻璃。原来，他看到了一则启事。启事的内容让他认定这是满洲省委同外来人联络的暗语。暗语不但约定了会面时间，而且约定了会面地点，即"一毛钱饭馆"。一毛钱饭馆名字有几分贫寒，初看像个小吃铺，但室内却窗明几净，格调新潮，墙上还挂着几幅油画。这是因为饭馆是由几个左翼文人创办的，他们不但把这个饭馆当作文化活动的场所，同时也把它当作地下联络站。当然，这些赵尚志并不知道。

赵尚志看过这条启事后，大喜过望，满脸乌云立时消散，眉眼间现出了彩虹。可转眼之间，那彩虹又消失了，他脸上又是乌云密布，雷鸣电闪。他突然想到，像这样的联络暗号，连我都能看明白，那些特务走狗几个是吃闲饭的？他们一旦破解了内中秘密，前往会面的同志可就危险了。赵尚志这样想时，额头便唦唦唦地朝外沁冷汗，心也一剜一剜地跳，像有谁在剜着他的心，用一把尖利的小刀。

那天，赵尚志赶到一毛钱饭馆时，比暗号约定的时间早了十分钟。他走进饭店，就看到金伯阳坐在角落里，正与一人低头细语。他们都穿着西装，扎着领带，像是阔少。

赵尚志不再迟疑。他故意两脚着力敲地，大步朝金伯阳走去。他是想暗示金伯阳，这里存在危险，让金伯阳他们迅速撤离。孰料，金伯阳眼镜片后的目光，却越过他的肩膀，惊讶地看着他的身后。赵尚志下意识回头，周身唰地就掠过一股冷风——他的身后竟站着几个人。不用说，这些人就是捕捉金伯阳他们的特务。怎么办？赵尚志急中生智，立即扑到金伯阳膝前，赖着声音说，行行好，帮我几个小钱吧，我都三天没有吃食了。金伯阳先是一怔，随即恍然大悟。他立即站起身，啪地搧赵尚志一个大耳光，恶狠狠地说，给我滚，你个……臭要饭的，别弄脏了我的衣服。说过，他拉起另外那个人，就朝外走。那几个特务见状，慌忙冲上前来，团团围定了金伯阳他们。金伯阳知脱身无望，就给赵尚志递眼色，示意赵尚志自己先脱身。赵尚志稍一迟疑，已有两个特务走过来，抓住了他的肩膀。

特务们将赵尚志等人带到警务厅审问，他们看赵尚志破衣烂衫，以为他是普通穷人，好对付。不料连哄带骗加打，赵尚志都一口咬定，说自己是要饭的，并不认识金伯阳他们。特务们找不出破绽，只好释放了赵尚志，没过两天，查无实据，也只好又放了金伯阳他们。

赵尚志父母见赵尚志回家，两颗悬着的心总算落了地。他们便合计赶快给赵尚志找媳妇，拴住他的腿。那年，赵尚志已是二十五岁。这样的年纪不娶媳妇，如果放在今儿个，根本不算回事，小菜一碟。但放在八十年前，就不能不说是大老难了。

如此，赵尚志的父母开始给赵尚志找对象。他们求东邻，告西舍；穿道里，跑道外，每日转得像两个花轱辘大车，叽里咕噜地响，结果仍然是竹篮子打水——一场空。为什么呢？因为赵尚志的父母着急，赵尚志不着急，介绍的几个女子都被他拒绝了。赵尚志的母亲想不开，絮絮叨叨地说，这个不行，那个也不中，整个哈尔滨就不够你挑的了，再挑都挑成小老头了。赵尚志的父亲却不去责备赵尚志，他只是摇头叹息，叹息，唯有叹息而已。知子莫若父。这个正直的读书人知道，赵尚志不肯找对象，不是因为挑花了眼，而是另有原因。说穿了，那是因为他正从事着反满抗日活动，怕自己一旦被捕或者牺牲，坑害了人家女方。他既为赵尚志的选择而高兴，又为赵尚志的安全而担忧，酝酿好久，才抿抿干裂的嘴唇，说，现在你的伤养好了，翅膀也硬了，我不想拦你，想拦也拦不住。可有个事我弄不明白，"人家"既然甩了你，你为什么还要坚持反满抗日呢？赵尚志铿铿锵锵地回答，反满抗日是全中国老百姓的事，他们要不要我，我都是要反满抗日的。赵尚志的父亲顿时哑然无语。他耷拉下脑袋，长长地吁了口气。赵尚志看着父亲头上日渐增多的白发，心里隐隐作痛，他便酸着声音安慰父亲说，你放心，老爸，我不会出事的，不把日本侵略者赶出东北，我怎么会出事呢！赵尚志的父亲抬起头，两手捧过赵尚志的脸，泪在眼圈说，出不出事的，这事不完全由着你。我想说的是，人生几十年，一晃就过去了。所以我劝你，如果碰到中意的闺女，还是把婚事办了吧。

赵尚志听父亲如此说，目光游走不定，像是从树叶间漏下的破碎的阳光。那时，他真想告诉他的父亲，他已暗中立下誓言：不把日本侵略者赶出东北，绝不找媳妇。而且，他已准备出走哈尔滨，去找孙朝阳的抗日义勇军了。

这是1933年2月底的事儿。

投奔孙朝阳要有介绍人。老天成全，让赵尚志在宾县大街上碰到了王德全。这王德全曾是巴彦游击队的战士，巴彦游击队失败后，他辗转到了孙朝阳的义勇军，当了孙朝阳的贴身马弁。

王德全碰到赵尚志，眼泪就簌簌地朝下掉。他两手抱过赵尚志肩膀，哽哽咽咽地说，哎呀，我的天老爷，咋让我在这疙瘩碰到你了呢？赵尚志眼圈也湿润起来，他抬手抹掉王德全脸上的泪水，说，看你鼻涕拉瞎的样儿，没出息，一辈子看不到后脑勺。我实话告诉你吧，从今往后咱们就在一块了。王德全破涕为笑，他孩子般地问，真？赵尚志说，真的。我想参加孙兴周的"朝阳"队〔孙朝阳原名孙兴周，热河朝阳（现划归辽宁）人。1932年秋天，他拉起一支队伍，在宾县率部抗日，报号"朝阳"，人随队名，也就叫了孙朝阳〕，你给我当个介绍人，怎么样？王德全松开抱住赵尚志的手，愣眉愣眼地看着赵尚志，说，咋的，李参谋长还想滑朝阳啊？赵尚志暧昧一笑，说，其他的，你就别问了吧，你只管把我介绍给孙兴周就算大功告成。王德全抹一把水水的眼眶，淋淋漓漓地说，嗯哪，到啥时候我王德全都是参谋长的人，参谋长让我干啥我干啥。赵尚志点点头，又看看身后，回头时压低声音说，今后别再叫我参谋长了，这是最后一次。

赵尚志看好了孙朝阳，孙朝阳却没看好赵尚志。他见赵尚志身材短小，其貌不扬，左眼下还有块月牙儿似的伤疤，又两手抱空拳，什么礼物也没带，便呱嗒一下撂下脸来，撇撇嘴说，就你这个模样，个头没有马枪高，还想打小日本？走吧，走吧，从哪来的还回到哪疙瘩去吧，找个草根眯着，不算你淘气。赵尚志是个性格急躁，又爱面子的人，若是在平时，听到这样侮辱人格的话，他会还以颜色，甚至不惜拳脚相加。但今天不行。今天他想的是干反满抗日的大事，想的是参加孙朝阳的朝阳队。忍耐，忍耐，小不忍则乱大谋。他心里这么想，便挺直胸膛，朗朗地说道，人不可貌相，海水不可斗量。别看我个子矮，可行军打仗绝不抱下洼地。赵尚志人长得不高，但声音高，音质纯正，语速也快，跶跶跶跶，跶跶跶跶，像穿出森林的一匹骏马。孙朝阳咕嘟咕嘟地吸一口水烟，缓缓挑开眼皮，又朝地上吐一口黄痰，乜着赵尚志说，行军打仗这碗饭，不是谁想吃都能吃的。我说的是好话，你还是找别的地界混口饭去吧。赵尚志仍然坚持，他说，天下兴亡，匹夫有责。抗日救国是大家的事，人越多越好，你既然想打小鬼子，就没有理由不收留我。孙朝阳手端水烟袋，欲吸不吸，再打量打量赵尚志，一脸诧然地道，说话呱呱的，尿炕哗哗的。看你小子其貌不扬，嘴荏子功夫倒尿性。好啦，好啦，就算我门缝瞧人——把你看扁了。既然你想跟我孙朝阳，就给我喂马去吧。孙朝阳是想用喂马的活儿，逼走赵尚志。赵尚志却一脸阳光，痛痛快快地说，宁给好汉牵马缒蹬，不给赖汉当祖宗。只要是打小日本，你让我干啥都中。

赵尚志刚进孙朝阳义勇军不久，孙朝阳的队伍就被日伪军包围了。眼见得包围圈越来越窄，孙朝阳的脸越来越长，整日唉声叹气，愁眉不展——他想打，寡不敌众；想跑，跑不出去；想投降，又心有不甘。

这天，孙朝阳正跟几个人商量办法，王德全进屋报告，说是赵尚志要求参加会议。副队长容易便撇撇嘴，说，就他那个小瓶塞样，也不撒泡尿照照自个儿，还是让他数儿马子撅尾巴屙几个粪蛋吧。

这容易不但是朝阳队的副队长，还是孙朝阳的表兄，说起话来自然也就牛哄哄。孙朝阳却比容易显得练达。他想，三个臭皮匠，还顶个诸葛亮呢，说不准这小个子就有个三招两式。再加上整天乱呛呛，一窝蜂似的，呛呛得他头昏脑胀，也没呛呛出个眉高眼低，他早已生了厌烦之心。这样，他就让王德全叫赵尚志进屋。

赵尚志进屋，没容孙朝阳让请，人已大模大样地坐上了木墩。赵尚志的作大，惹来嘘声一片。赵尚志却佯装不知，他两眼锁定孙朝阳，一脸山高水深，等待孙朝阳问话。孙朝阳皱起眉头，冷面冷语地说，我说，小马倌，你在这个节骨儿眼上来见我，是有什么好招子要告诉我吗？赵尚志挺直腰板，一字一板地说，目前日伪军步步进逼，我们步步退缩，司令有没有想过，总有一天我们会无路可退。孙朝阳脸上阴转多云。他眯缝起眼睛，说，依你的意见呢？赵尚志说，依我的意见，莫如围魏救赵。孙朝阳眨巴眨巴眼睛，驱散脸上残云，将水烟袋墩在木案上，朝赵尚志移动移动身体，问，说，说，啥叫围魏救赵？赵尚志说，现在日伪军来攻打我们，宾县城里一定空虚。如果我们趁机分兵去攻打宾县县城，不但可以获得一些战利品，而且还可以引诱围我之敌回头救宾县。如此，我们被包围的局面不战而解。孙朝阳脸上顿时阳光明媚。他再朝前探探身体，说，来，来，到我跟前来，看你小子已是胸有成竹，再细掰扯掰扯，打宾县怎么打？赵尚志站起身形，欻欻欻几步走到厚木案前，抬手将案上的一盒"老巴夺"香烟推向中间，又哗啦一声，将半盒火柴倾倒在桌面上，便一边用火柴杆摆着阵势，一边讲解行军路线，兵力部署，攻城方略，讲得风起云生，滴水不漏。孙朝阳先是目瞪口呆，而后吧嚓吧嚓嘴说，让你去打宾县，咋样？赵尚志说，让我带兵，我敢。但有一条，你要让我带兵，就得我说了算，让我当总指挥。这当然是暂时的，等打过了仗，赵尚志说，我还是放我的马，当我的马倌。孙朝阳蹙起眉头，说，要是打败了呢？赵尚志说，我不想打败仗，那样损失太大，但万一打败了，我愿军法从事。孙朝阳猛一拍桌子，吓得烟盒蹦了两个高，散乱的火柴杆纷纷四外逃散，就说，好，好，就这么着，说吧，你都要什么？赵尚志淡淡一笑道，我别的不要，我要一匹马，一杆枪一队。孙朝阳大声喊，好，你小子有种，就把我的大红马和驳壳枪给你，打赢了我让你当参谋长，打输了我要你脑袋。说罢又眯起眼睛，审视着赵尚志说，可我想知道，你凭啥对我这么忠心？赵尚志暧昧一笑道，你是朝阳人，我也是朝阳人，谁让咱们俩是老乡呢。孙朝阳咧开大嘴笑了，说，我×，你咋不早放屁呢？说过，又哈哈哈大笑，笑得两行泪水试探着爬上颧骨，逗留了好一会儿，才落到地上。其实，自打赵尚志投奔朝阳队时，他就知道赵尚志是朝阳人，乡音难改嘛。不过，他并没有多问，怕赵尚志以此自傲。这次不同了。这次他听到赵尚志讲得头头是道，不由他不佩服，并为自己能收拢到这样的老乡而高兴。

宾县伪县长没有想到朝阳队敢打县城宾州镇。因此，当赵尚志带领几十人突然出现在宾县城外时，他慌了手脚。他有心想打，却兵力不足；可不打，又怎么向日本人交代呢？正当他焦头烂额，赵尚志骑着大红马，嗒嗒嗒嗒地冲到了城门前。他左手勒住嘶嘶吼叫的大红马，右手横起一根藤条，条头遥指城头喊，赶快告诉你们县长去，就说朝阳队的李育才让他把大门打开。中国人不打中国人，我保证进城后一个不杀，一个不抓。倘若不让我们进城，那就是汉奸，等我们攻进城后，把你们一个个都按卖国贼定罪！赵尚志平时喜欢骑马，也喜欢一根策马的藤条，行军打仗，总要带上它，须臾不离身。

伪县长原本拿不定主意，是守是降两为其难。听赵尚志如此表态，他倒有了主意，便诡谲一笑，吩咐人去打开城西门。按旧时山林规矩，土匪最忌讳走西门，认为走西门不吉利，是死门。伪县长这样做，是想一举两得：既可以满足赵尚志的要求，又避免了赵尚志进城。他这么想虽说不上老谋深算，也称得起诡计多端。可他却没有想到赵尚志既非胡子，就不会信那份邪。如是，当赵尚志出现在他面前时，他脸上一阵子红，一阵子白，两只小眼睛滴溜溜乱转，像是老鼠见猫。赵尚志看伪县长那个尴尬样，又好笑，又可怜。他抚慰伪县长几句后，又让伪县长派人给日本人送信。伪县长顿时大汗淋漓，低垂着头，看也不敢看赵尚志，哆哆嗦嗦地说，这个……不……卑职不敢……赵尚志微微一哂，说，让你派，你就派得了。

日本人听说宾县县城被破，果然连夜回兵增援县城。孙朝阳的围不战而解，乐得个孙朝阳拍着赵尚志的肩膀，说，还是咱朝阳人杰地灵，出他妈的人才。随后，他将手下召集到一起，当众宣布，任命赵尚志为参谋长。副队长容易不满意孙朝阳的任命，他用不屑的口吻说，李育才个头太小，不挂架，让他当参谋长，有损咱朝阳队的面子。孙朝阳一挥手说，秤砣虽小，能压千斤。我孙朝阳要的是他胸中韬略，管他个高个矮干啥？

赵尚志任朝阳队参谋长不久，又有七个珠河县（今尚志市）人参加了朝阳队。他们是共产党珠河县委派进来的，为首的叫李启东。李启东被孙朝阳任命为秧子房掌柜的（土匪绑票，把关押肉票的地方叫秧子房，负责人叫秧子房掌柜的，四梁八柱之一）。

李启东等七人进队后，行为规矩，不喝大酒，不抽大烟，平时说话谨小慎微，又喜欢交友，这引起了赵尚志的注意，他猜测他们应该是共产党派进来的，心中就有几分兴奋，几分期望，几分紧张。

　　这天，在窝棚外，李启东刚把传单塞进一个战士手中，自己的手却被人薅住了。他头皮一麻，回头就看到了赵尚志。他气喘得就有些粗重：你……干啥……李参谋长？赵尚志并不回答。他将李启东拉进窝棚，压低声音问，跟我说实话，你，是不是共产党派进来的？李启东嘴唇嚅动嚅动，眼睛审视着赵尚志，不置可否。赵尚志脸上腾腾火起，烧得像关云长，又紧逼一句，说，跟我说实话，你是不是共产党员？李启东事到临头，已将生死置之度外，便也无所畏惧，答道，是的，怎么样；不是的，又怎么样？赵尚志嘿嘿一笑，说，听你说话的口音，一定是高丽棒子。我想问问你，知不知道巴彦原来有个游击队？李启东疑惑地点点头，说，我听说过。赵尚志接着说道，你知不知道游击队里有个赵尚志？李启东打量打量赵尚志，立即眉开眼笑，说，啊！果然是耳听是虚，眼见为实啊，厉害。厉害。赵尚志心跳得就有些快，问道，这么说，你真是共产党派进来的？李启东点点头说，我的是珠河县委组织部长。赵尚志紧紧拉住李启东的手，上下摇动着说，我想托你办件事情，行不行？李启东说，什么事情，你说？赵尚志说，我请你将我的情况向县委做个汇报，并请县委代我向省委汇报，就说我赵尚志要找党。李启东说，你的要求我一定会满足。我是县委委员，我代表县委，希望你能积极配合我的工作，共同完成党交给我们的任务，争取早日将朝阳队掌握在我们手里。赵尚志沉默片刻，沉沉地说，让我接受县委的领导，可以，但有一条，你们不能再执行打土豪、分田地、建立苏维埃的政策，那政策只适合南方，不适合东北，更不能像巴彦游击队那样，失败了把责任都推到我一个人身上。李启东愣愣，说，你的性格，还是没变？赵尚志嘿嘿一笑道，江山易改，禀性难移嘛。李启东腼腆一笑，说，这个，我要先向县委请示，然后再回答你。但眼前，咱们一定要互相支持。赵尚志说，请你放心，我赵尚志人虽不在党，但心还在党。

珠河县委接到李启东的报告后，1933年8月16日，便将赵尚志的情况汇报给了省委。报告里说，"孙朝阳的书记官（实际是参谋长），听说他从前在巴彦游击队时当过政委，那时有严重错误，因此开除。他对某同志讲要找关系，（是）很勇敢的。"8月30日，团珠河县委也向省委请示，"关于赵尚志的问题，他现在部队里面。他非常欢迎我们，接受我们的主张。他在朝阳队伍中有很大信仰，我们在上层中的工作须经过他（非同志的关系）。可是，他对省委仍然表示不满意，省委应指示我们对他应采取什么态度。"

这边，赵尚志正在积极寻找党的组织；那边，朝阳队里又发生了新的变化。

中秋节的前两天，一个人来到了朝阳队。这人西装革履，大分头抹得油光锃亮，落个苍蝇都会滑跟头。他说他受北平国民抗日后援会的委托，约孙朝阳一起进京，跟张少帅共商救国大策。说过，他呈上一封信，恭恭敬敬地递给了孙朝阳。那信是用一块方绸子写的，上边既有国民党某大员的签名，又盖有公章，约请孙朝阳到北平参加义勇军首领会议，共商抗日大计，并领取军饷。

孙朝阳看罢来信，一脸踌躇满志。他信手将绸布甩给赵尚志，咧开大嘴说，参谋长看看，这可是天上掉下个大馅饼啊。说罢，又端起了水烟袋，咕咕咕地吸了起来，满脸自在，仿佛已经升了大官，又仿佛收到了张学良的巨额资金。

赵尚志并不像孙朝阳那样乐观。他展开绸布，先看看信的内容，再看看签名盖章，最后把绸布翻过来看看，倒过来看看，觑起目光对孙朝阳说，这仅仅是一块绸子，不足为凭，很可能就是日本人要的阴谋诡计。孙朝阳不以为然：他人是从关里来的，信有签名又有公章，能有什么诈？赵尚志摇摇头，说，上北平要经过哈尔滨，我担心你会在那里出危险。赵尚志是实心实意地劝孙朝阳，孙朝阳却鬼迷心窍，执意要去。最终，他决定进关，临离队前，将队伍指挥权交给了副队长容易。

孙朝阳离开朝阳队当天，赵尚志同容易发生了争执。按照赵尚志的意见，他要把队伍带到西北方向石头河子一带，这样，进可以出击日伪军，退可以隐蔽自己队伍。但容易不同意。他要躲避日伪军的围剿，把队伍带进西南方向的丛林里猫冬。两人各不相让，吵得昏天暗地。最终在众人的劝说下，同意第二天再商量。

就在当天晚上，孙朝阳又出乎意料地回来了。原来他走到半路，听到远方有大炮响，认为不吉利，便打道回府。容易便添油加醋，讲了赵尚志一番坏话。孙朝阳张嘴就骂，你的权力是我给的，谁他妈拉个巴子的敢不服从你，你就收拾谁，他赵尚志也不例外。容易见孙朝阳为自己撑腰，便眉头一皱，又说，赵尚志总和李启东那伙子人勾打连环，我看他们都有共产党的嫌疑，说不定就是来滑咱们的。孙朝阳眯起眼睛，嘴嘁着水烟袋好一会儿，才撤出水烟袋说，那你说，我们咋办？容易盯着孙朝阳的脸，试探着说，先下手为强，后下手遭殃。我们先把他们扣起来，咋样？孙朝阳嘴角一扭，说，扣起了又怎么办？容易说，还能咋办？说过，立起右手掌，朝下一砍，做了个切西瓜的动作。

隔墙有耳。他们的密谋恰好被王德全听到了，王德全便溜到赵尚志的窝棚，将孙朝阳的密谋告诉了赵尚志。赵尚志急匆匆地通知李启东等人，乘夜深人静，当晚带领李启东、李根植、姜熙善、王德全、姜甘用、金昌满脱离了孙朝阳，带走了一挺捷克造轻机枪，五支汉阳造马步枪，五支德国造手枪。

1933年10月10日这天，风和日丽，蓝蓝的天上白云飘，白云下边的五花山七彩叠韵，笑得满脸灿烂，赤橙黄绿青蓝紫，煞是壮眼。就在这天，"珠河东北反日游击队"在三股流成立了。哈尔滨反日总会的代表、珠河中心县委和农民自卫队的代表，都参加了这次大会。赵尚志带领全体游击队员鸣枪宣誓：我珠河东北反日游击队全体战士，为收复东北失地，夺取祖国自由，哪怕枪林弹雨，万死不辞，赴汤蹈火，千辛不避，誓必武装东北二千万同胞，驱逐日寇海陆空军滚出满洲，为中华民族的独立解放奋斗到底。

珠河东北反日游击队名头虽大，其实成立时的队员仅有十三人，除了赵尚志带出的六人，珠河县委又把李福林、李泰、朴吾德、朴三文、王玉升、李天池派进来，充实游击队。队长是赵尚志，副队长是王德全，政治指导员是李福林。也就是从这时候起，赵尚志不再隐姓埋名，而是堂堂正正地使用本来的姓名。赵尚志这么说，我以前在巴彦游击队曾化名李育才，从今而后，我赵尚志行不更名，坐不改姓，看他小日本能把我怎么着。

东北反日游击队是抗日的队伍，但在游击队成立之初，当地老百姓却将它与山林队混为一谈。在他们眼里，那些掌握武装的，不是胡子就是兵。如此，保长便挨家挨户齐钱，齐烧酒，齐鱼肉，甚至齐大烟膏，送给赵尚志，图的是过安生日子。赵尚志则连连拍手，说，我们不是胡子，是打日本鬼子的游击队，我们的纪律要求我们不收老百姓的礼物，请你把这些东西收走，从谁家齐来的，再送回谁家去。保长眼睛滴溜溜转，眼角挤出一丝笑，比哭还难看，用巴结的语气说，赵司令要是嫌少，我回去再齐。赵尚志哈哈哈大笑。

笑过了，他拉过保长的手说，我不是嫌少，我是不能收。保长张着的大嘴就半天合不上。自古以来兵匪一家，这天下哪有不收礼物的队伍？他一时犹豫不决，到底是拿回去，还是不拿回去。赵尚志理解保长的心事，便诚恳地说，现在已到冬季了，我们还都穿着夹鞋，如果你有心思，就帮我们买十双靰鞡吧（靰鞡是黑龙江冬天穿的一种皮鞋，用生牛皮做成，又肥又宽，穿时在里边垫上靰鞡草，哪怕是光着脚板，数九隆冬也不会冻脚，而且不生脚病）。

第二天午后，保长笑眯眯地送来了十双靰鞡。这样既少花了钱，又溜须了赵尚志，他心里很是滋润。不料，赵尚志竟拿出了钱。保长立时瞠目结舌，鼻翼咝咝咝地沁出一层细汗，战战兢兢地说，我……不敢收钱。赵尚志说，你不敢收我的钱，我就不敢收你的鞋。这回保长彻底地信了。他直起腰板，索性得寸进尺，说道，我说赵司令啊，这两年可让胡子把咱老百姓祸害惨了，贵军能不能帮我们整治整治那帮斜岔子？赵尚志说，我们是共产党领导的反日游击队，不是胡子队，我们打小日本就是为了保护老百姓。不过，现在情况比较复杂，有的山林队虽然是胡子，但也打日本鬼子。所以，我们要区别对待。对那些肯打小日本的胡子，我们要团结；而对那些不打小日本专门祸害老百姓的胡子，我们也要像打小日本一样打他们，决不手软。

赵尚志说到做到，果然就接二连三处决了十几个土匪，又攻破几个伪警察所，镇压了几个汉奸。一时间百姓拍手称快，都说反日游击队好，并纷纷参加抗日游击队。赵尚志趁热打铁，制定了反日游击队纪律"六不许"。第一，听从指挥；第二，不许打骂群众；第三，不许向群众耍态度；第四，不许拿群众东西；第五，不许抽大烟；第六，不许说黑话。从此，反日游击队在珠河一带如鱼得水，就连一些土匪看到游击队真打日本侵略者，也前来投奔。

这天傍晚，有个村民找到游击队，交给赵尚志一封信。赵尚志刚打开信纸，立时皱起了眉头。李福林诧异地问，有什么坏消息？赵尚志一边将信递给李启东，一边说，你看看吧。李福林接过信一看，信是容易送来的，原来是孙朝阳在去北平开会的途中，走到哈尔滨时，让日本人逮住枪毙了。容易在信中说，你赵尚志在我队拿枪出来，能真正抗日，现在名誉很好，我和你合"绺子"，将队伍归你带，给我表弟报仇。李福林看过信后，说，这是好事啊，老赵，赵尚志乜李福林一眼，说，好什么好？李福林愣愣，问，什么不好？赵尚志睁大眼睛说，他曾经想杀了我们，我赵尚志不灭他就算烧高香了，岂能收留他。说罢，他从李福林手里夺过那页竹黄纸，唰唰唰地撕出几声尖叫，再随手一扬，那些碎纸片便纷纷扬扬飘了起来，像一群蝴蝶。李福林皱起眉头说，中央"一二·六"指示信告诉我们，团结一切可以团结的人，结成最广泛的统一战线，共同打击日本侵略者，你这样做，是违背中央指示的。赵尚志激动地说，你别拿中央指示信吓唬我好不好。要我说都是马后炮，中央要是早有这个政策，我们巴彦游击队也不会失败。另外，我也跟你说，你也别拿省委来压制我。要说省委，我赵尚志也当过军委书记，也曾经是特派员。归期末了咋样，明明是他们执行左倾路线，偏偏批我赵尚志是右倾路线，还开除我的党籍。李福林脸红脖子粗地说，老赵啊，你这样的态度不对啊。我比你大几岁，我以大哥的身份再劝你一句，不知你能不能听进去？赵尚志爽直地说，你说你的，我这个人喜欢直来直去，不喜欢绕弯子。李福林说，那我就照直说了。我觉得你这个人思想不对头。过去，你在巴彦游击队，当时省委执行土地革命路线，让你打土豪，分田地，建立苏维埃政权，你不同意，说是东北跟关内不一样，已经被日本人占了，情况特殊。现在的省委执行中央"一二六"指示信精神，让我们结成广泛的统一战线，你又把送上门的力量推出去了。这是毛病啊，老赵。赵尚志拉下脸子说，缺了臭鸡蛋，照样做槽子糕。别人行，容易不行。何况他这个人见东西朝前跑，见鬼子朝后跑，我信不着他。李福林仍然劝赵尚志说，总得有个改造过程啊，我说老赵，只要我们的加强教育，我想他会变好的。赵尚志强势地说，这支队伍我当家，我说怎么办就怎么办。李福林愣愣，眯起目光睥赵尚志好一会儿，说，那好吧，你不允许容易跟我们打小鬼子，就让他跟小鬼子打咱们吧。赵尚志瞥李福林一眼，问，你说这话是什么意思？李福林说，在目前的情况下，一切的山林武装只有两条路可走，一条是跟我们打小鬼子，一条是跟着小鬼子打我们。再则说了，你现在不收留容易，让别的义勇军和山林队听说了，以后谁还敢投奔我们。赵尚志翻翻眼睛，一摊双手说，好吧，照你说的办。

　　容易接到赵尚志的信，连夜带队投奔珠河游击队。巧不巧就与接他们的游击队遭遇了。容易以为是遭遇了冤家"红枪会"，便率先开了枪。副队长王德全想到对方可能是容易的朝阳队，便站起身子高喊，我们是反日游击队，不要开枪……他的话音刚落，一颗子弹穿胸而过，将他打倒在地。容易跑过来一看，顿时傻了眼，两腿哆嗦不已，上下两排牙咯吱咯吱敲个山响。赵尚志先是爬到王德全身上喊，再用右手背贴向王德全鼻孔试探，断定王德全已是气断身亡后，他呼一声从地上站起，薅过容易的衣领，驳壳枪顶住容易的下巴，气急败坏地喊，我毙了你……我毙了你。容易两眼一黑，身体就筛了糠。说时迟，那时快，李福林一个箭步穿过去，架起赵尚志的胳臂，说，老赵，千万……别冲动……千万……赵尚志大喊一声，突然间把手枪砸向自己的脑袋，而后两手抱头，号啕大哭。哭了好久，他瞪大两只眼睛，撕心裂肺地对容易喊，你先走吧，容易。如果你真心抗日，今后再来投我；如果你敢帮小日本，我就灭了你。

赵尚志性格豪爽，敢作敢为，是个性情中人。因此，尽管他暂时没有收留容易，但各地的抗日队伍还是信服他。一时间，"好友""北来""七省""金山""太平""三江好"等义勇军和山林队纷纷而来上，接受反日游击队的改编，或者是接受赵尚志的领导。这样，赵尚志因势利导，趁热打铁，举行联军会议，最终在"不投降，不卖国，反日到底"的前提下，成立东北反日军联合军司令部，赵尚志被推举为总司令。联合军实际上是个松散的军事联盟，用珠河县委给省委的报告里的话，就是"遇要紧事时，由老赵出席召集义勇军代表会议，平时以老赵总司令名义调动。由于老赵的名誉甚高盖以我军名义上，已是哈东主要领导者矣！常调动许多义勇军。"

1934 年 4 月，满洲省委派巡视员张寿篯（李兆麟）参加反日游击队，顶替已牺牲的王德全，担任副队长，主要负责政治工作，相当于后来的政治部主任。

张寿篯（李兆麟）进反日游击队后，很是注重政治工作，注重战士的思想教育。他和赵尚志一起，在原有"六不准"的基础上，又制定了《反日游击队纪律暂行条例草案》：（一）犯下列条件之一者，枪决之：（1）违抗军令者；（2）勾结敌人，泄露军事秘密者；（3）以破坏部队为目的而进行反革命活动；（4）运动叛变或拖枪逃跑者；（5）任意烧杀民众者。（二）犯下列条件之一者，开除或罚加岗：（1）屡犯错误，屡经教育而仍犯比较严重错误者；

（2）企图附和叛变或企图附和逃跑者（3）抢夺民众财物，经教育不改者，开除之；（4）失落枪支零件、子弹，经教育而重犯者，依情节重轻或开除，或处罚；（5）初次遗失枪支零件或子弹者，依其情节重轻，或记过，或罚站岗数小时；（6）行军喧哗或夜间行军吸烟卷者，依基情节轻重或记过，或罚站岗；（7）战斗员互相打架、动武、口角，依其情节重轻，或开除，或处罚站岗，或记过。（三）有下列条件之一者，应得奖赏：（1）完成他人所不能完成之重大任务者；（2）工作成绩特别优良者；（3）工作特别勇敢者。

赵尚志见队伍越来越强，决定再次攻打宾县，给日伪统治者点颜色看看。宾县是哈尔滨附近一个县，西距哈尔滨六十公里，如果再能打下县城宾州镇，对日伪威慑力大，影响范围也广。如此，赵尚志便派人联系其他义勇军队伍，组成联军，浩浩荡荡开到了宾县城外。

这一天是 1934 年 5 月 9 日。

第二次打宾县，赵尚志仍采取先礼后兵的战术。他先给宾县县长打电话，劝他打开城门，向反日联合军投降。但这次伪县长拒绝了。原来，自赵尚志初次打宾县后，伪县长重新加固了宾县的城防设施，不但在城边建筑了炮楼地堡，而且还在城墙上架设了电网。他自以为宾县城固若金汤，今非昔比，便也不把赵尚志带领的联合军看在眼里。

赵尚志放下电话时嘿嘿一笑。他已料定伪县长不肯投降，在攻城之前，已先自动员战士，制造出了一门木炮。这木炮身长六公尺开外，口径半公尺有余，由一根粗铁管制成，外边包裹湿柳木，再用五道铁箍箍紧，周围缠上粗铁线，可装十多斤炸药，三四十斤碎铁铧铁砣。

炮车推到城门前时，赵尚志还是想不战而屈敌兵。他再次给伪县长打电话，说，你是中国人，我也是中国人，我赵尚志总是想着中国人不打中国人。如果你肯打开城门，我绝不动你一根毫毛。伪县长嘻嘻一笑，用嘲讽的语气说，你想打就打吧，你有能耐就打吧，我堂堂一介县长，怎么能向你胡子投降呢。赵尚志听伪县长如此自负，脸上呼啦啦地朝外蹿火星子，左下眼睑激烈地抽搐着。但他还是耐着性子，劝伪县长说，没有三把神沙，不敢倒反西岐。我赵尚志既然敢来，就有敢来的道理，就敢保证能攻进你的宾州城。我劝你好好想想，不要等到城破之时，再想都来不及了。那伪县长哈哈哈大笑，笑过之后，便放下了电话。

别无选择。赵尚志将左手狠狠地朝下一压，右手藤条指着城门，狠狠地下令，给我开炮，打他个汉奸狗日的！顿时，随着一道耀眼的火光，震耳欲聋的一声巨响，宾县城城墙被木炮轰出一个豁口。赵尚志手挥驳壳枪，带领着游击队少年连的战士，率先冲进了县城。

联军破县城，木炮打宾州，这样的消息飞快地传遍了东北大地，像疾风掠过草原，给被奴役的百姓带来了希望，也让日伪统治者心惊胆战。他们便组织宾县、珠河和哈尔滨的兵力，兵分两路，气势汹汹，来围剿赵尚志的联合军。

那时，赵尚志和张寿篯（李兆麟）正在三岔河柴家大院开会。他听到敌人扑来的消息后，立即让张寿篯（李兆麟）率一支队伍，到三门高家布防，阻击从元宝屯方向来的敌人，自己则率骑兵队赶赴田家油坊，增援驻扎在那里的山林队"黄炮"，并让李启东固守柴家大院。

赵尚志率骑兵刚跑上西岗，就与一伙日军不期而遇。事发突然，赵尚志立即命令下马迎敌。无奈敌众我寡，日军被射退一潮，又涌来一潮。赵尚志见取胜无望，立即带领骑兵退进了王家大院。日军尾随而至，将个王家大院围得如同铁桶一般。

王家大院分东西两院。赵尚志让义勇军"铁军"部守东院。战斗刚一开始，铁军见日伪军势力太大，便拼命杀开一条血路，落荒而逃。东院一失守，西院赵尚志的队伍就是孤军奋战了。赵尚志明白，此时要想保存自己，必须要夺回东院。这样，他就命令游击队员用梯子架墙，试图越墙而过，结果被日军的机枪打退回来。赵尚志急中生智，他亲自带领骑兵队长李根植和另外几名战士，去挖墙脚，很快就挖出一个大窟窿。赵尚志见窟窿已容一人钻过，弯腰就要朝东院钻，却被李根植抓住了肩膀。赵尚志回头瞪李根植一眼，说，你想干啥？李根植并不答话。他猛力一拉，就将赵尚志抢到墙边，自己则弯腰钻进了东院。钻进东院的李根植先夺过一挺机枪，再用机枪朝敌人扫射。结果，敌人被打退了，他自己也不幸中弹。

重新占领东院，使游击队的处境相对好了一些。赵尚志边率领战士们反击敌人，边琢磨着退兵之路。他不想跟日军死拼硬碰。这时，有人向他建议，集中兵力，冲出大门，再朝东南方向撤退。赵尚志却摇摇脑袋，不同意。他认为白天突围，无异于送死。于是，他下达命令，要求战士们坚持，坚持，再坚持，坚持到天黑就是胜利。

天色终于黑下来了。赵尚志刚想带兵突围，却发现敌人已先行撤围了。赵尚志正盘算着敌人的用意，怕中埋伏吃亏时，张寿篯（李兆麟）的通信兵到了。他告诉赵尚志说，张寿篯（李兆麟）建议，把司令部搬到三门高家去。这样，兵合一处，集中力量，更利于打破日伪军的第二轮进攻。赵尚志点点头，便率队赶赴三门高家。

第二天，天刚刚放亮，战士们正吃早饭，哨兵气喘吁吁地跑进指挥部，说是日本人的队伍开过来了。赵尚志率领战士们刚进入战壕，日本人的队伍已展开在阵地前。这是一支骑兵队伍，为首的军官骑匹高头大马。他没有把游击队看在眼里，手举望远镜，大模大样地观察着抗日军的阵地。赵尚志暗暗一笑。他从身边战士手中要过步枪，眯起左眼，瞪圆右眼，但听嗖的一声呼叫，那军官在马背上摇了两摇，人就摔下马来。日本骑兵突然遇袭，没有恋战，抢回那军官的尸体，落荒而逃。

赵尚志见敌人退兵，并不追赶。他迅速组织队伍，撤出三门高家，返回五区小街。原来，他从敌人不战而逃的迹象里，看出敌人是故意示弱，目的是让抗日军产生错觉，由此缠住抗日联合军，然后再聚合兵力，一举消灭他的抗日军。

第三章

正与邪兵外交锋

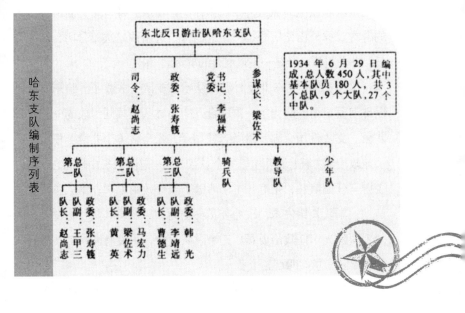

哈东支队编制序列表

东北反日游击队哈东支队

书记：李福林
政委：张寿篯
司令：赵尚志
参谋长：梁佐术

1934年6月29日编成，总人数450人，其中基本队员180人，共3个总队，9个大队，27个中队。

第一总队
队长：赵尚志
队副：王甲三
政委：张寿篯

第二总队
队长：黄英
队副：梁佐术
政委：马宏力

第三总队
队长：曹德生
队副：李靖远
政委：韩光

骑兵队

教导队

少年队

　　1934 年 6 月 29 日是个晴天，天空连朵云彩丝都没有，蓝得像一汪水，如果有条鱼儿在水中游，都能数出一片片鱼鳞来。乌吉密村上空蒸腾着微微的岚气，四周树林荫郁得像一罐老窖，溢流出缕缕的醇香。林外山峦层叠排列，近山深，远山浅，次第分明，高高低低，曲曲折折，像是一道道展开的屏风。

　　这天上午，"东北反日游击队哈东支队"成立了。哈东支队是以珠河反日游击队为主，再联合几个山林队，共同组成的一支抗日队伍。支队设司令部，赵尚志任司令，张寿篯（李兆麟）任政治委员兼政治部主任。支队下辖三个总队。第一总队队长由赵尚志兼任，王甲三任副队长，张寿篯（李兆麟）兼任政治委员；第二总队队长黄炮，副队长梁佐木，政治委员马宏力；第三总队队长曹德生，晓梦（即韩光）任政治委员。三个总队之外，另设有骑兵队、教导队和少年队，总共四百五十多人。

　　哈东支队成立后，抗日武装声威大震，在哈东地区掀起了一场打击日本侵略者的风暴，震得日本侵略者和伪政权惊呼，"小小的满洲国，大大的赵尚志。"同时，他们悬重赏，通缉赵尚志，在报纸上公开悬赏，"无论何人如将匪首赵尚志拿获送案，奖赏国币壹万元，并允许从匪者能改过自新，免纠其责，如有投诚者，不咎既往。"与此同时，他们又频频出招，妄图消灭哈东支队，清除赵尚志。

这天，哈东支队司令部上空传来了嗡嗡嗡的怪叫声，震得木棚左右摇晃，像是喝醉了酒；震得森林起伏翻动，像是大海上的波涛。赵尚志走出草屋，用左手搭起凉棚，抬头朝天跟着声音察看，就见一架飞机正低空盘旋，鬼头鬼脑，一忽儿低，一忽儿高，盘旋一圈，又盘旋一圈。当盘旋到第三圈时，它脑袋朝天，尾巴朝地，抛下了雪花般的传单，花花绿绿，飘飘洒洒。

赵尚志撤下凉棚，眯起右眼，正思忖日伪传单的内容，有个战士手抓一张黄纸传单，慌慌张张跑到他面前说，司令，你看，你看，小日本劝你投降呢。赵尚志哼哼鼻子，轻蔑地一笑，信手接过传单，刚一搭眼，霎时头皮发乍，脸色苍白，像过电似的。原来，传单的题目是"赵父告不孝子赵尚志及其兄弟书"。在此之前，赵尚志曾经想过，日伪当局会找他父母麻烦，以此要挟他就范，却没有想到事情会来得这么快，而且是以这种形式。事情过后，赵尚志才从父亲派来的人嘴里知道，哈东支队成立之后，日伪当局惊恐万状。他们黔驴技穷，就逮捕了赵尚志的父亲，把他带到伪滨江省警务厅特务科，试图从赵尚志父亲身上撕开个缺口，进而招安赵尚志。特务科长说，你知道我们逮捕你的原因吗？赵尚志的父亲懵懂一脸，连连摇头。特务科长诡诈一笑，睥眼赵尚志的父亲，说，我不想跟你废话，直截了当地说吧，我们想让你给赵尚志写封信。赵尚志的父亲张开大嘴，故作诧异状，瞪大眼睛说，这小子，走的时间太长了，连我都不知道他上哪去了。你们让我写信，不是瞎子点灯——白费蜡吗？特务科长板起面孔，说，这个不用你管，你只管给他写信就行。赵尚志父亲眯起眼睛，问，我要是不写呢？特务科长阴阴一笑，说，你听听，地下室里什么声音。赵尚志的父亲屏住呼吸，果然就听到，由地下室里透上来的声音，断断续续，凄凄惨惨，痛苦万分，撕人肺腑。赵尚志父亲知道，那是日本人在拷打抗日志士。他虽然不怕，但也不想吃眼前亏，便怯着声音说，信……我可以写。但管不管用，我可不敢保证。特务科长微微一笑，说，这个的，与你无关系。

赵尚志目光掠过《赵父告不孝子赵尚志及其兄弟书》，再稳稳神，又急切地读了下去，从上到下，从右到左，右眼眨都不敢眨动，胸口怦怦怦地狂跳，像是乱擂着一面大鼓。他是想从信中搜出"乱命"两个字。

原来，赵尚志的父亲情知他的抗日心志不可动摇，就在他离开哈尔滨时，曾郑重其事地对他说，我知道你要去干什么，我也知道你一旦选择了，就会一条道儿跑到黑。你做得对，我不拦你。但有一句话我得说到前头。赵尚志仰起头，注视着父亲满脸沧桑的皱纹，水着两只眼睛说，你说吧，我听。赵尚志的父亲说，你打日本人，日本人不会饶过我。我约莫着他们为了治你，会把我抓去，再让我写信劝降。所以，我预先跟你约好，如果你接到我的信，看到有"乱命"两个字时，就说明这信是我在被逼情况下写成的，你完全可置之不理。赵尚志诧异地问，为什么是"乱命"两个字呢？赵父反问赵尚志，说，难道你不记得"老人结草坑杜回"的典故吗？赵尚志如梦方醒，噙在眼睛里的泪水噗簌簌落了下来。

老人结草坑杜回是春秋时的故事。故事里说，晋国魏武子在患病之初，曾嘱咐儿子魏颗，等他死了以后，要将他的一个爱妾嫁人。可再过几天，到临死的时候，他又叮嘱儿子，让魏颗将那个爱妾殉葬。结果，魏颗将那个爱妾嫁了人。别人对此表示疑惑，就问魏武子儿子魏颗，你为什么要将那个爱妾嫁人，而不是殉葬。魏颗说，"疾病则乱，吾从其治也"。他说这话的意思是，魏武子病重时说的话，是"乱"话，也就是糊涂话；而在病轻时说的话，是"治"话，也就是清醒话，他要按父亲清醒时说的话去做，而不是按父亲糊涂时说的话去做。后来，秦国派兵攻打晋国，魏颗带兵迎敌，兵败被追，有个老人用草结了个草环，绊倒了追将杜回的马匹，结果反倒让魏颗捉住了杜回，反败为胜。据说，这老人，就是那爱妾的父亲。

很快，赵尚志就在信中找到了："现在父亲身患重病，神昏治乱，命在旦夕。"——他的父亲巧妙地将"乱命"两字嵌在信中，警告赵尚志不要去哈尔滨探病，以免中了日本人的诡计。

这时，赵尚志的身边已聚拢了一群人，有的咒骂，有的叹息，有的忧虑，都在为他担心。赵尚志则抬起头，手里咔嚓咔嚓撕着传单，嘴里斩钉截铁地说，自古忠孝不能两全。我赵尚志既然要打小日本，也就管不了那么多了。结果，日本人的阴谋落了空，他们不得不释放了赵尚志父亲。

日本人见劝降不成，又采取了更恶毒的手段。

这天傍晚，赵尚志刚放下饭碗，一个年轻人走进了赵尚志的草屋。赵尚志见此人斯斯文文，面相不恶，心头已先是喜欢。他问那年轻人，你是找我的吗？那年轻人不慌不忙地说，我是哈尔滨的青年团员，现在组织被破坏了，我失去了联系，只好来参加哈东游击队，跟随你打击日本侵略者。赵尚志点点头，又问，你叫什么名字？周光亚。那年轻人大大方方地回答。赵尚志说，好。我这里正缺知识分子，你就在司令部当秘书吧。周光亚立时眼睛放光，他啪地给赵尚志敬个礼，激动地说，谢谢赵司令对我的信任。我愿意为赵司令赴汤蹈火，在所不辞。赵尚志向来不喜欢听奉承话，听周光亚这样的话，更是不顺耳。如是，他板起面孔，严肃地说，你参加抗日队伍，应该想的是尽快将日本侵略者赶出东北，而不是如何如何效忠我。周光亚的脸立刻紫得成个猪肚子。他吭哧吭哧半天，竟没有说出话来。

周光亚加入哈东支队后，各方面表现都很积极，很活跃，也很会处理人际关系，博得了一致的好评。谁又想到，这个文质彬彬，相貌堂堂的读书人，竟然是日本人派进来的特务，执行着伺机暗杀赵尚志的任务。

人算不如天算。这天，又从哈尔滨来了几个人，投奔赵尚志的哈东支队。周光亚偶然发现，其中有个自己的熟人。他怕那人揭发自己，决定提前采取行动。

赶巧儿，那天经济部长李启东要去外村办事，周光亚便凑上前去，关切地说，这阵子日伪特务活动很是嚣张，你一个人走我不放心，还是让我送送你吧。李启东摇摇头，说，只十多里路，又是在根据地里，能有什么危险，你还是忙你的吧。周光亚说，我的事再忙，也没有你的生命重要，还是让我送你吧。李启东见周光亚执意要送，自己也想有个伴，便也不再坚持。

这样，两个人并排走出了村，有说有笑。出村五里多路，便是一片大树林。树林中的林木很密，林中的小道很细，他们不得不一前一后行走，李启东在前，周光亚在后。周光亚见时机已到，他拔出手枪，突然就朝李启东放了一枪。李启东回过头来，愤怒地问，你，是干什么的？周光亚一脸阴笑，说，你们不是整天防备特务吗？我就是特务。只可惜，我本来是想刺杀赵尚志，没想到让你顶了坑。

李启东，1896年出生于朝鲜平安北道，别名李友白。1919年，参加朝鲜著名的"三一"运动。后来，只身流亡到吉林通化县，入新兴士官学校学习。1921年，到云南讲武堂第十七期步兵科深造。毕业后，在广州从事革命活动。1927年返回东北，先后在兴京（今辽宁省新宾县）、宁安任小学教员，借机组织青年会、少先队、青年同盟等革命团体，任青年同盟主任，并负责编辑《青年报》。1930年，被派到阿城县（今哈尔滨市阿城区）工作。同年，加入中国共产党，组织阿城海沟一带的农民到哈尔滨参加"五一"示威游行。1932年，到乌吉密一带从事抗日宣传活动。同年9月，任中共珠河（今黑龙江省尚志市）中心县委委员，负责军事工作。1933年6月打入朝阳队，1933年10月，与赵尚志共同创建珠河反日游击队，负责军需供应工作。为了解决游击队的物资困难，不断率队从敌人手里夺取武器、弹药和经费。1933年12月，在九站北沟活捉伪保卫团长，缴获机枪1挺、手枪1支、步枪12支。1934年初，参加攻打黑龙宫战斗。同年5月，带领战士研制一门"水炮"参加宾县战斗，又缴获许多物资。1934年6月，任东北反日游击队哈东支队经济部长，继续精心管理支队的钱粮、账目，千方百计地为部队提供军需物资。1934年7月，被日伪特务周光亚杀害。

赵尚志听说李启东被暗杀，懊悔不已。他两手蒙着脸，泪水顺着指缝汩汩而出，又噼里啪啦地落上衣襟，像是一颗颗小雨点。埋葬李启东之后，赵尚志立即选出二十名思想进步、精明强干的队员，组建政治保卫队，专门对付特务汉奸。

　　这天，政保队队长来找赵尚志，他向赵尚志报告说，丑殿五和李春山两支山林队，已经被日本人策反了。赵尚志确认情报后，立即派人抓来了丑殿五和李春山。经过商议，丑殿五很快被拉出去枪毙了。但到处理李春山时，左右却面面相觑，无人发言。因为他们知道，这李春山是赵尚志的远房舅舅。

　　赵尚志见此情形，有些光火。他便催促左右说，你们怎么想的，就怎么说，被窝里放屁——照直崩。这时，政保队长说，念李队长是初犯，拉出去打几十棍子，先饶他一回吧。赵尚志不动声色。又有人说，既然丑殿五走铜了，他李春山也不能例外。赵尚志微微一笑。李春山看赵尚志笑得离奇，周身顿时就筛了糠。他扑通一声跪在地上，面如土灰，目光巴结着赵尚志，哆哆嗦嗦地说，你……我可是你舅啊。赵尚志皱起眉头，说，别说你是我舅，你就是我爹，只要当汉奸，我也不饶。

　　枪毙李春山后，一句歇后语在抗日武装中不胫而走，说是"赵尚志毙他舅——公事公办"。时间再长些，这句歇后语又演变为一句民谣，"江北的胡子——不开面"。这是因为，当年巴彦游击队活动在松花江的北岸，一般老百姓分不清抗日队伍和胡子的区别，他们把赵尚志领导的游击队和胡子混为一谈，便也称赵尚志为江北的胡子。

　　赵尚志敲山震虎，枪毙丑殿五和李春山，震慑了那些怀有二心的山林队。但还是有些山林队，看日本人势力强大，暗中与日本人勾搭连环，于九江和黄炮干脆就投入了日本人的怀抱。赵尚志为了稳定军心，灭灭日伪军的气焰，决定攻打五常堡。五常堡是五常县的大镇。它四周筑有高墙，墙外有深沟，四角有炮台，镇内还驻有警察队、商团，共三百多兵力。赵尚志之所以选择打五常堡，一是因为五常堡富甲五常，打下五常堡可以补充给养；一是因为五常堡日伪军力量强大，打下五常堡对敌人的威慑力更大，影响力更广。

1934 年 8 月 15 日，赵尚志率领三百多人，突然围住了五常堡。在五常堡墙外，他派人进城，给守军警察队长送信，晓以民族大义，敦促其率领守军投降。这队长依仗城坚人多，武器精良，干脆拒绝了赵尚志的劝降。如此，赵尚志将哈东支队分成两部分。一部分埋伏在城外，准备阻击增援之敌；一部分由自己率领，联合义勇军"邓山""奉天云"两部，分兵三路攻城。

很快，哈东支队先行突破了西北角炮台。赵尚志按照战前约定，命令战士点燃了一个大草垛。"邓山"和"奉天云"两部见到草堆火起，蜂拥而上，从东南、东北两个方向冲进城内，迅速与哈东支队汇合，同守军展开了肉搏战。一时间，口号声、喊杀声、喝骂声，从一条街道灌进另一条街道，从一个胡同灌进另条胡同，搅得五常堡里天摇地动，山呼海啸。

如此，经过四个小时的激战，联军占领了五常堡，烧毁城内炮台四座，缴获大小枪支四十余条，子弹一千多发，各种物资无数。而哈东支队则仅仅牺牲三人，受伤两人。

撤退途中，赵尚志搂草打兔子，决定顺道解决四道河子的伪军。他先让战士们穿上缴获来的伪军服装，然后再列队四排，大摇大摆，进军到了四道河子土墙外。

土墙内的伪军见城外队伍穿着伪军服装，以为来的是自己人，便问走在前头的赵尚志，你们是哪部分的啊？赵尚志也随机应变，粗声大气地说，我们是守五常堡的部队。刚才赵尚志攻城，我们没打过人家，现在撤了出来，想进城吃点东西，然后再回县城。四道河子的伪军信以为真，忙不迭地打开寨门，迎接自己的"同伙"。直到"同伙"的枪口对准了他们的胸膛，他们才如大梦初醒，乖乖地将满库棉布奉献给了哈东支队。赵尚志则把缴来的布匹分成三部分：一部分留给部队做冬装，一部分分给当地老百姓，一部分送回老根据地。临撤退时，他又带走了五十多名青年，百多名伪自卫团士兵，壮大了哈东支队力量。

强攻五常堡，智夺四道河子，极大地稳定了军心，震撼了敌人。这让日伪统治者坐卧不安，他们组织起哈尔滨附近的日伪军，向哈东支队展开了新一轮的讨伐行动。

1934 年 11 月 25 日，哈东支队刚刚驻进宾县的肖田地，就被日军包围了。包围哈东支队的是日本的望月部队。

当时，哈东支队司令部驻在村里，骑兵队驻在沟南，步兵队驻在沟里，少年连驻在东南山，共有二百多人，日伪军则有日军三百多人，伪军四百多人，共七百多人。双方力量对比悬殊，武器更不可同日而语。

赵尚志发现部队被日伪军围困，立即带领司令部成员跑上北山，指挥作战。望月部队不知道赵尚志的司令部已经撤退出村庄，他们仍然将进攻重点放在村内。赵尚志则带领队伍，从四个方面还击日伪军。如此突围与反突围，几个来回过后，天色已然有些暗淡。赵尚志见时机已到，立即组织队伍，趁天黑带领哈东支队突围而去。不料，他们刚走到大猪圈，又被另一股日伪军包围了。别无退路，赵尚志只能带领哈东支队奋勇抵抗。

　　战斗打得十分惨烈。哈东支队的战马几乎全被打散，战士死伤了十几名。赵尚志左眼紧闭，右眼迷蒙，战马阵亡，左肘也中了子弹。就在双方纠缠的紧急关头，打从西南方传来了一阵瀑布般的枪声。眨眼之时，一支骑兵队伍冲到了刘海涛的阵地。刘海涛是赵尚志手下第一大队大队长，他的眼睛已经打红了，满面灰土，看不清眼前的壮汉是谁，只能看清他头戴褐色毡呢老板帽，两只帽耳朵高高翘起，忽闪忽闪地伴着风，身穿老羊皮大氅，左手拉着马缰，右手执着驳壳枪。来人正是汪雅臣。汪雅臣见刘海涛已认不出自己，便猛地勒住了马缰。那马一蹿几尺高，再一扬脖颈，咴咴咴嘶鸣三声，还是站定下来。汪雅臣再弯腰问刘海涛，快说，刘炮，赵尚志在哪儿？刘海涛听汪雅臣称自己为刘炮，便愣愣地问，你是谁？那壮汉霹雳吼一声，我是双龙！刘海涛这才知道来人是汪雅臣。他大嘴一张，指着东南方说，赵司令，在那儿。汪雅臣面露微笑，说，你带着人先退，我去救赵司令。刘海涛硬硬地说，我听赵司令的，不听你的。汪雅臣一瞪眼睛，带着几个人，策马朝东南岗上跑去。

　　跑到东南岗上，汪雅臣一眼就认出了赵尚志，便急切地说，老赵，你快上马。说罢，侧身去拉赵尚志。赵尚志抬起头来，一脸诧异地问，你咋来了呢？汪雅臣说，都啥工夫了，还说废话，刹个楞地上马吧。赵尚志嘿嘿一笑，哈下腰，便寻找起了什么东西。汪雅臣惊奇地问，你在找啥，老赵？赵尚志连头也不抬，说，我在找藤条。汪雅臣哑然失笑，说，马都没了，还要鞭子有屁用。那可不行，我赵尚志没命行，没鞭子不行。汪雅臣当即顶赵尚志一句，扯淡。没命了，要鞭子还有个屁用。

肖田地突围之后，赵尚志住进了苇塘沟密营，一边休整，一边治疗左肘枪伤。

密营设在一座大山下，从东往西，并列着几趟木刻楞房子。木刻楞房有长有短，一律背靠大山，沿着一条小河弯曲。时值深冬，林疏山清，雪落房低，木刻楞房一个个伏在雪野上，像一朵朵白色的蘑菇，不时有三缕两缕轻烟，从蘑菇缝里钻了出来。

赵尚志住的木刻楞有五间，中间开门。东边三间盘两铺大炕，一南一北相对。大炕中间垒座铁炉，铁炉是用汽油桶改做的。铁炉里的劈柴咔吧咔吧爆响。火焰从炉口里蹦出，闪耀着红光，映照在木墙上。木墙一会儿明，一会儿暗，明暗转换，折射到赵尚志的脸上，赵尚志的脸也一忽儿明，一忽儿暗。

赵尚志刚住进密营，浑身冰凉，就坐在炉前烤火。这时，破板门嘎呀一声响，卷进一团冷风，打从外面走进来了梁树林。梁树林是哈东地区救国会会长，交通站站长，她曾掩护过赵一曼、冯仲云、张寿篯（李兆麟）等抗日领袖。赵尚志抬头，看来的是梁树林，两手朝前一扑，人就跪在了土地上，悲切地说，都怪我，没保护好，你的小儿子……也牺牲了，从此我赵尚志就是你的亲儿子。原来，梁树林将两个儿子都送进珠河游击队，跟着赵尚志打日本侵略者，结果，两个儿子都牺牲了。

梁树林两眼流泪，弯腰扶起赵尚志，镇定地说，不流血牺牲，哪能打走日本鬼子，过两天，我再把大儿媳妇送进部队。赵尚志站起身形，摇摇头说，你都四十开外了，身边总得有个人做伴，就把她留在你身边吧。梁树林说，我老梁太太身体还硬朗得很，就是不结实，也用不着她伺候我。你们打小鬼子，人越多越好。赵尚志知道自己劝不过梁树林，转过话题问，你干啥来啦？梁树林说，我是来看瘦李的，听说你在这疙瘩，就过来看看你。赵尚志扬起眉毛说，怎么，她也住在这里。梁树林点点头，说，她脖子上长个疮，正在这疙瘩扎古病，等会儿，我就找她来看你。赵尚志摆摆手，说，还是我去看她吧。梁树林说，你的伤是硬伤，怕冻，还是让瘦李来看你吧。瘦李就是赵一曼，她是珠河县中心县委委员，并以巡视员身份负责发动群众组织群众工作。

梁树林从赵尚志病房走出不久，赵一曼进来了。她上身披件光板羊皮大袄，敞着怀，露出里边套着的黑棉衣，头戴一顶黑色狗皮棉帽。帽耳朵太大，将她的齐耳短发遮住一半。这样，冷眼一看，就显得袄大帽大，脸小身小。

赵尚志眯起右眼，认出那人是赵一曼，便说，真是瘦李，想不到咱们在这里相逢了。赵一曼摘下皮帽，爽朗一笑道，刚才老梁妈妈说你住在这里，我就来了。赵尚志说，我有什么好看的，只是小伤，养几天就啥事都没有了。你看看你这一身打扮，哪来还能看得出是女子。赵一曼腼腆一笑，说，打日本侵略者，还分什么男女，我也是为了行动方便，省事。赵一曼拉过火炉前的一个木墩，坐在火炉口，将两手伸到火炉口前，烤烤，再对搓几下，侧身对赵尚志说，我听说你们在肖田地打了个大胜仗，真高兴啊。赵尚志便觉得脸上有些发烧。他说，我们这场打的是被动之仗，不如你带人端帽儿山的哨所，既打击了敌人，又给我们部队补充了武器。我听说你们往回运武器时，还把武器藏在大粪车里，躲避敌人的检查，给我说说，是怎么回事？赵一曼搓搓两手，再将两手伸到火炉口前，一边烤火，一边讲述那次运送武器的经过。

那次，赵一曼带人端了帽儿山伪军哨所，缴获了十几支短枪和一批子弹，在把枪弹朝根据地运时，却因为日伪军盘查过严，无法成行。赵一曼思量好久，终于想出了一个好办法。那就是把武器子弹用油布、油纸包起来，再放进大粪车里。这样，当大车走到城门卡子时，两个日本兵嫌大车粪臭，便躲到一边，让伪兵去搜查。两个伪兵也嫌大粪车臭，但他们不敢违抗日本兵的命令，只好胡乱地看上三眼两眼，便把大粪车放行了。

赵一曼讲过自己的故事，再抬头看赵尚志，发现赵尚志正凝视着她，便说，你知不知道，算起来我们还是同学呢？同学？赵尚志不解地问，你说我们是同学？赵一曼嫣然一笑道，你知道武汉军事政治学校吗？它是黄埔军校的分校，我还在那里学习过呢。赵尚志点点头，轻轻一声叹息，像是对赵一曼，又像是自言自语地说，要不是日本侵略者侵占东北，像你这么个江南女子，怎么能到我们东北遭这份罪呢。别的不说，就是这零下三十多度的气温，就够你们受的。为了赶走日本帝国主义，这点罪无所谓。赵一曼说，突然眉毛一挑，又说，告诉你一个好消息吧。你不是向县委打报告，要求恢复你的党员身份吗？县委已经同意了，并向省委做了报告。说不定不等你伤好，这个决定就下来了。赵尚志听赵一曼如此说，激动得他从凳子上站起身，脸上熠熠放光。他刚想向赵一曼发几句感慨，卫生员打从门外走了进来。

卫生员是来给他们换药的。她先走到赵尚志面前，解开他扎伤口的绷带，用纱布蘸上硼酸水，给他的伤口消毒。消过毒后，她手拿小镊子，小心翼翼，为赵尚志拔伤口里的药捻儿，疼得赵尚志连咬牙带咧嘴。赵一曼在一旁就笑。赵尚志惊讶地问，你笑什么？赵一曼说，真想不到，你一个连真枪真炮都不怕的大英雄，却怕换药。赵尚志就尴尬一笑，挺挺腰板，为自己辩解说，人身上的肉都是一样的，我就不信你不疼。赵一曼说，我还真的就不怕疼。

两人正说着，卫生员给赵尚志换完药，又来给赵一曼换药。赵一曼脖子上的疮口已经化脓，流出来的脓水与纱布黏合在了一起。卫生员给赵一曼揭纱布，每揭一层，都要带出丝丝的脓血出，看得赵尚志周身一个劲地抽搐，而赵一曼的眼睛，却跟着卫生员手走，一脸坦然。

　　这让赵尚志佩服得五体投地。他啧啧两声，由衷地说，你真的比我坚强，我看我这个司令，莫不如让你当了。赵一曼腼腆一笑，说，让我当司令，我可没那么大韬略。你要是欣赏我，就把我调到部队去，我愿意跟你并肩战斗。赵尚志说，那好，咱们一言为定。你去跟县委说吧。赵一曼满脸鲜花灿烂地说，你说话算数？赵尚志用右手拍下胸膛，豁豁亮亮地说，大丈夫一言，驷马难追。说过，又皱起了眉头。赵一曼问，你，是哪里不舒服吗？赵尚志尴尬一笑道，震得我左胳臂疼。

　　卫生员换过药，炊事员端着一大碗疙瘩汤进来了，汤上面漂着几片姜片。赵尚志看着疙瘩汤，用疑惑的目光看着炊事员，问，别的伤员有吗？炊事员大咧咧地说，这是我从老乡那里借来，特意给你做的。赵尚志瞪大右眼，说，给我一个人做的？不行，你从哪疙瘩借的，再给我送到哪儿去。炊事员就去看赵一曼，用眼神示意赵一曼给说说情。赵一曼盯着赵尚志的伤口，说，你伤得太重，需要补补，跟别的伤员不一样。赵尚志看看赵一曼，再看看炊事员，说，听我的，把疙瘩汤送到西屋，分给其他伤员喝。炊事员先扫赵尚志一眼，又去看赵一曼。赵一曼知道想劝赵尚志也难，只好让炊事员端走了疙瘩汤。

　　1935 年 1 月中旬，赵尚志收到了中共满洲省委的《关于恢复赵尚志同志党籍的决议》。《决议》里说，1933年春，由于巴彦游击队失败而"开除赵尚志同志的党籍"，是当时"省委执行'左'倾主义路线的结果，是错误的"，赵尚志"在民族革命战争中能继续艰苦工作，与日本帝国主义斗争，具有坚决勇敢精神，一年来创造和发展了珠河游击队，开辟了很大的游击区"，故"决定正式恢复赵尚志党籍"。

第四章

▶ 土龙山农民暴动

赵尚志（画像）

哈东支队越打力量越强，越打人马越多，越打名气越响亮。这样，满洲省委决定，将哈东支队改编为东北人民革命军第三军，赵尚志任军长，冯仲云任政治部主任。军下辖三个团：第一团团长刘海涛，政治部主任张寿篯（李兆麟）；第二团团长李熙山，政治部主任金策（后来团长是王惠同，政治部主任是赵一曼）；第三团团长张连科，政治部主任马宏力。全团共有五百多人。

1935年1月28日，东北人民革命军第三军发布了成立通告：

东北人民革命军通告第一号
关于改称为东北人民革命军的通告

鉴于日本占领东北，国民党卖国贼归顺日本以来，我哈东一带同胞陷入苦难的境遇，我们为了挽救人民，首先组织了彻底抗日的东北反日游击队哈东支队。此支队在过去的一年间的英勇战斗中，与反日的各军取得联系，破坏了哈东七县的日满统治，并在冲击了拥有超越我们百倍以上的武器的日满贼军的冬季大讨伐之后，按照东北人民革命军事委员会的指示，在"一·二八"纪念日正式成立东北人民革命军第三军第一师，以继续进行反日事业，领导一般反日人士及反日战斗。特此通告。

东北人民革命军第三军司令赵尚志

东北人民革命军第三军政治部负责人冯群

冯群就是冯仲云。他是江苏省武进县人，1926年考入清华大学，后来曾任中国共产党清华大学党支部书记。"九一八"事变后，他任满洲省委秘书长，并被满洲省委派到各地巡视、检查、指导工作。1932年10月，他以满洲省委驻下江代表的身份，组织和领导了汤原的抗日活动；1933年5月，他受满洲省委派遣，到南满视察，并传达中共中央"一二六"指示信；1934年10月，他被派到哈东地区巡视、指导工作；1935年1月，东北人民革命军第三军成立后，他又担当了第三军的政治部主任，协助赵尚志领导第三军。

这天，赵尚志正在同战士们闲聊，警卫员带进个人来。这人身穿东北军军装，眼睛炯炯有神，但衣衫却不整，面目憔悴。赵尚志眼睛一亮，立即从凳子上站起来，目光迎着那人说，请问，你怎么称呼？那人嘶哑着声音说，我是李华堂。啊，是李司令，久闻大名，如雷贯耳啊。赵尚志笑逐颜开，高兴地说，来，来，我们坐下来唠。李华堂报着脸说，惭愧，惭愧。

　　李华堂是河北省乐亭县人。在旧中国，关外老百姓称那带的人为老奤，由此，李华堂也得了个"李老奤"的外号。他原来是东北军李杜部下的一名军官。日本人打进黑龙江后，1932 年，他收编"满天星""爱国""合作""双龙"等几股土匪，成立了"中国自卫军吉林混成旅第二支队"（老百姓嫌这样的称号太长，都称之为李华堂支队），共同抗日。后来，因为屡屡吃败仗，他只好率部躲进深山。那时，他的支队只剩下了六十多人。巧不巧，这时候，"民众救国军"总司令谢文东也吃了败仗，他带着十几个人去投奔李华堂。两人商议来商议去，也别无良策，只好相约来找赵尚志。

　　李华堂见赵尚志抬举自己，眼泪就在眼眶里转。他努力克制住自己的情绪，不让眼泪流出眼眶，然后稳稳当当地坐上板凳，说，我李华堂现在是山穷水尽，走投无路，只好求赵司令拉扯一把了。赵尚志握过李华堂的手，说，不能这么说，李司令，只要是抗日，我们不能说是谁求谁，谁拉帮谁。你有什么事，尽管说，我赵尚志要是能办的，就是脑袋拱地，也要给你办。李华堂的眼泪终于流了下来。他两眼含泪看着赵尚志说，早就听说赵司令的英名，相见恨晚啊。赵尚志爽爽一笑，说，哪里，哪里，比起李司令来，相差甚远。李华堂脸上就是一阵阵红，一阵阵白，说，马尾拴豆腐——提不起来了。眼巴前，只要赵司令不嫌弃我，能收留我，在下就感恩不浅了。赵尚志说，现今抗日反满，不是这个将军，那个大帅的事，而是咱东北老百姓自己的事。只要咱们大家抱成团，赶走小日本指日可待。还有土龙山的谢文东，谢司令，我听说他目前情况也不太妙，只要他找到我，我也要扶他一马，即使他不找我，哪天我有机会，也要去找他。

　　李华堂听赵尚志说到谢文东，立马借坡下驴，说，谢文东……

他也来了。赵尚志急切地说，他也来了，怎么不进屋呢？李华堂忸怩地说，他怕赵司令不给面子，让我先进来蹚蹚路。赵尚志哈哈哈大笑，笑过之后说，都说我赵尚志是江北的胡子，不开面。其实，我不开面的只有鬼子汉奸，对那些肯抗日的人，从来都是高看一眼的。走，走，他谢司令不好意思，我们去接他。李华堂嘴唇嚅动两下，想说句什么，却没有说出口。那年他已年近天命，赵尚志二十多岁。

　　谢文东没有想到赵尚志能亲自出来迎接他。他见李华堂带着赵尚志来迎接自己，圆脸立时放出了亮光，额头沁出了汗水。赵尚志看出了谢文东的尴尬心理，就上前一步，拉过谢文东胖乎乎的肥手，热情地说，欢迎你啊，谢司令。你领导的土龙山暴动很响啊，我赵尚志比不上你。谢文东听赵尚志这么说，心里又是受用，又是惭愧。他受用，是因为赵尚志高看他一眼；他羞愧，是他把好端端的一万多的人马，全给弄散了。虽说如此，他还是夸夸其谈，向赵尚志讲述了土龙山暴动。只是，在讲述过程中，他有意夸大自己的作用，降低别人的作用，特别是景振清的作用。其实，土龙山农民暴动，最早的发起人是景振清，而不是他谢文东。

　　景振清也是土龙山地区的一个地主。他家有良田百垧，四马大车四挂，并兼着四保的保长。保长不算官，没品没级，管几个自然屯，几千口人。但景振清很在意这个保长。在其位，谋其政。在日本人占领黑龙江省依兰县之后，他心情烦躁，脸上总是阴沉着的，见谁都有些烦。作为一个中国人，他不甘心当亡国奴；可让他反抗，他还轻易不想走这条路。毕竟是家大业大啊，毕竟是有吃有穿啊，毕竟是拖儿带女啊，只要日本人不把人逼到绝路上，我就心字头上一把刀，忍了吧。景振清如此想。不料，日本人就真的把他逼上了绝路。

原来，日本人为了永久占领中国东北领土，制定了向中国移民政策。这个政策到后来发展到百万计划。占领依兰的日本人为了安置开拓民，防止中国老百姓反抗，便开始进行征地、收枪。说是征地，却不依市场行情运作，按质定价，而是明买实抢。原本每亩一百二十元四角的上等地，他给你一元；原本每亩八十二元八角的中等地，他给你一元；原本每亩五十八元八角的下等地，他还是给你一元。你"卖"得卖，不卖也得"卖"。你不卖吗，地归我种；你讲理吗，无处可讲；你想反抗吗，我收你枪。

这就把农民逼到绝路上去了。保长景振清为此上了股大火，烧得嘴唇起了一层水泡，两眼红彤彤的，像是红眼耗子，鼻孔闷闷的，说话像是舌头短了半截，人躺在炕上，一躺就躺了三天。

三天过后，景振清走出了家门，踢踢踏踏地走上了大地。时间已是公历1934年的3月初，农历的正月末，田野上的积雪开始变得暗淡，在阳光的照射下，百孔千疮，像张开的一张张嘴。不管大嘴小嘴，所有的嘴都开向西南，嘴的四周还结着薄薄的冰凌，闪烁着珍珠般的亮光。景振清步履沉重，走在这样的雪地上，脚上如同戴着脚镣，刮得地上的雪渣咔嚓咔嚓响，他只顾前行，没有听到身后的脚步。

来的是景龙潭，景振清的大儿子。他是受景振清的派遣，进县城打探消息的。结果就听到县里派兵进驻同成兴烧锅，准备镇压胆敢反抗的农民的消息。他急匆匆地赶回家来报讯，却发现景振清没在家。他惦念着父亲的安全，又想早点将这消息报告给父亲，这样便一路追寻，追到了自家的土地上。

出乎景龙潭的意料，景振清听完景龙潭的讲述后，面上竟然沉静得很，波澜不惊。这让景龙潭迷惑不解。依他的想象，听到日本人进驻同成兴烧锅的消息，父亲会心急气燥，甚至是气急败坏。

景振清见景龙潭两眼游走着困惑，他吧嗒吧嗒干裂的嘴唇，沙沙啦啦地说，这事我早就捉摸到了。你想想，这阵子整个浪的土龙山都在呛呛着收枪缴照，都在吵吵着造反暴动，他小日本听不到这消息那才怪呢。说到这儿，景振清侧目眳景龙潭一眼，蹙着浓浓的眉毛问，你识文断字的，帮老爸拿拿主意，咱们该咋办？毕竟是真枪真刀，毕竟是抛家舍地。事到临头，景振清想听听景龙潭的意见。景龙潭高小毕业，在土龙山那地界算高学历，眼光宽，平时说话，喜欢咬文嚼字，很有知识分子的风度，不像景振清，说话土得吐一股马铃薯味。

听父亲征求自己的意见，景龙潭内心受用，但面上却不露出欢喜。他像景振清一样蹙起眉头，慢条斯理地说，现在摆在我们面前的只有两条路：一条是揭竿而起，一条是拱手相让。以我的意见，与其拱手相让，莫如群起而攻之。

听景龙潭咬文嚼字，景振清头疼得更加厉害。他便大声大气地说，别跟我拽拽乎乎成不成？你就嘎嘣溜脆一句话，说我们造不造反就得了。景龙潭的脸红成一张关羽。他忸怩地说，我说的意思就是造反。他妈的小日本子，这不是明擎着不给咱们活路了吗？景振清喊一嗓子，抬起右脚，恶狠狠地踩在地上。景振清身材高大，大脸大嘴大嗓门。吼完这话，他又把目光锁定景龙潭，硬硬地问，要是打花达了咋办？景龙潭胸有成竹地说，失败就上山。景振清两眼微眯，凝视着白花花的土地，叹息一声，说，咱家这些田地，都是你太爷带着你爷爷他们一镐一镐刨出来的，一口一口省出来的。为了开荒，你大爷爷累得一口口吐血，归期末了就埋在西北坡了，才十五岁啊……景振清说到这儿，声音哽咽，说不下去了。景龙潭心中戚戚，连忙岔开话头说，要造反，人越多越好。我们要不要把各保保长都找来商量商量？景振清瞪大眼睛说，找，都找，一个也不落，尤其是谢保董。他见多识广道道多，想谋大事不能落下他。景龙潭吞吞吐吐地说，这事当然有谢保董好，就怕谢保董首鼠两端。景振清瞪起眼睛，说，啥鸡巴叫首鼠两端，你会不会被窝里放屁照直崩啊？景龙潭说，我说的意思就是怕他前怕狼，后怕虎。景振清说，他谢保董是咱这块最大个儿的地主，他不干谁干？

谢保董就是谢文东。他是土龙山地区数一数二的地主，家有良田百垧，牛马成群。1932年，依兰镇守使李杜组织抗日自卫军，谢文东曾当过几天骑兵旅的团长。后来，李杜兵败退进苏联，谢文东也回家躲了起来。谢文东这人长得身材居中，脑满肠肥，体态臃肿，属于车轴汉子那种，冷眼看去好像为人颟顸，实际上却是脑袋里弦多，工于心计。

谢文东接到景振清的邀请，立刻明白了景振清的意图。这也是他曾经想过的问题。但毕竟家大业大，他的私心更重一些，顾虑更多一些，想拿个主意也不容易。拿不定主意的谢文东不敢求人，就向佛求教。谢文东这个人信佛，平时胸前总挂着一尊小铜佛，每遇难心的事，都要先问问佛。

求佛的仪式简单又不失虔诚。谢文东先从胸前请下小佛，深情地注视片刻，而后双手托佛，恭恭敬敬地将佛供在八仙桌上，这才净手，焚香，叩头。走完这些仪式之后，他摇起卦筒。得到的卦象是犯口舌。犯口舌并不是什么大坏事，也跟造反刮拉不上。谢文东这么想，心事重重，就走出正屋，在院子里来回转。

谢文东家的院落很宽大，四面有土墙。贴北墙是一趟五间正房，正房的东边，是五间厢房；西边也是五间厢房，只不过这五间厢房是给牲畜们住的。靠北侧的两间，是草料屋，有墙有棚；南侧的三间，有棚没墙，靠院里的一侧，横着一排马槽子，并排拴着十几匹高头大马。谢文东看屋，屋亲；看马，马亲，看来看去，就看得眼睛有些湿润。

　　谢文东看的是马是房子，谢文东他老妈看的却是谢文东。她坐在正房东屋的窗台板上，右胳膊架在下窗框上沿，左手捏着大烟袋，侧身将大半个身子伸出窗外，问谢文东，我的儿啊，你大清早心忙脚乱地可院子转，是不是有啥难心事啊？谢文东听母亲喊，赶紧退回到窗前，隔着窗户扶住母亲的肩膀，说，没啥事，能有啥事呢？谢文东他老妈端起大烟袋，递到嘴边，狠狠地吸了一口，吧嗒吧嗒嘴，眯眼看看谢文东，摇摇头又说，娘都七十多了，你瞒不过娘的眼睛。有啥事跟娘唠唠，你不说娘会上火的。谢文东思忖半晌，权衡轻重，就将心事跟母亲说了。他还跟母亲说，他之所以拿不定主意，是怕他一旦起事，给母亲和家里人带来灾难。谢文东的老妈听了这话，立即板着面孔说，儿啊，你想干就干，别前怕狼后怕虎的。这小日本子骑着脖梗子屙屎，也把咱中国人造祸得够呛啦，咱们也该给他点颜色看看啦。谢文东眼睛烁烁闪亮，说，这么说，老妈同意儿起事？谢文东他老妈右手扶着窗框，站起身，左手将大烟袋锅朝窗棂上磕磕，说，儿该咋干咋干，大不了是一死吧，娘死得起。谢文东心里热辣辣的，眼圈也有些刺痒。他不再徘徊，一咬牙，一跺脚，说，有老妈这句话，我他妈的就跟他们干啦。说罢，他就地一百八十度大转弯，朝外就走。谢文东他老妈盯着谢文东走出大院，哇的一声哭了。她心疼的是她的儿子，她不心疼她自己。即使后来日本人把枪口对准她，她想的也是她的儿子，宁可自己去死，也不给儿子丢脸，不给中国人丢脸。但壮烈死去的她，无论如何，也没想到，她没有给儿子丢脸，儿子后来却给她丢了脸。

谢文东是最后一个到景振清家的。他到景振清家时，景振清家炕上已坐满了人。他们都是各保的保长，当地的头面人物，有的盘腿坐在炕头，有的仰头躺在炕梢，有的直背倚在炕柜。所有的人都在吸烟。叼小烟袋的，卷蛤蟆头的，咕嘟水烟袋的，把个三间大屋搞得烟气弥漫，像一个不断向外喷烟的大烟囱。

谢文东进屋，所有的人目光都聚集在他的身上。景振清咳嗽一声，清清嗓子，咧开大嘴说，正座给你留着呢，谢保董，缺你不成席啊。他说，用手指着地上一把圈椅。圈椅摆在南窗下，面对火炕，背对纸窗。人敬有的，狗咬丑的。谢文东忽然想起这句谚语，心里很是舒服，便逐个同炕上的人点头打招呼，而后坐上圈椅，身体后仰，两眼微眯，单等景振清开场。这是谢文东历练得油滑之处。每遇大事与人商议，他总是先听别人讲述。

景振清是召集人，自然先开了口，说，今儿个我找大伙的意思，就是呛咕呛咕小日本抢地收枪的事。现在的事体是秃头上的虱子，明摆着的事。他小日本子不但想抢咱们的地，还他妈的想收咱们的枪，咱们能容他骑咱脖梗子屙屎吗？景振清性格豪爽，当面锣，对面鼓，很爷们的那种，一张嘴就是闲话少叙，书归正传。

景振清的话音刚落，屋子里的人纷纷表态，七嘴八舌，你喊我嚷，震得满屋子烟尘乱逃乱蹿，吓得一条蜘蛛丝从黑棚上飘飘而下。吵来嚷去，最终是不交照不交枪的主张占了上风。

缄口不语的只有谢文东。谢文东不睁眼睛，也想得出所有的目光都在看他。他佯装不知，暗中却盘算着自己的取舍。从内心来讲，谢文东也想造反。不造反又能有什么出路呢？在土龙山这地界，自己的地最多，枪最多，一旦收照收枪，自己将一无所有，立马变成穷光蛋。这样的结果让谢文东不堪忍受。但谢文东还想，连依兰镇守使李杜都被日本人打花了，眼前这样的一群乌合之众，能成大事吗？思前想后，谢文东脸色阴沉，像屋里的空气，迷迷蒙蒙。

二保保长曹子恒是个急性子。他见谢文东磨磨蹭蹭，对谢文东很是不感冒，便说，谢保董，在咱土龙山这疙瘩，顶数你尿性，我曹子恒平日最宾服的人就是你。只要你谢保董嚎唠一嗓子，我曹子恒要说半个不字，就是他妈的小姑娘揍的。真不承想，到了紧关节要的当口儿，你他妈的倒成了缩头乌龟。

景振清朝曹子恒摆摆手，瞥一眼谢文东说，子恒这话说得粗鲁，但在理。谢保董，你见过大世面，又当过自卫军的团长，我们大伙都拥戴你，愿意跟着你干。景振清这是给谢文东戴高帽，也是肺腑之言。在他看来，谢文东当暴动的头儿，最合适。谢文东则苦着一张脸，仍然头不抬，眼不睁，脑袋里转的还是李杜，想道，人家李杜是大官，兵败了可以朝老毛子那边跑，老毛子也肯接收他。我谢文东算老几啊？我一旦兵败，谁理我那份胡子啊？

屋子里顿时静了下来，呼哧呼哧的喘气声此起彼伏。景振清不想再拖下去了，便干咳了一声。他的咳嗽声刚刚落地，窗户纸哗啦一声，便有一支枪筒从窗外捅了进来，不偏不倚，恰恰顶在谢文东肥硕的后脑勺上。原来，景振清已跟景龙潭约好：谢文东要是不同意起兵，就逼他就范。

谢文东觉得什么东西顶住了后脑勺。他睁大眼睛，下意识伸手去抓，就抓到了冰凉冰凉的枪筒子。顿时，谢文东耳朵嗡嗡山响，脑袋像爆了一颗炸弹，炸得里边一片空白。但毕竟是历练过大世面，他很快醒过神来，挺直脖子不回头，大声大气地说，你这是整的啥鸡巴事呢？有话不会慢慢说啊，动的哪份武把操？景龙潭厉声说，老谢头，我就问你一句话，你是想当英雄，还是当狗熊？关键时刻，景龙潭一反平时慢条斯理的性子，斟词酌句的习惯，直喊谢文东为老谢头。谢文东听出是景龙潭的声音，提溜到嗓子眼的心又落了下来。他抹一把额头冷汗，说，我×，我当是谁呢，敢情是龙潭你小兔崽子。搂着点，别他妈的走了火！景龙潭说，废话少说，你就说你到底是想当岳飞还是想当秦桧吧？谢文东说，看你这话说的，我谢文东也是一条光棍，要是不想抗日，还来干啥？

景振清听谢文东所言有理，他连忙喊景龙潭进屋。景龙潭一手拖枪，两眼瞪着谢文东，虎视眈眈——他有些不相信谢文东。谢文东一撇嘴，说，你那么瞅我干啥，小兔崽子。我过的桥比你走的路多。人无远虑必有近忧。我们要起事，就得从长计议。队伍咋组织？谁当这个头？仗该怎么打？打赢了怎么办？打不赢怎么办？这里边的道道多着呢，就凭你小兔崽子脑袋一热，能成什么大事？谢文东这话明里是说给景龙潭听的，暗里却是说给屋子里所有人听的。

会说的不如会听的。听了谢文东这话，屋子里的人面面相觑，一时鸦雀无声。最终，还是景振清打破了尴尬局面。他说，对头，谢保董说得对头。这事是得从长计议。不过，人无头不走，鸟无头不飞。既然老少爷们都同意起事，我们还是先选个大当家的。景振清说过，就把一双眼睛瞄向谢文东，示意大家推选谢文东。

五保保长厌恶谢文东的圆滑世故，就说，我看这事是振清大哥张罗起来的，振清挑头最好。景振清将脑袋摇得像个拨浪鼓，说，谢保董见过大世面，脑子里道道多，我看这头还是谢保董领好。谢文东说，这事是景老弟张罗的，理应景老弟当家。谢文东说的是真心话。他是个聪明人，知道一旦造反失败，首恶是必办的。因此，他真不想当这个头。景振清以为谢文东是谦虚，越发认真地说，我这人脑袋里缺根弦，当个急先锋还凑合，要是当老帅，那可是赶鸭子上架了。大家听我的，这头，是非谢保董莫属了。炕上人听景振清如此说，便拍巴掌的拍巴掌，敲炕沿的敲炕沿，纷纷赞成。

谢文东见大家如此注重他，兴奋得圆脸涨紫，像是喝醉了酒，不知不觉站立在地中央，主持商量暴动活动。最后商定的结果是，拉起的队伍叫"民众救国军"，总司令谢文东，总指挥景振清。军下分八个大队。每保为一个大队，每个大队二三百人，大队长由保长担任。

大事既定，所有的人都松了一口气，个个脸上喜气洋洋。这些世世代代面朝黑土背朝天的农民，为着即将到来的变故而兴奋，为着已经戴上的纱帽而激动，一时间你喊我嚷，将个土棚震得嗡嗡山响，像是要地震了似的。

谢文东喊了好几声，总算平息了混乱的场面。他大声地说，等会儿散会后，大家各回各保组织人，收集枪，人越多越好，枪越多越好。明儿个早上九点，曹子恒大队就去攻打土龙山，先给小日本点颜色瞧瞧。曹子恒听说叫自己打先锋，立马从炕上跳下地，两手朝上提提布腰带，挺挺胸膛，神气十足地说，我 ×，谢保董，不赖呆啊，真会使唤人啊。景振清眼睛睃成一条缝，说，总司令，叫谢总司令。曹子恒半张着嘴，哈哧哈哧喘着粗气，哈哧半天，突然间哈哈大笑，脸红脖子粗地说，突然改口，还真他妈的不顺溜呢！他的话音刚落，屋子里爆发出一阵痛快淋漓的笑声。

笑声过后，谢文东眯起眼睛，细声慢语地说，我寻思着，子恒曹大队长一拿下土龙山，依兰城里的日本人一准会反扑。他们要打土龙山，必经白家沟。所以，我请景振清的四大队明天晌午以前，一定要赶到白家沟设伏，让日本人有来无回。景振清立马道，请谢总司令放心，我景振清保证完成任务。谢文东抿嘴一笑，摇摇头说，这事显不着你，让龙潭大侄去就行。你是总指挥，咱们还得在一起共谋军机要务呢。

谢文东的话说得很本色，很当行，也很风度，让那些农民看了佩服、放心，仿佛胜利就像手中的小烟袋，想紧就紧，想松就松。

饭冢朝吾听到暴动农民打下土龙山镇的消息，只是轻蔑地哼哼鼻子。他是日本广濑师团第六十三联队联队长，压根就没把暴动农民看在眼里。岂止是暴动农民，就是张学良的东北军、李杜的吉林自卫军、王德林的抗日救国军，他统统都没看在眼里。他认为这些暴动农民，充其量也不过是一群乌合之众，只要他大日本皇军一到，这些农民或者望风溃逃，或者跪地求饶，顿时间土崩瓦解。因此，他决定只带一小队日本兵、五十多名伪军，前往土龙山平息暴动。

日军小队长铃木少尉生性谨慎。他不赞成饭冢的安排，就劝饭冢大佐，说，那里的农民很多，好虎架不住群狼，我们还是多带一些人吧。饭冢嘿嘿一笑。他将一口痰吐在地上，斜视着铃木少尉，说，十几个日本兵，可抵得上他十几万的农民，你懂？铃木就知道，他再劝说饭冢，已是无益，只好退而求其次，说，支那人有一句老话，叫作射贼先射马，擒贼先擒王。我怕中国人有埋伏，为了保护长官，我要求代替你坐第一辆车。饭冢睥铃木一眼，鼻子吭一吭，说，邀西。说罢，他就带上两小三大五辆汽车，出发了，沿着一条东南向的土路，开向土龙山。

车到白家沟，饭冢大佐把头伸出窗外，两眼微眯，观察两边的大地。他的左边，是条漫长的大沟，大沟的那边，是一道山冈；他的右边，是一面呈三十五度角的大坡，坡上灌木杂生，掩盖了地上的白雪。不好。饭冢朝吾想，这里要是有人埋伏，我可就要吃大亏了。他这样想，就让司机鸣喇叭，示意前边的车快点开。孰知，他的话音没落，坡上响起了密密麻麻的枪声。饭冢大佐脸色如灰，立即命令司机停车。车还没有停稳，他打开车门，一步跳下汽车，抽出指挥刀，呼喊铃木少尉，命令他组织反击，自己则躲在驾驶棚后，伸出脑袋，举着指挥刀，面对大坡，狂傲地高喊，开枪的不要，投降的要！你们投降的，大大的好处！

饭冢朝吾的举止引起了景龙潭的注意。他见饭冢朝吾张牙舞爪，乱喊乱叫，手里又举着指挥刀，断定饭冢大佐是指挥官。他抿起嘴唇，将枪口缓缓地移向饭冢大佐，再眯起左眼，屏气凝神，钩动了扳机。饭冢朝吾大叫一声，两臂摇了两摇，人便摔倒在雪地上，眼睛半睁半闭，呆呆地对着苍天。饭冢朝吾到死都不会相信，打死他的，竟然是那些农民，那些平日里忍气吞声的农民，那些只会拿锄头铲地、拿镰刀收割、拿猎枪打猎的农民。

铃木少尉听说饭冢大佐中了子弹，他慌忙从前边朝后跑，想去救护饭冢朝吾。结果，还没等他接近饭冢，自己也被民众救国军的乱枪射死。同时被射死的，还有伪警察大队长。

民众救国军打死饭冢朝吾大佐的消息，震动了全世界。《纽约时报》《泰晤士报》《救国时报》等，都对此事作了报道。这一消息很快在三江平原上传开，像阵狂风，掠过一个村庄，再掠过一个村庄。众多农民听到这个消息，纷纷而来，投奔民众救国军。很快，民众救国军就从暴动时的几千人，发展到上万人，并设伏阻击了前来"讨伐"的日军，击毁敌汽车十七辆，击毙日军北川大尉以下七十四人，伤日军北条大尉、小泉大尉、吉田中尉以下五十余人。

佳木斯的日军听到这个消息，又是恼火，又是愤怒。他们很快组织起几千人的日伪军，在飞机、坦克的掩护下，开始扫荡土龙山地区，见人就杀，见房就烧。没几天工夫，他们就杀害群众一千二百多人，炸毁和烧毁房屋九百多间。民众救国军连续与日军接仗数次，终因寡不敌众，跳出包围圈，转而攻打"湖南营"的日本开拓团。结果，他们在这里又陷入了日伪军的重重围困之中，景振清和景龙潭父子相继战死。谢文东正叫天天不应，叫地地不灵，打从东南冲进来一股人马，原来是祁宝堂听说谢文东被困，便带领他的"明山队"前来接应。

祁宝堂原来是驼腰子金矿的矿工，拉起队伍后报号"明山队"。人随队名，也有人叫他祁明山。说起祁宝堂拉队伍的事儿，还得从驼腰子金矿开始。

驼腰子金矿是老牌金矿。它从光绪十六年（1890年）开始采金，到1933年时，已采出沙金总共有五十多万两，并将原来一块荒野之地，开采成为一个大集镇。全镇有一千多户人家，六千多口人，商店、妓馆、烟馆、赌局等，应有尽有。因此，"九一八"事变后，日本人抢先占领了驼腰子金矿，并在那里设立依（兰）、桦（南）、勃（利）金矿局，组织起一支金矿局警备队，有八百多人，肆无忌惮地掠夺中国的黄金。

1933年3月里的一天，巷道中的矿工发现条大缝，像闪电般狰狞，在矿坑顶部张着大嘴，随时准备吞掉这些在黑暗中挣扎的人们。他们立即选派代表升到井上，将这个危险信号讲给经理。经理随口说声知道了，第二天照样让矿工下井。结果矿顶塌落，砸死两名矿工，砸伤三名矿工。

三名受伤的矿工里，就有祁宝堂。这祁宝堂人长得浓眉大眼，为人大气大量，虽然只有二十岁出头，在矿工中却很有威信，人脉极广。如是，众多工友见祁宝堂受伤，便纷纷为他抱不平，并要跟日本人讨个说法。祁宝堂制止了工友们的冲动。那时，他已经另有打算。

三个月后，祁宝堂的伤总算好利落了。他不声不响，秘密串联起六名拜把子兄弟，韩立中、张仲祥、尤成禄、吕景芳、赵喜儒、孙继武，把各自收藏的金沫子凑在一起，卖掉，买回一支狗牌撸子，带五发子弹，一支"七星子"手枪，带七发子弹。

6月下旬的一个中午，矿警队架枪正吃饭，祁宝堂凑到矿警班长身边。那日军班长以为，祁宝堂是要向他讨好，给他献烟呢，便也一脸受用，笑嘻嘻地回过头来。回过头的他脸色唰的一下就白了，像是流光了血：他眼中的祁宝堂没有给他献烟，而是将一支手枪对准了他的太阳穴。他正懵懂，祁宝堂的枪声响了。他的枪声一响，其他六个弟兄立刻应声而起，迅速解决了其他几名日本矿警，并夺得步枪六支，手枪两支，子弹七百多发。

占领金矿后，祁宝堂召开了矿工大会，号召矿工们团结起来，一齐跟他打日本侵略者。他的讲话刚结束，呼啦啦就站出二十多名矿工，表示要跟他一起干。

这样，祁宝堂带着三十多人，跑进了丈梨树沟。他在那里宣布，成立"东北山林义勇军"，报号"明山队"，提出的行动口号是：赶走日寇，推翻大同（伪满洲国年号），为国为民，宁死不投降。与此同时，他还制定了三条纪律：第一，不准动老百姓的东西；第二，不准私入民宅；第三，不准打骂好人。随后，他率队打进了驼腰子街警察署，缴获了一批武器弹药，几十套警察服装；率队袭击了日军运给养汽车，消灭十四名日军，缴获了大批武器弹药和军用物资。

1933年8月，祁宝堂率队回到驼腰子矿区活动时，听说金矿局要往佳木斯送黄金，他便率队埋伏在范家店北石砬子，结果是没伤一兵一卒，打死日军三十几名，缴获机枪二挺，步枪三十多条，子弹一千余发。这时，明山队已发展到了一百多人。

1934年4月，祁宝堂行军途中，听说谢文东的民众救国军被日军团团围住，他不惜冒险，前往支援。结果，就救了谢文东一驾。

谢文东突围出来，就想进山休养。祁宝堂不以为然。他劝谢文东去打驼腰子金矿，说，金矿的日伪军都出来围打你救国军了，矿里没剩几个兵，我们正好乘机收拾他一把。谢文东听祁宝堂如此说，连连点头。如此，4月23日，谢文东带领民众救国军，祁宝堂带领明山队，两队合兵，攻进了驼腰子金矿，歼敌六十多名，缴获野炮一门，重机枪一挺，轻机枪四挺，步枪二百多支，沙金四百多两。

战斗结束后，祁宝堂主张将沙金平均分配，谢文东却见财起异，把四百多两沙金据为己有。这不但伤了民众救国军的心，更伤了祁宝堂的心。祁宝堂鄙视谢文东的行为，他决定脱离谢文东。谢文东有些恋恋不舍，舍不得祁宝堂这个人，更舍不得祁宝堂的人和枪，便说，我们在一起挺对撇子的，你为什么又要离开我？祁宝堂直截了当地说，跟着凤凰走是俊鸟。俺祁宝堂原来以为你是个干大事的人，也想跟你一起干一番大事。现在看来，这步棋俺是走错了。谢文东佯作糊涂，说，这又是因为什么？祁宝堂皱起浓眉，反问谢文东，你说呢？谢文东脸上就嗖嗖嗖地冒火。他无法回答祁宝堂的话，便王顾左右，说，你在我危难时候帮助我，我还没有报答你，这让我很是过意不去。祁宝堂仰天哈哈哈大笑。而后，他低下头来，说，小事一段，何足挂齿。只要你肯打小鬼子，再有个为难遭厌，俺祁明山照样会伸出援手。不过，现在我们还是分开好。这样，将来再有个风吹草动，也好互相照应。听祁宝堂如此说，谢文东就知道，祁宝堂的成见深了。他不想再劝留祁宝堂，便挠挠秃秃的额头，说，人各有志，我也就不强求了。希望我们今后仍然是朋友。你有难时，我帮助你；我有难时，你帮助我。祁宝堂说，那是应该的，谁让我们都打小鬼子了。

祁宝堂走后，因为军心不稳，日伪军层层围困，谢文东又连连吃了几个败仗。最后，他和腾松柏带着十几人去方正县南山里，投奔李华堂。

李华堂见谢文东来投，一则以喜，一则以忧。他喜的是，谢文东来投，显示了自己的威望，扩大了自己的势力；他忧的是，自己连连打败仗，日子也不好过。谢文东见李华堂愁眉不展，便问李华堂：我看你脸上愁云笼罩，是不是有难事缠身啊？家家都有难唱的曲啊。李华堂一声叹息，将自己目前的处境，一五一十地告诉了谢文东。谢文东半天没有声响。隔了好一会儿，他抠掉眼角一块眼屎，睁大眼睛问，那你想今后怎么办？李华堂说，我倒想好了一个去处，不知你跟不跟我去？谢文东肥脸上光彩熠熠，他连忙问，你说去什么地方？李华堂说，我听说赵尚志这工夫闹得挺欢实，人强马壮，我们去投奔他，你看行不行？谢文东问，你了解赵尚志吗？李华堂说，我也是听江湖上说的，他这个人讲义气，人随和，不喜欢占便宜，是个为朋友两肋插刀都不嫌疼的主儿。谢文东吞吞吐吐地说，行……到是行。我就怕他不开面，把咱们当靠窑的绺子给吃了？再则说了，谢文东摇摇头，又说，我听说他好像是共产党，我们不是一个窝里的虫，找他，能行吗？李华堂说，行不行总得见面才能见分晓啊。谢文东琢磨再三，觉得自己目前真的是山穷水尽，也真的是走投无路，便答应李华堂，和他一起去投赵尚志。只是，临到赵尚志住的村子时，李华堂又多了个心眼。他对谢文东说，还是让我一个人先去见赵尚志吧，那样我出了事，你好带人捞我。

结果，出乎谢文东和李华堂的想象之外，赵尚志非但没有"吃"他们，反而答应他们，帮助他们收拾残局，壮大队伍。赵尚志说，你们先回去，我派一团刘海涛和张寿篯（李兆麟）先去接应你们，等我这边四脚落地了，再带人到勃利、依兰那边找你们去。打小日本，战场越大越好，人越多越好。只要咱们齐心协力，我看用不了三年五载，就能把小日本赶出中国去。李华堂听了就两眼湿润，谢文东则双手握着小铜佛，连连作揖说，多多仰仗赵司令，多多仰仗你赵司令了。赵尚志摇摇手说，别这样，别这样。我赵尚志胸中有杆秤，不管是谁，只要他打日本侵略者，我就支持他。你谢总司令为了打日本人，老婆都被日本鬼子害死了，孩子和老妈都被日本人抓去了，我不扶持你还能扶持谁。谢文东心底就涌出一股热流，呼啦啦地蹿到脸上，将他的脸烧得刺刺痒痒的。

李华堂和谢文东双双来投，让赵尚志心中痛快。晚饭，他特意让炊事员买回十个鸡蛋，煎了一盘黄嫩嫩的鸡蛋，其余照旧，仍然是芥菜疙瘩、萝卜条子，外加一把大葱、一碗大酱。谢文东扫眼桌上的几样菜，歪过头来对赵尚志说，想不到赵司令平时就吃这些东西啊！赵尚志摆摆手，说，这鸡蛋还是因为你们俩来，特意准备的呢。谢文东就叹息一声，伸筷夹了块鸡蛋。他没好意思说，他每顿饭都离不开鸡鸭鱼肉，即使到山穷水尽的地步，来找赵尚志，一匹大青骡子背上还驮着鱼虾之类的海物。他原想把这些东西拿出来，给赵尚志开开斋，再想想，又没有吭声。

第五章

罗勒密四方联手

抗日游击队与日军作战

东北人民革命军第三军的成立，震撼了哈东地区的日伪统治者，他们纠集重兵，压向珠河根据地，妄图消灭赵尚志的队伍。赵尚志则避实就虚，声东击西，能打就打，不能打就走，牵着敌人的鼻子走，拖得日伪军晕头转向，像瞎了眼睛的大瞎虻，乱闯乱撞。

这天，四道河子伪自卫团团长刚端起酒杯，哨兵就跑进来报告说，东南方向开过来一大队人马。自卫团长不敢怠慢，放下酒杯，三步两步跑到南门，果然就看到一队骑兵，身穿伪军服装，打着伪军旗帜，正朝大院开来，马蹄下翻腾着一条条尘土。自卫团长见来的是自己人，立马喝令伪军打开院门，迎接友军进院。那伙"友军"也不谦让，也不寒暄，嗒嗒嗒嗒地开进大院后，才吵吵嚷嚷地下马。

伪自卫团团长看一个军官朝自己走来，慌忙屁颠屁颠地迎到军官面前，谄笑着说，长官辛苦了，长官辛苦了。那军官板起面孔，睥自卫团长一眼，冰冰凉地说，立即集合人马，我要训话。自卫团长咔吧咔吧眼睛，略一犹豫，那军官举起手中的藤条，嗖的一声，就抽到了他的脸上。他左手捂着左脸，右眼皮翻翻，还是咋咋呼呼集合起了队伍，然后满脸哈巴着笑，请那军官训话。那军官脸孔呱嗒一下就撂了下来。他用藤条指着自卫团长鼻尖，气势汹汹地说，现在赵尚志都快打进村来了，你们还这样吊儿郎当的不做准备，哪还有个自卫团的样子？说过，他喝令手下人缴自卫团的械。自卫团团长皱起了眉头，感觉事情有些蹊跷，便不软不硬地问，你是谁啊，敢下令缴我们的武器？那军官嘿嘿一笑，挺直腰板，朗朗而道，怎么，想认识吗？我是赵尚志。自卫团团长喊声啊，不知高低，随即面色蜡黄，两腿禁不住哆嗦起来。赵尚志拍拍他的肩膀，意味深长地说，别这样装熊。中国人不打中国人，只要你肯放下武器，我保证给你一条活路。

打下四道河子，赵尚志藤条一指，甩开闻风而来的日伪军，率领政治保安营和少年连，又东进方正、依兰，去找李华堂和谢文东。他这样做是一箭双雕：既避开了日伪军的追剿，又实现了自己的诺言，帮助李华堂和谢文东扩大队伍，联手打击日伪军。

1935 年 2 月底，赵尚志率部走到方正时，与祁宝堂的明山队不期而遇。本来是寻找谢文东和李华堂，却遇到了祁宝堂，这让赵尚志很是高兴。他用目光数点着明山队的人，笑眯眯地问，哪位是祁老虎？应声走出队列来的，是位敦敦实实的年轻人。他眯眼看着赵尚志说，我是祁宝堂，你是谁？赵尚志跨向前一步，握住祁宝堂的手，说，我是赵尚志。祁宝堂听说眼前人是赵尚志，立马抱过赵尚志的双肩说，啊，你是赵尚志，我就是找你来的啊，赵司令。

冯仲云看祁宝堂一脸憨厚，心生欢喜，便笑着问祁宝堂，现今抗日的队伍这么多，你为什么单单要找他赵尚志呢？祁宝堂瓮声瓮气地说，眼巴前抗日的队伍是不少，可你想找个正经绺子，却着实不好找。这两年俺想靠李老奋，靠不住；想靠谢文东，还是靠不住。再看看这个，比比那个，觉得还是赵尚志真抗日，而且纪律严明，深受老百姓的欢迎，俺就想跟这样的人打小日本。冯仲云点点头，用赞许的目光扫着祁宝堂，说，你既然想跟我们走，有心致力于中华民族的解放，那么把名字改作"致中"，岂不更好？祁宝堂就一脸憨笑，当即表态说，俺祁宝堂听你的，从今儿个起，俺不叫祁宝堂，就叫祁致中。不过，俺把名字改了，你们还没说要不要俺呢？赵尚志拍祁致中胸脯一下，说，你认识他吗？他是我们的政治部主任，叫冯仲云，说话就算数。他不想联合你，能给你改名吗？祁致中拍拍脑袋，嘿嘿笑了，说，那你们就把我的明山队滑了吧。赵尚志连忙摆手说，不是滑，不是滑，咱们是联合起来，共同抗日。说罢，他与冯仲云、祁致中等一起商量，将祁致中的"明山"队改名为"东北革命每三军方（方正）、依（依兰）支队"，并让冯仲云给中共珠河县委写信，汇报此事。

中共珠河县委接到冯仲云的信后，又将此事上报给满洲省委。他们在报告里说："大罗勒密一带以明山为最好，明山系谢文东旧部，土龙山事件，他是一实际上之领袖。明山本是工人，自见我军后，解散了他原有的部队，新成立起来，一切都学我们，亦有少年连、保安连之组织。队内纪律严格，队员成分均工农，一般都坚决要革命。明山本人年轻勇敢，当然英雄观点是有的，他们坚决要求我军派政治工作人员。现在该队有六七十人，一架轻机枪，一个炮（要送给我们）。我军已编他为第三军方依游击团，如果我们能去一坚强政治工作人员，可使之在依勃一带活动，意义非常重大。"

3月初，赵尚志终于找到了李华堂和谢文东，在大罗勒密的密林里。李华堂和谢文东见赵尚志真的来了，后边还跟着祁致中，脸上现出了尴尬的笑容。他们不得不佩服赵尚志的影响，又为自己的无能而惭愧，甚至是丝丝妒忌，像有个小毛毛虫，蠕蠕地在身上爬。

当天晚上，大罗勒密森林里燃起了愉快的篝火。火光撒着欢儿，在人们脸上跳跃，每个人脸上都洋溢着开心的笑容。赵尚志、李华堂、谢文东和祁致中，在此召开了四方联席会议。会议由赵尚志主持。他手里拎着藤条，一脸踌躇满志，慷慨陈词：我们的抗日战争打到今儿个，已不是争奉天、抢吉林的事，更不是这个将军，那个大帅的事，而是全东北老百姓的事，全中国老百姓的事。反满抗日，人人有份。咱们今天四方能联合在一起，就说明抗日战争深入人心，也说明抗日队伍正在发展壮大。咱们一定不能辜负老百姓的期望，都要当抗日的英雄，而不是抗口的狗熊……赵尚志的话说到这时，被一阵掌声所打断。赵尚志情绪受到了感染，再讲话时，声调更是激昂：虽然说抗日人人有份，人人都可以当英雄，但也不能仨一伙俩一串分开帮地干。那样的结果，只能让小日本分别消灭。所以，咱们大家既然都要抗日，就要抱成团。当然啦，我说的抱成团，绝不是你吃掉我，我吃掉你，而是不分信仰，不分派别，各自保持各自的政治主张，协同作战，能分则分，能合则合，互相支持，互相援助，共同打他妈的小日本子……

赵尚志的讲话在一阵掌声中结束，而后就是祁致中、谢文东、李华堂等分别发言。最终，四方共同商定，在"不卖国，不投降，反日到底"的三项原则下，组成"东北反日联合军总指挥部"，推举赵尚志任总指挥，李华堂任副总指挥，谢文东任军事委员长，张寿篯（李兆麟）任总政治部主任。

张寿篯（李兆麟）就是李兆麟。不过，这是东北光复后的名字。在东北光复之前，李兆麟都是叫张寿篯（李兆麟）。

大事议定，四方抗日领袖都很兴奋，个个红光满面，神采奕奕。

赵尚志更是心花怒放。他提议说，为了庆祝东北反日联合军的成立，我想咱们四方应该联起手来，共同打开方正县城，给小日本点颜色看看。我赵尚志别的不敢吹，有一点敢夸海口，就是打起仗来，我一定会冲到前边；缴获战利品，我都会分给你们，让你们去扩大队伍。

李华堂听了这话，就拍拍谢文东的大腿。他是在说，谢文东的担心是多余的。临四方会议之前，谢文东同李华堂私下里商量，曾流露出怕被第三军占他们便宜的顾虑。

李华堂的小动作被赵尚志看到了。他以为李华堂是有话要说，就扬着一张笑脸说，请李总指挥讲几句话。李华堂没有讲话准备，听赵尚志说让他讲话，一时无所措手足，便尴尴尬尬地说，我……古人说，知己知彼，百战不殆。我的意思是说，我们既然要打方正，就要有百分之百打赢的把握。祁致中听李华堂说熊话，他拍拍身边一棵大榆树，当即顶李华堂一句，你要是怕损失，你别打，让我们去打好了，你就等在家里擎现成的吧。李华堂脸上飞红，两手一摊，不再吭声。他是内心有愧，清楚祁致中是在翻旧账。因为在此之前，祁致中曾跟李华堂合作过，吃过李华堂的亏。冯仲云见李华堂表情难堪，便给他打圆场说，李副总指挥说得有一定道理，我们是要好好商量商量，多拿出几个方案。不管如何，攻打方正这仗，只可胜，不可败。

1935 年 3 月 9 日黎明，攻打方正县城的战斗打响了。赵尚志指挥第三军少年连，率先攻进了方正东门。随后，祁致中带领方依支队，也从南门攻进了县城。李华堂、谢文东原本按兵观望，再见赵尚志、祁致中已先后攻进县城，吸引了日伪军的兵力，他们便呼啸着冲出森林，分别从西门、北门冲进了县城。如此，四支队伍兵合一处，再共同攻打警察署，很快就大获全胜，缴获几十条长短枪支，逮捕四十多名汉奸，烧毁了日本参事官宿舍，还有大批的物资。

联军打下方正不久，一句民谣不胫而走。民谣里说，"奸老奋，傻老赵，谢文东跟着瞎胡闹"。这民谣的意思是说，李华堂心眼多，吃亏的事不干，打仗时能打就打，不能打就跑，是奸；赵尚志一心一意抗日，敢吃硬，敢流血，不但把战利品都分给了谢文东和李华堂，还派人帮他们壮大队伍，是傻；而谢文东家大业大，本来可以过安生的日子，却上拉起队伍跟日本人作对，纯粹是瞎胡闹。这当然都是那个时代的产物，或者说是那些糊涂老百姓的糊涂说法。不管如何，后来的结果证明，李华堂的东北抗日联军第九军、谢文东的第八军，都是在赵尚志的扶持下成立的。这让李华堂和谢文东感恩在心，对赵尚志有着特殊的感情。

后来，据说赵尚志战死后，日本人先找来谢文东，让他辨认赵尚志的真假。谢文东走过来时，一个伪警察怕谢文东看不清，便用脚去踢赵尚志的脑袋。谢文东当即翻起了眼珠子，伸胳膊将那伪警察推倒在地，恶狠狠地说，妈的，你没长手啊！而后，他弯下腰去，只看上一眼，直起腰时说，赶紧给他准备口好棺材，别让他在这冰天雪地里露着。听见没？谢文东走后，日本人又找来了李华堂。李华堂看到赵尚志遗体，眼泪哗哗哗就流了下来，说，司令！你不也这么着了吗，你不也这么着了吗？他哽咽地说着，说过这话，头就再也没有抬起来。

当然，这些都是后话了。

联军攻克方正县城，让赵尚志的第三军声威大震。赵尚志也乘胜造势，于1935年3月25日发布布告，将联合军分为三片战场。第一片是"延、方指挥部"，由东北人民革命军第三军第一团团长刘海涛指挥；第二片是"路北指挥部"，由第二团团长王惠同指挥；第三片是"路南指挥部"，由第三团团长张连科指挥，并规定各个指挥部要负责领导、推动各自区域的反日运动，遍地开花，向日伪军发动全面的进攻。

如是，伪滨江省公署警务厅在其《匪贼月报》里记载："反日部队在第二季度出动的次数是 559 次（第一季度是 352 次），其中，4 月是 149 次，5 月是 216 次，6 月是 194 次。"如是，伪满当局编印的《满洲共匪研究》说："3 月，本月数量的增加是起因于反满数量的扩大，本月初以来，第三军顿形活跃，急袭延寿、珠河两县铁路沿线一带；4 月的特点是匪团之间合作运动的发展，尽管日满军警的严密戒备，仍然在各地召开了匪首会议（指赵尚志奔走呼号，联络各地义勇军和山林队共同抗日）；5 月，尽管日满军警的讨伐行动日益频繁，但因统一战线的发展，袭击村庄、破坏铁路等匪团活动愈益猖獗；6 月，以第三军为中心的统一战线的扩大并加强达到最高潮。有名的职业土匪，'九江'及其系统的'北来''黑塔''双龙''压五省''吉林''东访贤''西访贤'等被赵尚志说服，在同一口号下，有愈加成为一统的趋势，珠河地方俨然成为一共产王国。"

1935 年 6 月，赵尚志将第三军第一团留在方正一带，继续配合李华堂、谢文东和祁致中活动，他则率政治保安营和少年连，回到了珠河、宾县老根据地，将那里的义勇军和山林队再联合起来，形成另一个同日军作战的战场。

哈东地区的山林队和义勇军有十几股，赵尚志最先想到的是双龙汪雅臣。很快，他派去联络汪雅臣的人回来了。联络人告诉赵尚志说，汪雅臣已带着双龙队主力，到方正、延寿那边找他去了。赵尚志感慨地说，我心里有他双龙，他双龙心里也有我啊。而后，赵尚志又派人到方正、延寿一带，去找汪雅臣。

第六章

▶ **赵尚志扶持"双龙"**

《八一宣言》

　　赵尚志的人刚刚出发，汪雅臣又到了珠河。原来，汪雅臣走到方正一带，听说赵尚志已经回师珠河，便一道追了过来。

　　汪雅臣没有直接去见赵尚志，而是找到三团团长张连科，请张连科陪他去见赵尚志。张连科疑惑地问，你也不是没见过老赵，咋还让我陪你去呢？汪雅臣一脸急色地说，不行，你一定得陪我去。因为只有你才知道，我在赵司令走后，跟你合作多少次，打死过多少小鬼子。张连科明白了，原来如此。汪雅臣是想让他向赵尚志证明自己的诚心，便领着汪雅臣到了赵尚志驻地——高丽营子。

　　这是 1936 年春天的事儿。

　　赵尚志见汪雅臣登门，快活得一脸春风，连泪花都吹落了。他拉过汪雅臣的手，左右摇摇，上下摇摇，摇得声音就像荡秋千，痛快淋漓地说，真没想到，你这么看重我赵尚志，真没想到，你这样积极地抗日。汪雅臣先是眯着眼睛笑，而后细细品着赵尚志，晃晃脑袋说，你瘦了，也黑了，但精神头却更足了。赵尚志眨巴眨巴眼睛，哈哈一笑，说，你双龙找我，恐怕不仅仅是给我检查身体吧？汪雅臣来见赵尚志，本来内心还有些局促，结果被赵尚志这一笑，卷得无影无踪，像股风从耳边吹过。他愉快地说，我汪雅臣来找你，是求你收编我双龙队的。说过这话，他的目光开始琢磨赵尚志的面孔，试图从他的面孔看出他的内心活动。

汪雅臣的话音刚出口，赵尚志就愧着脸说，要是在从前呢，我赵尚志说一不二，想收编你就是一句话。但现在不行了。现在我人已经在党内，这事得向珠河县委汇报之后，才能决定。汪雅臣神色就有些黯然。他无可奈何地点点头，又摇摇头，最后垂了下去。

会见过汪雅臣，赵尚志立即去找县委书记张兰生。张兰生问赵尚志：你是什么意见？赵尚志坦率地说，我原来就想他双龙独立干好，现在还是这么想。因为这样影响会更广泛，活动范围也会更大一些，同时，也利于团结各支山林队。张兰生说，那你的意思，是仍然让他独往独来？赵尚志说，也不是如此。按我原来的想法，是将他双龙的队伍，编为东北人民革命军第八军，这样既为抗日造了声势，也保留了双龙的单独活动权。张兰生沉吟片刻，说，这倒是一条不错的建议，我赞成。只不过，他双龙是山林队的底儿，我们要扶助他成立第八军，必须得给他配个好政治部主任，你看看谁最适合？赵尚志坦率直言道，如果你没有其他人选，我到想把三团的政治部主任侯启刚调去。他这个人理论水平强，工作热情高，他们一文一武，正好是一对。张兰生说，侯启刚这人理论是高，可他喜欢夸夸其谈，性格又有些急躁，凡事好钻牛犄角尖，我怕他同汪雅臣搞不好关系。赵尚志说，如果说急躁，我的性格比他还急躁。按你的说法，我就什么事都别干了呗？张兰生苦苦一笑，说，一码是一码。你和他有相同的地方，也有不同的地方。他读过的马列主义书多，教条主义也严重。你则既有理论基础，又有实践经验，跟他不一样。要不，我们开个县委会，再问问仲云、韩光、朱新阳他们的意见吧。

县委会开得很激烈。最后，还是赵尚志一锤定音。他说侯启刚是三团政治部主任，这两年没少同汪雅臣接触，彼此之间多少有些了解。如果再派个新人去，恐怕更不好开展工作。张兰生听赵尚志说得有理，便也不再坚持自己的意见。不过，他还是提议把周庶泛也派去协助侯启刚工作。周庶泛同志性格沉稳，足智多谋，可以弥补侯启刚的不足。他在县委会上说。

侯启刚一到第八军就脑袋疼。他对第八军的很多东西都看不惯。比如第八军内还保存着"四梁八柱"的土匪组织形式，"炮头""粮台""翻垛""水香"，应有尽有；比如土匪"挑枪片子"分红形式，按两支枪顶两个人的标准，分配缴获来的敌人财物，等等。他认为这些都与党领导的队伍格格不入。依照他的性格，他一到第八军，就会大刀阔斧，雷厉风行，砍除这些陋习，像用镰刀割草，嚓嚓嚓嚓，嚓嚓嚓嚓，而且还要斩草除根。

周庶泛及时劝阻了他。周庶泛说，现在你跟汪军长提出这些要求，汪军长会立马让你走人的。那你说怎么办？侯启刚心胸坦荡，说话总是直来直去，像轨道上跑着的火车。周庶泛不慌不忙地说，我来的时候，县委嘱咐我，一定不要操之过急。因此我想，咱们最好是先办个训练班，宣传党的抗日主张，提高他们的思想觉悟，培养一些积极分子，发展一些党员，待到时机成熟后，再对队伍进行改造。侯启刚皱皱眉头，还是听周庶泛的话，办起了训练班。在训练班里，他口若悬河，滔滔不绝，极力宣传党的路线，大讲阶级斗争，甚至将第八军分成两个阶级，一个是剥削阶级，一个是被剥削阶级。这理所当然遭到一些人的反对。只是，碍于赵尚志的面子，他们也都容忍了。

很快，侯启刚办的训练班结束了。军长汪雅臣、副军长张忠喜等主要领导，都在训练班里参加了中国共产党。侯启刚以为汪雅臣一参加党，就会按党的要求办事，就会支持他，对第八军实行全面改造。结果，他就想错了。

这天晚上，侯启刚走进汪雅臣的窝棚，向汪雅臣建议，改变队伍的组织形式，调整队伍的分配形式。不料，汪雅臣当即表示，他同意改变第八军的组织形式，却不同意改变第八军的分配形式。侯启刚便火火地问，你是共产党员，你的第八军是共产党的队伍，为什么不按共产党的章程改造军队呢？汪雅臣白了侯启刚一眼，不谦不让地说，我是共产党员，不假；我的军队是共产党的队伍，这也不假。可你知不知道，我的第八军是拉绺子起家的？我要是今天取消无偿应酬费，取消勤务兵赏钱，明天，我的那些四梁八柱就会吹灯拔蜡卷炕席，你让我今后还领着谁打仗？侯启刚抿抿嘴唇，再摘下眼镜，用左手抹抹右边的镜片，用右手抹抹左边的镜片，然后将眼镜戴上鼻梁，沉吟着说，我们共产党员是民众的先锋，我们只有先提高自己的觉悟，才能提高其他指战员的觉悟，如此，才会尽快地将第八军改造成党的队伍，提高整支队伍的战斗力。

汪雅臣听侯启刚说得头头是道，就是有些不切合实际，自己又没有能力说服侯启刚，便苦笑着说，我们这些人都是大老粗，你跟我们说话，别拽拽乎乎的，我们听不懂，就像对驴弹琴。说过这话，他觉得有些不对味，吧嚓吧嚓嘴，又想不出错在哪里，便抬起双臂，懒懒地伸了个懒腰。侯启刚就明白汪雅臣这是送客了。他愣眉愣眼地看看汪雅臣，鼻子哼了哼，说，看来你汪军长是组织上入了党，思想上离党还有一段距离啊。说过这话，他甩甩袖子，低头走出地窝棚，差点跟苏安人碰了个满怀。

这苏安人自称受李杜派遣，到汪雅臣的双龙队，来做抗日宣传鼓动工作的。汪雅臣很是看重他。虽说不上言听计从，却也敬为上宾，给他开小灶。侯启刚到第八军后，批评他生活腐化，并断了他的特殊待遇。他表面唯唯诺诺，却心怀不满，总想寻找机会，挑拨侯启刚与汪雅臣的关系。

这次，苏安人见侯启刚阴着脸走出地窝棚，就知道他是碰了钉子，不得烟抽。苏安人便见缝插针，对汪雅臣说，这个侯主任啊，他太高傲了，不把我们当回事也就算了，可他还把你军长不当回事，那就不应该了。汪雅臣沉默不语。苏安人得寸进尺，接着说，像他这样夸夸其谈的人，成事不足，败事有余，留在我们这里早晚都是祸害，我看不如干脆点，让他哪来的回哪去得了。汪雅臣冷冷一笑，说，我看侯主任这人不坏。起码他有话都说到明面上，不像你当面甜嘴巴舌的，背后说人家坏话。苏安人满脸喷血，再也说不出一句话。从此，他不敢在汪雅臣面前再讲侯启刚的坏话，却总在下面煽风点火，挑拨侯启刚与中下层官兵的关系。如此，一些人便找到汪雅臣，向他摊牌，说是不让侯启刚走，他们就走。

汪雅臣真的不想让侯启刚走。他虽然对侯启刚的教条主义颇有意见，但对侯启刚这个人，他还是挺喜欢的。何况侯启刚还是赵尚志派来的人，还是他主动请来的人。可不让侯启刚走，自己的兄弟又怎么带？他们要一拆台，我这支队伍还怎么打仗？他越想越头疼，越想越心烦。最终，他咬咬牙，找到了周庶泛，向周庶泛倾吐了自己的苦恼。周庶泛权衡利弊，决定将汪雅臣的两难处境，告诉给侯启刚。他不好意思直接跟侯启刚讲，让侯启刚离开第八军。

侯启刚听过周庶泛的介绍，瞪大迷惑的眼睛，沉沉地说，我走了，你走不走？周庶泛明确地说，你走了，我孤掌难鸣，怕是也不好开展工作了。侯启刚拧紧眉头说，那好，我这就去找汪雅臣。说过，他迈开大步，走进汪雅臣的窝棚，正言正色地对汪雅臣说，为了第八军的团结，我们可以离开第八军。汪雅臣难堪一脸，说，那，我就带人送你一程吧。侯启刚执拗地说，送不送我都行，但我希望我们走后，你不能放弃党对第八军的领导。汪雅臣说，你放心。我汪雅臣既然选择了共产党，就会一条道跑到黑，碰到南墙也不回头。何况军内还有张忠喜等几个党员，我们会领导好第八军的。但送你，我还是一定要送的。为了咱们这几十天的合作，我要送你一份厚礼，打下西关街。西关街横在第八军通往山外的路上，当时驻有日伪军的联合讨伐队，是汪雅臣走出南山里的一只拦路虎。汪雅臣视它如眼中刺，早就想拔除它了。

　　侯启刚听汪雅臣要打西关街，他为汪雅臣担心，便说，西关街虽然小，但日伪军装备好，人员多，而且村里村外都修筑了工事，可谓易守难攻，想打西关街，一定要有充分的准备才好。汪雅臣听侯启刚如此说，猜想他胸中已有了主意，便问，那你说该怎样打才好呢？侯启刚扬起声音说，你是军长，打仗的事，还是你拿主意吧。侯启刚人长得身材高大，在一米八十以上；眉清目秀，看上去文质彬彬，但说起话来，又快又响，像大锣大鼓，喤喤喤喤，嗵嗵嗵嗵，余音绕梁，久久不息。汪雅臣爽朗一笑，说，我还是想听听你的意见。侯启刚见汪雅臣情真意切，并非虚套，便也放开顾虑，大锣大鼓地说，根据西关街敌人的布置情况，我想先由我带几十个人，去抢占北山，引蛇出洞，让据点里的敌人向北山进攻，你则趁敌人出据点时，率队攻打据点，如此胜利的保证更大一些。汪雅臣用惊奇的目光扫扫侯启刚，说，看来，你也不全是一个书呆子啊。他嘴里这么说，心里就想挽留侯启刚，但咔吧咔吧嘴，他把溜到喉咙的话又吞了回去。

按照侯启刚的建议，第八军顺利地攻下了西街，缴获了一些战利品。这也引起了日伪政权的警觉，他们此时才认识到，双龙已今非昔比。这样，1936 年 6 月，他们调集一千多个日伪军，组成一支讨伐队，杀向舒兰县朱旗镇。那时，汪雅臣的第八军正活动在此地。

汪雅臣听到情报后，他根据以往经验，断定伪军应在前边，日军应后边。这样，他便派出一小队战士，到镇外十里处设卡子，自己则率领大部队，埋伏在镇外的公路两边。

果然，日本人让伪军走在前头充当炮灰。卡子上的战士见到伪军，胡乱地向敌人放几枪后，便节节撤退。那些伪军不知是计，以为汪雅臣的人少，力弱，不敢跟他们对抗，便扬扬得意，放开胆子，一路追了下去。

后边的日军更不把几个溃兵放在眼里。他们打着战旗，排着两路纵队，旁若无人般地向镇里行进。当他们走进镇口的时候，汪雅臣的匣子枪响了。随即，两边树林里的枪声炸起，像疾风暴雨落向日军队伍。结果，还没等鬼子架好机枪，汪雅臣已发起了冲锋。他带着五百多名战士，杀向三百多个日军，一举消灭了一百多个日军。不幸的是，汪雅臣的大腿在战斗中受了伤。这逼得他不得不带队回九十五顶子山，一边休整，一边疗伤。

汪雅臣伤好时，已是秋天，万木萧疏，千山霜冷。为了筹备过冬的给养，他决定带队去打沙河子。

临近沙河子时，汪雅臣派人先去大东屯，找到百户长孟某，请他给部队准备晚饭。这孟百户是个大地主。从前，他怕汪雅臣砸他的窑，曾经给汪雅臣送过给养，博得了汪雅臣的信赖。这次，他接到汪雅臣的通知后，很是犹豫了一会儿，心里盘算起了小九九：如果不听双龙的吧，说不定哪天双龙会神兵天降，找他算账，他没个好；如果听从双龙的吧，说不定什么时候让日本人知道，他还是没个好。如此前思后想，左顾右盼，孟百户咬咬牙，跺跺脚，决定向日本人告密。毕竟现在是满洲国，日本人势力强大，他双龙这小小泥鳅，能翻起多大的浪？孟百户这么想过，他一面满口应承，通知各家各户给第八军做饭，一面派出亲信给沙河子日军守备队送信。

傍晚时分，汪雅臣带领大队人马开进了大东屯。孟百户笑出一脸糖蜜，说得天花乱坠，恭恭敬敬地将战士派往各家。待战士们都有了着落之后，孟百户将汪雅臣等人带回自己家。他家正厅的八仙桌上，摆满了鸡鸭鱼肉，炕上一个黑瓷酒缸缸口洞开，从里边蒸腾出缕缕酒香，像一个个小虫子，络绎不绝地钻进汪雅臣等人的鼻孔里。

汪雅臣满脸堆笑。他一边向孟百户道谢，一边招呼张忠喜等落座。他们刚刚端起酒碗，就有名战士抱着肚子，哼哼哟哟地虾进屋来，说是肚子疼得厉害，怕是得了绞肠痧，嘴里连连呼唤，求汪雅臣救命。汪雅臣皱起眉头，只好请孟百户出去，找个郎中。那战士看孟百户走出屋门，便诡秘一笑，立起身来，贴着汪雅臣耳朵，嘀咕了几句话。汪雅臣嘿嘿一笑，说，来，来，你也坐下来喝酒。这东西驱寒升火，说不准就把肠道烧通了呢。

酒足饭饱之后，汪雅臣哗的一声，将酒碗摔到地上。孟百户正楞怔，那战士呼的一个饿虎扑食，上前就摁住了孟百户。事发突然，孟百户满脸鬼色，四肢哆嗦，两排牙咯吱咯吱，就乱敲个不停。过一会儿工夫，他透过气来，大声大嗓地说，我说双龙大柜啊，这事……是不是你整岔劈了？有话你可以当面锣、对面鼓地明说啊，不该这样整治我啊……汪雅臣劈头盖脸就说，谁做的事谁知道。你对我怎么样，等我打完小日本再说。说过，他叫人捆上孟百户，自己则带着队伍，赶到小黑顶子山，在那里设下了埋伏。

夜半时分，沙河子守备队果然倾巢而出。他们以为汪雅臣还蒙在鼓里，便轻装简服朝大东屯偷袭而来，妄图一举消灭第八军。不料，他们刚走进小黑顶子，四处里便枪声大作。最后，他们只逃回去十多个人。其他七十多人，全部被汪雅臣击毙。

战斗结束后，天光已是大亮。汪雅臣打扫过战场，率队回到大东屯，立马处死了孟百户。

第七章

女英雄视死如归

赵一曼和儿子在一起

　　赵尚志率队东征归来的消息，很快传到了伪滨江省。日伪想趁赵尚志立足未稳时，一举歼灭他的队伍。这样，1935 年 7 月，伪滨江省纠集三千多日伪军，扑向珠河，发誓要"毁灭赵尚志的根据地"。展开军事行动的同时，他们釜底抽薪，一方面"归屯并户"，建立"集团部落"，妄图断绝抗日武装的给养，切断抗日武装同人民群众的联系，陷抗日武装于孤军奋战；一方面收买"职业匪"（指胡子），分化"政治匪"（指参加统一战线的义勇军），打击"共产匪"（指共产党领导的抗日队伍），舍轻就重，专门寻找赵尚志的第三军作战。

　　赵尚志仍然坚守运动战，避实就虚，避多就少，在运动战中打击敌人，在运动战中发展壮大自己。结果，敌人没有将赵尚志的第三军剿灭，反倒让赵尚志将原来的三个团拓展成六个团。第一团团长刘海涛，政治部主任张寿篯（李兆麟），全团二百多人；第二团团长王惠同，政治部主任赵一曼，全团一百来人；第三团团长张连科，政治部主任候启刚，全团一百来人；第四团团长郝贵林，政治部主任金策，全团七十多人；第五团团长尹庆树，全团九十多人；第六团团长孟广才，政治部主任祁占海，全团六十多人。除此之外，第三军还有五常、双城游击团五十多人，路南独立营四十多人，司令部政治保安营五十多人，少年连二十多人，执法处四十多人，总共兵力达到八百余人。

反击围剿的战争很是残酷，也很是紧张，但这并不能阻止指战员们对生活的渴望，对美好的向往。

8月里的一天，赵尚志带着几名战士，刚走进一个山村，恰巧碰上了赵一曼。那阵儿，第二团政治部主任赵一曼正在给伤员洗衣服。她见战士们个个脸上都不干净，便说，你们还要不要脸了，快，都给我下河洗洗脸去。有个战士朝赵一曼使个鬼脸，半是开玩笑，半是认真地说，我们赵司令说了，国都丢了，要脸还有啥用。赵一曼再看看赵尚志，更是哭笑不得。原来，赵尚志是个不修边幅、不讲卫生、不注重形象的人。平常时候还好些，若遇到行军打仗频繁，他的脸经常是三天两头不洗，身上衣服油渍麻花，脖上厚皱黑得像车轴，比不上个好小猪倌。

赵一曼忍住笑，皱起眉头对赵尚志说，怪不得你的部下个个都这么窝囊，原来是跟你这个司令学的啊。赵尚志脸上就呼呼地发热，他不好意思地看着地面，似乎想找个地缝钻进去。最后，他抬起头，迅速巡视一周身边战士，突然扬起手中的藤条，一边像轰鸭子似的轰那帮战士一边说，都给我下河，你们都给我下河洗洗你们的花狗腚。我的脸本来就让蒋介石张学良给丢一半了，再让你们给丢一半，我还有没有脸了！喊过，他扔下手的藤条，率先走下河床。

小河里顿时喧闹起来。水面飘起战士们哗啦哗啦的洗脸声，嘻嘻哈哈的说笑声，哗哗啦啦的扬水声。水花在夕阳下跳动着碎金般的光芒，散落在战士们的身上，将战士们打扮得像天兵天将，个个披金挂银，通体闪着耀眼的光芒。

赵尚志洗过澡，看赵一曼还坐在草岗上，他便朝赵一曼走去。那是一片开满野花的草岗。草岗上缀着各色各样的野花，黄的百合花，红的野罂粟，蓝的马兰花，紫的燕尾花，热热闹闹，吵吵嚷嚷，将一块大草岗装点成盛夏的舞台，招惹得蝴蝶在上边舞蹈，蜻蜓在上边唱歌。

赵一曼见赵尚志朝自己走来，扬起笑脸问，怎么样，洗完澡是不是很舒服啊？赵尚志尴尬一笑，弯腰坐在赵一曼身边，再从上衣口袋里摸出一张黄纸，小心翼翼地打开，送到赵一曼面前，说，瘦李，你念过大书，我想请你帮我改改诗。改诗？赵一曼扫赵尚志一眼，说，战斗这么紧张，你倒有闲情逸致写诗？她嘴里这么说，手还是伸向赵尚志，接过他递过来的诗。诗是一首《满江红》：

> 黑水白山，
> 被凶残日寇强占。
> 我中华无辜男儿，
> 备受摧残。
> 血染山河尸遍野，
> 贫困流离怨载天。
> 想故国庄园无复见，
> 泪潸然。
>
> 争自由，
> 誓抗战；
> 效马援，
> 裹尸还。

看拼斗疆场，
军威赫显。
冰天雪地矢壮志，
夜凄雨勇倍添。
待光复东北凯旋日，
慰轩辕。

真想不到，你老赵还是个大才子啊？赵一曼看过诗，赞扬赵尚志说。赵尚志脸上燥红，羞涩地说，诗写得不好，你给我挑挑毛病。赵一曼也不谦虚，也不推诿，诚恳地说，我看这词写得挺好的，气势挺大，感情充沛，抒发了胸中的豪情壮志。你看，"待光复东北凯旋日，慰轩辕"这句，虽然说是模仿岳飞的《满江红》，但也可以说是力透纸背了。但有个别句子，我看还是要推敲推敲更好。赵尚志听赵一曼说找出了诗的毛病，他眼睛噌噌放亮，急切地说，说说，都有哪些地方需要改动？赵一曼鞭然一笑，说，要是让我写，我就不写"效马援，裹尸还"。为什么呢？因为我们保卫的是自己的国土，要不，就把日本侵略者赶出中国去；要不，就战死在自己的国土上，没有"还"不"还"这一说。另外，你只写"中华男儿"，不写中华儿女，是不是轻视我们妇女呢？赵一曼故意逗赵尚志，调皮地说。赵尚志挠得平头喀吃喀吃响，心悦诚服地说，我没想那么多，我真的没想那么多。赵一曼嘿嘿一笑，说，我是跟你开玩笑呢，看把你急得那个样子。其实呢，战争是不分男女的。在日本侵略者面前，我们都一样承担着光复东北的责任。赵尚志点点头。他伸左手，从赵一曼手中接过诗稿，右手撑着草地，站起身来说，县委通知我去参加会议，你知道是什么内容吗？赵一曼也从草地上站起身，说，我知道一些，主要是研究开辟新战场的事。这回，我们再相见，恐怕得隔很长一段时间了……赵一曼说到这儿，停顿一下，爽爽朗朗一笑，又说，再见时，我可不想再看到一个邋遢司令啊。赵一曼说过这话，就同赵尚志握手告别了。她当时无论如何也想不到，她这一握手，就是同赵尚志永别了。

原来，中共珠河县委为了粉碎日伪军的大讨伐，开辟新的游击区，壮大抗日武装，决定战略转移，派赵尚志率领第三军主力远征方正、依兰、勃利，将抗日游击战斗扩展到牡丹江沿岸地区。赵尚志临行前，将第三团留在珠河铁道南活动，将第二团留在铁道北活动。第二团的团长是王惠同，政治部主任就是赵一曼。

这时已是 1935 年 10 月。

赵尚志走后，王惠同和赵一曼带领第二团同日伪军展开了运动战，并在运动中消灭敌人。

不幸的是，1935 年 11 月，第二团主力被日伪军包围了，在珠河县的侯林乡。打退几次日伪军的进攻后，赵一曼目光炯炯，沙哑着声音对王惠同说，王团长，今天晚上是最后的机会了，你带部队和伤员朝外冲吧，我带一班掩护。王惠同立即摇着脑袋说，这不行，你是女同志，你先走，我掩护。赵一曼冷峻地说，我从来都认为上战场的就是战士，不分什么男女。目前的问题是，我们第二团能离开我，离不开你。所以，你有责任也必须要把部队带出去。赵一曼说过这话，不容王惠同还口，便挥手招来身边的几个战士，说，走，你们跟我来。王惠同没有再争辩。他两眼愣愣地看着赵一曼，泪涔涔地说，你——多保重。赵一曼回眸一笑道，我们后会有期。说过这话，她就带着几个战士，朝着敌人火力最猛的地方冲去。他们的火力吸引住了敌人的火力，掩护王惠同带队冲出了包围圈。只是，王惠同刚刚冲出包围圈，就被俘虏了，最后被敌人杀害。

赵一曼也在突围中受了伤。她的伤在大腿上，是那种洞穿伤，只好躲藏在一个老乡家养伤。日本特务很快侦探到了这个情报，于是来抓赵一曼。赵一曼不想当俘虏，更不想连累老乡。她从土屋从中爬出来，拖着伤腿，同抓捕的敌人展开了枪战。结果，在战斗中，她的左腕又中了一枪。最终被敌人逮捕，送进了珠河县城。

珠河县伪警务署首席指导官是日本人，名字叫远间重太郎。远间重太郎见赵一曼不是一般人物，便立即给哈尔滨打电话，将俘获"女匪"的消息告知了大野泰治。大野泰治是伪滨江省警务厅特务科的股长。

大野泰治接到远间的电话，立马想到被俘人是赵一曼。那时，在哈东地区，赵一曼已是声名赫赫，伪满《大北新报》就称她是"挎双枪，骑白马的密林女王"。大野泰治在猜想到那人是赵一曼后，他大喜过望，放下电话，立即奔哈尔滨火车站，坐车去珠河县。

火车轰隆隆地朝南行进着。大野泰治心急如焚，就嫌火车开得太慢。他甚至还想冲进火车头去，代替司机开动火车。百般无奈之后，他跷起二郎腿，两眼扫视着窗外景物，脑海里开始勾勒赵一曼的容貌。以他的想象，这个在哈东地区声名震天的抗日领导人，这个挎双枪骑白马的密林女王，应该长得浓眉大眼，骨粗身高。

结果出乎他的意料，他看到的赵一曼竟然身材消瘦，细眉凤眼，一脸山青水秀。

那阵儿，赵一曼正坐在一间马料房的高粱堆上。她上身穿一件黑布棉袄，下身穿一条黄布棉裤。棉裤的右腿已被血水浸透了，上面结成一块皱皱巴巴的冰板。冰板上的血沫仍不断地浸出来，在褶缝里鼓起一个个小气泡，像一粒粒没有脱皮的高粱。赵一曼的伤势很重，但她的面目表情仍然是高傲淡定，就那么蔑视着大野泰治。

大野泰治被赵一曼的气质震撼了。他破天荒地没有坐下去，而是站着审问赵一曼，左手肘压着高高的太师椅背，右脚蹭着冻得如同铁板的土地，发出咔咔的响声。在以后的岁月里，大野泰治曾无数次想起赵一曼，想起他审问赵一曼时的失态，得出的结论也只有一个：他是被赵一曼的气质镇住了。在当时，他的确是站着审问赵一曼的。这在他罪恶的审问生涯中，只有一次，唯一的一次。

大野泰治微眯两眼，故意压低声音，说，相互认识一下好吗，我叫大野泰治，你叫什么名字？赵一曼没有站起来。她想站也站不起来。她垂下眼睑，把本来观察大野泰治的目光垂下，信手拈起一棵高粱穗。那是一棵已被石碾碾过的高粱穗。赵一曼想看看，上边的高粱粒是否全被压出去了。她一边巡看着高粱穗，一边回答大野泰治说，赵一曼。赵一曼声音很细，也很柔和，连头也不抬，似乎是漫不经心。其实，她的心里复杂得很。她已知道她面对的是一个既有专业素质又狡猾的敌人，她想，对付这样的敌人，应该有更充分的准备。

赵一曼的柔和让大野泰治想到了中国的江南，想到了江南三月的莺飞草长。大野泰治还想，像这样江南一般的女子，我拿下她来只需用吹灰之力。他这样想着，脸上现出微笑，问，请问赵一曼女士，今年多大年纪？赵一曼答，三十。大野泰治问，什么地方人？赵一曼答，四川宜宾。大野泰治大喜过望。他为自己判断的正确而欢欣鼓舞，以为眼前的这个女人一定是个软弱的人，像她的身体，或者说是被即将面临的死亡吓呆了，否则，就无法解释她的直率，她的坦诚。于是他说，我去过你们中国南方，那可是个好地方啊，山青水秀，鸟语花香。可我不明白，你既然是南方人，不好好在南方待着，跑到我们满洲国来干什么呢？

赵一曼扔下手中的高粱穗，抿抿干裂的嘴唇，瞥了大野泰治一眼，问，你们是谁？你是谁？你不是日本人吗，怎么又说自己是满洲国人。我是中国人，不承认满洲国。大野泰治脸上火辣辣地烧起大火，烧得他火气哧哧地朝外蹿。他极力克制自己，再用温和的语气说，好了，我们就别再做文字游戏了，还是直截了当一些好。请问赵女士，你为什么要从事反满抗日活动？赵一曼说，这还用问我吗，大野先生？我看你最好先问问自己，问问你们侵略中国是什么行为，你们在中国都干了些什么。这些，你心里不是明明白白的吗？大野泰治说，我们占领中国是为了保护中国不被侵略，是为了开发满洲。我们日满一德一心，共同建设五族协和（日本、朝鲜、蒙古、满洲、汉族）的社会，不是很好吗？赵一曼说，大野先生说自己的行为是为了保护中国，可难道不是你们跑到中国来杀人放火吗？难道不是你们大量地掠夺中国的资源吗？难道不是你们逼得我一个妇女也从南方跑到关外，来反抗你们，保卫自己的祖国，拯救苦难的同胞吗？

大野泰治目瞪口呆。他觉得目前的位置被颠倒了，不是他在审问赵一曼，而是赵一曼在审问他。此时，他才悟到他开始时的判断错了。他面对的这个身材单细的女人，不但有很高的文化，很好的口才，而且还有很坚强的性格。他这样想着，翻翻眼珠说，好了好了，我还是那句话，你就别扯这些闲话了，只要老老实实回答我的问题就行。我想问你，赵女士，赵尚志的部队在什么地方？赵一曼说，关于赵尚志部队的问题，我看你就别问了，我不会告诉你的。大野泰治怔怔，说道，那么，我想你一定是共产党了？赵一曼说，不是。大野泰治摇头说，哈尔滨地区的义勇军山林队我见得多了，像你这样的人能不是共产党，我不相信。赵一曼微微一哂，说，我没有中共身份。大野先生强迫一个人说自己不知道的事情，未免太蛮横了吧？大野泰治摇摇头，说，我不相信你不是共产党。不是共产党的人反满抗日的立场不会这么坚定。赵一曼反诘大野泰治说，难道说反满抗日的都是共产党吗？不对，你说得不对。让我告诉你吧，凡是有良心的中国人，都会像我一样抗击你们。请问你一个问题，大野先生，假如你是一个有良心的日本人，假如你们日本国受到了异族侵略，你会怎么办呢？大野泰治无言以对。他耷拉着脑袋，思忖好一会儿，忽然厉声道，你……还不知道我的身份吧？赵一曼白大野泰治一眼，说，你是野蛮的侵略者。大野泰治皱皱鼻子，说，你只说对了一半，赵女士。我是占领者，但不是一般的占领者。我的职务是滨江省警务厅特务科外事股股长，你们的人称我杀人魔王。我是特意从哈尔滨来审问你的，你明白我说这话的意思吧？大野泰治已不抱有幻想，脸上冷得像马料房。赵一曼撇撇嘴唇。大野泰治沉不住气了，恶狠狠地说，我这个人是特务，是魔鬼，只要我需要，就是石头也会让它开口说话。赵一曼闭上了眼睛。大野泰治怒了。他呼哧呼哧喘着粗气，走到赵一曼的身前，蹲下，拉起赵一曼的左手说，你这手上的伤是枪打的吧，我看伤得不重啊。说着，他从地上拾起一根马鞭，倒过来，用鞭把捅赵一曼左手上的伤口，一拧一拧地，转着劲，像是一个木匠用螺丝刀子上螺丝钉。

疼痛漫过赵一曼的周身。她的额上沁出了一层细汗。大野泰治拔起鞭子，说，我再问一遍，你是不是共产党？赵一曼瞥了大野泰治一眼，没有作声。大野泰治气急败坏，咬咬牙，又将手中的鞭杆扎进了赵一曼的伤口。赵一曼周身一阵剧烈的颤抖，脸上大汗淋漓。

她咬紧嘴唇，不让自己呻吟出声。这让大野泰治更是光火，便直起身，用皮靴尖狠狠地踢赵一曼的腹部、乳房，一脚又一脚。赵一曼倒了下去。好一会儿，她抬头，恶狠狠地瞪着大野泰治，愤怒地说，你让我去死吧。从被俘的那一刻起，赵一曼就抱定了必死的决心。此时，赵一曼更想刺激大野泰治，让他痛痛快快地处死自己。我不会让你死的，因为你对我有用。大野泰治猜出了赵一曼的用心。他嘿嘿一笑，从赵一曼的伤口里拔出了鞭子，低头看着鞭把上淋着的鲜血。毕竟是开口说话了，大野泰治心里想，只要你能开口，我总能有办法让你招供。

赵一曼也猜出了大野泰治的用意。她揩去额上的汗水，冷冷地一笑，说，我不会对你们有用，我很快就会死去。你不也是看到我快死了，才匆匆忙忙地赶来录我口供的吗？赵一曼的话让大野泰治暗暗吃惊，也让他更加肯定，眼前的这个女人绝非一般人物。我不会让你死掉。大野泰治说，我会把你带到哈尔滨，带到警务厅去，先给你治伤，再给你用刑。你不知道，我审问犯人，会用许多刑具，比如说，坐坐老虎凳，灌灌辣椒水，上上大挂，数数肋巴。对了，我们刚从国内运来一种电刑，还没有用过。这是一种让人欲活不能，欲死不得的刑具。作为一个女人，它不但会使你的肉体遭到无法承受的痛苦，而且，还会让你的人格蒙受永劫不复的侮辱，特别是像你这样的知识女性，把尊严看得比生命更重要的人。虽然你们的人把我叫作杀人魔王，但我真的不希望你是我的第一个试验者，赵女士。赵一曼轻蔑了大野泰治一眼，说，到了哈尔滨又能怎样呢，我连死都不怕，还怕什么呢。大野泰治倒吸了一口冷气。赵一曼说的话很简单，也很从容，但他还是听出了这个女人的潜台词：在我身上，什么样的刑具都没有用。

大野泰治陷入了沉思。他明白，如果不继续对赵一曼用刑，就得不到她的口供；可继续对她用刑，她又会很快死去。那样，他就失去了一个立功升迁的极好机会。思前想后，大野泰治吩咐远间重太郎，马上去找一个医生，要最好的，越快越好。

只过了不到半个小时，医生就跑进了马料房，手里拎着一顶貂皮帽子，额头上蒸着大汗。甩下帽子，他一边给赵一曼检查伤口，哆哆嗦嗦；一边流泪，泪眼汪汪。足足有一顿饭的光景，他站起来，磕磕巴巴地说，她的伤势……很重……右大腿的骨头……打碎了。骨头碎片都嵌在了肉里，而且，她流的血也太多了，我看……她很快就会死去。大野泰治气急败坏地说，这个人对我们很重要，你无论如何也要让她活下来，最少要活三天。医生摇摇头，为难地看了大野泰治一眼，说，怕是办不到。大野泰治一把薅过医生衣领，咆哮一声：你必须保住她的命，否则，我要你的命。今天晚上的，你不许回家，就在这里看护这个女人。医生沉重着脑袋，嚅嚅地说，那……我试试吧。大野泰治回头，打量赵一曼一眼，说，记住我说过的话，只要我想做的，就是石头也会让它说话。

赵一曼一夜无眠。她想到了许多：从四川到武汉，从武汉到上海，从上海到莫斯科，从莫斯科回到上海，再从上海到哈尔滨，从哈尔滨到珠河，连同那些一起战斗过的同志，像电影的蒙太奇，一幕幕变换着。她惦记着远征的赵尚志，希望他们多打一些胜仗，同时，她也为他们担心。敌我的力量太悬殊，斗争的条件太险恶，这需要同志们付出太多的牺牲。她还想她的孩子，那个从小托养在亲属家的孩子。这让她难过。她为不能亲自抚养自己的孩子而忏悔，甚至是自责。她毕竟是女人，免不了儿女情长。

第二天早上，大野泰治没吃早饭，便走进了马料房。他看赵一曼还活着，脸上现出一种得意。他长吁了一口气，慢腾腾地走到赵一曼身边，说，昨夜睡得……还好吧，赵女士？赵一曼说，谢谢你的关心，我还没有死去。大野泰治歪歪头，说，这次，你该回答我的问题了吧？赵一曼说，那些问题我看你就别再问了。你应该明白，在我身上，你是什么东西也得不到的。我感谢你能给我治伤，这样做是对的，尽管我知道，你给我治伤是想从我嘴里得到你想要的东西。但是，你对我这样的人用刑，就不讲人道了。我是一个受重伤的人，而且，很快就会死去。大野泰治哼哼鼻子说，我就不信，你是个不怕刑不怕死的人。赵一曼淡淡一笑：你错了，大野先生。我也是血肉之躯，我怕疼；我也热爱生命，我怕死。可是，生活中有比活着更重要的东西，所以，我在所不辞。大野泰治似懂非懂：你说有比活着更重要的东西，那是什么呢？赵一曼眯起眼睛，说，这你就不明白了，大野先生。我所说的更重要的东西，就是我所信仰的主义，是我生活的信念。大野泰治略有所悟，问道，那么，你的主义是什么，你的信念又是什么呢？赵一曼说，我的主义就是反满抗日，我的信念就是把你们赶出中国。我为我的主义、我的信念而死，虽死犹生，无上光荣。大野泰治的脸由白变红，又由红变白。他不再问话，抿着厚厚的嘴唇，从桌子上拿过马鞭子。他先把鞭杆捅进赵一曼大腿的伤口，而后再快速转动。这让赵一曼痛苦不堪，脸上的汗水一行行流了下来，蒸腾着一股股的热气。大野泰治手上用着力，眼睛狰狞地看着赵一曼。他希望赵一曼能屈服，他更盼望她能招供，但他看到的只能是昏死过去的赵一曼。他提起马鞭，大口大口喘着气，站起身来，让医生给赵一曼打针。医生说，昨天晚上已给她打了三针樟脑液，再打，人就交代了。大野泰治瞪医生一眼，说，你给我把她治好，一定要保证十天以内不出问题，否则，我就扒你的皮。说完，他走出了马料房。他从赵一曼嘴里一无所获。这样，他就去提审其他被俘人员。结果，他就从胆小鬼口里掏出了赵一曼的真实身份。

当天，大野泰治把赵一曼押到了哈尔滨。他说服上司，说明赵一曼的重要性，并把她送进了市立医院。只是，还没有等他再次审问赵一曼，他就被派往长春培训了。

临行前，大野泰治走进了关押赵一曼的病房。他开口一笑，说，赵女士，我看你面色很好。真的不错。我现在靠拐杖，可以走一段路了。赵一曼浅浅一笑，回答大野泰治说，并不去看他，而是把目光转向窗外。那时，病房的窗户敞开着，一阵阵花香鼓起乳白色的窗帘，轻轻地飘进病房，传播着诱人的芳香。大野泰治说，我是来向你辞别的，赵女士。赵一曼抬头扫大野泰治一眼，说，是要回日本国吗？大野泰治摇摇头，说，我要到新京（长春）进修，特意来看看你。赵一曼说，为什么？是对我的怜悯，还是需要忏悔？大野泰治眯起眼睛，说，都不是。从政治立场上看，我们是敌人，我想战胜你；但从人格上看，我很敬重你，你是英雄。所以，我想得到你的留言。拜托了。赵一曼抿抿干裂的嘴唇，抬起一只右手。大野泰治连忙从口袋里掏出纸和笔递了过去。他是有备而来。赵一曼将纸铺在床前的小桌上，喘息一会儿，一挥而就，写下一首七律：

誓志为人不为家，
涉江渡海走天涯。
男儿岂是全都好，
女子缘何分外差。
一世忠贞新故国，

满腔热血沃中华。

白山黑水除敌寇，

笑看旌旗红似花。

　　大野泰治拈起那片纸，看看，似懂非懂。但他不想向赵一曼请教。他是一个好面子的人。他把那页纸折好，揣进上衣口袋，看看赵一曼，点点头，说，谢谢你。说罢，慢慢走了，耷拉着脑袋。他的心中有一种沉重感。

　　后来，大野泰治是跪着献出这首诗的，很多年后，在抚顺战犯管理所。但在当时，在病室门口，他只是收住脚，回头敬赵一曼一眼，苦着一脸笑，说，如果你们中国再多一些像你这样的人，我们占不了满洲；如果满洲再多一些像你这样的人，我就不会活着走出满洲。说过这些，他长长地叹口气，又说，我还会来看你的，赵一曼女士。

　　结果，大野泰治失言了。离开东北以后，他曾先后任过伪满联合自治政府晋北警务厅厅长附、大同省公署直辖警察队队长。他走到哪里，就把坏事干到哪里。只是，在很多个日子里，他会想起那个叫赵一曼的人。

　　大野泰治是在山西被俘的。被俘的初期，他心存侥幸，以为他在东北所犯的罪行无人知道。这样，他没有供出他迫害赵一曼的罪行。他不相信共产党能调查出他那段罪恶。但他错了。他不知道世界上怕就怕认真二字，而共产党就最讲认真。最终，大野泰治还是被查了出来，也不得不招了供，在人证面前。大野泰治被关进了抚顺战犯管理所。他没有想到他会活着走出铁门，知道自己是个魔王。最终他还是走出了大门，也走出了中国。回到日本国的大野泰治后来写了一篇文章，回忆赵一曼的，题目叫《赵一曼在狱中》。

大野泰治走后，赵一曼开始做看守她的伪警察的工作，试图逃脱日本人的魔掌。看守她的警察有三个。她经过仔细观察筛选，最终选定了董宪勋。她开始做董宪勋的工作。只要是董宪勋的班，她就主动同他谈话，谈家庭，谈爱情，谈今后前途，启发他的爱国心。仅仅过了二十多天，她就争取过来了董宪勋。

董宪勋被争取过来后，赵一曼又开始实施第二个方案。她知道要想从医院里逃出去，光靠一个警察不行，还需有一个热情的、有治疗经验的护士。这样，她又把目光锁定了韩勇义。韩勇义从小性格活泼，好打抱不平，每次遇到大野泰治来看赵一曼，她都不用好眼色瞅他，并从来不跟看守赵一曼的伪警察说话。这让赵一曼看到了希望。

果然，没过多长时间，韩勇义便痛快地答应了赵一曼。如此，他们三人共同商定，选择1936年6月28日这天实施行动，从哈尔滨逃向宾县三区。那里是赵尚志第三军的老根据地，有雄厚的群众基础。按照赵一曼的安排，董宪勋负责雇车马，韩勇义负责筹集钱。韩勇义家不富裕，没有太多钱，她只好卖掉两个金戒指和两件大衣。

当天晚上九点钟，董宪勋雇来一辆小汽车，汽车司机是俄罗斯人。韩勇义协助董宪勋，将赵一曼从板障子缝中抬出，又上小汽车。汽车开到南岗文庙的后面，董宪勋打发走那俄罗斯司机，又换一顶小轿，抬着赵一曼朝阿城方向逃走。出乎意料的是，他们在阿城县李家屯被伪骑警追上，赵一曼被重新逮捕。这里离根据地只有二十多里。

此次，日伪政权对赵一曼不再抱有希望了，他们决定，将赵一曼押回珠河县枪毙。

　　这天是 1936 年的 8 月 1 日。赵一曼坐在从哈尔滨到珠河的火车上，眼睛看着窗外郁郁葱葱的原野，很久很久没有转过头来。她回想着她曾一次次在这里战斗的经历，想念着那些同自己朝夕相处的战友，憧憬着未来的胜利，心中百感交集。当火车接近珠河时，她回过头来，朝押送他的特务要笔和纸。那人摇摇头，说，晚了。他以为赵一曼是想交代自首。其实，他想错了。赵一曼微微一笑，眼眶就有些湿润。她抿抿嘴唇，唰唰唰唰，在纸上写下了给儿子的遗言。

　　宁儿：

　　　　母亲对于你没有尽到教育的责任，实在是遗憾的事情。母亲因为坚决地做了反满抗日的斗争，今天已经到了牺牲的前夕了！

　　　　母亲和你在生前是永远没有再见的机会了。希望你，宁儿啊！赶快成人，来安慰你地下的母亲！我最亲爱的孩子啊！母亲不用千言万语来教育你，就用实际来教育你。

　　　　在你长大成人之后，希望你不要忘记你的母亲是为国而牺牲的！一九三六年八月二日

　　　　　　　　　　　你的母亲赵一曼于车中

　　　　　　　　　　　1936 年 8 月 2 日

　　1936 年 8 月 2 日，赵一曼被押往珠河县北门外，执行枪决。日伪为了威慑群众，特地将赵一曼绑在一辆马车上，游街示众。赵一

曼则利用这最后的机会，进行反日宣传，鼓舞人民的抗日斗志，她高声唱着《红旗歌》：

> 民众的旗，
>
> 血红的旗，
>
> 收敛着战士的尸体。
>
> 尸体还没有僵硬，
>
> 鲜血已染红了旗帜……

马车停在了小北门外。一个伪警察上前想扶赵一曼下车。赵一曼甩甩头，顺便将那警察手推开了。她捋捋散乱的头发，从马车上挪下身体，一步步朝前走去。她一边走，一边高呼着口号：打倒日本帝国主义！中国共产党万岁！

枪声响了，赵一曼倒了下去。她的脸贴着黑土地，像是亲吻着这块她曾经热爱过并战斗过的土地，缓缓地闭上了眼睛。

那年，她只有三十一岁。

赵一曼，原名李坤泰，乳名淑瑞，又名李淑宁、李一超，人称李姐，又有群众称她黑李。1905 年 10 月生于四川省宜宾县白花镇。1923 年加入中国社会主义青年团，1926 年加入中国共产党。同年 10 月，赴武汉中央军事政治军事学校学习。1927 年 9 月，被派往苏联莫斯科中山大学学习。1928 年冬回国，先后在宜昌、南昌和上海等地，做党的秘密工作。"九一八"

事变后，她被派往东北参加抗日斗争，曾担任哈尔滨总工会代理书记、中共滨江省珠河县中心县委特派员、铁北区委书记。1935年秋，任东北人军革命军第三军第二团政治部主任。11月，为掩护部队突围，她身负重伤被俘。1936年8月2日，被杀害于珠河（尚志）县，年仅三十一岁。

第八章

▶ **李延禄挥兵东征**

一九三五年八月，东北抗日同盟军第四军在方正县成立地方人民自卫队，图为纪念大会上的合影，前排中为军长李延禄

　　赵一曼被俘时，1935 年 11 月初，赵尚志带领着第三军直属政治保卫营、少年连、第四团和第五团，正活动在勃利县的青山里。他的先遣队第四团，邂逅了东北抗日同盟军第四军的第三团。

　　东北抗日同盟军第四军的军长是李延禄。他是共产党员，第四军是他亲手缔造的共产党领导的抗日武装。但第四军第三团却是他收编的山林队。这支山林队报号"小白龙"，队长叫苏衍仁。苏衍仁接受李延禄收编后，被任命为第三团团长。只是，小白龙队伍虽然改名叫作了第三团，但在队伍内部，仍旧说胡子话，行胡子礼，甚至还干胡子事，到处绑票砸窑，杀人放火，而且绑票不分穷富，杀人放火又不分好坏。因此，第三军第四团遇到第四军第三团时，听到了不少有关苏衍仁的坏话，并听说苏衍仁已经勾搭上了日本人，正准备拉出队伍，投降日本人。第四团听到这些情况后，便向赵尚志请示，如何处理第三团。

　　这让赵尚志很是头疼。此时，李延禄的抗日同盟军第四军归宁安县委领导，而东北人民革命军第三军则归珠河县委领导，处理不好苏衍仁的问题，不但影响两军的关系，还会影响两个县委的关系。可不解决苏衍仁，又会对抗日运动造成危害。思前想后，他决定派人去找苏衍仁谈话，劝说苏衍仁不要投降日本人。他嘱咐第四团的人说，如果他不听话，你们就缴了他的械。

派出的人刚走两天，他留在方正、勃利一带的第一团找到了他。团长刘海涛、政治部主任张寿篯（李兆麟）向他汇报了这半年的活动。

赵尚志返回珠河根据地后，刘海涛和张寿篯（李兆麟）带着第一团，来到了方正县的三家子屯。他们准备先驻扎在这里，然后再打听抗日同盟军第四军的消息。这时候已是9月中旬。

还没等他们找到第四军，第四军的军长李延禄找到了他们。他是听说赵尚志的第一团到达三家子屯后，火速赶到三家子屯的。在三家子屯，他向刘海涛和张寿篯（李兆麟）传达了中共中央"八一"宣言，告诉他们，现在的满洲省委书记暂时由杨光华代理，中央特派员吴平也到东北来了，并在第四军待了一个多月，指导第四军的工作。除此之外，李延禄还向他们讲述了第四军的主要活动，如何建立抗日根据地的情况。

土屋里的灯花明了又暗，暗了又明，刘海涛和张寿篯（李兆麟）是又惊又喜。他们惊的是，中共中央发表了"八一宣言"，为今后的行动指明了方向；他们喜的是，在与地方党失去联系很长时间之后，终于又取得了联系。

在李延禄介绍了第四军后，他们也向李延禄介绍了第三军，赵尚志把他们留在这一带的目的，以及他们这段时间的活动都作了详细的叙述。他们谈得很投机，也很知心。多少年后，李延禄在他的回忆录《过去的年代》里说："我们四个人一夜都没有睡，谈到第三遍鸡叫，还以为是刚过半夜，见到窗外大亮，才吹熄了蜡烛。仿佛这是北方的夏季夜晚似的，短得出奇。我们四个人的情绪，是一直在兴奋的状态中，我们既谈到决定吸收谢文东部，扩编为抗日联军第六军，也谈到吸收刁翎附近李华堂部为第七军，并且还决定了联军拔除南刁翎敌伪据点，准备夺取敌伪物资，解决联军的给养及冬季的装备。"

第二天，李延禄和刘海涛、张寿篯（李兆麟）共同商量，决定联合两军联合，共同攻打南刁翎。李延禄说，为了把握起见，我准备调我的第三、第二两个团过来，同时，再派人去联络谢文东和李华堂，请他们到五道河子村会师。

听李延禄说要在五道河子会合，刘海涛立即摇头，说，我不同意到五道河子会师。李延禄目光就有些愕然。为什么？他问刘海涛。刘海涛开诚布公地说，据我所知，五道河子村背后靠山，易守难攻，而且村中还筑有炮楼。我们先打五道河子，一个是牺牲太大，另一个也会惊动日本人。刘海涛是跟着赵尚志起事的一员战将，两年来跟着赵尚志同日军作战，他学到了赵尚志的作战套路，决不打无把握之战。

李延禄听刘海涛如此说，会心一笑。他解释说，这个，你放心，刘团长。我可以向你透露，五道河子是我们的秘密堡垒。我们在那里集合，最合适，也最安全。刘海涛看看张寿篯（李兆麟），转过头又问李延禄，这，是怎么回事？

原来，第四军打到方正的时候，碰巧捉到了驻守五道河子的伪警备排长。他是带着几个兵在去依兰的路上被李延禄捉到的，同时还缴了他十几支枪。

李延禄没有伤害这个警备排长。他在对警备排长进行一番教育后，又将他放了回去。不过，他有个条件，就是让警备排长答应，再不同抗日武装对抗，并将五道河子村作为抗日同盟军的一个秘密据点。那伪警备排长满口答应，他向李延禄保证说，以后只要第四军的部队经过五道河子，他就把村子让出来，给第四军住宿，他情愿带警备排，给第四军站岗放哨。李延禄相信了他的话，说是先小人后君子，你既然愿意为我们服务，就给我们写一份保证书吧。他这么说，只是想考验考验那排长。那伪排长却毫不含糊，痛痛快快就写好了保证书。从此，每逢第四军的人进五道河子村，那个伪排长都带人出去巡逻，非但不跟第四军作对，反倒成了第四军的保镖。

刘海涛听过李延禄的讲述，满脸佩服，侧身对张寿篯（李兆麟）说，我们咋没想到这个招子呢？张寿篯（李兆麟）没有回答。他在想，假如我们第三军也有这样"外白内红"的关系村，我们再行军打仗，也就不用在野外宿营了。

没几天工夫，第四军的第三团开过来了，第四团开过来了。再过几天，李华堂支队开过来了。李华堂的队伍还保留着正规部队的面貌，穿着统一，队伍整齐，纪律也显得严明。最后，谢文东也带着抗日救国军开过来了。谢文东是带着几十个骑兵过来的。两只高大的骡子上，驮着他的小灶食品，海参、鱼肚、对虾、鱼翅，应有尽有，俨然一派富贵气象。

四方队伍同时住进了五道河子村，肥大的五道河子村顿时瘦窄起来，满村里拥挤着欢歌笑语。就在这欢歌笑语中，四方首领决定，由第三军第一团攻打南刁翎西门，第四军第二团攻打东门，李华堂支队攻打南门，谢文东的抗日救国军作为预备队，驻扎在南山上，准备随时应援。

1935 年 9 月 16 日，攻打南刁翎的战斗打响了。

第三军第一团和第四军的第二团很快攻破城门，并在围墙上举起红旗，开始从两面朝城里冲锋。与此同时，联军设在镇外的营房也中炮起火，大火迅速地蔓延开来。守候南山的谢文东居高临下，看到城外营房起火，以为是联军攻城失利，慌忙带着自己的部队先行撤出了战场。

谢文东的临战逃脱，破坏了战斗部署，却没有影响战斗的结局。经过一场殊死搏斗后，联军最后还是拿下了南刁翎。这场战斗共打死打伤日伪军七十多人，缴获各种枪支一百多条，并迫使一百多人的伪保安队反正。

伪警备营段营长见大势已去，也只好举手投降。李延禄问段营长，你是愿意和我们一起抗日呢，还是另有打算？段营长说，我愿意抗日，但我不愿意跟你们一起走。李延禄反感地问，这是为什么？段营长实话实说，我这个人享福享惯了，你们的队伍纪律严格，我吃不得那份苦。所以，你还是让我跟谢文东吧。那时，谢文东的名声很响，江湖上的人都知道，他养尊处优，无论走到哪里，都要吃香的喝辣的。李延禄思忖片刻，说，我不想强迫你的选择。但有一条，我言之在先，那就是如果你不抗日，也不能再替日本人卖命。否则的话，我认识你，我的驳壳枪可不认识你。

当天晚上，第四军的情报人员来报告，说林口那边的日本人，已经起兵增援南刁翎来了。李延禄跟张海涛、张寿篯（李兆麟）等人商量，决定金蝉脱壳，来个满树开花，乘虚攻打林口县。于是，他们留下一个营驻守刁翎，率领其他队伍急速奔赴林口。只是，他们打到林口时，林口已是一座空城。留守的伪军听说抗日军大军驾到，不战而逃，将三百多匹战马送给了抗日军。

赵尚志听了刘海涛和张寿篯（李兆麟）的汇报后，也将他派人去解决苏衍仁的事说了。张寿篯（李兆麟）认为这事处理得不当，说，即使是苏衍仁真有问题，这事由我们处理也不好，怕是影响两军的关系。赵尚志同意张寿篯（李兆麟）的判断。他立即派人去追第四团。结果，得到的消息是，第四团找到苏衍仁后，他不听劝告，他们想缴他的械，结果将他打成重伤，不治而亡。

听了这消息，刘海涛和张寿篯（李兆麟）两人忧心忡忡。刘海涛站起身来，倒背着手，在屋子里走来走去，张寿篯（李兆麟）低垂着头，搓得两手咔吧咔吧地冒火星子。赵尚志铁着脸，看看刘海涛，看看张寿篯（李兆麟），说，你们说，这事怎么办？张海涛收住步，狠狠地说，缴了就缴了，谁让他想投降日本鬼子了。张寿篯（李兆麟）则慢条斯理地说，这事不像你说得那么简单。我们缴了他们一个团的械，这事不好解释啊。赵尚志思忖再三，突然甩下手中的小藤条，果断地说，现在生米做成了熟饭，说什么都晚三春了。都是"共"字头的队伍，我就不相信他李延禄能因为这事跟我们翻脸。咱们还是先到青山里，在那里开个诸葛亮会，研究研究今后的工作吧。

如此，赵尚志、刘海涛、张寿篯（李兆麟）、第四团团长长郝贵林、政治部主任金策等人，在青山里共同商议、制定了今后的任务：第一，继续北征，渡松花江到汤原，与汤原游击队会师；第二，帮助汤原游击队改编成东北人民革命军第六军，使第六军成为松花江北抗日的骨干队伍；第三，由三军担当领导，广泛开辟江北游击区，依托小兴安岭，联系吸收江北各义勇军，扩大统一战线；第四，在小兴安岭设立军事政治学校，培养军事干部；第五，松花江南的工作由第四团郝贵林和金策负责，设法与周保中的第五军联系，帮助饶河游击队改编为第七军，同时在江南尽力收编义勇军，扩大抗日力量。

这次会议在抗日联军史中，被称为"青山里会议"。

青山里会议后，赵尚志将第四师留在原地活动，自己带着政治保安营、少年连，由第一团团长刘海涛和政治部主任张寿篯（李兆麟）引路，东去依兰，到五道河子村去拜会李延禄。

李延禄见赵尚志亲自来拜会自己，连忙弯腰拉过赵尚志的手，激动地说，啊，早就想着这一天了，我们终于见面了。赵尚志一脸羞赧，仰着头说，我……是向你道歉来的，李军长，我对不起你啊，你们在青龙沟的第三团让我给缴械了。李延禄脑袋轰的一响，松开拉着赵尚志的手，愣眉愣眼地看赵尚志好一会儿才说，你说什么？我没有听清？张寿篯（李兆麟）就贴到李延禄身边，说，我们赵军长刚到青山里时，听到老百姓反映，说他小白龙为非作歹，又想投降日本人，所以就缴了他的械。他想反抗，结果被打成了重伤，又死掉了。

这回李延禄听清楚了。他直起身，目光平视莽莽苍苍的林海，平静地说，这事……都过去了。大敌当前，我们还是商量商量，怎样对付敌人的围剿吧。据我的情报员汇报，日本关东军司令官南次郎已经到了富锦，他在那里坐镇指挥，正调集部队围剿我们呢。我们目前的处境已是十分危险。而且，我还有一个坏消息告诉你们。你们留在珠河的第二团被日寇打散了，王惠同团长被俘牺牲，赵一曼主任也被打成重伤，被俘送到哈尔滨去了。

啊，这是真的？赵尚志瞪大眼睛，两腿就有些发飘，像是踩在棉花团上。他咬咬牙，回头对张寿篯（李兆麟）说，你派人立即回珠河，想法找到周庶泛，让他接手二团，一定要把二团重新组织起来。说罢，他再次握住李延禄的手，摇了又摇，说，我赵尚志性格急躁，总是做错事。在对待小白龙的事上，我再次向你道歉。现在，我们放弃前嫌，还是研究目前的局势吧。李延禄连连点头，说，这事也不能全怪你。苏衍仁这人反复无常，所以，我才派邓化南去，时刻防着他点。

东北人民革命军第三军、东北抗日同盟军第四军，两军的联席会是在篝火旁召开的。篝火熊熊燃烧，火光映红了每个人的脸。赵尚志身材矮小，他站在篝火边，两手不时伸向火堆，烤过一会儿后，再缩进老羊皮套袖里。李延禄身材瘦高，他手里拿着半截木棒，一边拨动着火苗，一边向赵尚志介绍目前的形势：第一，日本驻关东军司令南次郎已开始冬季大"讨伐"。他发下狠誓，一定要消灭第四军和第三军。为此，他集结几个师团的兵力，封锁了松花江南北的交通线，企图将我们消灭在南北两岸；第二，从大罗勒密伪警备连送出来的消息说，方正县城及勃利一带也住满了关东军，他们正在附近山区一边搜索，一边前进，企图截断我们的退路。如此，我们第四军，还有你的第三军，都被逼到了背水一战的处境……李延禄说到这里，他将手中的短棍扔进火堆，站起长长的身子，跺跺脚，再将后背转向篝火，目光肃穆地看着赵尚志，又说，尚志军长，你看我们应该怎么办？

赵尚志抬起头，果毅坚定地说，怎么办？还是避实就虚，能打就打，不能打就走，在运动中消灭敌人，在运动中保护自己。我想再想好一个作战方案，你看行不行？李延禄听赵尚志已有想法，他朝赵尚志走了两步，大俯着腰，说，你说，你说。赵尚志胸有成竹地说，第一，派你的李天柱部，到桦川、集贤一带活动，虚张声势，牵引敌人的注意力；第二，派我的郝桂林部，配合你的第二团，依旧在方正、依兰一带，开展游击战；第三，你带第一团、政治保安连，我带政治保安营、少年连和第一团，共同向林口一带运动，合力冲出包围圈，再到汤原同夏云杰的游击队会师。李延禄听过赵尚志的安排，禁不住就啧啧两声，发自肺腑地说，好，到底是从黄埔军校出来的，你赵尚志是块打仗的料。

这天，赵尚志和李延禄冲出敌人包围圈，朝孟家屯方向转移。那时，天色已然暗淡，雪落林疏，空山寥落，注视着这些不速之客。

两军队伍走出一片树林时，前方山头飞起一片小鸟，在树林上空徘徊，飞上飞下。月明星稀，乌鹊南飞……李延禄触景生情，顺口吟起曹操的诗来。只是，他仅仅吟出一句，突然说声不好，立即传令，队伍停止前进。赵尚志不解地问，咱们不是要奔孟家屯吗，为什么要停下来？李延禄手指那片飞鸟，说，我估计孟家屯已经被敌人占领了。你看，要不，前边树林里的小鸟怎么会惊动呢？赵尚志说，是吗？我眼睛看不清。说过，他举起望远镜，眯起左眼，用右眼朝前方搜寻。果然，他不但看到了那群小鸟，而且还发现了一队日寇骑兵，正在远方的山头上运动。赵尚志放下望远镜，问李延禄，那座山头有日军骑兵，我们怎么办？李延禄说，我想，我们现在最好的选择，就是返回五道河子，再从那里绕到小罗勒密后山，然后想办法过松花江。

如此，他们沿着来时的路，又向后转移。只是，当他们绕道小罗勒密，走到松花江边时，发现松花江并没有封冰，像往年那样，尽管那时已是十一月。别无选择，两人短暂商量之后，决定驻扎江边，等候松花江封冻。

宿营地选在江边的柳树林里。两人的警卫员用树枝和茅草，为赵尚志和李延禄搭建了一个窝棚。赵尚志和李延禄在窝棚里拢起一堆篝火，两人面对着面，一边烤火，一边介绍各自的经历。冰冻的柴火噼呖啪啦响着，火光映红了两人的脸。赵尚志的圆脸黑里透红，李延禄的长方脸黄里泛红，两人的眼睛都熠熠燃烧，烘烤着初冬的嫩寒。他们总有说不完的话，都有相见恨晚的感觉，或者像久别重逢，他乡遇故知，尽管他们是第一次会面。

多少年后，李延禄在回忆这次交谈时，在他的《过去的岁月》里，还满怀激情地说："由此，我对赵尚志有了进一步的了解，觉得他确是一头雄狮似的人物。我们在柳林里茅草结的矮蓬中促膝交谈，感到从来未有的亲切。在敌酋南次郎的大军包围中，我们的友情是这样亲密，一时完全忘记了我们之间曾有过的三团被缴械的事。我们是在对未来的革命胜利的憧憬之下团结一致的。尽管当时我们在十一月天气里，还穿着单衣，吃着冰水和炒面，在茅草堆里过夜，但我们想的却是东北的未来，民族的命运。"

赵尚志讲述了他从巴彦游击队到第三军的历程后，李延禄开始讲述自己的经历。夜很长，漫漫像是没有尽期，李延禄的话也很长，像漫漫的长夜，娓娓道来，悠长而又坚实。

第九章

▶ 镜泊湖连环奏捷

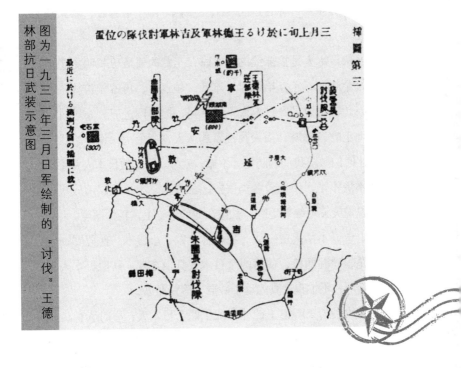

图为一九三二年三月日军绘制的"讨伐"王德林部抗日武装示意图

1931 年 11 月，一伙日本人突然闯进了王德林的驻地延吉翁声碴子。王德林原是吉林省边防军十三旅六十团三营营长，后来随旅长吉兴投降了日本人。

这伙日本人是搞测绘的。当时，三营的值班班长叫史忠恒。史忠恒是个热血青年，早就对日本人占领辽宁，再占领吉林，怀恨在心。因此，当他见到日本人不经许可，擅自闯进三营领地时，便低头朝地上吐口恶痰，抬头藐视着那伙人，命令士兵说，给我鸣枪示警，让他们撤出我们的防地。不撤，就打。但那伙日本人并不理会，仍然不慌不忙，使用着各类仪器，三脚架、小平板、缩放尺、绘图笔，说说笑笑地绘着地图，就像在他们本土上，轻松惬意。

史忠恒不禁火冒三丈。我日你个娘，小日本。他咒骂一句，端起步枪，砰砰两枪，便将两个日本人打倒在地。其他日本人见史忠恒不听邪，不怕鬼，真的动了武器，落荒而逃。

伪旅长吉兴听说王德林打死了两个日本人，立时大惊失色，坐卧不安。他怕惹恼日本主子，又怕此类现象再次发生，立即下令调王德林的三营到敦化。王德林这人个子长得高，心眼也长得高。胡子出身的他明明知道此去是凶多吉少，但他还是带领三营赶往火车站，仿佛是要坐火车。但在火车站上，他却暗地里挑动手下哗变，不肯上车离开延吉。王德林借题发挥，瞒天过海，佯作迫不得已，宣布起义抗日，并给起义队伍起个响亮的名字，叫作"吉林中国国民救国军"。

中国国民救国军成立的消息，很快被中共绥（绥阳）、宁（宁安）中心县委获得了。他们决定派李延禄火速去找王德林，设法保住这支部队，将他们引向抗日的正确轨道。绥、宁中心县委所以选派李延禄，而不是其他人，这是因为李延禄与王德林私交很深。用李延禄的话说，就是两人之间存在着一种特殊关系，王德林对他有种感恩式的尊重与信任。至于这种感恩似的尊重与信任有怎样的来由，李延禄没有说明，时至今日，自然成了永久的秘密。

李延禄赶到王德林驻地的时间是1932年2月。具体到哪天，现在已无法考证了。李延禄是昼夜兼行赶到王德林那里的。他怕夜长梦多，王德林会动摇变卦，或者被别的势力所左右。

果然不出所料。李延禄走进王德林议事厅时，王德林正困坐在太师椅上，眼睛半合半开，闭目养神——他已被几个说客口枪舌炮轮番轰炸，折腾得焦头烂额了。

王德林听到门响，以为又是说客登门游说。他拼力挑起眼皮，朝外摆摆手。突然间，他眼睛里光芒四射，脸上柳暗花明，鸟鸣啁啾。他两肘支撑椅靠，艰难地从太师椅上站起身，趋前两步，激动地说，你咋才来啊，庆宾。李延禄憨憨一笑，我来得还晚吗？王德林说，你以为你来得早啊，我这里早已是高宾满座，盛友如云了。李延禄吃惊地问，这，是怎么回事？王德林告诉李延禄说，自打他宣布抗日以来，国民党吉林省党部的代表、抗日将领李杜的代表、吉东三县的绅商代表，纷纷而来，都给他带来厚重的礼物，都给他最高的封赏，只要他按他们的意图办事。他自己呢，因一时把握不准，也不好表态，只能多方敷衍，并派人四处去找李延禄。没想到李延禄就自己找上了门。

李延禄听了王德林的讲述，两眼炯炯，打量着王德林，并不着急说话。王德林颇为奇怪。他用有些怪罪的声音说，我盼你盼得像丢孩子娘似的，好不容易盼到你来了，你却吭哧瘪肚地不肯放屁，难道还想看我笑话吗？李延禄摇摇头，和风细雨地问，惠民大哥，你今年五十几了？王德林迷惑不解，他觑李延禄一眼，说，怎么，你连我的年纪都忘记了？我今年已经五十有四了。李延禄说，都五十四岁的人了，难道你还能再活一个五十四吗？王德林垂下头去，一时沉默不语。李延禄笑了一下说道，在当今这个国破家亡的时刻，你不站出来当岳飞，难道还要当秦桧，给子孙留下一个万世的骂名吗？王德林听李延禄如此说，周身热血沸腾，立刻抬起头，扬着脸说，咱们再怎么无能，也不能当秦桧啊。好啦，我明白你的意思了，咱们一定要抗日，绝不能给子孙留下骂名。庆宾，你就说我该跟谁走吧？李延禄反问，那你想投靠谁呢？王德林说，我想，毕竟蒋介石是当今皇上，我还是投靠国民政府吧。李延禄闪王德林一眼，欲言又止。王德林凑前一步，逼着李延禄的脸说，我说你平时不是这种人啊，庆宾？李延禄严肃起来，说，你想跟国民党走，这没有错。可你想没想过，如果他蒋介石想抗日，我们东北能不能丢？如果他蒋介石抗日，现在东北抗日风起云涌，他派没派一兵一卒？还有，你就敢保证那几个人可以代表国民党吗？那……王德林脸色欻地阴了下来。他沉吟片刻，又说，既然不能大有作为，那我就跟吉东三县的代表合作，担负起保卫乡土之责。李延禄摇摇头说，独木难支，孤掌难鸣。就你这几百人马，想保住乡土，无异于痴人说梦。王德林两手抱头，仰面看天花板，道，那……琢磨了一会儿说，那我就跟李杜走。他人多势众，当前还占着吉东和北满的大片地盘，又给我送来一万块钱。李延禄摇摇头，眯起眼睛，审视着王德林，像是面对一个陌生人。王德林的眼睛就瞪圆了，说，这个也不行，那个也不中，难道你还让我向小日本投降吗？李延禄扑哧一笑，说，我要是让你投降，还找你干什么？李延禄此时已判断出，王德林问他这些话，都是在试探他的态度。其实，王德林此时兵正强马正壮士气正高，他是想自己独树一帜，不甘心被李杜收编为一个团，又不想得罪李杜。

李延禄拿摸好王德林的脉象，不慌不忙，慢条斯理地说，从目前情势上看，我们还是接受李杜的改编好一些。王德林终于把持不住，他高声大嗓地说，你知道我，庆宾，不想受制于人。李延禄一笑，说，李杜要收编咱们，而且还送来一万元的军饷，我们如果干脆拒绝他，恐怕不好。所以……李延禄说到这儿，看王德林一眼，又说，以我的意见，不如咱们先收下他这万元军饷，再另外为他组建一个团，这样可以说是两全其美。王德林思忖片刻，突然一拍脑袋说，他妈的，就这么着。从今儿个起，你就是我的参谋长，兼任补充团的团长。

这正中李延禄的下怀。他立即两腿并立，啪地给王德林行个军礼，铿铿锵锵地说，谢谢王司令。我李延禄绝不辜负你的期望。王德林听李延禄管自己叫王司令，他心里舒服，便点起一支香烟，慢慢地吸一口，又翘起下颌，缓缓地吐出一串烟圈，目光逐着烟圈一圈圈破灭后，侧过头来对李延禄说，咱这队伍里多数都是大老粗，斗大的字不识一筐。要想干大事，缺你这样的读书人不行。你能不能帮我找几个识文断字的秀才来？李延禄痛快地回答，我一定办到。心里乐开了一朵花。他正琢磨着，怎样安排几个共产党员进补充团来。

很快，李延禄从各地来投军的青年中选出四百多人，组建了三个连，并任命从三营里挑选出来的史忠恒、李凤山以及跟他一起来的共产党员左征、朴重根，分别任补充团的连长、副连长。此后，李延禄又多方招揽人才，把哈尔滨工业大学学生党员孟泾清，北京大学学生金大伦、贺剑平等引进补充团。为了加强党在补充团的领导，李延禄又在补充团建立了秘密的党支部，选孟泾清任书记，而后又陆续吸收史忠恒、李凤山、李延平参加到共产党内。如此这般，救国军的补充团，实际上成了共产党领导的一支武装力量，成了救国军的骨干力量，并在攻打敦化、额穆、蛟河时发挥了重要作用。从此，救国军声威大震，各路抗日队伍纷纷慕名而来，将个救国军捧得如日中天，滚雪球似的发展起来。日本驻关东军司令本庄繁得到情报后，立即派日军上田支队前去围剿中国国民救国军。

王德林得到情报后，立即召集部下商量对策。救国军副总指挥孔宪荣主张避避风头，参谋长李延禄主张迎头痛击，两人各执一词，争得个面红耳赤。这让王德林左右为难。他一支接一支地吸着烟，神情难解，如云山雾罩。

李延禄见王德林举棋不定，便借故走出会议室，找到支部书记孟泾清，两人决定召开支部会议，商讨对策。会上，支部书记孟泾清慷慨陈词道，他们要上山，就让他们上山好了。他们怕日本人，我们不怕，我们就带着补充团七百人抗日。虽说如此，我们还是要耐心做王德林的工作，争取说服他，跟我们共同抗日。

此时，国民救国军已开到了棺材脸子村。王德林为了统一内部意见，决定再召开高级军事会议。参谋长李延禄按党支部的决定，再次力主迎击日寇，并提出将部队拉到镜泊湖的南湖头去，说，那里的地形好，我们埋伏在那里，可给日寇以毁灭性的打击。为了督促王德林早下决心，李延禄两手叉腰，挺直瘦瘦的身板，信誓旦旦地说，不管别人打不打，反正我是要打，就是只剩下补充团这七百多人，我也要打。

王德林噗的一声将噙在嘴唇间的烟头朝地上一吐，满脸绯红地说，你们年轻人决心这样大，我一个五十四岁的人，还怕他日本人个鸡巴。打，不能成功，还能成仁呢。现在传我的命令：李庆宾的补充团打主攻，戴凤龄的独立营做后卫，全队立即起兵，向镜泊湖进军，打他日本人个狗娘养的。

镜泊湖南湖头是从敦化通往宁安的咽喉要道。这里一面临山，一面临江，山水之间是一条狭窄土道，有五里多长，当地人管这个地方叫墙缝。李延禄率领的补充团，就埋伏在这里。后来，很多年后，李延禄在《过去的年代》里说："在我们的阵地上，既没有挖战壕，也没有什么丛林树木之类的掩护物。我们就隐蔽在光秃秃的临大道的山崖旁边，顺这条足有 5 里长的蜿蜒的山崖线，是些巨大的巉岩，仿佛远古时代给海水冲积的海岸一样。我们的 700 名勇士，就依恃这些大块的岩石作掩护，只要是有大块卧牛石，或是巨大的马头石的地方，背后就有我们的勇士，三五成群地潜伏扼守。因为这是些光秃秃的山坡，只是山脚有些岩石，自然敌寇走到这里也会安然无疑。

山崖对面，可以望见牡丹江上游的支流，江那岸就是一块大盆地似的草甸子，因为放过荒火，烧得溜光。这时候，冰雪刚将融解，青草还没有发芽，望过去直到对面的山上，都是乌黑一片。那边的山脚下，也有一条大道，若是敌军选择那条道走，自然会安安稳稳通过，因为那里没有可以遮蔽的岩石线。而从墙缝，我们所潜伏的阵地上，没有远程射击的炮火，是根本控制不住那条大道的。敌寇要走那条道，需要绕远，需要过江，一般来说，是不会做出那样过于慎重的选择的。"

万事俱备，只欠东风。李延禄将补充团布置好后，便选择一块洼地，作为自己的指挥部。时间一分一秒地走过，李延禄的心情开始忐忑不安：假如日本人不从这里走，我们的一切准备都将付之东流。他这么想时，开始一遍遍巡视慢坡的石头，自己的心也像那些石头一样，起伏不平。他哪里知道，就在他疑虑重重之时，已有个人正在帮他们的忙。

这个人叫陈文起。陈文起是南湖头一带出名的猎户，家住瓦房店村，当地人都叫他陈炮。陈炮这人胆大心细，热情好客，见义勇为，又富有民族意识。他得知救国军已在墙缝布阵，准备伏击日军时，便找到戴凤龄的阵地，要求参加战斗。我的枪虽说不咋样，但我的枪头子准，枪响必有物。他对戴凤龄如此说。那时，戴凤龄的独立营埋伏在墙缝西边的山头上。王德林给他的任务有两个：一个是担当屏卫，保证补充团背后不受袭击；一个是担当狙击，倘若日寇有增援部队开来，便迎头给予痛击。

这戴凤龄原本是敦化一个大地主。他家不但有良田百垧，而且还开着烧锅，筑有四合大院，院墙四角有炮楼，并养着一百多名炮手。他是王德林的把兄弟，看到王德林起兵，出于一时义愤，也来投奔王德林，带着他的一百多名炮手，还有一些热血农民。王德林自然是十分高兴。他将戴凤龄的人编为一个营，并任命戴凤龄为营长。戴凤龄虽然参加了救国军，也跟着王德林打日寇，但他却不想牺牲，不想损失自己的人马。因此，当王德林打敦化时，他临阵脱逃；王德林打开敦化后，他又纵容手下抢夺财物。这让李延禄很是瞧不起他，就要将他依军法从事。但王德林不同意。他想让戴凤龄戴罪立功，又知他打不得硬仗，便把他派到西山头，担当后卫。

戴凤龄见陈文起忠义可嘉，胆识俱备，决定派陈文起潜回村里，侦察敌情。他试探着问陈文起，现在日本人正朝这里进军，你敢不敢下山探探风，看日本鬼子来没来？陈文起挺挺胸脯，毫不客气地说，擀是煎饼不擀（敢）是饼。我陈炮连黑瞎子、老虎都不怕，怕他小日本个屌，你就瞧好吧。说罢，他慨然而去，趁夜摸回了瓦房店村。不料就被上田支队捕获了。

上田支队长见他身上血迹斑斑，便问，你是胡子吗？陈文起嘿嘿一笑。他举手先做个黑熊打立正的姿势，撒手时又做个举枪射击动作，颇为自负地说，我不是胡子，我是猎人。上田看过陈文起天真的动作，觉得眼前这农民又可笑，又愚蠢，甚至有些可爱。他长长地吁口气，又问，你的是猎人，那你的枪呢？陈文起甩甩头说，我自个儿没枪，我打猎靠借人家的围枪。上田眯起眼睛，琢磨琢磨陈文起的脸色，说，你说实话，前边有没有土匪？陈文起连连摇头，把个脑袋摇得像个拨浪鼓，用天真的口气说，没有，没有，我的敢拿脑袋担保。上田诡异一笑，说，你的，前边的带路。前边马胡子的没有，你，好人大大的；前边马胡子的有，你，死了死了的，明白？陈文起眼里流出畏惧的神色，他退却一步，心惊肉跳地说，我能听明白。他嘴里这么说，心中却暗想，他妈的小鬼子，你们等着吧。我陈文起不把你们领进墙缝，就不叫陈炮。说过，他便带领上田部队，朝墙缝走去。

　　3月20日凌晨，三星西斜，天色尚蒙蒙黑，补充团的阵地上走来了两个人。老的是瓦房店村民史振德，小的是他十六岁的女儿。他们是给补充团报信来的。哨兵将父女俩带到李延禄身边。史振德问清了李延禄的身份后，激动地说，你们麻溜准备打小日本吧。陈炮已"牵驴"过来了。牵驴是土匪黑话，意思是说，将敌方带进我方的阵地，或者是埋伏圈。李延禄惊喜地拉过史振德的手，说，谢谢你，太谢谢你了。史振德的脸欻的一下红了。他面色忸怩地说，我怕你们部队误会，不相信我，特地把女儿带来了。李延禄再次向史振德父女表示感谢。而后，他就派人将他们送到戴凤龄阵地上去。

　　史振德父女刚刚离开墙缝，上田支队就闯进了李延禄的望远镜。几十年后，李延禄在他的《过去的岁月》里说："不久，在指挥所用望远镜就可以看到敌寇那红肩章、刺刀和扛枪的臂膀所组成的行列了。他们没有想到，在这些光秃秃的山顶和大块岩石的背后，有我们中国共产党人所率领的700勇士，在这里等待着他们；而且是那么突然地一跃而起，手榴弹沿着5里长的狭路同时纷纷下落，到处是爆炸声零乱奔跑的脚步声和临近死亡那瞬间的仓皇的惨叫。在所有这些声音里似乎还有日寇指挥官的命令声，这声音疯狂似的响亮，带着一种意外的惊慌和恐怖。以后，我尽管经过无数次大小战斗，日寇指挥官的疯狂喊声，从来没有一回像这次那么凄厉，印象那么深刻。我感到我们依崖猛攻猛打的700名勇士，在敌寇发出的狂呼声中，顿然精力增长百倍，心情豁然开朗，有的竟扔掉了棉衣和帽子，只穿着短褂往外扔手榴弹。"

　　墙缝这一仗打得干净漂亮。补充团打死日寇七十多人，伪军五十多人，并缴获给养车十多辆。而补充团，仅仅牺牲了七名指战员，另外还有陈文起。

陈文起死得很是惨烈。当补充团的枪声一响，他像只小鹿，三跃两跃，就钻进乱石丛中。他本来能逃跑，逃到补充团阵地，或者逃进大山里。但他没有跑。他没有跑，是因为他想看看热闹，还想抢几条枪。要不怎么说艺高人胆大呢。如此，当那些被日寇强征来的车老板，看到他躲在卧牛石后，呼喊他快点跑时，他也没放进心里，甚至朝喊话人挤挤眼睛，像是个恶作剧的孩子。他没有想到，枪声一响，上田立时大梦初醒。他一边指挥战斗，一边传下命令，沿着五里地长的战场，一个个接力式地传达下去，一定要捉住那个把他引向绝路的猎人。与此同时，上田还派出一个搜寻小组，沿着战场搜寻陈文起。不幸的是，陈文起再次被捕了。但他并不害怕，脸不变色心不跳，冲着逮捕他的日本兵大声呼喊，兔崽子，你们来吧，我陈文起自打把你们带进鬼门关那时起，就没想过活命。

　　上田把陈文起带到了孤间房村。他把陈文起吊在马棚的大梁上，手里摆弄着一把匕首，上挑着眼皮，凶凶地说，你的，只要把我们带到安全地方，我就饶你一条命。陈文起却闭上了眼睛，翘起了嘴唇。上田恼羞成怒蹿上前去，朝陈文起肚皮扎上一刀，又问，你的，说还是不说？陈文起不说话。上田再朝陈文起胸脯扎上一刀，你的说，还是不说？陈文起脸上微笑。上田哇哇大叫，将匕首一刀刀捅向陈文起的胸腔，陈文起横竖是不说一句话。

　　扎死陈文起，上田支队的残部就成了没头的苍蝇。他们不想乱闯乱撞，便选择松乙沟突围而去。结果，他们遭到了补充团后备队的阻击。补充团后备队采取火攻战术，烧得上田支队鬼哭狼嚎，只剩下四百多人，沿铁路线逃窜，妄图乘火车逃回哈尔滨。

　　李延禄得知这个消息时，正在前往宁安筹集钱粮的路上，他身边没有可用之兵。思前想后，李延禄决定启用三方面的力量。一部是李延青率领的铁路工作游击队。李延青是李延禄的弟弟。他带领的铁路工作游击队成立刚刚三个月，队伍战斗热情高，但缺乏战斗经验。一部是宁安县原保安总队。他的总队长叫刘万奎，绰号刘快腿。刘万奎本来是胡子出身，后来受招安，当了宁安保安总队的总队长。他同原东北军第二十一旅警卫连连长项元英关系密切。日本关东军侵入吉林后，他们联络克虏伯炮营第三连连长么印清、步兵营连长徐祥贵，脱离东北军，率部到牡丹江，投入了抗日军行列。还有一部是原东北军第二十一旅第六六〇团，团长是张振邦，驻地在绥芬河。李延禄之所以想用张振邦，是缘于他之前跟张振邦的一次谈话。那次同张振邦谈话，李延禄曾经将他一军问，如果抗日救国军同日本人打起来，我委任你当第二十一旅长，你敢不敢接？张振邦眼睛盯着李延禄，问，你说的是笑话，还是当真？李延禄说，当然是真话。张振邦当即回答，你说真话，我也说真话。打日本侵略者，我敢。李延禄趁热打铁道，我让你缴其他团的枪，你敢不敢？张振邦仍然斩钉截铁地说，我敢接你的旅长，就敢缴他们的枪。那你就等待我的消息吧。李延禄说。他当时想的是，只要有机会，就策反张振邦。没想到这机会不找自来，而且是提前来了，跑步前进。

　　李延禄联络好了三方力量后，立刻前往关家小铺。关家小铺南距宁安县十五千米，北离海林城十千米，两边双峰并峙，中间凹落，是个打埋伏的好地界。

　　观察好地形后，李延禄又赶回海林站，马上给张振邦打电话。张振邦不敢冒昧应答，他试探着问，请问，你是哪位啊？李延禄说，你不要问我是哪位，我是从镜泊湖来的。张振邦立即明白对方是谁了。他兴奋地夸奖李延禄说，我知道，我知道，你们打得好漂亮啊。李延禄为了鼓励张振邦参战，便兴奋地说，那些都是老皇历了。你大概还不知道，我们在松乙沟又烧得他丢盔卸甲，只跑出四百多人。他像当年的曹操，现在要走华容道，我想全吃了他，可惜手头兵少，想向你借点兵，你能借吗？张振邦精神一抖，问，你想要多少人？李延禄说，一个连行不行？张振邦爽快地说，一个连太少，我给你一个营，并把我的赵子龙、张宪廷派给你。他是八连连长，我的一员爱将，勇猛善战，听从指挥，由他带三个连参战，保证万无一失。李延禄克制住自己，不让自己笑出声来，那我就太谢谢你了。他们今天能开出来吗？他问张振邦。张振邦也毫不含糊地说，你放心，他们明天早上一定会赶到海林火车站。

如此这般，李延禄这边调兵遣将，将个关家小铺伏击战安排得风生云起，滴水不漏。他就没有料到那边，在宁安县城里，有个叫魏学海的人，是日本特务。魏学海在大战前夕，乔装成个货郎子，潜入关家小铺，将李延禄部署的队伍位置、部队人数、武器装备探查得清清楚楚，而后火速报告给了上田。

3月23日凌晨，李延禄接到情报，说是上田支队残兵败将已从县城出发，朝关家小铺这边开来。李延禄立即派人给关家小铺送信，让他们做好战斗准备。

一切安排就绪，李延禄守在指挥部里，焦急地等待着前方的消息。可一直等到早上七点钟，他也没听到关家小铺的消息。他情知情况有变，立即唤来六六○团钱营长，让他率领警卫班，携带电话，立即赶往关家小铺，把那里的情况汇报给他。

仅仅过一个小时，钱营长坐着卡车回到了海林火车站。李延禄先看卡车弹痕累累，再看钱营长一脸灰土，跟着的几个警卫也少了几个，胸口就有一股凉气上冲，眼睛立时模糊了。果然，钱营长向他报告说，关家小铺的张宪廷，已经被上田部队包围了，张宪廷正坚守阵地，等待救兵呢。我还哪有兵可派？李延禄正一筹莫展，刘万奎派来的两个连开到了海林站。这可救了李延禄的驾。他当即命令带队的孙连长，跑步增援关家小铺，并告诉他说，我的指挥部要转移到照福山，你们突围后到那里去找我。

那天太阳偏西时，孙连长带人来到了照福山。他让张宪廷的部下给李延禄讲述了关家小铺战斗的情形。

张宪廷是个职业军人。他知道保守秘密的重要性，因此，半夜才带人进入阵地。不料天亮时，他竟发现沟口开来了三十来辆卡车。他正疑惑，设在东山头的哨兵又来报告，说是曹家沟、梁家沟后山正有一支穿灰衣服的队伍，悄无声息地朝他们这边摸来。张宪廷头皮一麻，脑袋轰隆一响，眼前骤然跳跃起万千金星。他就知道他是被两侧日寇合围了。就在这危急时刻，埋伏在西山的刘排长又跑来报告，说是葡萄沟那边也发现了一百多日本兵。看来自己被三面包围了，张宪廷想，他铁着脸说，我们不能动摇，一定要坚守阵地，等待指挥部的救兵到来，然后再两面夹攻，打败日寇。刘排长哭丧着声音说，要是救兵不来呢？张宪廷握起拳头，朝右侧一挥，果决地说，来不来都打。我们是军人，军人就要爱国，就要打仗，不打对不起东北三千万父老兄弟。张宪廷说过这些，抽出手枪，朝前一指，大声命令说，所有的人都进入阵地，谁敢临阵脱逃，我就枪毙谁。

如此，张宪廷率部同日寇展开了殊死搏斗。坚守到身边只剩下二十八个人时，张宪廷大吼一声，弟兄们，我们跟小日本拼了吧！喊罢，他一跃而起，跳出掩体，带领士兵跟日本兵拼开了刺刀。等到孙连长率援兵赶来之时，张宪廷的阵地上遗留下一百多具日寇尸体，另外还有张宪廷和他的一百零六名弟兄。

李延禄听过汇报后，沉默好一会儿，这才振作精神，再给驻守山市的刘万奎的步兵营营长徐贵祥、克虏炮营营长么印清、驻守亚布洛尼的李延青打电话，让他们做好迎敌的准备，绝不能让日寇逃回哈尔滨。只是，徐贵祥和么印清双双轻敌，竟放过了上田支队，让他们乘坐的火车轻易地开出了海林站。

天近傍晚，上田乘坐的火车刚开到高岭子，突然传出天塌地陷的一声巨响，火车翻下了轨道，像条扭曲的黑蛇。随即，火车道两边爆开了枪声，将日军打得哭爹喊娘，只剩下一百多人，逃回了哈尔滨。

伏击日军的是李延青的铁路工作游击队。原来，李延青接过李延禄的电话后，立马带着工作游击队赶到高岭子。他们先拔掉铁轨道钉，再埋伏在铁道两边，耐心地等来了上田支队乘坐的火车。

1933年初，在日伪军的重重围剿之下，原东北军的抗日队伍，丁超投降了，李杜退进了苏联，王德林退进了苏联，宁安和绥芬河相继失守，吉林自发的抗日大潮一时陷入了低谷。李延禄权衡形势，毅然公开打起了共产党领导的抗日大旗，宣布成立"抗日游击总队"。抗日游击总队由李延禄担任总队队长，孟泾清担任总队政委，张建东担任参谋长，杨太和担任第一团团长，李凤山担任第二团团长，史忠恒担任第三团团长，邹风翔担任第四团团长，李延平担任游击支队的支队长。

游击总队成立后，连续打了几个小胜仗。其他抗日武装闻讯，纷纷前来投奔游击总队，游击总队一时间兵强马壮。李延禄顺风顺船，又将抗日游击总队改名叫"抗日救国游击军"，李自任司令。

抗日救国游击军成立不久，五虎林的保董赵保义找到李延禄，他请李延禄的队伍到五虎林去，说是游击军打了胜仗，他要杀几口猪，犒劳犒劳部队。李延禄知道五虎林还没有党组织，怕保董赵保义借犒军之名，行勒索群众实，谢绝了赵保义。赵保义不肯罢休，像个癞皮蛤蟆似的，贴着李延禄就百般延请。李延禄经不住他的花说柳说，看在他是保董，又是自卫团团长的面上，便带队去了五虎林。

到五虎林后，李延禄住进一位姓张的老人家。这老人是佃农，靠租种保董赵保义的地谋生。他身穿一件破棉袄，棉袄上暴露着一片片旧棉花，大大小小，飘啊荡啊，吹口气都能飘落的样子。

那天晚上很冷，李延禄便约几个头头，在房东张大爷家喝酒。酒喝得很沉闷，这是李延禄所能理解的。令他不理解的是，房东张大爷态度冷落。在他们喝酒的过程中，一句话不说，一口酒不喝，只是瞄这个一眼，觑那个一眼，目光艰涩，神色古怪。这让他延禄很是生疑，却也不好问什么。

酒散了，人去了，李延禄正想睡觉，张大爷又从东屋走进了西屋，像是有什么事，又若无其事，在地上摇里摇外，走来走去。李延禄便说，时候不早了，你也该睡了。房东说，大长的夜，不忙吧。说罢，他也不管李延禄讨厌不讨厌，自己从腰间拔出小烟袋，从吊在烟袋上的烟口袋里捏出一小撮烟沫，慢腾腾地摁进烟袋锅，再凑到炕沿前，斜视李延禄一眼，伸手从炕席缝里抠搜出一根火柴。李延禄见状，连忙翻出一根火柴，刺啦一声，在炕沿上划着了，再躬身，给房东点燃了烟袋锅。房东用力吸吮一口，再吧嚓吧嚓嘴，扫李延禄一眼，说，我……是心里有话，可不好明里讲啊。李延禄心头一震，立即说，我们抗日救国游击军是打日本侵略者的，也是保护老百姓的。我们不把你当外人，也希望你也不把我们当外人，有什么话尽管讲，有用着我们的地方尽管吱声。房东唉了一声，狠狠地吸口烟，感慨地说，是啊，我都活六十多年了，看到这样好的部队，还是头一遭呢。说过，他溜李延禄一眼，又垂下了头。

李延禄内心虽然焦急，但脸上绝不动声色。他耐着性子，说，你有什么话就明说吧，说什么都行。房东犹豫片刻，还是吞吞吐吐地说，我看你们都是挺机灵的人，横是心里头明白吧？李延禄却益发糊涂了。他两眼愣愣地看着房东，眼珠转也不转。房东再也忍耐不住了。他瞄瞄炕上的史忠恒，说，我实话告诉你们吧，那赵保义不是什么好饼，他先跟你们挂钩，再跟日本人挂钩，然后再带着日本人……你们马溜挠岗吧，要不，就坏大菜了。什么？史忠恒一个鲤鱼打挺，嘭地从炕上跳到地上，霍地从腰间拔出手枪，眼睛扫着李延禄说，你们立即转移，我带队掩护。李延禄摇摇头。他命令史忠恒担当前卫，自己担当后卫，带领队伍迅速撤出了五虎林村。

赵保义看李延禄出了村，日本人还没来，就带领自卫团，向游击军开了火。自卫团里有不少人是农民，李延禄不想跟赵保义打。他便吩咐队伍说，注意，听我口令，我们一齐喊口号。说罢，李延禄扬起头，豁亮地喊道，我们都是中国人，中国人不打中国人！李延禄的喊声刚刚落地，"我们都是中国人，中国人不打中国人！"的口号声又炸地而起，响彻夜空，在山村里外震荡，山山水水都来和应，仿佛整个世界都在呼喊，我们都是中国人，中国人不打中国人……听到这铺天盖地的呼喊，那些自卫团员便朝天胡乱放枪，像放鞭炮似的，欢送抗日游击军。

五虎林突围成功后，李延禄又率队在马家大屯布伏，袭击了一伙日军。打扫战场时，李延禄收拾整理牺牲指战员遗物，意外地发现了一名日本士兵的遗体。他的脸呱嗒一下就撂了下来，大声地喊，李光在哪儿？李光是游击军的别动队队长，听到李延禄喊他，便轻轻快快地跑过来，问，李军长，你找我有事？李延禄皱起眉头，目光乜着那具日兵尸体，问，你这是怎么搞的？怎么还把日本兵也弄进来了？李光连忙解释说，这个日本兵是个好人。我们打扫战场时，在松林里发现一辆汽车。汽车上满载着子弹，汽车下躺着一具日本兵的尸体。我们搜查遗体，从他口袋里翻出一封信，结果发现，这个日本兵是日本共产党员，他是来给我们送军火的。李延禄瞪大眼睛，说，有这样的事？你认识日本字，给我念念。李光就从口袋里摸出那封信，展开皱皱巴巴的信纸，低声诵读起来。

亲爱的中国游击队同志：

我看到你们分撒在山沟里的宣传品，知道你们是共产党的游击队。你们是爱国主义者，也是国际主义者。我很想和你们见面，同去打倒共同的敌人，但我被法西斯野兽包围着，走投无路。我决心自杀了。我把我运来的 10 万发子弹赠送贵军。它藏在北面的松林里。请你们瞄准日本法西斯军射击。我虽身死，但革命精神长存。祝福神圣的共产主义事业早日成功！

关东军间岛日本辎重队共产党员　伊田助男

1933 年 3 月 30 日

1933 年 7 月，李延禄率领抗日救国游击军转战了到了密山。密山一带的义勇军头目纷纷前来拜访，希望接受李延禄的改编，或者是同他并肩作战。李延禄联络"赵队长""金山""常山""邱甲长"等义勇军和山林队首领，召开义勇军、山林队首领会议，共同盟誓：坚决打日本、打汉奸、不投降、抗日到底；坚决保护群众利益、从敌人手里夺武器。不久，根据满洲省委决定，李延禄的救国游击军改为东北人民革命军第四军，李延禄任军长。这一天是1933年9月18日，"九一八"事变恰好两周年。

东北人民革命军第四军成立后，李延禄开始考虑一些原则性的问题，如到底如何对待义勇军，到底提不提中国人不打中国人的口号等。最终，他决定到上海去寻找党中央，结果是无功而返。

这是1934年2月间的事。

李延禄没有找到中央，中央特派员却找到了他。这个特派员叫吴平。1934年8月，吴平到了第四军。他根据李延禄的汇报，为了更好地发动一切愿意抗日的人们一起抗日，建议将东北人民革命军第四军改称为东北抗日同盟军第四军。在改名的会议上，吴平热情洋溢地说，在南满，我们有杨靖宇的东北人民革命军第一军；在吉东，我们有王德泰的第二军；在哈东，我们有赵尚志的第三军。现在你们正式编为东北抗日同盟军第四军。以后，周保中可以在宁安建立第五军，要是谢文东愿意接受我们的领导，我们就给他第六军的番号。

吴平走后，李延禄听说第三军的人到了方正、勃利一带，便带队来找第三军。结果，他找到了第三军刘海涛和张寿篯（李兆麟）带领的第一团……

只有说不完的话，没有亮不了的天。赵尚志同李延禄结束漫长的夜话时，天光已然大亮，篝火余灰里闪着一点点火星，像是一颗颗不肯退出的星星。赵尚志站起身，抻了个懒腰，下意识地说，天亮了。李延禄站起身来，应声说，我们到江边看看冰吧。

等到第十天，松花江终于封冰了。赵尚志和李延禄带队走过松花江，驻进通河县西南岔的一个伐木营。两军人马同住进一个伐木营，非但人无粮，马无料，更为糟糕的是，时已深冬，他们还都穿着单衣。赵尚志便同李延禄商量，说是要打开一个村镇，解决部队棉衣和给养问题。李延禄说，恰好我收到一份情报，二道河子的警备队刚刚发下新棉衣，旧棉衣还没来得及运走，我们就去打二道河子吧。赵尚志说，打，一定是要打，我看再派两个人去摸摸底吧。李延禄启唇一笑说，不用再侦察了。二道河子的雷保董过去跟我们协作过，还跟我们签有约定，我们只要把他找来，什么事都好办了。赵尚志连声说，好，这样就好，最好是里应外合。

雷保董听说要打二道河子，将个毡皮老头帽摇得像个大蘑菇，一脸急色地说，二道河子，你们打不得！赵尚志斜起右眼问，这话怎么说？雷保董不认识赵尚志。他见赵尚志身材矮小，其貌不扬，左眼还像有点问题，便乜赵尚志一眼，用不屑一顾的目光嗔怪地问，你是谁？赵尚志抿嘴一笑，说，我是赵尚志。雷保董嘴里喊，哎呀我的天老爷啊，你就是赵司令啊！他两手抱住李延禄的腰，颤着声音说，你可要救救我啊，李司令。李延禄睖睖起眼睛问，你这是干什么，雷保董？雷保董眼睛觑觑赵尚志，回头对李延禄说，都说江北的胡子不开面……我怕他赵司令把我当汉奸杀了。赵尚志就哈哈大笑，笑得雷保董面孔苍白，两排牙齿敲打出一串锣鼓，周身就有一种冻僵了的感觉。李延禄将雷保董拉到左侧，拍拍他的右肩头说，二里地没准话，你别听江湖上胡咧咧。其实赵司令这人心直口快，爱憎分明，他知道你暗中为我们办事，会喜欢你的。你还是接着说你的，二道河子为什么不能打？雷保董退后一步，两眼狐疑地看着赵尚志说，二道河子的警察家把式好，一水水的新式武器，再加上他们住在一个四合院里，四面都有炮台，我担心你们占不到便宜。李延禄摇头一笑，说，我们还有你带队呢！雷保董看看李延禄，再看看赵尚志，低头深思半天，抬头壮起胆子，嚅嚅地说，只要……你们能保通河城里我一家老少的安全，我豁出去了。李延禄笑容可掬地说，这个，我可以保证。雷保董摇摇脑袋，又把目光锁向赵尚志。赵尚志一拍胸脯，说，我拿性命保证。雷保董就说，走，我给你们带路。

　　夜半时分，联军咔嚓咔嚓地踩着冰雪，来到了二道河子南门前。看守城门的岗哨鬼惊鬼爹地喊一声，什么人，口令？李延禄挥挥手，示意队伍停止前进，手落时，将雷保董从背后拉向前方。雷保董一时紧张，竟忘记了口令。他这一急不打紧，反倒让他急出个理由来。他就扬起脑袋，冻声冻气地说，你们还要口令呢！赶快开门吧，我们从东六方来，都要冻成冰棍了。那哨兵听出来人是雷保董，嘴里便磨磨叽叽，一边埋怨雷保长来得不是时候，一边将两只手从棉手闷子里抽出来，再嚓嚓狠搓一通，这才笨拙地打开了城门。

　　第三军一团团长刘海涛见大门已开，故意气势汹汹地说，我们打赵尚志和李延禄都冻成紫茄子了，你们却躲在屋里享清福，是不是想通匪啊？说过，他一个箭步上前，左手锁住哨兵的脖颈，右手就缴了哨兵的枪。随后，他将那伪军交给身后战士，自己率队直奔伪军大院。在大院门口，刘海涛命令战士们躲到大门两侧，他则两手搭成喇叭，高声呼喊，我们是抗日军，你们投降吧，我们不杀俘虏。他的喊声还没有落地，已从屋子里打出来一串子弹。刘海涛眼疾手快，他顺手一甩匣子枪，砰砰两响，屋子里就传出来一片哭喊声。原来，那个开枪人是日本指导官，名字叫春田。他的枪没有射中刘海涛，反倒让刘海涛一枪将他送给了阎王。剩下的伪军见日本指导官已死，他们既不敢还击，也不敢出屋，只是躲在角落里，一声声地呼喊，我们是中国人……我们是中国人……中国人不打中国人……

结果，第三军和第四军只用两粒子弹，就打开了二道河子伪军据点，缴获棉衣五百多套，另外还有两挺轻机枪，二百多支捷克式马枪，一万多发子弹。

解决了两军过冬服装，赵尚志和李延禄如虎添翼，再无后顾之忧。他们决定执行原来计划，到汤原去找夏云杰的汤原游击总队，开辟新的战场，遍地开花，让日伪统治者顾此失彼，如老鼠过街，处处挨打。

至此，南次郎煞费苦心组织的冬季大"讨伐"，就彻底被赵尚志和李延禄的联合军粉碎了。

第十章

▶ 夏云杰汤原用兵

汤原民众反日游击总队总队长戴鸿宾

1935 年底，赵尚志和李延禄找到了夏云杰，在汤原县太平川张家菜园。

夏云杰看到赵尚志和李延禄双双降临，乐得合不上了嘴，眼泪就在眼圈里转。他一手拉着赵尚志，一手拉着李延禄，动情地说，你们让我找得好苦啊。我听说你们要过来，派出好几伙人去找你们，结果都没有找到，就没想到让你们先找到了我。说过，他松开握着赵尚志和李延禄的手，将随他而来的三个人介绍给了赵尚志和李延禄。一个是二大队大队长冯治纲，原来的"文武队"大柜，一个是三大队大队长张传福，原来的汤原县太平川伪自卫团团长，一个是汤原游击总队军部副官黄有。

赵尚志见黄有个子不高，年纪挺大，精神头十足，便啧啧两声，赞赏地说，连黄副官这样大岁数的人，都参加了抗日队伍，我们还愁赶不走小日本吗？夏云杰笑着说，我们的黄副官可是汤原县鼎鼎有名的地主啊，可他为了抗日，什么都舍弃了，甚至连房子都烧掉了。这就叫毁家纾难。赵尚志敬黄有一眼，再次拉过黄有的手，重复一句说，毁家纾难啊，老黄同志，我们都要向你学习呢。

黄有尴尬地笑笑，憋得满脸绯红，像是关云长，一直红到脖子根。他撤出赵尚志摇动着的手，说，你们先唠着，我给你们张罗吃喝去。赵尚志追着黄有的背影说，别太麻烦。你们吃什么，我们跟着吃什么就行。黄有回头嘿嘿一笑说，那哪成啊，你们是远道而来的贵宾啊。

黄有走后，李延禄问夏云杰，一个是二大队长，一个是三大队长，怎么不见一大队大队长呢？夏云杰说，一大队队长叫戴鸿宾。他是跟我一起起事的同志，前些日子带队开进东山里，我估计过几天也就回来了。赵尚志看夏云杰身材高大，面目英俊，说话有条不紊，心生爱惜，便问，你的"杰"字怎么写，是豪杰的"杰"吗？夏云杰说，我本字是官阶的"阶"，可他们总喜欢写成豪杰的杰，大姑娘梳歪桃——随辫（便）吧，怎么写，我夏云杰还是夏云杰。赵尚志略一迟疑，说，我看还是官阶的"阶"好，台阶的意思，意味着步步登高，说明咱们的抗日事业，越来越红火啊。夏云杰开心一笑道，你真有学问啊。赵尚志摇摇头说，我是癞蛤蟆做菜，上不得大台面。要说有学问，还是冯仲云有学问，人家是大学教授。夏云杰听赵尚志说到冯仲云，诧异地问，启农（冯仲云的别名）怎么没来，我听说他给你当政治部主任啊。赵尚志说，他又留在珠河县委工作了。怎么，你也认识仲云吗？夏云杰说，我怎么能不认识他？早在民国二十一年（1932 年），他就到我们这儿来指导抗日活动了。那时他是满洲省委下江（松花江下游）的代表，还是我的入党介绍人呢。赵尚志点点头，说，这老冯，就是嘴严，我压根就没听说过他到下江这回事儿。夏云杰说，趁现在饭菜还没有准备好，我就向你们报告报告我们汤原游击队的事吧。

夏云杰原来是山东省沂水县人。1926 年，他携妻带女，闯关东走到汤原县，在太平川落下脚来，耕地谋生。"九一八"事变后，他听了共产党的抗日宣传，很是兴奋，便主动同地下党员接触，并深入农村、矿区，宣传、发动群众，组织联络抗日力量。1932 年 9 月，他被到下江巡视的冯仲云发展为中共党员。1932 年 10 月 10 日，中共汤原县委成立"中国工农红军第三十三军汤原民众反日游击队"，夏云杰被任命为队长。可惜的是，因为执行左倾路线，民众反日游击队很快就被敌人打散了。夏云杰不甘心失败，在汤原县委的领导下，1933 年 8 月，他又召集旧部，联络"青山""占中央"等山林队和义勇军，组建成了"东北民众反日联合义勇军"。义勇军下辖三个大队，共有五百多人。只是好景不长，这支义勇军因缺少领导骨干，各怀心腹事，又分崩离析了。

屋漏偏逢连夜雨。此后不久，由于叛徒出卖，中共汤原县委成员正开会时，遭到日本人的逮捕，结果是被一网打尽，只漏下夏云杰一个人。

夏云杰很幸运。那天他下乡检查工作，正准备返回汤原时，听到了县委全部成员，包括团县委全部成员，共二十多人被日本宪兵队抓去全部活埋的消息。给他报信的是他的妻子。他的妻子听说这件事后，慌里慌张跑出城，劝他出去躲躲。夏云杰咬着刚毅的下嘴唇，半天没有吭声。他的妻子就急火火地说，到底怎么办，你总得说话吧，都快把俺急死了。夏云杰啪的一声，吐掉唇上一缕红红的血丝，说，血债要用血来还。我不走，我要再拉队伍，跟小日本算账。他的妻子瞅瞅夏云杰，欲言又止，只有眼泪哗哗地朝下落。夏云杰拉起妻子的手，说，别怕，你带着孩子先到娘家躲躲。他的妻子就扑到他的怀里，失声痛哭。哭了半天，哽哽咽咽一会儿，她抬起头来，说，你啊，不碰南墙不回头。夏云杰憨憨地一笑，说，就是碰了南墙，我也不回头。

1933年10月底，汤原县委书记夏云杰召集党员开会，商量组建游击队。团县委书记小于说，我的姐父在东二堡自卫团当兵。我想通过他的关系，搞一些武器，你看行不行？夏云杰说，行，怎么不行？我们好好合计合计，一定要做到万无一失。

这天，夏云杰借来两支手枪，一支给小于，一支给徐镐头，让他们去搞自卫团的枪。同时，他还安排十几个人混进东二堡，有的装看病，有的装买谷草，有的装访亲探友，随时闻风而动。他自己则带着二十多个队员，拿着一条汉阳造大枪，一支没有撞针的手枪，隐蔽在自卫团大院外，准备接应小于和徐镐头。

小于和徐镐头走进自卫团时，自卫团的人有的躺在炕上睡大觉，有的聚在南炕耍钱，有的围在北炕上摆龙门阵，谁也没把他们当回事。小于给徐镐头个眼色，呼的一声跳上北炕，控制住挂在北墙的长枪短枪，大喝一声道，谁都不许动！我们是抗日游击队，来这儿借枪的，谁动就打死谁。

南炕和北炕的伪军正面面相觑，打从门口涌进十几个人来，为首的正是夏云杰。他们不由分说，纷纷跳上大炕，去夺墙上的大枪。南炕上几个伪军本想反抗，可听院子里砰砰山响，不断有人从墙上跳下来，个个面色如土，只好乖乖举起双手，眼睁睁看着夏云杰他们拿着十四支大枪，二支短枪撤出了大院。

1934年2月8日，夏云杰得到情报，说是鸭蛋河村自卫团有四十多支枪，而且纪律不严，很容易混进去。这情报让夏云杰很是兴奋，也很是头疼。想混进鸭蛋河夺枪，需要更多的短枪藏在身上才好，而他的游击队却只有两支手枪。

　　夏云杰正一筹莫展，报号"阎王"的山林队开进了七马架村。这可是雪中送炭啊。夏云杰喜出望外，满脸的乌云立马就散了，像是刮起一阵窣窣窣的春风，将他脸上的忧愁一卷而去。他找到鸭蛋河党支部书记李凤林，派李凤林进"阎王"队找徐光海，再让徐光海做保人，朝"阎王"借枪。徐光海是鸭蛋河党支部派进阎王队的。这事只有夏云杰和李凤林知道。

　　徐光海陪同李凤林找到阎王，说是想借几支手枪。阎王两只猫眼睛叽里咕噜转了好一会儿，像两个弹出去的玻璃球，最后答复是不借。听话听声，锣鼓听音。李凤林听出阎王不想借枪，怕的是肉包子打狗——有去无回。他就向阎王保证，说我愿意用全部财产做赔偿。阎王打量打量李凤林，翘起嘴唇，轻蔑地说，你赔，你用什么赔，赔得起吗？李凤林傲然一笑道，我家穷是穷，可也养着一匹大骒子，一挂大铁轱辘车。我就用我的大青骒子和大车担保，借你两支短枪用两天。如果我胜了，给你两支大枪作酬谢；如果我败了，情愿将车和马都给你。阎王眯起眼睛，再盘算盘算，觉得这账还划得来，便说，私凭文书官凭印，空口无凭，你得给我立个字据。阎王说完，拍拍斜插在怀里的二十响匣子枪，又说，我的这支大镜面嘴馋，也先借给你用，但愿你们别坏了菜。

　　这天天气很好。鸭蛋河村路面的雪已经泛黑，暗黑的雪面上闪着一层亮光，蒸腾着水淋淋的暖气。自卫团板门大开，几个团丁正晒太阳，就看到两个人一边咒骂着，一边厮打着，打从东边朝自卫团这边走来。他们的身后，跟着一群看热闹的人，拉架的人，看热闹兼拉架的人，闹闹哄哄的，像是过年时看大秧歌。渐行渐近，那几个自卫团团丁认出来的是李凤林和他的舅舅宋木匠。宋木匠的棉袄被撕开张着大嘴，嘴里吐出的棉花飘啊飘啊，像是粘在肩膀上的一朵白绒花；李凤林的左脸被挠出一条血线，像蚯蚓似的，从额头爬到腮帮上。他们连看都不看那几个团丁，自管拉拉扯扯，骂骂咧咧，旁若无人似的走进了自卫团大院，身后跟着那些看热闹和拉架的人。

自卫团团长看进院的人越来越多，略有些警觉，便嘶哑着声音喊，谁让你们进来的？都给我滚犊子，都给我滚出去。他喊过这话，转身就想进屋取枪，不料，胸口却被一支短枪顶上了。是持短枪的戴鸿宾。他板起面孔，皱着眉头，压低声音说，告诉他们，都不许放枪。那自卫团团长的脸先是黄如裱纸，而后是白如蜡纸，最后是目瞪口呆，嘴巴磕巴磕巴几次，终于磕巴出一句话，说，都……他妈的不要动。他的话音刚落，那些看热闹的人，那些拉架的人，连同李凤林和宋木匠，就一窝蜂似的跑进了屋。眨眼工夫，他们再从屋里走出来时，有的抱着背着枪，有的扛着弹药箱，个个脸上都映着红光，喜气洋洋，像是过年吃饺子。

戴鸿宾带队迅速撤离了鸭蛋河。走到格金河金矿三号木营时，他决定在这里住宿。他之所以如此决定，是因为他认识金矿的秘书冯治纲，知道冯治纲是个热血青年，有爱国心，有正义感，还有胆有识。戴鸿宾想找冯治纲谈话，做他的工作，动员他参加抗日游击队。结果就是如愿以偿。

第二天早上，送走戴鸿宾，冯治纲找到金矿刘经理，劝说刘经理带领金矿矿警抗日。刘经理用陌生的目光审视冯治纲好一会儿，又用嘲弄的口吻说，我看你是被大米白面猪肉粉条撑昏头了吧？现今人家日本人占了东北，势力越来越大，你想跟人家作对，不是拿鸡蛋碰石头吗？冯治纲慷慨而谈，你看看人家戴鸿宾，戴"半拉子"，空手套白狼，硬是从自卫团那里弄来五十多支枪。刘经理耸耸鼻子说，你要是真不想跟我干，我劝你还是到克山老掌柜那疙瘩去，他跟日本人关系嘎嘎铁，靠上他，你有享不了的荣华富贵。刘经理琢磨冯治纲的心理，以为冯治纲是不想跟他干了，想找个借口脱离他的管辖。

刘经理琢磨冯治纲，冯治纲也琢磨刘经理。他知道刘经理是不想抗日了，便退一步说，人各有志，我不能强迫你。但看在我跟你合作几年的份上，我请你给我几支枪，让我拉几个人去抗日。刘经理垂头不语。他想不答应，冯治纲的岳父原来是县长，他得过县长的好处；他想答应，又怕被日本人知道后，没自己的好果子吃。如此思前想后，他让人拿来一支破马步枪，递给冯治纲说，咱们的矿警队也没什么好家把式，这把马步枪就送给你吧。冯治纲眼睛斜视着那条破枪，胸膛里呼哧呼哧就喘起了粗气。他感到人格受到了侮辱，很想掴刘经理个大耳光，或者嘲讽两句。再想想要打日本侵略者，需要得到大多人的支持，他只好压住心头怒火，接下了这条破枪。有一支就比没有强。他这样安慰自己，竟然笑了，道，咱们……后会有期。说完这话，他迈开大步，欻欻欻欻，走出了经理办公室，连头也没回。

当天，他找到四个兄弟，带着那条破枪，离开格金河金矿，拉起一支队伍，报号"文武"，走上了抗日道路。

夏云杰听说冯治纲已带人抗日，立即下达通知，要求各地党组织不遗余力地支持冯治纲，帮他扩大队伍。如此，没过多长时间，冯治纲的文武队便有了几十个人，几十支枪，成为一支重要的抗日武装。只是，那时文武队尚属山林队性质，它不归共产党领导，却愿意跟共产党的游击队一起活动。

扶起冯治纲后，夏云杰决定再策反张传福。

张传福是汤原县的大地主，家有良田三百多垧，还开着粉房和油房。老百姓都说，他张传福在汤原城西跺跺脚，汤原城东都呼嗵呼嗵地响。日本侵略者占领汤原后，他接受日本人的招抚，当上了汤原县太平川伪自卫团的团长，手下有几百人，在汤原县是个头面人物。夏云杰认为，策反一个张传福，可抵得上几个甚至是十几个地方小武装。这不仅仅是因为他人多势众，更因为他影响面大，能策反他，无论在日伪阵营，还是在人民群众之间，都会起到震撼作用。派谁去做张传福的工作呢？夏云杰选来选去，选定了蔡玉斌和王甲长。蔡玉斌是共产党员，王甲长不是，他只是抗日救国会的会员，他们都是张传福的拜把子兄弟。

张传福是个聪明人。他见蔡玉斌和王甲长同时熊他喝酒，已猜出了他们的来意。但他表面上却不动声色，等待两人先说话。大凡胸有城府的人，都喜欢别人先发言，自己后发制人。张传福就是这样一个人。

张传福正这样想着，蔡玉斌说话了。他左手捏起酒杯，抿了一口烧酒，放下酒杯，他咂巴咂巴嘴，溜张传福一眼，说，这酒，够冲，一喝就知道是你们家烧锅里烧出来的。张传福微微一笑。蔡玉斌再溜张传福一眼，说，你是个精明人，大概能猜出我们的来意吧？张传福还是微笑，说，吃菜，吃菜。蔡玉斌晃晃脑袋说，这菜，我吃不下去。张传福就说，怎么，你是嫌菜不好吗？蔡玉斌瞟了张传福一眼，说，咱们哥们谁跟谁啊，也就是多个脑袋差个姓。别说满桌鸡鸭鱼肉，就是你拿个芥菜疙瘩给老弟，老弟吃着也香。张传福故意佯装一脸无知，道，那是为着什么？蔡玉斌扫四座一眼，压着声音说，现在日本人占领了咱东北，但凡有点良心的人，都会像我一样。谁知道你平时看起来挺有胆量的，挺讲正义的，到了真章时候，却成了缩脖子鸡。张传福的额上嗖嗖嗖地朝外冒热气。但他仍然不表态，脸上暧昧着尴尬的笑，夹起一块溜肉段，放到蔡玉斌的吃碟里。王甲长此时看出点门道了，便说，汤原县里你说谁最有学问，最有身份？张传福说，那当然是刘铁石刘局长了。王甲长说，你想想，连刘铁石那么有身份、有地位的人，还跟着共产党抗日，这说明了什么？张传福歪过脑袋，"糊涂"着问，你说说明什么？王甲长说，这说明大势所趋，人心所向嘛。张传福接着装糊涂，问，那你跟我说这些有什么用？蔡玉斌见时机已成熟，便直截了当地说，当明人不说暗话，现在有朋友请你弃暗投明，不知你心里是怎么想的？张传福瞥瞥王甲长，又看看蔡玉斌，正襟危坐，说，这些日子我常常反省自己，越想心里越乱，乱得像一锅粥，乱得像一团麻。要说恨日本人吧，我也恨，看他们在中国地盘上横行霸道，能不恨吗？可千不该，万不该，我不该一时鬼迷心窍，披上了这张狗皮，闹得如今是骑虎难下，就是想跟人家打小日本，人家也不会相信我。张传福把"人家"两字咬得很重。他已断定，蔡玉斌和王甲长是人家的人，代表人家来做工作的。

蔡玉斌听张传福如此说，眉头舒展，他索性单刀直入，说，你如果真想抗日，完全用不着这样担心。现在国难当头，只要抗日就是一家。我想，就是共产党知道你过去给日本人干事，也不会找你后账的。张传福沉默一会儿，说，这抗日的事……我会考虑的，但要给我时间。你们可以给人家捎个信，就说我张传福身在曹营心在汉。蔡玉斌和王甲长听到这里，同时站起身来，举杯向张传福表示祝贺。王甲长乘机说，既然你有这个意思，我看赶早不赶晚。蔡玉斌就用脚踩一下王甲长的脚尖，王甲长心领神会，便把话头又拉了回来说，当然啦，这事也应该慎重对待，别打不着黄皮子，还惹一腔腺。张传福环顾左右，哈哈一笑道，喝酒，喝酒。

夏云杰听过蔡玉斌和王甲长的汇报，立即召开县委会议，表示自己要亲自出头做张传福的工作。他说，在整个汤原县，张传福的自卫团最硬，名声也最响。他要是抗日，对反动的地方武装或者是伪军伪警察，都会产生较大的影响，也会促进统一战线的建立。

戴鸿宾不同意夏云杰的意见。他说张传福这人虽然说是有民族心，有正义感，但这个人心眼也多，万一他不是真心抗日，而是设个圈套，让我们朝里钻，那我们的损失可就大了。夏云杰同意戴鸿宾的分析，但他还是坚持要去，说道有危险也要去，而且还应该我去，因为我去的影响会更大些。戴鸿宾见夏云杰执意要去，只好退一步，说，要去，那就让我去，万一发生意外，我们的损失会小些。

夏云杰不再争执，他提议由委员们讨论决定人选。他本以为委员们会倾向于他。结果，委员们都同意戴鸿宾去。夏云杰两手搓得膝盖沙沙沙响，闷着头想了一会儿，抬头嘱咐戴鸿宾说，你不要直接去见张传福，要请王甲长出面，把张传福找到王甲长家里，这样会更安全些。另外，我再选派五个人进村，暗中保护你。如果他张传福别有企图，你就先下手。

王甲长不相信张传福会到自己家来，张传福却如约走进了王甲长家门。他看戴鸿宾坐在炕沿上，暧昧一笑，回头便问跟在身后的王甲长，这位兄弟是谁？我瞅着眼生得很。王甲长慌忙朝前跨一步，虚笑着说，他叫戴鸿宾，也是我的朋友。张传福再扫戴鸿宾一眼说，你就是戴"半拉子"？听说过，听说过，如雷贯耳啊。戴鸿宾听张传福如此说，他站起身，上前握过张传福的手说，哪里，哪里，张大队长过奖了。王甲长听两人话说得投机，便找个借口，走出了屋门。他是为了回避，也是为了控制局面，一旦有个风吹草动，立即带上那五个人，接应戴鸿宾朝村西跑。夏云杰已经跟他打好招呼，他率领游击队埋伏在村西头。

戴鸿宾先跟张传福寒暄几句，而后将话头转向正题。为了说服张传福，他事先打好了腹稿，先说哪些，后说哪些，哪些轻说，哪些重说，可以说头头是道，滴水不漏。在戴鸿宾说话的过程中，张传福只是倾听。他不插话，也不反驳，胸有成竹，面上却波澜不惊。这让戴鸿宾有些丈二和尚。他说完了想说的话，两眼打量着张传福，脸上就有些局促。张传福轻轻一哂道，你说完了吧？你说完了我说。他嘴上这么问，却没有等戴鸿宾说话，自己又接着说了下去，我张传福虽然是个粗人，也清楚你戴半拉子是个什么人，也明白你说这些话为的是什么。我可以指着天告诉你，我张传福也是中国人，也有中国心。别看我现在穿这身狗皮，但你们让我打日本人，我照样跟你们干。我不怕日本人，就怕你们不容我……戴鸿宾听张传福把话说到这步田地，激动得他从椅子上站起来，目光灼灼地说，好，你别再说了。既然你跟我们不藏心眼，我也可以光明正大地告诉你，只要你真心抗日，我们不但不歧视你，还会重用你。张传福拍下桌子，霍地从怀里拔出手枪，砰地拍在办公桌上，说，一言为定！说吧，你们让我什么时候动手？我张传福如果不抗日到底，不把日寇驱逐出中国，誓不为人。

张传福说到做到。没隔几天，他就回到家中，卖掉家里全部家产，为汤原游击队买了一百套棉衣，一挺机枪，五支手枪。他的弟弟张传禄既不理解他的行为，又心疼那些置之不易的财产，便埋怨他说，咱们自己带枪上山抗日，还花这么多钱干啥？张传福铁着面孔说，我们连命都不要了，还要这些财产有什么用？你以为我参加了游击队，日本人会饶了你们吗？别再犯糊涂了。听我的话，我前脚一走，你后脚带着全家老少就走，找个僻静地界先猫起来吧。

1934 年 12 月 5 日，张传福集合起队伍，说是执行紧急任务，一路急行军，将队伍带到一座小山脚下。在小山脚下，张传福一脸寒气，慷慨陈词道，弟兄们，我张传福带着你们也有一年多了。现在回过头来，拍着良心问问，我敢对天发誓，张传福对你们哪个人都不薄。今天，我要告诉你们，我张传福要跟着共产党抗日了。你们谁愿意跟我抗日，就留下；不愿意跟我抗日，我也不难为你们，给你们发盘缠，让你们走人。不过，有句丑话我得先说到头里。从今以后，我不允许你们再为日本人干事。如果有谁不听我的话，我张传福认识你，但我的枪口不认识你。

张传福的话刚刚讲完，东边又传来了嗒嗒嗒的马蹄声。那些自卫团员转过头，就看到一队骑兵正朝这里飞奔而来。那跑到最前边的，正是戴鸿宾。他按照与张传福的约定，率领骑兵队伍来接应张传福了。

张传福率队抗日的消息，像凛冽的北风，迅速刮遍了汤原城乡，刮得日伪统治者心惊肉跳，刮得广大人民群众心花怒放，刮得那些原本畏首畏尾的大户也纷纷出钱、出物、出枪、出人出马，支援抗日游击队。一时间，汤原县的抗日烈火熊熊燃烧，烧得如同燎原野火，势不可当，烧得日本关东军驻佳木斯司令坐卧不安。他从伪军屠旅中选出三个骑兵连，一个骑兵炮连，前往汤原围剿抗日游击队。

这消息当天就送到了夏云杰那里。他决定伏击这支伪军，并将地点选在了三号木营的东沟。

东沟属两山夹一沟的地界。沟底有十来公尺深，沟口因地下泉水上涌，形成一个大冰湖。湖面上的冰又光又滑，像面硕大无朋的镜子，都能照得见马的鬃毛。但马走在上边，却站不住蹄，哪怕是打着马掌，都要打滑溜。

正午时分，伪骑兵队走进了东沟。他们倚仗着人多马壮，武器精良，并不把游击队看在眼睛，明知道冰湖对马队不利，也有恃无恐。

这正中夏云杰的下怀。他见伪骑兵出现在湖面上，里倒歪斜，七扭八歪，并不着急动作。等到伪骑兵队伍全部滑上冰湖后，他欢快得像匹小马驹，喊了声，打啊，给我打啊！听到他惊天动地的一声呼喊，两边的枪声骤然响起，子弹像急骤的大雨点，嗖嗖嗖地朝伪骑兵飞去。伪骑兵拉着炮，炮架不住；伪骑兵能放枪，枪找不到目标；伪骑兵想逃跑，马跑不起来。眨眼之时，湖面上已是人仰马翻，人喊人叫，死的死，伤的伤。没死没伤的都夯着声音喊，别打了，快别打了，我们服气了。

得饶人时且饶人。夏云杰命令战士向伪军喊话，中国人不打中国人。只要你们放下武器，我们绝不伤害你们。喊过口号，夏云杰指挥战士们，唱起了《劝亲日士兵反正歌》：

> 满洲士兵兄弟们，
> 眼看立了春，
> 大家提精神，
> 正好反正杀敌人！
> 别在梦中睡沉沉……

夏云杰这边的歌还没有唱完，那边的伪军已打起了白旗。他们派来一个副连长同夏云杰谈判，条件是不投降，放他们一条生路。夏云杰翘唇一笑道，不投降，可以；放你们一条生路，也可以。但有一条，你们必须得把马和武器都留下来。那副连长便一脸艾蒿味，哭丧着声音说，我们要是这样回去，日本人不会饶我们啊。那你们就别回去了。夏云杰说，我领你们打小日本，走抗日救国的光明大道，不好吗？伪副连长就乞求说，我们全家老少的性命都在日本人手心里攥着，我们要是跟你们走，他们不都完蛋了吗？要不，你行行好，给我们留下几匹马，让我们回去好报账，也好运送受伤的弟兄。夏云杰摇摇头说，你们要走，就立即走，我保证不动你们一根毫毛。但马，你们是别想拉走一匹。那副连长见夏云杰不肯开面，也只好垂头丧气回到湖上，向几位连长交差。那几个伪连长再也不敢讲条件。他们只好按夏云杰的安排，退出战斗，交出武器。回到城里跟日本人说，游击队太厉害，人多势众，枪法娴熟，他们虽然进行了殊死的抵抗，打死游击队七八十人，也仅仅保住了弟兄们的生命。

其实，这次伏击战，游击队打死打伤伪军三十多人，缴获战马三百多匹，游击队则连根毫毛都没损伤。

东沟伏击战之后，汤原县委将游击队改为游击总队，夏云杰担当总队长，总队下辖三个大队。游击队原班人马为第一大队，队长戴鸿宾；冯治纲的"文武"队为第二大队，队长冯治纲；张传福的原自卫队改编为第三大队，队长张传福。

1935 年 7 月，夏云杰收到地方上的情报，说是富锦县的何木林投入日本人怀抱，当了大汉奸，请夏云杰去打何木林。这何木林家金银满柜，骡马成群，上好土地有一千多垧，是富锦县数一数二的大地主。

8 月时节，三江平原上青纱帐起，氤氲的天空上，小太阳高高吊着。在它的照耀下，大片大片的麦地一派暗黄，刚收割过的麦茬在风中沙沙沙地鸣响；大块大块的玉米秧翻腾着明，翻腾着暗，像树木一样涌起波涛；肥硕的田野里虫声交相鸣叫，这里刚停歇，那里又登场，像是两支合唱队拉歌，在无边的舞台上。突然间，它们全部收紧了喉咙，退出了合唱，将舞台让给了另一种声音。

这是一支队伍行进的脚步声。最前边走的是戴鸿宾。他今天穿的是警察署长服装，腰带上的黄钢扣闪着铮铮的亮光，黑红色的脸膛上跳着暧昧的阳光。跟着他的是总队副官徐光海。他今天化装成日本指挥官，挺着胸膛，神气十足，腰间指挥刀不停地摇晃，时不时发出叮叮当当的声响。他们的身后，是三十多名游击队员。他们也全部身着伪警察服装，个个精神抖擞。

何木林听说皇军驾临，他慌里慌张地跑出上房，点头哈腰，满脸谄笑，将"日本指导官"和"警察署长"迎进上房，又是呼奴唤婢，点烟上茶；又是召呼几个儿媳妇，点火做饭。何木林的小女儿何老丫更是殷切。她脸擦得像唱戏的花旦，每走一步，就塞塞窣窣地朝下掉粉渣；她嘴唇涂得像嗡着一颗熟樱桃，每次张嘴，都好像会流出汁来。她一会儿贴到"日本指导官"面前，媚眼飞吻，一会儿走到"警察署长"面前，问饥问渴。

"警察署长"戴鸿宾知道何家枪多，炮手也多。他不敢草率动手，便一边喝着茶水，一边观察着场面，一边琢磨着下手的时机。戴鸿宾正思忖间，何木林的三儿子回来了。他身上背着支匣枪，嘴里哼着小调，大摇大摆走进了上房，突然看到屋里有日本人，踅回来又朝厦屋走去。转眼之时，他再从厦屋里走出来时，身上的匣枪不见了。

戴鸿宾的脸上透出了暗笑。他就知道，这小子的枪没有枪照，他是怕叫日本人看见惹上麻烦，先行把枪藏在厦屋了。日本人不找你麻烦，我戴鸿宾可要找你茬子了。戴鸿宾美美地想，慢腾腾地下了炕，说是上厕所。戴鸿宾没有上厕所。他径直走进厦屋，没怎么费力，便翻到了那支匣枪。再回到屋里时，他将匣子枪双手呈给"日本指导官"，说，太君，他家窝藏枪支，这可是犯罪啊。"日本指导官"徐光海便黑下脸来，立即哇啦哇啦，冲着"翻译官"喊了几句朝鲜话。装翻译官的是装敬天。他板着面孔向何木林说，皇军生气了，他问你家的枪有没有枪照。何木林听过翻译，两腿立时战栗起来，额上冒出了大汗，结结巴巴地回答说，有……啊……没有啊……戴鸿宾闻言，嗖地递给徐光海个眼色。徐光海心领神会，便恶狠狠地说，所有的，枪的，统统地拿出来，验照的干活。

何木林见"皇军"动怒，他哪敢怠慢，慌忙把家里的枪都拿了出来，总共有四十多支。"警察署长"戴鸿宾将枪和枪照对照一遍，恭恭敬敬地对"日本翻译官"说，报告皇军，这些枪只有十几支有照，其余的都没有照。"日本指导官"怒吼一声，板起面孔说，巴格呀路。你们的良心大大地坏了。接着他对周身筛糠的何木林说，念你的，对皇军的一片忠心，今天的就不治罪了。但枪的，都要拿到城里重新起照，你的，明天去取吧。何木林人到此时，也只有点头哈腰的份儿。

如此这般，汤原游击队迅速发展壮大，仅仅一年时间，就从刚刚建队时的几十人，发展到四五百人，成为松花江下游最具战斗力的一支抗日武装。

第十一章

张寿篯雪夜奇袭

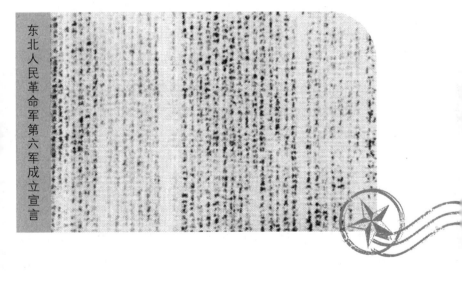

东北人民革命军第六军成立宣言

　　夏云杰的话还没有讲完，总队副官黄有走了进来。他抬起油汪汪的右手掌，做出一个让客的姿势，笑眯眯地请赵尚志他们去吃饭。赵尚志见黄有两只手都油光锃亮，好奇地问，你这手是咋弄的？黄有翻开两掌，再伸给赵尚志，美滋滋地说，嘿嘿，为了庆祝会师，我特意宰了一口猪。赵尚志右眼立即放光，说，你们的生活不错啊，还有肉吃，从哪里弄来的？夏云杰怕赵尚志误会，他抢过话头替黄有回答说，我不是跟你说过了吗，黄副官家可是大地主啊。赵尚志上前一步，拉住黄有油渍渍的大手，连连点头说，好，好啊。我们打小日本，要的就是你这样有良心的中国人啊。黄有尴尬着脸，抽回自己的手，愧着声音说，你看看，你看看，我这满手的油，你也不嫌弃。

　　晚宴办得很丰富。赵尚志、李延禄和夏云杰都喝了很多的酒。赵尚志酒喝得多，神经兴奋，话说得也多。他口若悬河，滔滔不绝，告诉夏云杰，说他们此次前来，是想联合各地抗日武装，召开一个协商大会，成立"东北民众反日联合总司令部"，以便协调作战，团结起来共同打击日本侵略者。当然，最重要的是，他们此行的目的，是想帮助汤原游击队建立第六军，扩大下江反日游击区。赵尚志讲完，李延禄又补充说，我们讲的联合，是大联合，不但是我们党的抗日武装要联合，还要把李华堂、谢文东、祁致中这些人都找来，也要跟他们联合。同时，我们还想把一军、二军、五军的人也找来，力争将全东北的抗日武装结成统一战线。只是，我们找不到联系他们的人，怕是一时半会也联系不上他们。

夏云杰听李延禄如此说，接过他的话茬说，这不要紧，我有一名叫李发的老交通员，他过去是老邮差，黑、吉两省都叫他走遍了。我派他去找，一定能找到，这个不用担心。我现在担心的是，我们汤原游击队人少枪少，叫作第六军，怕是名头大了些。赵尚志立即表态说，这个好办。你想想你们这里有没有搞枪的地界，我们和四军帮你打掉它，不什么问题都解决了吗？夏云杰眼睛一亮，说，亮子河金矿驻着伪军三十八团的一个连，装备也齐整，都是些好使的家把式。只是……夏云杰说到这里，目光现出艰涩，欲言又止。赵尚志性子急，他见夏云杰吞吞吐吐，张嘴就问，你有什么困难，尽管说，我们会帮你解决的。夏云杰扫赵尚志一眼，为难地说，不瞒你们说，这孟连长跟我是哥们，过去曾经帮过游击队的忙，我是，对他下不得手。而且……我们还跟孟连长有过密约，双方互不侵犯各自利益。赵尚志坚定地说，谁打日本子，我们就跟谁讲交情。既然你磨不开情面，就由我出头收拾他。说完，赵尚志从长条木凳上站起身，踱到夏云杰面前，又问，你说怎么样？夏云杰不去看赵尚志。他摊开两手，低头用拇指碾着其他四指，迟疑着说，他从来没打过游击队，我，哪好意思动手打他？赵尚志抿抿嘴唇，掂量夏云杰一眼，直截了当地说，既然他是日本人的武装，总得听日本人的吆喝。他现在不打你，并不等于将来他不打你。所以，我的意思是，我们可以先跟他谈谈，问他想不想抗日。他要是想抗日，那好，跟我们一起走；他要是不抗日，那对不起，我们就借他的枪去抗日。他不借，我们就收拾他。夏云杰见赵尚志执意要缴孟连长的枪，就抬起头来，去看李延禄，目光复杂，意思是征求李延禄的意见。李延禄说，我同意尚志同志的意见。在东北被日寇占领的环境下，凡是抗日的，都是我们朋友；凡是亲日的，都是我们的敌人。既然他孟连长没有打过我们游击队，我们也先礼后兵。还是尚志那句话，他要是跟我们抗日，什么话也不用说；他要是死心塌地跟日本人走，那就是我们的敌人，我们也就用不着对他手软。

夏云杰原以为李延禄能为自己说话，没想到李延禄竟同意赵尚志的意见。他抬起手掌，看看手背；再翻过手掌，看看手心，然后上下掂量掂量，最后将两掌握成拳头，站起身来，说，既然你们都赞成搞孟连长的枪，那就搞吧，我同意。不过，我自己不能设这个鸿门宴。赵尚志开颜一笑道，这鸿门宴不用你设，但人，还真得你去请。夏云杰蹙着眉头，说，要不，我去找老单头，他跟孟连长关系好，我让他给孟连长写信，约孟连长到单家大院会面。

孟连长接到老单头的信，便骑着一匹高头白马，带上一名马弁，满面春风地进了单家大院。他以为老单头听到马蹄声，会走出门来迎接他，却没想到非但老单头没出门，就是整个大院，也不见半个人影，空空荡荡。这让孟连长内心疑惑。他慢腾腾地下了马，将缰绳交给马弁，站在院子当间喊，老单大哥，你在家吗？

他的话音蹿窜进屋，打从屋里走出来了赵尚志和李延禄。孟连长脸色顿时变白，参着声音问，你们是什么人？老单头呢？赵尚志微微一笑，说，我们是你的朋友。我叫赵尚志，东北人民革命军第三军军长；他叫李延禄，抗日同盟军第四军军长。我们一起来迎接你来了。赵尚志？李延禄？孟连长嘴里喃喃重复着两个名字，两腿就有些发飘，像是踩在棉花堆上，又像是腾云驾雾。他强挺精神，佯作笑脸说，我喜欢两口福寿膏（大烟），既然是朋友，你们就让我先抽两口，其他事等我抽完烟再说，行不？说罢，他瞄赵尚志一眼，再瞄李延禄一眼，也不等两人回答，抬腿朝屋里走去。赵尚志和李延禄相视一笑，跟随孟连长走进了上房。

老单头见孟连长进屋，他脸上一阵儿红，一阵儿白，笑不像笑，哭不像哭，只好尴尬着脸，给孟连长端烟盘子，装烟点烟。孟连长人到此时，索性既来之，则安之。他坦然地半倚半靠，脑袋倚着墙台，滋啦滋啦地，吸得大烟惊心动魄地响。

李延禄见孟连长只管吸烟，并不说话，他怕夜长梦多，便率先说了话，实话跟你说吧，孟连长，我们是来挽救你的，给你个将功赎罪的机会。你要是想抗日，就跟我们走；你要是不抗日，就把武器交出来，由我们代替你去抗日。总之，你想躲是躲不过去的。孟连长撩起眼皮，瞅瞅李延禄，依旧吸自己的烟。

赵尚志见孟连长不搭理李延禄，胸中顿时火起，呼啦啦地烧得他面红耳赤。他跨前一步，瞪起右眼，说，咱们闲话少说，就来干的，孟连长，你说你是想当抗日英雄，还是想当狗熊吧？孟连长听赵尚志声音威武，嘎嘎响，像小钢炮似的，心中难免惊恐。他觑赵尚志一眼，再从炕头蹭到炕沿上，囔囔地说，当英雄，我当不起。我说了，我喜欢抽两口福寿膏，跟你们遭不起那份罪。赵尚志见孟连长气势已低，自己也缓和缓和语气，耐着性子说，你怕遭不起罪，我们不怕。你把枪交给我们，由我们替你打小日本，好不好？孟连长眨巴眨巴眼睛，说，你们要缴护矿连的枪，行，我带你们去。不过，我有个条件。赵尚志眉开眼笑地说，你说，有什么条件，你尽管说，只要我们能办到的，一定办。孟连长长吁口气，说，我把护矿连的枪送给你们，日本人绝不会放过我，我只有回关里老家一条路了。不过，我有两个老婆，三个孩子，想安心过日子，得需一大笔钱。赵尚志哈哈大笑道，这个没问题，你想要多少，我们给多少。真的？孟连长惊喜得从炕沿跳到地上，两眼瞪得溜溜圆，愣愣地说，都说你赵尚志是江北的胡子，不开面，没承想你也是个有情有义的人啊。既然你对得起我，我也对得起你，金矿局孟局长那里还有三十支枪，我也帮你们收拾来。

赵尚志和李延禄刚刚缴了护矿连的枪，李华堂带着他的自卫军支队，谢文东带着他的东北民众抗日救国军，前脚后脚也跟到了汤原县的吉兴沟。他们是应赵尚志、李延禄和夏云杰之邀，前来参加抗日军联席会议的。

赵尚志见祁致中还没有到，便跟李延禄和夏云杰商量，是不是再等等祁致中。夏云杰说，前些日子，祁老虎已找到汤原县委，要求收编他的队伍。他提出三个条件，第一条是参加共产党，第二条是改编他的队伍，第三条是给他派政治干部。我根据他的具体情况，介绍他参加了共产党，同意将他的"方、依支队"改编为独立师，但派政治干部，因为一时无能为力，我也只好答应他以后再配。赵尚志点点头，说，既然如此，我们就先开"东北反日联合军军政扩大会议"吧。

这样，1936 年 1 月 26 日，东北反日联合军军政扩大会议召开了。参加会议的有赵尚志、李延禄、夏云杰、李华堂、谢文东、冯治纲、张传福等人。

会议由张寿篯（李兆麟）主持。他先请赵尚志宣读中国共产党的《为抗日救国告全体同胞书》（即《八一宣言》）。赵尚志展开信纸，刚欲朗读，谢文东就摁住了赵尚志的右手。赵尚志一愣，道，你，有什么事吗？谢文东油油一笑，说，我看这部经书就别念了吧？赵尚志拧起眉头问，为什么？谢文东嘻嘻地笑，说，我们还是少点虚套，直接来干货吧。他是不想听《八一宣言》，又碍着赵尚志面子，不好直截了当地说出理由。赵尚志悟出了谢文东的心事。他拍拍谢文东的肩膀，说，这《八一宣言》一定要读。谢文东一时语塞，他将目光转向了李华堂。李华堂也对赵尚志的武断感到别扭。他睖睖起眼睛，瞄着赵尚志说，为什么？赵尚志扬起信纸，喜洋洋地说，这里边不但有你李司令和谢司令的大名，还把你们列为抗日民族英雄呢。李华堂方脸上立时熠熠生辉，说，有这等事？那就念吧。他将脸扭向谢文东，说，听老赵的，没咱们亏吃。谢文东瞥李华堂一瞥，喟然长叹道，这部经书要是中华民国政府的，多好。赵尚志乜谢文东一眼，抬高声量说，现在全中国都在抗日，不管是共产党，还是国民党，谁想着咱们东北，咱们就跟着他干。说过，他开始宣读《八一宣言》。赵尚志音质纯正，音域宽广，再加上心情振奋，把个《八一宣言》诵读得抑扬顿挫，风起云生。

　　国内外工农军政商学各界男女同胞们！

　　日本帝国主义加紧对我们的进攻，南京卖国政府步步投降，我们北方各省又继东北四省之后而实际沦亡了！

　　有数千年文化历史的平津，有无限富源的直、鲁、晋、豫各省，有重要战略意义的热、察、绥区域，有全国政治经济命脉的北宁、平汉、津浦、平绥等铁路现在实际上都完全在日寇军力控制之下。关东贼军司令部正在积极实行成立所谓"蒙古国"和"华北国"的计划。自民国二十年"九一八"事变以来，由东三省而热河，由热河而长城要塞，由长城而"滦东非战区"，由非战区而实际占领河北、察、绥和北方各省，不到四年，差不多半壁山河，已经被日寇占领和侵袭了……

近年来，我国家、我民族已处于千钧一发的生死关头。抗日则生，不抗日则死，抗日救国已成为每个同胞的神圣天职！

然而最痛心的是，在我们伟大民族中间，即发现着少数人面兽心的败类！蒋介石、阎锡山、张学良等卖国贼，黄郛、杨永泰、王揖唐、张群等老汉奸，数年以来，以"不抵抗"政策出卖我国领土，以"逆来顺受"的主张接受日寇的一切要求，以"攘外必先安内"的武断宣传来进行内战和压迫一切反帝运动，以"十年生聚""十年教养""准备复仇"等骗人口号来制止人民抗日救国行动，以"等待第二次世界大战来了再说"的狡计来迫使我国人民坐以待亡……

中华苏维埃政府和共产党认为日寇和汉奸卖国贼对我国这些行动，是中华民族的无上耻辱！苏维埃政府和共产党郑重宣言：我们不仅对日寇对我国的领土侵略和内政干涉，表示激烈的反对，就是日寇提出要解散国民党党部和蓝衣社组织的要求，也表示坚决的抗议。在共产党及苏维埃政府看来，一切中国人的事，应由中国人自己解决，无论国民党和蓝衣社卖国殃民的罪恶如何滔天，但其应否存废问题，日寇绝无置喙的余地。

领土一省又一省地被人侵占，人民千万又千万地被奴役，城村一处又一处地被血洗，侨胞一批又一批地被人驱逐，一切内政外交被人干涉，这还能算什么国家？！这还能算什么民族？！

同胞们！中国是我们的祖国！中国民族是我们全体同胞！

我们能坐视国亡族灭而不起来救国自救吗？

不能！绝对不能！……苏维埃政府对日宣战，红军再三提议与各军队共同抗日，红军北上抗日先遣队艰苦奋斗，19路军及民众淞沪抗日血战，察哈尔"长城"及滦东各地军民英勇杀敌贼，福建人民政府接受红军提议联合抗日，罗登贤、徐名鸿、吉鸿昌、邓铁梅、伯阳、童长荣、潘洪生、史灿堂、瞿秋白、孙永勤、方志敏等民族英雄为救国而捐躯……尤其是我东北数十万反日战士在杨靖宇、赵尚志、王德泰、李延禄、周保中、谢文东、吴义成、李华堂等民族英雄领导之下，前仆后继英勇作战，都在表现我民族救亡图存的伟大精神，都在表现我民族抗日救国的必然胜利。到现在，我同胞抗日救国事业之所以还未得到应有胜利的原因，一方面是由于日寇蒋贼的内外夹攻，另方面是由于各种抗日反蒋势力互相之间存在有各种隔阂和误会，以致未能团结一致。

因此，今当我亡国灭种大祸迫在眉睫之时，共产党和苏维埃政府再一次向全体同胞呼吁：无论各党派间在过去和现在有任何政见和利害的不同，无论各界同胞间有任何意见上或利益上的差异，无论各军队间过去有任何敌对行动，大家都应该有"兄弟阋于墙外御其侮"的真诚觉悟，首先大家都应当停止内战，以便集中一切国力（人力、物力、财力、武力等）去为抗日救国的神圣事业而奋斗。苏维埃政府和共产党特再一次郑重宣言：只要国民党军队停止进攻苏区行动，只要任何部队实行对日抗战，不管过去和现在他们与红军之间有任何旧仇宿怨，不管他们与红军之间在对内问题上有任何分歧，红军不仅立刻与之停止敌对行动，而且愿意与之亲密携手共同救国。此外，苏维埃政府和共产党现在更进一步地恳切号召：

一切不愿当亡国奴的同胞们！

一切有爱国天良的军官和士兵弟兄们！

一切愿意参加抗日救国神圣事业的党派和团体的同志们！

国民党和蓝衣社中一切有民族意识的热血青年们！中国境内一切被压迫民族（蒙、回、韩、藏、苗、瑶、黎、番等）的兄弟们！

大家起来！冲破日寇蒋贼的万重压迫，勇敢地与苏维埃政府和东北各地抗日政府一起，组织全中国统一的国防政府；与红军和东北人民革命军及各种反日义勇军一起，组织全中国统一的抗日联军！

......

国防政府的主要责任在于抗日救国……抗日联军应由一切愿意抗日的部队合组而成，在国防政府领导之下，组成统一的抗日联军总司令部。这种总司令部或由各军抗日长官及士兵选出代表组成，或由其他形式组成，也由各方代表及全体人民公意而定。红军绝对首先加入联军，以尽抗日救国的天职。

为的使国防政府真的能担起国防重任，为的使抗日联军真的能担负起抗日重责，共产党和苏维埃政府号召全体同胞：有钱的出钱，有枪的出枪，有粮的出粮，有力的出力，有专门技能的供献专门技能，以便我全体同胞总动员，并用一切新旧式武器，武装起千百万民众来。共产党和苏维埃政府坚决相信：如果我们四万万同胞有统一的国防政府作领导，有统一的抗日联军作先锋，有千百万民众作后备，有无数万东方的和全世界的无产阶级和民众作声援，一定能战胜内受人民反抗、外受列强敌视的日本帝国主义！

同胞们起来！

为祖国生命而战！

为民族生存而战！

为国家独立而战！

为人权自由而战！

大中华民族抗日救国的大团结万岁！

中国苏维埃中央政府

中国共产党中央委员会

一九三五年八月一日

赵尚志读罢《八一宣言》，参加会议的人个个脸上红光闪烁，眼里憧憬不已。谢文东更是得意扬扬，踌躇满志。他没有想到，《八一宣言》里不但有他的名字，而且，还把他的名字列在了李华堂前面。这让他喜不自胜，甚至是得意忘形，便两手蹭蹭油光光的圆脸，用炫耀的口吻说，真想不到，咱这顺垄沟找豆包的土包子，还被共产党当成了抗日英雄。赵尚志顺风借力，说，怎么样，还是共产党讲民族大义吧？说过，他双手捧起粗瓷大碗，咕咚咕咚，一口气喝光了碗里的凉水，再抬起袖口抹抹嘴唇，望着李华堂，说，你以为如何，李司令？李华堂频频点头道，那是，那是。要不，我们怎么跟你们联合呢。

话匣子一打开，会场的气氛顿时热烈起来，你一言，我一语，每个人都成了诸葛亮，每个人都成了急先锋。

会议开了两天。最后，1月28日那天，经过广泛讨论协商，会议通过了《东北民众反日联军军政扩大联席会议决议》，宣布成立"东北民众反日联军总司令部"，公推赵尚志为总司令，李华堂任为副总司令，张寿篯（李兆麟）为总政治部主任。同时，会议还决定，成立"东北民众反日联军临时政府"，计划临时政府设七部二处，即行政部、军事部、外交部、司法部、教育部、顾问部、财政部以及秘书处和总务处。

军政会议的消息像一股强劲的东风，迅速传遍了中国，传遍了世界。延安《红色中华》第二百六十三期报道说："东北抗日部队的组织最近亦有很好的转变，过去没有根据地，现在则有了巩固的根据地。他们除组织工农政府外，尚设立国防抗日政府的组织。国防政府内分军事、土地、经济、外交、教育、交通、建设、防空、开垦、贸易各委员会。在军事方面，最高机关是关外抗日军总指挥部，总指挥赵尚志。共辖六个军事区，至于义勇军，则接近哪个军事区，即受哪个军区的指挥。另外，他们的战略，战术也有很大进步，特别是在1935年9月至腊月的大小500余次战斗，每次都把敌人打坍了，得到了不少的胜利。满洲的抗日浪潮，现在是日甚一日蓬勃发展着。"

　　会议结束之后，赵尚志和李延禄把缴获来的二百多支步枪、两挺轻机枪，都送给了夏云杰，帮助他成立了东北人民革命军第六军，军长夏云杰，参谋长冯治纲，代理政治部主任张寿篯（李兆麟）。

　　这天，赵尚志、李延禄、张寿篯（李兆麟）和夏云杰去送李华堂和谢文东。他们按照会议的精神，要回到松花江以南去，在那里开展对日游击战争。谢文东临上马时，犹豫片刻，还是向赵尚志一抱拳，说，都说你赵司令胸怀坦荡，我看未必见得。赵尚志侧过脸问，这话，怎么讲？谢文东说，你们给夏云杰枪，给夏云杰人，帮他夏云杰成立第六军，怎么就没想到拉扯拉扯我们呢？李华堂听谢文东如此说，就用胳臂肘碰碰谢文东，说，谢司令这话说得可就不着调了。你想没想过，要不是老赵帮助，咱们也不会有今天啊。谢文东翻李华堂一眼，暗想，说是花老奋，果然是花。他心里这么想，嘴上却说，我的意思是嘎巴溜脆，就请老赵也收编了我，我跟着老赵干也省得操心。赵尚志听谢文东如此说，半开玩笑似的说，我收编你？一个槽上拴不得两匹烈马，那是让你当司令啊，还是让我当司令啊。说实在的，我们还真的想过这件事情。既然你把话说透了，那就请李军长说说我们的计划吧。

李延禄会心一笑。他正想该怎样向李华堂和谢文东摊牌时，赵尚志顺水推舟，轻易给他找了个台阶。他拉过谢文东的手，诚恳地说，前些日子，祁致中已同意将他的"方、依支队"改编为独立师。我和赵军长商量，等到时机成熟，再把我的第四师扩大为第七军，把你的民众救国军改编为第八军，李司令的自卫军改编为第九军，把汪雅臣的救国义勇军改编为第十军。这样，我们的抗日武装就抱成一团了。听过李延禄的说明，谢文东圆脸就有些发烧。他抱起拳，窘着对李延禄说，这话，你们怎么不早说呢？

送走李华堂和谢文东，祁致中带队又赶到了吉兴沟。赵尚志拉过祁致中的大手，半是认真半是玩笑地说，你怎么才来呢？再等黄花菜都凉了。我们一起商量过了，从今儿个起，你的"方、依支队"就改名叫"东北抗日联合军独立师"，你看怎么样？祁致中目光炯炯，他拉过赵尚志的手，眼睛却搭着夏云杰，说，我要的政治干部呢？夏云杰说，干部我们也想好了，就让金正国同志给你当政治部主任。你在这里先歇息两天，然后咱们就去打兴山（今鹤岗）。

后来，1937年10月，根据北满抗日联军总司令部的命令，祁致中的独立师又被改编为抗日联军第十一军，祁致中任军长，金正国任政治部主任。第十一军是东北抗日联军序列中最后成立的军，那时，已有1500多人。

这天，赵尚志、张寿篯（李兆麟）他们一起散步，赵尚志将话题引到了《西游记》上。赵尚志说，你们读过《西游记》吧？我看《西游记》挺有意思的。那个猪八戒在云栈洞的时候，可以跟孙悟空大战三十六个回合，不分胜败。可在去西天取经的路上，哪怕碰个小妖小怪的，都可以戏耍他。这说明什么，这说明他一旦离开根据地，什么也不是。我们要想打败日本人，将日本人赶出东北，也要建立自己的根据地。我认为，目前，摆在我们面前的主要任务有两个。一个是尽快在小兴安岭建立新的根据地，一个是突破敌人的包围圈，开辟新的战场。所以，我想让你留下来，跟老夏一起建立新的根据地，我则带一部分人向西大荒（旧中国时指松嫩平原——作者注）那边发展。如此，我们背倚小兴安岭，面向西大荒，进可攻，退可守，可以说是游刃有余了。张寿篯（李兆麟）摇摇头说，我不同意你去西大荒。因为你是总司令，要指挥全军。所以，我想你应该留在小兴安岭，而由我率队西征，开辟新战场。赵尚志不以为然道，我老赵天生就是打仗的料，指挥战斗我比你强。再则说了，留在这里的担子也不轻松。你想没想过，我们要想在小兴安岭站住脚，不但要开荒种地，要建兵工厂，而且还要建被服厂，要建后方医院，要建军事政治学校。我把这些工作留给你们，实际上是躲清静了。赵尚志说过这些话，哈哈大笑。笑过之后，他又蹙起眉头说，还有，我们要想在小兴安岭站住脚，必须得拔掉于四炮这根钉子。但他的山林警察大队武器好，基本成分又都是猎人出身，枪法准，据说是枪响就见物，你要去打他，也不是件容易的事。张寿篯（李兆麟）胸有成竹地说，好，你尽管放心走你的，这个任务我保证完成。赵尚志眯起右眼，拉过张寿篯（李兆麟）的手，沉甸甸地说，寿篯啊，枪子不长眼睛，你可要多注意啊。

　　张寿篯（李兆麟）话说得轻松，但心却顾虑重重，像压上一块大石头。说是拔掉于四炮这根钉子，想拔也不是轻而易举的事。他左思右想，便找来第四团团长戴鸿宾，征求他的意见。戴鸿宾说，我是当地人，比你更熟悉于四炮。这于四炮叫于桢，他的手下大多都是炮手，枪头子准，地理又熟，翻山越岭快。我们要想打他，一个是要有足够的人马，一个是要迅速。张寿篯（李兆麟）皱起了眉头道，我们军部只有二十多人，上哪再找那么些人呢？他说完，倒背着两手，低垂着脑袋，走来走去。戴鸿宾说，要不，我去找洼区区委书记李凤林。他的游击队有八十多人，我们合兵一起，也跟他于四炮搞个平手啦。只是……戴鸿宾说到这儿，两眼盯着张寿篯（李兆麟），压下了要说的话。张寿篯（李兆麟）听得兴致正浓，猛然听戴鸿宾截住了话头，他便收住脚，抬起头来问，只是什么？戴鸿宾说，只是我们的游击队武器不好，很多人用的还是老套筒、火药枪，甚至是扎枪头子。而且，我们的游击队员大都刚刚拿起武器，战斗经验不足，跟于四炮的警察大队打，还差着一大截。张寿篯（李兆麟）左手托起下巴，两眼眯缝成一条线，沉思片刻，说，打，兵贵神速。他的战线拉得长，只要我们保守秘密，各个击破，打他个措手不及，保管稳操胜券。

这天落日时分，张寿篯（李兆麟）、戴鸿宾和李凤林带着突击队出发了。他们临时组成一个指挥部，由张寿篯（李兆麟）任总指挥，戴鸿宾为副总指挥，坐着十几张马爬犁，沿着汤旺河谷进军。

天寒地冻，山高林疏，雪厚树黑，汤旺河上蒙着灰蒙蒙的积雪，像是一床狭长曲折的大被，在卧牛石之间铺展延长。万籁俱寂。河谷里充斥着马爬犁嘎呀嘎呀的滑雪声，走马呼哧呼哧的喘气声，山风咝啦咝啦的抖动声，像一把把小刀，一下下割着指战员的脸。指战员坐在马爬犁上，个个抱着怀，袖着手，背对马爬犁奔跑的方向，像是一个个白雪的雕塑。帽子是白的，眉毛是白的，面孔是白的，胡子是白的，大襟也是白的。

马爬犁越走越慢，人越坐越冷。张寿篯（李兆麟）看身边的战士已睡过去了几个，便撞下戴鸿宾肩膀，细声说，这样不行，这样会把人冻坏的。我们得想点办法，制止他们睡觉。戴鸿宾掀掀狗皮大帽，帽上雪花扑簌扑簌掉下来，像是一片片白甲。他眨巴眨巴眼睛，抖落睫毛上的霜花，再艰难地举起老羊皮手闷子，抹去脸上的冰碴，说，那，我就给大家讲个靰鞡草的故事吧。

人家都说，关东山，三件宝，人参、貂皮、靰鞡草。你们知道靰鞡草是怎么来的吗？不知道吧。不知道就都睁大眼睛，听我给你们讲讲它的来历。据说啊，老罕王努尔哈赤在赫图阿拉登极坐殿后，野心开始膨胀，决定带兵东征，再扩大版图。可因光顾着打仗，他一时失算，忘记了给战士们准备过冬的棉衣棉鞋。结果呢，大军走到半路时，很多士兵都被冻坏了双脚，不得不在一个屯子里驻扎下来。

这可急坏了老罕王，他束手无策啊，只好宿在一户姓齐的人家里，整天喝闷酒，喝得两眼血丝暴露，脸涨红得像猴屁股。能不愁吗？照这样下去，别说是打仗，就是撤退，都走不到家了。

再说那户老齐家，他们当家的男人叫齐坦。齐坦没有老伴，他领着三个女儿过生活。这三个女儿可了不得啦，个顶个的聪明伶俐，其中又数三女儿最聪明透顶。

这齐坦见老罕王愁眉不展，一边喝酒一边长吁短叹，便壮着胆问，我看大王情绪不好啊，怎么回事？那老罕王粗粗地叹口气，说，这该死的天气，把我部下的脚都冻坏了，别说是连骑马打仗，拉弓射箭，就是走路都走不动了。你说我能不上火吗。齐坦就嘿嘿一笑，说，这事你找我那三丫头啊，她机灵得很，或许就能帮你解决问题呢。老罕王半信半疑。但他还是说，你还愣在那里干啥，快把她给我找来啊。

齐坦听了老罕王的吩咐，不敢怠慢，就像一阵风似刮出了帐篷。再进帐篷时，他身后已跟来了三丫头，脸上红扑扑的，眼睛水灵灵的。老罕王心蓦然一跳，脸上竟有了发烧的感觉。但他是大王啊，最终他还是克制住自己，笑着问，我听说你能有办法，解决士兵们冻脚的难题，快点说出来吧，我会重重赏赐你的。

那三丫头垂下头来，两手摆弄一条大辫梢，羞羞答答地说，这还不好办吗？你可以让战士们在靰鞡里垫草啊。老罕王就嗔三丫头一眼，说，我的战士们穿棉穿皮都把脚冻坏了，穿草还不得把脚都冻掉了。三丫头抬起头来说，我说行就行。不行，你可以砍我的脑袋。老罕王皱起眉头，严厉地说，军中无戏言。你要是能保住士兵们的脚，你要什么我给你什么；你要是保不住他们的脚，那我就要你的命。三丫头启唇一笑，说，嗯哪，你就让他们跟我走吧。

老罕王别无选择，他只有派出一些士兵，跟着三丫头去割靰鞡草。靰鞡草割回后，三丫头又给战士们示范，将靰鞡草铺在冰地上，用一个木槌反反复复地砸，然后，再垫进棉鞋里、毡鞋里，用生牛皮做成的靰鞡里。结果怎样？你说神不神，战士们的脚不但暖和了，而且，那些有脚气病的，有汗脚病的，一古脑儿地都好了。

这可把老罕王乐坏了。他打胜仗回来，再经过那个村子时，非要把三丫头带走，说是带进宫中，封个正宫娘娘，让三丫头有吃不完的山珍海味，穿不完的绫罗绸缎，享不完的荣华富贵。可三丫头她不同意。她挺起两座小山似的乳峰，一点也不忸怩地说，我是农家女儿，从小过惯了种地织布的生活。如果大王感激我，就让我留在家里过我的百姓日子吧。老罕王虽然不理解三丫头的情怀，又有些舍不得她，但他还是遵守诺言，由着她的性情，让她嫁给了一个打猎的小伙儿……

注意，有情况。戴鸿宾的故事还没有讲完，张寿篯（李兆麟）已抽出怀里的匣子枪，人从护屁股皮上跪起身体，压低声音说，准备战斗。戴鸿宾下意识地将目光搜向前方，就看到西岸上闪出一点灯光，像是一点鬼火；东岸上则显现出几个院套，一座高高的岗楼，影影绰绰的，像是一座鬼城。戴鸿宾已知是到了查巴气（今伊春市金山屯区），但他还是翘起身，问李凤林，这是查巴气吗？李凤林看看左岸，再看看右岸，肯定地点下头，说，对，这儿就是查巴气，西岸高岗是于四炮的观察哨，东岸是分队长黄毛的驻地。戴鸿宾得到李凤林的肯定，便就将目光转向张寿篯（李兆麟），说，张主任，你说吧，怎么打？张寿篯（李兆麟）硬着舌头说，你带上几个人，先解决他的岗哨，抓回个俘虏来先问问再说。

李凤林听令，立即点上五名战士，笨拙地下了马爬犁，再踩着深雪，一步步艰难地上了西岸，摸到一栋木克楞板房前。在板房前，他朝后挥挥手，示意其他战士等在原地，自己则蹑手蹑脚贴走到小屋的窗前。在窗前，他侧过耳朵，先听听屋里的动静，而后摸到一处窗缝，再闭上左眼，瞪大右眼，顺着窗缝朝屋里察看。两个警察正喝酒。他们相向坐在炕头，炕席上零散着一只烧鸡，一人手里捏着个玻璃杯，另一人手里抓块鸡大腿。李凤林得意一笑，回头抬起左手，朝乌黑的板门那里指了指，而后甩掉大手闷子，从怀里抽出手枪，一步步挨向板门，再猛地一脚踹开板门，将枪口对准那两个警察，大喝一声，都举起手来，谁敢动，我就打死谁！那两个警察先是面面相觑，而后不约而同举起手来，身上战栗成一团，嘴里呼呼地朝外蹿着酒气。看李凤林逼住了两个伪警察，两个战士三步两步跑进屋中，猴子似的跳上土炕，几乎是同时摘下了挂在后墙上的两支大枪。

李凤林朝前跨两步，立起眉毛问，东岸上有多少人？一个伪警察眼睛盯着枪口，哆哆嗦嗦地说，有啊……有人……啊……李凤林怒喝一声，快说，到底有多少人？另个伪警察嗫嚅地说，大概是四十多人。李凤林追问道，他们的头头是谁？伪警察结结巴巴地答道，黄毛……黄中队长……黄中队长和几个兄弟住东院，其他弟兄都住在西院。李凤林问，那边放了几个哨？伪警察说，就放一个。李凤林便说道，好，你们跟我走，我不伤害你们。

根据两个俘虏的口供，张寿箴（李兆麟）和戴鸿宾决定，由李凤林带几十个人，解决西院的伪军，他们带几个人，解决东院的黄毛。

李凤林押着两个俘虏走到前边。他们刚上东岸，就被躲在岗楼上的暗哨发现了。他哗啦一声拉开大拴，鬼惊鬼爹地喊，站住，什么人？李凤林用手枪逼住一个俘虏的腰，压低声音，命令那俘虏说，别慌，说，按照我教给你的，说。那俘虏应声转脸，就朝岗哨骂一句，瞎咋呼个鸡巴咋呼，我们找食吃来了。找食吃？那岗哨又问，找食吃后边咋还跟着人？他们是从塘丽川来送粮的。那俘虏镇住哆嗦，应付着岗哨。岗哨听俘虏如此说，便大大咧咧地走下岗楼迎接李凤林一伙。只是，他刚走到李凤林面前，就被李凤林一个猛虎扑食，扑倒在雪地上。

这边李凤林控制了哨兵，那边张寿箴（李兆麟）和戴鸿宾他们就朝东院里跑。跑在前边的戴鸿宾一脚端开房门，大吼一声，我们是抗日军，缴枪不杀。

黄毛正躺在炕上吸大烟。他见有人踹门进屋，一甩胳臂，就将烟灯掷向声音，随即翻身，猫捉老鼠似的，伸手去抓墙上的匣子枪。戴鸿宾手疾眼快，他闪身躲过那个烟灯，再将枪口对准黄毛，冷冷地喊，别动，再动，我就打死你。黄毛脸欻地就白了。他只好举起双手，眼睁睁地看着十几个人涌进屋里，任由他们七手八脚捆住他和三个小队长的手。

东院的动静惊动了西院的伪军。他们知道情况有变，顿时乱成一团，有的朝炕沿下钻，有的退到炕脚，去拿墙上挂着的枪。就在这时，一支支枪筒捅开窗户纸，同时炸起一片喊话声：我们是抗日游击队！中国人不打中国人，缴枪不杀！屋里的伪警察都贪生怕死，他们没有一人反抗，个个都举起了双手。

两院的伪军全解决后，指战员们松了一口气，就有战士建议，吃顿饱饭，再美美地睡上一觉。张寿篯（李兆麟）则怕夜长梦多，走漏风声。他只允许指战员吃饱喝足，然后组织战士，换上伪军服装，让黄毛带路，急奔塘丽川（今伊春市南岔区）。

马爬犁甩过一个大弯时，戴鸿宾的警卫员看到前方有个黑点。他用肩膀撞撞戴鸿宾，说，戴团长，你看那里有张马爬犁，正在朝我们这边驶来。戴鸿宾凝眸视去，果然就看到一张马爬犁，正飞快地朝这边跑来，影子越来越大，声音越来越响。戴鸿宾问张寿篯（李兆麟），怎么办？张寿篯（李兆麟）说，别开枪，迎上去。说完，他左手抓过黄毛的右肩膀，右手用枪乱点着黄毛的胸脯说，别要滑头，脑袋机灵点，他们问什么，你答什么。

两人说话间，马爬犁已闯到了队伍面前。马爬犁上的那人以为来的是黄毛队伍，便咋咋呼呼地问，你们是不是黄毛的队伍啊？黄毛说，我是黄毛，你是谁？那人便说，啊，是黄队长啊。你怎么还不认识我呢，我是五炮的马弁啊。黄毛绺着杆儿朝上爬，说，啊，是有些面熟。你咋一个人赶马爬犁走呢？那人说，就是你黄队长借我个胆子，我也不敢自个儿跑夜道啊。我是副大队长五炮派出来打前站的，五炮他们在后边呢。五炮就是宋喜斌。他是四炮于桢的拜把子兄弟，排行居五，因此被人称为五炮。

黄毛正与那人搭讪，已有两个战士从马爬犁上跳下去，跑到那人面前，不容分说，便捆住了他的双手。那人两眼疑惑着黄毛，大惊小怪地问，黄队长……你这是……黄毛苦苦一笑，歪过脑袋，去看张寿篯（李兆麟）和戴鸿宾，眼睛里闪着幽幽的暗光。张寿篯（李兆麟）说，一会儿碰上五炮，你就说我们是送粮食的，能不能办到？黄毛直直腰，忙不迭地说，办得到，办得到，抗日救国，我也有责任。

马爬犁再前行几百公尺，甩下个大豆角弯，一辆四马大爬犁就闯进了指战员们的视线。来的正是五炮宋喜斌。五炮长得人高马大，人坐在马爬犁上，就像一段榆树桩子。

宋喜斌看对面驶来一行马爬犁，有些警觉，便叫马夫喝住牲口，他则从马爬犁上站起身，大喊，前方是什么人？黄毛应声喊道，是老五吗？我是黄毛。五炮宋喜斌听回话的人是黄毛，稍觉心安，但还是疑惑地问，你后面咋跟那么些人呢，都是干啥的？黄毛说，他们是给塘丽川送粮食的。五炮宋喜斌放下心，诙谐地说，嘿嘿，胆子可够肥，竟敢黑上走深山老狱。说完，他命令马夫继续前行。那马夫啪地甩声长鞭，赶着马爬犁朝前奔来。

两边的马爬犁将碰头，五炮宋喜斌又让马夫停下爬犁。他一步跳到冰河上，跺跺脚，晃晃肩膀，就大大咧咧朝黄毛走去。不料，他刚贴近黄毛，李凤林从黄毛背后立起身，将一支黑洞洞的枪口对准他的胸膛，大声喊，我们是抗日军，把手举起来。五炮宋喜斌顿时目瞪口呆。他没有动枪，甚至没有举手，只是两眼呆呆地看着黄毛，嘴唇翕动着，说不出话来——他没有想到黄毛会叛变。黄毛回头看看张寿筏（李兆麟），看看戴鸿宾，再将目光定向宋喜斌，哆嗦着声音说，老五，我们都交枪了，你也交了吧。五炮宋喜斌思考片刻，还是垂下大脑袋，说，交，我交枪。说过，他就啪叽一声扔下了手中的匣子枪。让他惊讶的是，对方的人只收他手中的枪，并不搜他的腰包，像一般土匪那样。这让他暗生佩服，也猜出了对方的身份。我知道了，你们是夏云杰的抗日游击队。他挺直腰板，爽爽朗朗地说，什么都别说了，我宋喜斌愿意给你们拉道（土匪黑话，带路），打小日本。

队伍打下塘丽川时，天已放亮。张寿筏（李兆麟）只休整一天，第二天凌晨，便带队直奔于四炮的老巢——老钱柜（今伊春市友好区）。

正是小鬼龇牙的时候，北风似刀，寒气如针，长时间坐马爬犁容易冻坏手脚。指战员们不得不坐一会儿马爬犁，跑一会儿路。如此周而复始，在收拾了几个流动哨后，队伍总算在天黑时赶到了老钱柜。老钱柜是伪森林警察大队的大本营。那时，于四炮去了佳木斯，大本营里只驻有三十多名伪警察，另外还有一个日本人，名字叫森山。森山是森林警察大队的监督，控制着警察大队的指挥权。

张寿筏（李兆麟）选择一处水崴子，停下了马爬犁。他派李凤林带上宋喜斌等几个人，先去袭击森山的住所，其余战士整理行囊，准备战斗。

李凤林带队绕过伪警察住的大屋，悄悄摸到了森山住的木制别墅。宋喜斌立功心切，他抽出怀里暖枪，就要破门而入。李凤林及时扯住了他的衣袖。他正愣怔，李凤林已将他拉到身后，自己则侧过肩膀，将屋门挤出一条缝，然后突然发力，几步蹿到炕上，伸手就抓住下墙上的手枪。

森山那时正在吸大烟。他两眼微眯，惬意地腾云驾雾，享受着如神如仙的感觉。如是，初听到门响，他没有在意，甚至连眼皮都没有抬。只是听到有人朝炕上跑时，他才惊愕地睁大眼睛。结果，就看到李凤林抓住了他的手枪。八格牙路，他大叫一声，翻身一跃而起，死命地抱住了李凤林的腰。李凤林正年轻气盛，身高力大，借力顺势一甩，就将森山甩上了大火炉子，烤得森山龇牙咧嘴哀叫，手之舞之，足之蹈之，最后咕咚一声落到地上，又被李凤林补上一枪，送他进了地狱。大屋里的伪警察听到森山屋里枪响，知道是森山完蛋了。他们没有等到张寿篯（李兆麟）动手，都乖乖地举起手来。

奇袭老钱柜战斗俘虏伪军一百多个，缴获长短枪支一百多支，子弹三十多万发，大烟土一百多两，米、面上万斤。更为重要的是，这次战斗清除了日本侵略者在小兴安岭的势力，保证了三军、六军在此建立根据地，开设政军干部学校，创建兵工厂、被服厂和医院。

第十二章

▶ **陈翰章大义秉正**

抗联第三军部分指战员

　　1936年春天，赵尚志把第三军的四个团，扩大成了四个师。第一师师长常有钧，政治部主任李福林；第二师师长吴新才，政治部主任关化新；第三师师长张连科；第四师师长郝桂林，政治部主任金策。四个师组建之后，赵尚志趁热打铁，决定执行联军扩大会议精神，开辟小兴安岭以西根据地。他率领三百多名战士，自汤旺河沟里出发，踏上了第一次西征之路。

　　4月13日，赵尚志率部来到了通河县的舒乐镇。舒乐镇位居松花江北岸，是从汤原到通河、木兰的必经之地，也是日伪军的重要据点，驻有日军一个守备小队，三十多人；一个伪警察大队，二百多人；一个伪军连，一百多人。赵尚志决定攻打舒乐镇。他是想给日伪统治者点颜色看看，也是想将日伪军的视线牵移到西边来，减轻松花江下游抗日武装的压力。

　　临战前一天，赵尚志选出七十名战士，命令他们化装潜进舒乐镇。埋伏在日军守备队周边，二十多名；埋伏在伪军警察大队两边，二十多名；埋伏在伪警察署前后，二十多名。赵尚志信心足足，鼓励战士们说，你们都是孙悟空，都是钻进铁扇公主肚子里的孙悟空。到时候听到我攻城的枪声一响，你们就分头出击，咱们里外夹击，端了他们的老窝。

翌日中午，舒乐镇四个城门同时响起了枪声。城里的伏兵听到枪响，蜂拥而出，同时攻打日本守备队，攻打伪警察大队，攻打伪警察署。这让日伪军蒙头转向，顾头顾不了屁股。结果是只用半个小时，赵尚志就先占伪警察署，再克伪警察大队，合力围歼日本守备队，最终俘虏日兵二十多人，伪军八十多人，缴获步枪一百多支，旗开得胜，打响了西征途中的第一枪。

撤离舒乐镇，赵尚志挥得胜之师驻进了通河县洼大张村。

傍晚，赵尚志正在吃饭，哨兵跑进司令部，慌里慌张地报告说，从通河县城方向开来了几辆汽车。赵尚志蹙起眉头说，别毛愣愣的，好好说，到底是几辆汽车，车上拉的是伪军，还是日军？那战士头上就噼里啪啦地朝下落汗珠子。他吭吭哧哧哧半天，也没说出个子丑寅卯，最终羞愧地垂下了头。熊货，一辈子看不到后脑勺。赵尚志咒一句，撂下饭碗，就朝屋外走。走到那哨兵身边时，他拉过那哨兵的肩膀，说，还傻乎乎地愣在这里干啥，走，跟我打小日本去。那哨兵满脸写着问号。他一边跟赵尚志朝外走，一边打量着赵尚志，好奇地问，司令咋知道来的是日本人？赵尚志嘿嘿一笑，说，那些汉奸哪来资格坐汽车？

赵尚志刚在土墙后埋伏好，就有两辆汽车闯进了他的眼帘：车棚上鲜明着一面太阳旗，太阳旗下凶狠着一挺歪把子机枪，机枪后炫耀着几个日本兵，头盔锃光瓦亮。日本鬼子将汽车停在村外路上，列好队形，甚至连观察都没有观察，就朝村中走来，咔咔咔咔，咔咔咔咔，皮靴踏得黑土地嘣嘣哀叫，卷起缕缕黑尘，像一条条黑蛇。他们刚刚进村，村里突然炸出一声枪响，随即枪声大作，大枪小枪响成一片。事发突然，那些日本兵措手不及，只好一边还击，一边掉转车头，朝来时的路上退却，退进另一个村庄。

赵尚志没有追击。他料到日军还会反扑，便迅速打扫战场，然后重新布置兵力，准备迎头痛击日军。

果然，这边赵尚志刚刚部署好兵力，那边日本兵已列好纵队，卷土重来，气势汹汹地逼进洼张村。赵尚志眼睛瞄着日军，一字一顿地命令，注意，没有我的命令，谁也不准开枪。下达命令之后，他将四杆抬枪调到了最前边。这种抬枪是第一次世界大战时的老枪。它体积大，可装一斤火药，几斤铁沫子，打出去就是一片，像一面撒出的网，杀伤力大。但这种抬枪射程近，超过一百公尺便发不了威。赵尚志这样做的意图很明显：距敌人越近，打敌人越狠。当然，这也把战士们逼上了死路，只能打赢，不能打输，置之死地而后生。

三百公尺，二百公尺，一百五十公尺，一百公尺，七十公尺……日军朝洼大张村逼来，一步步，离赵尚志越来越近。给我打！赵尚志举起右手，狠狠地朝下一压，猛喝一声。声落枪响，四条老抬杆同时怒吼，轰轰轰轰，隆隆隆隆，噗噗噗噗，散碎的子弹、铁片像暴雨倾泻而下，打烂了日本兵的脸，穿透了日本兵的胸膛，打得日本兵哇哇哇哇乱叫，哭天喊地，他们再也没有力量还击，只有返身奔逃，争先恐后，只恨爹娘少生了一条腿。

赵尚志正打扫战场，打从村里跑来了哨兵。他站在房顶上瞭望，发现东边开过来一队骑兵，大约有百多人的样子。赵尚志低头，看看怀表，抬头说，离天黑还有一个多钟点，我们再坚持到天黑，然后再撤离。说过，他命令各队退回村中，凭借围墙，阻挡日本骑兵。

这伙日本骑兵是援军。他们收到汽车被阻的消息，飞速扑到洼大张村，企图消灭赵尚志的队伍。赵尚志将目光锁定最前边的一个军官，低声嘱咐身边的机枪手，射贼先射马，擒贼先擒王，你给我把那个当官的打下来。机枪手先点下头，再眯起左眼，圆睁右眼，枪声响处，那指挥官应声落马。剩下的日本骑兵见指挥官落马，纷纷跳下马背，一边还击，一边抢救指挥官。赵尚志见时机已到，他从土墙后一跃而起，高喊一声，同志们，冲啊！随后，他就像一只猛虎，冲向了敌阵。

1936年4月底，赵尚志率队进入了木兰县境。

木兰多山。西部有蒙古山、大黑山、尖山子、骆驼砬子、水葫芦岭山，山山相连，层峦叠嶂，森林茂密，进可攻，退可守。赵尚志决定以蒙古山为依托，在木兰、通河、巴彦一带开展游击战争，袭击集团部落。

集团部落是日本为了侵略中国，永久占领东北采取的恶毒的组织形式。这种形式就是把散居的住房，较小的村屯，都归到一个大村子里，"归村并户"，以此割断抗日队伍与人民群众的联系，断绝抗日队伍的供应，企图将抗日队伍困死、饿死、冻死。这政策不但造成了珠河等老根据地的丧失，也真正限制了抗日军的行动，削弱了抗日军的力量。赵尚志对集团部落深恶痛绝。他采取的措施是能打就打，不能打就破坏，决不能让日本人轻而易举地实现他们的企图。如此，5月13日，他袭击了木兰县太平河屯的集团部落；5月20日，袭击了东兴西北河镇伪警察署；6月1日，袭击了大河沿伪警察署；6月9日，袭击了钱家店集团部落；6月12日，袭击了木兰县太平桥集团部落；7月13日，袭击了木兰县伪警察署……

赵尚志的西征像一股龙卷风，搅得日伪统治者寝食难安，逼得他们不得不派出重兵，层层围剿赵尚志的队伍，并广泛印发赵尚志的资料，妄图用软的一手捕捉、枪杀赵尚志。伪满洲国1936年制定的《匪首名簿》里，就有这样的记载：

匪首：赵尚志

年龄：三十六岁（实际是二十八岁——作者注）

盘踞地、根据地：东兴、木兰一带

匪首及家族原籍住所：热河凌源县（实际是热河朝阳，后划归辽宁——作者注）

身貌特征：身长五尺四寸，脸黑色，长形，光头，没胡须，眼睛右小左大，左眼是假眼。左颊有铜钱般大小的伤痕。经常穿土黄色上衣，长筒靴。

派络系统：共匪……

西征的胜利，使赵尚志的第三军迅速壮大起来，如同滚雪球般，又增添了四个师：第五师师长王德富，政治部主任蔡近葵；第六师师长张光迪，政治部主任兰志渊；第七师师长于九江，政治部主任张德；第八师师长考凤林。

1936 年夏天，赵尚志派第六师师长张光迪、政治部主任兰志渊、参谋长雷炎率队继续向通河、庆城（庆安）、铁力西征，他则带队返回小兴安岭根据地。

这天上午，哨兵抓来一个人，说是日本人的奸细。这人年纪在二十岁左右，身上衣衫褴褛，满脸写着疲惫，但眼睛却炯炯有神，眉宇间透露着个性的倔强。

这让赵尚志心生喜欢，嘴上却问，为什么要给日本人当奸细？那人翻翻眼睛，硬硬地说，我不是奸细。赵尚志哼哼鼻子道，你不是奸细？不是奸细跑到我驻地来干什么？那人定睛细看赵尚志一眼，问，你是谁？赵尚志嘿嘿一笑，说，我×，我还没问你是谁呢，你反倒问起我来了。那人挺挺胸脯，还是固执地问，你到底是谁？我说我是赵尚志，你信吗？赵尚志目光有些狡黠，回答得模棱两可。那人却睁大眼睛，上下打量打量赵尚志，问，你真是赵尚志？赵尚志不想再绕弯子了，他索性挑开面纱，直截了当地说，我赵尚志坐不更名，行不改姓。说吧，你是谁，找我有什么事？那人便朝前走两步，激动地说，赵司令，可算让我的找到你了。我叫朴吉松，是吉东特委派来给你送信的。赵尚志走到朴吉松身边，说，送信？送什么信？怎么能让我相信你呢？朴吉松说，我的有吉东特委和第五军军长周保中的信。赵尚志说，你说你认识周保中，那么我问你，他的个子是不是比我高点啊？朴吉松摇摇头说，高可是高，可不是高一点。你的太矮了，他的比你高过两个头。听朴吉松夸赞周保中，贬低自己，赵尚志隐隐有些不快，心想，这高丽人，怎么说话跟我一样，直来直去，属火车道的。他这样想时，便满意地点点头，问，你说你是从周保中那儿来的，能跟我说说周保中密营的特点吗？朴吉松说，他的密营在镜泊湖老黑山，今年春天的刚建成，有两栋大板房。前边的一栋住男战士，后边的一栋住女战士，同时做食堂，也做司令部。赵尚志沉吟一会，又问，你是韩国人吧？家住在哪儿？我的家在汪清。赵尚志蹙起了额头说，据我所知，汪清那边的人都参加了第二军，你怎么到了第五军？朴吉松的脸立马红了。他用尴尬的目光扫赵尚志一眼，说，我原来是中共汪清县委儿童局的局长。去年日本人的扫荡，我带着七十多个孩子逃进深山，不幸迷了路。结果在大山里转了三个多月，饿死的不少，冻死的不少，最后我碰到了五军，周保中就把我留下来了。

赵尚志不再怀疑朴吉松了。他亮着笑脸，拉过朴吉松的手说，好，我相信你了。你把信拿出来吧。朴吉松脸上起了两片红云。他快速解开黑布腰带，从里边抽出一卷黄纸，递给赵尚志说，信有两封，一封是吉东特委写给珠河县委的，一封是中央代表写给珠河县委的。说过，他又撕开上衣下摆，从里边抠出一张道林纸，递到赵尚志面前，说，这是中央驻共产国际的《东北抗日联军统一军队建制宣言》，是以你们几个军长的名义发布的。赵尚志诧异地接过那页道林纸说，以我们的名义？他看起了《宣言》，里面说：

> 谨向全中国同胞及全东北一切抗日武装军队同志宣言：日本帝国主义，图藉"防共自治"夺取我黄河以北五省，提倡"日华提携"，欺骗全世界，以实现其吞并我全中国的企图。近来日本屡次向和平的苏联挑战，又与德意两国相勾结，并对英、美、法准备开战。日本帝国主义的军事冒险，必将造成第二次世界大战，将我国四亿五千万同胞的生命、财产作为最大的牺牲品，使中国同胞完全变成亡国的牛马和奴隶。

> 每个有热血又有头脑的中国人，都知道除抗日之外，别无生路。因此，自去秋以来全国各地掀起抗日救国运动，虽多少有些曲折，但"抗日则生""不抗则死"，已变成了全国同胞一致思想和行动。

> 现在全中国必须组织国防政府，建立全国抗日联合军，全国总动员实行对日作战，因为这一抗日救国运动，实际就是中华民族国家解放和自由发展的关键。

> 我东北人民革命军第一、二、三各军与反日联合军第四、五、六军及各反日游击队，为了收复东北领

土，为了中华祖国，作战四年，在东北反日总会的指导下，我们将各反日救国武装同志及反日民众的战线统一起来，对抗日本帝国主义者的侵略，誓以游击战争进行奋斗，并期其彻底。

现在根据全国救国运动的进展，必须进一步巩固抗日军队的组织、统一抗日军队的行动。因而就要改革抗日军队的建制、废除抗日军一切不同的名称，全部一律改称为东北抗日联合军第一、二、三、四、五、六军及抗日军××游击队，兹宣布如下各条：

（一）东北抗日联合军由于其政治上与民众救国运动，有着紧密的关系，故均需受东北反日救国总会的指导。

（二）全中国同胞及一切反日武装军队，不分宗教信仰、政治派别、社会团体、性别和富贵，皆有抗日救国之义务，我东北抗日联合军，当亦不论海内外同胞、南京政府派别、在野政党，都要共同一致拥护中国红军的抗日救国、对日宣战的主张。

（三）东北抗日联合军，应随时准备组成全国统一的抗日联合军，并欢迎东北各反日武装军队参加东北抗日联合军，以促使政府建立东北抗日联合军总司令部。

（四）欢迎所有被压迫的民族，如鲜人、内蒙古人、台湾人、个人或团体参加我东北抗日联合军，结成少数民族战线共同对抗日本帝国主义侵略者，与反帝国主义的朋友社会主义国家——苏联相提携。根据目前的国际政策扩大国际影响，以使英、美、法国及其他朋友社会主义国家都同情或赞助我抗日联军。

（五）昨天的国贼——日本间谍，如今天能痛改前非，在今后决心为中华祖国的独立、民族的解放而尽力，投入我联合军者，敌军则"既往不咎"，并与之今后抗日对策上相互提携……

这都是马后炮了。赵尚志读过《宣言》，小心地折好《宣言》，递给身边的副官，说，这都是马后炮了。说完，他拉过一条板凳，让朴吉松坐下，又给朴吉松倒了一大碗凉水，问，你觉得周军长这人怎么样？朴吉松答道，他挺好的，大高个，大脸膛，不太愿意说话，却很有韬略。朴吉松接过水，捧到嘴边，目光越过碗的上口，用怀疑的目光注视着赵尚志，说，怎么，赵司令还怀疑我吗？赵尚志哈哈一笑道，恰恰相反。我是很相信你。你喝你的，喝完水给我讲讲第二军的故事。朴吉松垂头，咕咚咕咚，将碗中的水一灌而尽，抬头，他抹抹嘴唇说，我饿了，先给我吃点东西吧。赵尚志怔怔，道，你这小高丽，我他妈的就够犟的了，你比我还犟。好，就依你，吃完饭再说。赵尚志说完，又瞥朴吉松一眼，突然哽咽起来。朴吉松莫名其妙，便吃惊地问，你怎么，哭了？赵尚志眯起眼睛，哀伤地说，我是想起了李启东。他也是你们韩国人。想当年我从朝阳队出来的时候，一共七个人，只有我和王德全不是韩国人。这几年，为了赶走小日本，你们韩国人没少死啊。特别是第二军，死得更多。朴吉松鼻子一酸，眼泪就扑簌扑簌落了下来，他拉过赵尚志的手，说，我先说第二军。

1931 年 9 月 22 日，"九一八"事变的第四天，中共满洲省委召开紧急会议，讨论日军占领东北后东北党组织的任务，决定发动群众，开展罢工、罢课和罢市斗争，进行游击战争，反抗日本侵略。会议过后，北满省委派童长荣到东满地区去，指导汪清、珲春、延吉、和龙的武装抗日工作。那年，童长荣二十四岁，风华正茂，担当着中共大连市委书记的职务。

童长荣到东满地区后，按着省委的指示，改组了中共东满特委，由自己担任书记，并立即着手组织反日运动，建立反日武装。一时间，延吉、汪清、珲春、和龙等县都建立了抗日游击队，走上了武装反抗日伪政权的道路。可惜，出师未捷，童长荣却在一场战斗中牺牲了，时间是 1934 年 3 月。

童长荣牺牲后，东满特委召开会议，决定建立"东北人民革命军第二军独立师"，朱镇任师长，王德泰任政委。独立师下辖四个团，第一团由延吉游击大队组成，第二团由和龙游击大队组成，第三团由汪清游击大队组成，第四团由珲春游击大队组成。1934 年年底，中共满洲省委又将魏拯民派往东满，领导那里的抗日工作。魏拯民到汪清后，根据中共满洲省委意见，将东北人民革命军第二军独立师更名为"东北人民革命军第二军"，王德泰任军长，魏拯民任政委，李学忠任政治部主任，刘汉兴任参谋长。

第二军成立后，立即兵分三路，联系其他各军共同打击日本侵略者。第一路由一团团长安凤学、政委周树东负责，他们带领第一团和二团的部分队伍，向敦化、额穆、蛟河、舒兰进军，目的是与哈东地区的第三军打通联系；第二路由军参谋长刘汉兴，三团政委金日成，四团团长侯国忠、政委王润成负责，他们带领第三团和第四团向东宁、宁安进军，目的是与第四军、第五军取得联系；第三路由军政治部主任李学忠负责，他率领第二团的二、三两个连向抚松、濛江地区进军，目的是与杨靖宇的第一军取得联系。

1935年6月2日，安凤学和周树东率领第一团走到敦化、蛟河之间时，得到一个情报，说是将有一辆运兵车通过哈尔巴岭火车站，他们决定打个伏击战。

夜半时分，一辆日军装甲车开了过来，轰隆隆，轰隆隆，瞪着一只贼溜溜的大眼睛，左转，右转，搜查着铁道两边。装甲车驰过之后，战士们迅速冲上铁道，如猛虎下山，飞快地拆掉一段铁轨，而后，再埋伏到铁道两边，等待袭击运兵车。

再隔半点钟，那辆运兵车呼啸而来。运兵车上载有几百名日伪军官兵。他们都知道前边有装甲车压道，便以为平安无事，有的昏昏入睡，有的谈天说地，有的喝酒猜拳，谁也没有料到危险就在眼前。突然，他们就听到一声巨响。还没等他们清醒过来，那车厢已滚下道基，像条喝醉酒的大汉，先是响起一串惊雷，而后又是一道闪电，随即又燃起了弥天大火。大火轰轰烈烈，铺铺排排，烧得黑洞洞的夜空瑟瑟发抖。等到车厢里的日伪军从车厢里爬出来，正蒙头转向，找不到东南西北时，战士们已呼啸而起，争先恐后地扑向了日伪军。结果，他们打死打伤日伪军一百多人，俘虏伪军官十几人，收缴了大量的军用品和伪钞币。

哈尔巴岭颠覆列车事件，惹恼了驻敦化的日军。他们找不到第一团，就到半截河抓来陈翰章的父亲陈海，妻子邹氏，妄想利用他们，劝降陈翰章，分化瓦解抗日武装，坐收渔翁之利。陈翰章当时是东北反日联合军第五军第二师的参谋长。他不是哈尔巴岭颠覆列车的指挥者，但日本人还是抓来了他的父亲和妻子。不管颠覆没颠覆列车，只要是抗日武装，他们都不会放过。谁知道今天是安凤学，明天不是陈翰章呢？他们这样想。

日本人将陈翰章的父亲和妻子抓进守备队，并没有像往常那样，上大挂，坐老虎凳，灌辣椒水，动用刑法，而是摆上桌丰盛的酒席。

守备队长见两人坐了下来，他脸上阴阴一笑，便叽里咕噜，同翻译官嘀咕了几句日本话。那翻译官先是谄媚一笑，而后趾高气扬地问陈海，老陈头儿，你知道今天太君请你们来，是为什么事吗？陈海已是胸中有数，但他还是摇摇头，佯装懵懂，脸上一片茫然。那翻译官欲擒故纵，眨巴眨巴老鼠眼，诡诈地说，这回你儿子可犯大事了。陈海白翻译一眼，轻描淡写地问，是吗？他并没有表现出惊惶失措。这让翻译脸上发烧。他恶狠狠地瞪陈海一眼，气势汹汹地说，老陈头儿，你知不知道，你儿子专门跟日本人作对，这回把事情闹大发了，他不但弄翻了日本人一列火车，而且还打死了不少的人。陈海呸了一口，故意朝砖地上吐口浓痰，说，这跟我有什么关系？那翻译说，怎么没关系？陈翰章不是你的儿子吗？日本人要抓住他碎尸万段呢。听翻译如此说，陈海内心有些惧怕，但他还是死鸭子嘴硬说，这跟我有什么关系？唉，我说你这老鸡巴灯，说得到轻松，他不是你儿子吗？那翻译一脸纳罕，用讥诮的口吻说，要是咔嚓一声，让日本人砍掉脑袋，你老陈头儿可就断子绝孙了。陈海摊开双手，一脸疑惑地说，这……我有什么办法？那翻译眼神里就透露出了喜悦。他是以为陈海的父亲动心了，便怂恿似的说，有啊，有啊。太君说了，看你年纪大，你儿子媳妇年纪轻的份上，他们就不找你的麻烦。只要你把你儿子劝回来，太君不但不杀他，还会给他官做，要多大给多大，不要官要钱也行，要多少钱给多少钱。你说，这不是天那么大的好事吗？陈海说，我……要是不去呢？那翻译翻翻眼皮，将目光转向日本守备队长。

　　守备队长从陈海的眼神里，已窥出陈海在戏耍翻译。他抿紧嘴唇，哗啦一声扯开了挂在内壁窗户上的窗帘。陈海下意识地朝隔壁房间看上一眼，脸上骤然变色，周身战栗成一团，眼睛里流露出恐怖之情。原来，那间屋子是间刑讯室，里边横七竖八，摆着老虎凳、大挂架、熊熊燃烧的火炉子，上面胡乱摆着几把火钳子、火条子。那翻译见陈海脸色灰暗，满脸得意，大步跨到他面前，一把薅过他的肩膀，说，识时务者为俊杰。老陈头，你可要三思而后行啊。陈海没有理会翻译。他扫陈翰章媳妇一眼，随后长叹一声，那……我就给你们找找看吧。不过，丑话说到前头。我找可是找，但他降不降，我可说了不算。那翻译嘻嘻一笑道，去就好，你去就好。

　　陈海和陈翰章媳妇找到陈翰章时，陈翰章正在宁安斗沟休整。三年没见丈夫的面，陈翰章媳妇看到陈翰章，抱住他肩膀就失声痛哭，哭得上气不接下气，抽抽泣泣，连话都说不清了。陈海站在一边，呆呆地看着陈翰章，像看一个陌生人，一言不发，面上夹杂着思念、羞愧、无奈。

　　陈翰章已猜出父亲和媳妇的来意。他知道父亲不好开口的心思，怕父亲难堪，便推开媳妇，目视父亲说，我知道你们的来意，我也理解你们当前的处境。但在此国难当头、民族生死攸关之秋，我绝不会投降，一定会坚决抗日到底。陈海抬头看看陈翰章，又垂下头去，只是哽咽。陈海媳妇听陈翰章如此说，举起双臂，再次揽过陈翰章的脖颈，抬头喃喃地问，我们怎么办？陈翰章拍拍媳妇的后背，扬起头，目光凝视着远方的山峦，柔柔地说，为了抗日，我不能和你一起过日子，很是对不起……我希望你忘记我，再找个好人家，朝前……走一步吧。他媳妇松开两臂，双手捂脸，呜呜呜呜就哭了起来。陈翰章硬起心肠，抬手弹去颊上的泪珠，再握住父亲的手，哽咽着说，自古忠孝不能两全，请父亲大人恕儿子不孝，受我一拜。说过这话，他双膝一软，就跪在了陈海膝下。陈海弯腰，拉起陈翰章的手，喃喃地说，啥话都别说啦，老爸理解你。你就安心打小日本吧，其他的事，不用你管。

陈海和陈翰章媳妇回到家后，日本人三天两头就传唤陈海，先是威逼利诱，让陈海再去劝说陈翰章。陈海不答应，他们就给他上大挂，装进麻袋里乱踢乱踹，每次都折磨得他死去活来。他们这样做，当然是为了整治陈海。但更主要的，是为了在精神上折磨陈翰章，消磨他的抗日意志，逼迫他投降。那时，日本人为了永久占领东北，已经由原来的一味屠杀改作了一手屠杀，一手劝降。

1936年夏天，一个熟人找到陈翰章，说是有个日本人想拜见他。陈翰章了然一笑道，请他过来吧，我会好好招待他的。那时，陈翰章已转到东北抗日联军第二军，担任第二师师长。

来的人叫古雄。古雄是一名日本间谍。此人老谋深算，能说会道，在日本关东军里很有影响。他毛遂自荐，前来劝降陈翰章。古雄身穿银灰色协和服，黑皮鞋擦得油光锃亮，脸上皮肤白皙丰润，说话文质彬彬。

陈翰章看他是个受过高等教育的人，便也以礼相待，说话客客气气。这让古雄产生了错觉。他以为陈翰章是已有归降之意，便虚张声势，口若悬河，先说一番对陈翰章的景仰之词，再讲一通人生的价值与意义，最后切入正题，道，陈先生，我很敬仰你的人品，也很佩服你的英勇献身精神。但是，你想没想过，当今大满洲国已是五族协合，固若金汤，单靠你们这几个人，这几支枪，能不能改变目前的现状？你们中国人有句老话说得好，良禽择木而栖，贤臣择主而适，识时务者为俊杰。作为你的朋友，我想请你仔细思量思量，何去何从……古雄说到这儿，故意停顿一下，觑陈翰章一眼。他见陈翰章不动声色，人丹胡微微一翘，胆气陡然肥大起来，索性从板凳上站起，两手叉腰，朗朗而道，人不为己，天诛地灭。我想请翰章君三思而后行，摒弃旧嫌，再图新造，跟我们一起，共建"五族协和"的大满洲国，不知翰章君意下如何？你说，你说。陈翰章表情暧昧，不动声色。古雄用怀疑的目光琢磨琢磨陈翰章，降下音调说，读书人都知廉耻，也就是爱面子。如果你肯归降，归降后又不想居留此地，我们可以送你到三江地区，让你在那里大展宏图；如果你想继续读书，我们可以送你进早稻田大学，让你在那里继续深造，成为世界顶尖级的人才。陈翰章暧着脸色，问，你还有没有话说了？古雄莫测高深地摇摇脑袋，脸上笑容可掬。陈翰章两眼斜着古雄，慢条斯理地说，谢谢你对我的关怀，谢谢你的直言相告。我可以开诚布公地对你说，从目前的形势看，在吉林这里，你们的势力是比我们强大。但你想没想到，你们自从侵略中国那天，就已经陷入中国人民战争的汪洋大海之中，不管你们怎样挣扎，最后的结局都是没顶之灾……说到这儿，陈翰章从椅子上站起身，眼睛镇住古雄的目光，说，两国交兵，不斩来使。这次我暂时留下你的人头，假如你胆敢再来劝我，我陈翰章绝不客气。陈翰章说罢，拍拍腰间手枪，甩袖而去，把个古雄晒在那里，像条白色的鱼干。

古雄灰溜溜走后，有人向陈翰章献策，说是这样放走古雄，不如就绑了他的票，再让小日本拿枪和子弹来赎他。陈翰章不以为然。他说，我们是抗日队伍，不是胡子，不能干绑票赎票那些勾当。缺枪缺子弹，我们可以去沙兰站，找日伪军"借"。

这天，沙兰站伪自卫团团长正吃饭，哨兵跑进来报告，说是陈翰章要见他。伪自卫团长听说陈翰章不请自到，手中饭碗哗啦一声就落到了地上。他两腿战栗，颤颤地问哨兵，陈翰章说没说，他来干啥？哨兵摇摇脑袋说，他只说是想见见你，别的没说。伪自卫团长拍拍两条大腿，抑制住战栗，再山一脚，水一脚，走出大门，将陈翰章请进正屋，满脸笑容可掬，让人准备饭菜。

陈翰章展开双臂，拦住那人说，饭菜——就不必了吧。伪自卫团长清楚，陈翰章是怕他派人送信，便刺溜一声，将流出鼻孔的鼻涕重新吸回口中，自我解嘲地说，你就是再借我两颗脑袋，我也不敢向日本人通风报信啊。陈翰章说，既然团长有此美意，我陈翰章也只有领情了。不过，我另有点小事想麻烦团长，还请团长不要推辞。那伪自卫团长见陈翰章给足面子，脸上熠熠放光，又挺挺肚皮说，陈司令有什么贵干，尽管吩咐。陈翰章环顾左右一遭，抿起了嘴唇。伪自卫团长心领神会，立即把屋子里的人都赶了出去。

屋里只剩下了陈翰章和自卫团长，他仍然是低着声音说，我找你没什么大事，只因近来战事频繁，我的子弹一时接济不上，想找你借点儿子弹。原来是想借点子弹。自卫团长松了一口气，说，这事兄弟照办，就请陈司令说个数目吧。陈翰章微微一笑，说，六千，六千行不行？这……自卫团长刹那间脸色煞白，目光惊恐，两腿咯吱咯吱地颤抖起来。他原以为，陈翰章狮子口再大，想要三千两千足矣，就没想到他一张嘴就是六千。陈翰章微微一哂道，怎么，不好办吗？自卫团长目光巴结着陈翰章，小心翼翼地说，兄弟全团也不过八千发子弹，你一下子就借六千，这事要是让日本人发觉了，兄弟就没命了。陈翰章安抚自卫团长说，这个你放心。我说借，就是借，有借有还，而且，保证三天内就奉还。自卫团长两眼黝黝闪光，诧异地问，你，怎么还？陈翰章看看门外，抬手招呼来自卫团长，耳语一番。自卫团长连连点头，满脸苦笑。

第三天晚上，村外骤然响起了机关枪声，串串火苗像一条条火龙，朝村里飞来，砰砰砰砰的枪声吓得鸡飞狗叫。那自卫团长刚刚和衣而卧，听到枪响，立即翻身下炕，手挥匣子枪，跑到院子里大喊大叫，命令自卫团团员都出去打抗日军。他喊道，他妈的，现在弹子儿珍贵，你们每人只准打十发子弹，超过一枪的，罚；省一发子弹的，奖！

第二天早上，自卫团长急急匆匆进城，向日本人报告说，昨天黑个儿，陈翰章率领抗日军攻打警察署，愣让我给挡回去了。日本人听说打败了陈翰章，便夸奖团长，说他做得对。团长哭丧着脸说，对，我也知道对，可我的子弹都打光了。日本人说，这没关系，我都给你补上。

1936 年 1 月，中共东满特委书记、第二军政委魏拯民从苏联回国了。他是去向中共驻共产国际代表团汇报、请示工作的。结果，他带回了代表团一个决定：撤销中共满洲省委，建立南满、东满、吉东和松江四个省委，将东北抗日武装整合起来，统称为东北抗日联军。很多年后，在研究东北抗日联军最终失败的原因时，有学者以为，中共驻共产国际代表团撤销满洲省委，重建四个省委的决定是犯了个致命的错误，它造成了四个省委各行其是，各路抗日联军抗而少联的局面，让日本侵略者钻了空子。

1936 年 2 月 9 日，魏拯民在迷魂阵找到了第二军司令部，召开落实中共驻共产国际代表团指示的会议。参加会议的有魏拯民、王德泰、李学忠、金日成等。会议决定将东北人民革命军第二军改编为东北抗日联军第二军，军长王德泰，政委魏拯民，下辖三个师，军设军党委，师设师党委，党委书记由政委兼任。

东北抗日联军第二军成立后，1936年7月初，魏拯民又去找第一军杨靖宇，传达代表团的指示。他是在河里找到杨靖宇的。7月4日，杨靖宇在河里召开中共南满第二次代表大会，会上宣布，将东北人民革命军第一军改编为东北抗日联军第一军，杨靖宇任第一军军长兼政委。

东北抗日联军第一军成立后，杨靖宇和魏拯民共同主持召开了中共南满、东满及抗联第一军、第二军联席会议，史称"河里会议"。会议决定将抗联第一军和第二军合编为东北抗日联军第一路军，成立总司令部。杨靖宇为总司令，王德泰为副总司令，魏拯民为总政治部主任。同时将原来的中共东满、南满党组织合并为中共东南满省委，魏拯民任省委书记，杨靖宇、王德泰等13人为省委委员。

第十三章

许亨植纵横千里

东北人民革命军第三军改编为抗日联军第三军通告

东北抗日联军第三军军长赵尚志签发的通告

朴吉松的讲述让赵尚志心里痛快。晚饭时，他特意找来一瓶老白干酒。朴吉松内心欢喜，酒喝得就有些高，说起话来吐字不清，像舌头短了半截，颠三倒四，再说一会儿，人倒在炕上，呼呼打起了鼾。赵尚志将条旧麻袋盖在朴吉松身上，然后拨亮洋油灯，细读两封来信，结果是越读眉头皱得越紧，越读脑袋越疼，越读越迷惑，像茅草屋外游走着的岚气，迷迷蒙蒙，若有若无，扑朔迷离。朴吉松带来的信有两封，一封是中共驻共产国际代表团的，一封是吉东省委的。中共驻共产国际代表团的那封认为，不应把伪军日军同等看待，主张"抗日和反满不并提"；吉东省委的那封则说，不完全反对日本侵略者"归大屯"，也就是搞"集团部落"，主张"在大屯内应成立合法的半公开的群众组织"。这两封信对赵尚志来说，都是不能接受的。

煤油灯火暗淡了下去。赵尚志嘴唇努向油灯，想吹灯睡觉。嘴接近油灯时，他的主意又变了。他从炕席上折下根细篾丝，抬腰去挑灯苗。灯花爆响两声，游起一缕缕细烟，火光随即暗淡下去，转瞬之间，它眨巴眨巴眼睛，又重新明亮起来。赵尚志手擎油灯，俯身看看朴吉松。朴吉松睡得正香，鼻头沁着几滴汗星星，鼻孔发出嗞嗞的呼吸声。赵尚志愣愣，再将油灯放上小炕桌，扑哧一口吹灭，两手抱膀便倒在了炕稍。

天亮时，赵尚志听到有哗哗哗的水声。他睁大眼睛，就看到朴吉松正在洗脸。他两手撑着炕席，坐起身来，揉揉紧皱的眼皮，开口便问，吉松同志，你能确定这两封信都是魏拯民带回来的吗？朴吉松抬起头，水蒙蒙的两只眼睛，惶惑地看着赵尚志问，赵司令是有什么怀疑吗？赵尚志实话实说道，统一抗日队伍，编为抗日联军，这没问题，《八一宣言》里已经有了，我也是根据这个精神成立的"东北民众反日联合军"。但那两封信的内容，我却怀疑，或者说我不完全赞成……赵尚志看朴吉松一眼，又说，我决定先将第三军改名叫东北抗日联军第三军。其他的，等我见到周保中他们再说吧。朴吉松用两只手掌揩掉脸上凉水，咧开湿漉漉的嘴唇，说，那我吃过饭就走吧。赵尚志说，我挺喜欢你的，你就留在我这里吧，从今天起，你就是我的少年连第一排排长。朴吉松两眼睖着赵尚志，一时左右为难。赵尚志淡淡一笑道，怎么，你不愿意跟我啊？朴吉松连连摇头道，不，不是的，我的得回去送信。赵尚志用不容商量的口吻说，送信你就不用送了，我再另派人送。朴吉松孩子似的笑了。

1936 年 8 月 1 日，东北抗日联军第三军正式成立，赵尚志签署了《东北人民革命军第三军改编为抗日联军第三军通告》。没过多久，第三军又扩充了两个师：第九师师长王德富，政治部主任雷炎；第十师师长高士魁。短短三年，东北抗日联军第三军由最初的七个人，经珠河反日游击队、哈东支队、人民革命军第三军三个时期，发展到十个师，六千多人，成为抗日联军系列中人数最多的一个军。

第三军成立之后，赵尚志立即给珠河县委写信。他向珠河县委建议，尽快召开珠河县委和第三军，汤原县委和第六军联席会议，制定今后抗日斗争的大策。

1936 年 9 月 18 日，在汤原县帽儿山第三军被服厂，中共珠河中心县委和汤原中心县委，东北抗日联军第三军和第六军召开了联席会议，史称"珠（珠河）、汤（汤原）联席会议"。参加这次会议的主要人员有：东北抗日联军第三军军长赵尚志，中共珠河中心县委书记张兰生，县委宣传部长冯仲云，共青团珠河县委代理书记朱新阳，中共汤原中心县委书记白水江，东北抗日联军第六军军长夏云杰。列席会议的有：第三军第一师政治部主任李福林，第三军第三师师长许亨植，第六军秘书长黄吟秋。会议决定，成立中共北满临时省委，选举赵尚志为临时省委执行委员会主席，冯仲云为常务委员会书记兼组织部负责人，张兰生为宣传部负责人，夏云杰为军事部负责人，白水江为职工部负责人，朱新阳为青年部负责人；会议决定，将原来的"东北民众反日联军总司令部"改名为"东北抗日联军总司令部"，将汪雅臣的东北人民革命第八军改名为"东北抗日联军第十军"；会议还决定，抗日联军第三军和第六军组成西征队伍，突破日伪军的重点围剿，建立铁力、庆城、绥棱和海伦游击区，进而北进嫩江、黑龙江流域，更广泛地打击日伪政权。做出这些决定之后，与会者围绕中共驻共产国际代表团的信和吉东特委信，展开了热烈的讨论，争论得面红耳赤，最终总算形成了一个决议。

决议是赵尚志写的。按照会议精神，他在结尾处写上了对中共驻共产国际代表团的批评意见。冯仲云有些顾虑，他对赵尚志说，老赵啊，批评驻共产国际代表团的事，你再看看，有没有必要写进去？赵尚志歪过头来，问，那你的意见呢？冯仲云说，我原则上同意，可又担心这样如实写上去，会引起他们的误会。你别忘了，当年不是有人说你反对满洲省委吗？赵尚志不以为然道，我不管那么多鸡巴事，我只管把小日本赶出中国，实现中华民族统一。冯仲云摘下眼镜，低头擦拭一会镜片，抬头还是讲出了心里话，说，老赵啊，你是不碰南墙不回头啊。赵尚志挺起脖颈，倔倔地说一句，我就是这个德行，碰了南墙也不回头。

其实，赵尚志嘴上这么说，心里也在考虑这个问题。毕竟中共代表团是抗联的直接领导，毕竟中共代表团代表的是共产国际。因此，会议结束，他决定派朱新阳去苏联，作为北满临时省委代表，向中共驻共产国际代表团汇报会议情况。

赵尚志将朱新阳送出很远很远，走了一道说了一道。

时序已是孟秋。小兴安岭万木萧疏，色彩斑斓，凉风过处，枯叶飘飘而下，唰唰唰响着，像是在轻轻地哭泣。赵尚志脸上凝着秋凉，他把刚刚松开的手又重新握住朱新阳的手，语重心长地说，你快去快回，我在这儿等你到落雪。如果到那时候你还不回来，我就远征了，你再找我就困难了。朱新阳点点头。他想说点什么，咽喉却酸涩得很，像是塞着一颗杨梅，最终他说，老赵，你放心，我会的。

送走朱新阳，赵尚志又送走了许亨植。他任命许亨植为哈北司令，让他率部奔赴铁力、庆城驰援张光迪，共建小兴安岭西部根据地。

哈北司令许亨植找到张光迪的第六师时，第六师正驻在庆城北边的十六道岗。两支队伍刚刚会师，张连科又率第三军的第二师和第三师辗转到了十六道岗。第二师和第三师原来活动的范围是松花江南岸，赵尚志为实现扩大战场、开辟新根据地的战略部署，决定将他们调到小兴安岭以西，支援许亨植。

这天傍晚，有两个群众找到了许亨植，告诉许亨植说，有三百多小鬼子和伪军，从铁力城里开出，直奔十六道岗而来，现在已经过十四道岗了。许亨植对情报有些怀疑，怕是中敌人的诡计，便一脸狐疑，说，我一进村就封锁了消息，连个耗子都跑不出去，他小日本怎么这么快就获得了情报？那两个人听出许亨植是怀疑他们，脸色陡然就变了——一个变得煞白煞白，白得像是白桦树皮；一个变得蜡黄蜡黄，黄得像霜打的杨树叶。他们听说过许亨植秉性刚烈，更怕他把他们当日本人奸细，将他们处理掉。许亨植见他两人神态有变，反倒认为自己的判断正确。他冷冷一笑，说，假如日本人真的来了，我赏你们一人一匹马；假如日本人没来，我就把你们……像是否定他的怀疑，他的话还没有说完，西边哨卡那边就响起了枪声。许亨植不再犹豫，握过那两人的手，向两人表示感谢后，立即派郑洪涛带领第四军第二团埋伏在滚鞍岭西的山坡上；再命张光迪边打边退，带领六师，将日伪军引向到滚鞍岭这边来；他自己则带着第一师，埋伏在滚鞍岭主峰上。滚鞍岭主峰并不高，相对高度只有五十公尺左右，但峰下就是欧根河，是个咽喉要地。

很快，张光迪的队伍跟日伪军接上了火。他边打边退，由西向东沿着欧根河边向保马方向撤退。撤退途中，他先放出第一道卡子，用两挺日式歪把子机枪阻拦追兵。待第二道卡子设好后，第一道卡子再后退，由第二道卡子接替他们，阻拦追兵。如此接二连三，待放到第四道卡子时，已将日伪军引过了滚鞍岭。这时，郑洪涛率第二团从西坡兜了回来，他们从背后向日伪军发动了进攻。日本指挥官此时才悟到是中了许亨植"关门捉贼"的计，慌忙下令后撤。山上的许亨植见状，又率第一师呼喊而下，短兵相接，同日伪军展开了刺刀战。日伪军无心恋战，只好抛下七具日本兵尸体，扔下三十几具伪军尸体，逃窜而去。

战斗结束时，天光已经放亮。许亨植正指挥人打扫战场，师政治部主任兰志渊走了过来。他阴沉着脸将一页黄纸递给了许亨植，说，给你看看吧，熙山（**许亨植原名李熙山——作者注**），这是吴索利的信。许亨植纳罕地看兰志渊一眼，低头再看那张纸，立时满脸阴云密布。原来，这封信是索利人吴山写给日本人的。索利人就是鄂伦春人，民间习惯称为索利人。这吴索利原来是索利营的营长，日本人占领黑龙江后，用金钱、大烟和枪支诱惑了他，使他成了山林队的队长。吴索利在这封信里说，赵尚志手下有几百人，正集合在十六道岗，欲向绥棱和海伦那边行动。

原来是吴索利告的密。许亨植脸上呼呼呼刮起了大风。他将那张信还给兰志渊，瓮声瓮气地问，你说，怎么办？兰志渊抬脚，踢开脚前日本兵抛弃的一个破饭盒，说，你是师长，你说了算。许亨植目光溜着那个饭盒，说，那好。既然他吴索利替日本人卖力，那就是我们的敌人，我们要消灭他。

这样，不好吧？许亨植的话刚说完，周庶范就反对，他是第一师的政治部主任。有什么不好？许亨植翘起了嘴巴，冷冷地问。周庶范说，这吴山是鄂伦春人，我们要考虑民族政策。哼，许亨植一嗤鼻子说，像他这样日本人的走狗，我们今天不打他，明天就要吃他的亏，他会像他当年打赵司令的巴彦游击队那样打我们。许亨植说，又高喝一声道，第一师的人，立即上马！他左手扶住马脖颈，回头对张光迪说，你们在老金沟等我，等我收拾了吴索利，再去那里找你。说罢，他左脚蹬马蹬，右腿朝上一蹁，人就上了马，再抖动抖动缰绳，那黑马咴地长嘶一声，撒蹄嗒嗒嗒嗒而去。张光迪目注许亨植的背影，侧脸对兰志渊说，许司令这样干，是要犯错误的，你应该阻拦他。兰志渊说，自作自受。谁让他写密信了？张光迪还是忧心忡忡，说，但他是少数民族啊。兰志渊，少数民族里也有败类。他替日本人卖命，就该打。

许亨植带着马队赶到索利营时，索利营村一团墨黑，静寂得有些瘆人，没有鸟叫，没有虫鸣，甚至没有一丝风。

在村子外，许亨植命令战士下马，嘱咐他们原地待命，他则蹑手蹑脚走进了一座仙人柱。那仙人柱很是破烂，孤零零地卧在村子北头，里边只有一个老妇人守着一碗油灯，正在缝一只狍皮软靴。

听有人进屋，那老妇人抬头，就看到了许亨植。她脸上布下一片阴云，目光捉摸不定。许亨植压低声音问，我想找吴索利，他在哪儿呢？老妇人朝上推推花镜，觑起眼睛说，夜儿个下晌，他就走了，带人打胡子去了。说过，她将手中的锥子在头皮上蹭蹭，然后低头又去缝她的鞋。许亨植问道，吴索利的家在哪儿？你带我去，行吗？老太太说，东头第一家就是，你也不是没长腿，自己去吧。许亨植接着问，他们家还有什么人？那老妇女说，还有个叫金花的闺女。她还是没有抬头。许亨植皱皱眉头，只好弯腰，钻出仙人柱，带着战士们直扑吴索利家。

吴索利的仙人柱里没有人。难道连他闺女也去打我们了？许亨植如此想，阴沉着脸，走出了仙人柱。

许亨植想错了。其实，吴金花并没有跟吴山一起走。吴山是昨天下午走的，吴金花是今天早上走的。

吴金花不想让父亲去打抗日军，她劝吴山说，咱们是中国人，你却帮助日本人打中国人，这样做，对吗？吴山冷冷一笑，道，我不管日本人还是中国人，谁给我钱花，谁给我大烟吸，我就跟谁好，我看你是跟汉族人念了几天先生，念傻了。吴山说过这话，瞥吴金花一眼，就走出了仙人柱。他有些后悔，不该把金花送到县城里读高小。吴金花心中纠结，像是织着一盘蜘蛛网，理不出个头绪。她知道自己说服不了父亲，只好耷拉着脑袋跟吴山走出仙人柱，目送吴山跃马而去，眼泪滞涩地流了下来，嘀——嗒，嘀——嗒，一声一声，落到地上，敲在心头。

吴金花一夜没睡好觉，她既为父亲的选择痛心，又为父亲的安全担心。这样，天一放亮，她简单地吃块烤狍子肉，头没梳，脸没洗，摘下挂在白桦柱上的猎枪，便走出仙人柱，走进马圈牵出了小花。小花是匹白母马的名字。金花没有兄弟姐妹，平日里与父亲在一起的时间少，跟白马的时间多，她就把白马当成了自己的妹妹，并给她起个名字叫小花。它是鄂伦春人特有的一种马，腿短、个矮、腰身长，身体矫健，翻山钻林是别类马比也比不上的。

白马小花见吴金花走了过来，扬头咴咴叫了两声，摇摇尾巴，又欢快地刨动起了两只后蹄。若是往常时候，金花看到小花撒欢，她会乖乖地叫两声小花。但今天金花心事重重，她没有呼叫小花，只是默默走到它身边，抬手拍拍它的腰身，解开了它的缰绳。小花感到缺少了点什么，就用毛茸茸的长脸亲吻金花面颊。金花抬手搬开小花的长脸，有些厌烦地说，走吧，别发贱了，跟我进山打猎。小花就咴咴叫了两声，不满地摇摇脑袋。

这是个清冷的早晨。树林里一片寂静，只有小花的蹄声，嗒嗒嗒嗒，震得枝头飘下零星的雪花，不时有一片两片沾在吴金花面上，凉飕飕的，恼得金花不停地摇晃着脑袋。

　　金花那天运气很好，刚钻进深林，就碰到一头野猪。只是面对这样的大家伙，她枪开得嫩了一点，没有击中野猪胸前的那撮白毛。那是野猪心脏所在的位置。受伤的野猪怪嗥一声，掉头就朝密林里狂奔。金花原不想追赶野猪，她怕受到野猪的伤害。但想到受伤的孤猪再遇到人，会报复人时，她又不想放过这头野猪。金花是个善良的女子，她不想因为自己的无能给别人留下隐患。

　　吴金花朝森林更深处走去，她的身后跟着小花。走着找着，小花突然长嘶一声，吓了金花一跳。她以为是小花发现了野猪，慌忙抬起了手中的枪，顺着小花扬着头的方向朝西北看。如此，她就看到一团影子，偎在一棵松树下，半躺半卧。金花头皮一乍，兀地端起大枪，拉开了大拴。没容金花扣动扳机，松树下那人先说了话，别……开枪。金花心咯噔一跳，返身就朝后走。走了两步，她收住脚，端着猎枪，踮身再趟行两步，两眼看向那人。那人盯着金花说，别开枪，我受了重伤。声音有些缥缈，却真真切切是个男人的声音。

　　金花心突突乱跳，她垂下手中猎枪，还想转身离开，却没有移动脚步。一个受伤的男人，有什么可怕？她这样想时，再凝眸看，就发现这是一个年轻的男人。那男人戴一顶狗皮棉帽，两个帽耳朵系在后边，裸露着大半张脸，脸上落着一层霜。金花看那男子，那男子也看金花。金花的帽子是用狍子头皮做成的，两边还保存着狍子耳朵，高高翘起，冷眼一看，像极了狍子。金花穿的是皮大哈（皮袍），皮大哈也是狍皮做的，下摆和袖口镶着黑边，黑边上绣着黄色的云朵，像是一朵朵野山菊，仿佛透着缕缕的芳香。金花的靴子是用鹿皮缝成的，一直套到膝盖上，很轻松，很温暖，远远看去，就像雪地上开着的两朵梅花。

　　金花见那男子眼神并无恶意，她壮起胆子，朝前迈了一步，问，你是……什么人？那男子说，我是抗日的，打小鬼子的，大腿受了伤。金花又问，那你咋跑到这疙瘩了？男子回答道，昨天晚上跟日本人打仗，我负了伤，我的马驮着我飞跑，我也不知怎么就跑到了这里。你能救，就救救我，不能救，也别告诉日本人，他们会要我的命的。吴金花一时拿不定主意。她知道父亲吴山已带着索利营的人参加了山林队，专门对付抗日队伍。而且她还知道父亲昨天带人出村，是打抗日军去了。她有心想救这个人，又怕父亲反对；可不救这个人，她心里又痛苦得很，像有一只猫爪子，挠着她的心。迟疑好一会儿，她问，你叫什么名？男子说，我叫周云峰。金花问，你不能走了吗？男子说，能走不早走了吗？吴金花不再犹豫了，扔下手中枪，三步两步走到周云峰面前，回头朝后一挥手，小花就乖乖地走了过来。它朝周云峰哼哼鼻子，弯过脑袋去看金花。金花对周云峰说，你别动，我给你看看伤口。说过，她从筒靴里抽出一把小刀，立在脸前，看看刀刃，又将刀刃在筒靴上噌噌，再弯腰时，她挑开了周云峰的裤筒。周云峰的腿上血肉模糊，翻开的伤口已经化脓。金花想也没想，努嘴就去吸吮那些脓血。待脓血吸干后，她用右手拇指和食指，掐出了那颗子弹，嗖地一声撇掉，再将手探进怀里，咔吃一声，撕下一块内衣，给周云峰包扎伤口。包扎好伤口后，她立起身体，甜甜一笑，说，我带你——回家。周云峰嘴唇颤颤，他想说句什么，却什么也没有说出来。

吴金花说的家，其实就是一间窝棚，由二十几根桦木杆子架起，底宽顶尖，像个圆锥，四周披着白桦皮，白桦皮外又蒙着一层大叶樟。这种窝棚叫仙人柱，又叫撮罗子。仙人柱里没有烟囱，里边的烟啊，气啊，各种味道啊，都顺着尖顶的孔隙往外挤，再飘散开，同山里的雾气啊，水气啊，草气啊，花气啊，混合在一起，很天然，也很人间。

金花扶着周云峰走进仙人柱。她先站一会儿，等到眼睛适应了屋里的光线，她把周云峰放到了玛路（门对面的板铺）上。周云峰看看板铺上铺着的虎皮，摇摇头，就往右侧挪动身体，咬着牙，周身哆嗦着。金花知道他是身上的伤痛，心疼地说，你待在那儿不动，不行吗？周云峰说，这位置是长辈的，我不能占。说罢，又艰难地朝门右侧的敖路移去，额头蒸着热汗。金花没有再劝。她就看着周云峰移动，像蜗牛一般，最后坐在敖路的狍皮上，呆呆地看着她。她脸上有些发烧，心有些慌，便低头拿起一个烟匣子，对周云峰说，你抽烟吗？周云峰摇摇头。金花乜周云峰一眼，想了想，又把烟匣子放到敖路上，说，你等会儿，我出去抱抱柴火，把屋子烧得暖暖的，好给你治伤。

金花再从外边进屋时，怀里抱着一捆树枝。她把树枝放在地上，扫了周云峰一眼，又走到地中间的火炉子前。那是一个用黄泥围成的炉子，灶膛里还残留着火炭。金花把几根干柴塞进炉膛。不一会儿，里边的柴火就着了，发出噼噼啪啪的响声，一股股黑烟朝尖顶的窟窿钻去，像有什么吸引似的。看看炉中火已大旺，金花把个铁锅吊在一根横木上，再装进大半锅水，而后，就把那捆树枝放了进去，盖上木锅盖。这一切都做完了，她走到周云峰面前，说，来，我给你看看伤。周云峰两手放在大腿上，一时间不知所措。金花嘴就一噘，说，你不脱裤子，我咋给你扎咕伤啊？周云峰的额头就流出了汗水，他吞吞吐吐地说，你怎么……给我看伤呢？金花嗔他一眼，说，你没看我煮老鸹眼吗？我们索伦人都用它来治红伤，贼好使。周云峰不再搪塞。他缓缓地解开大白布腰带，将棉裤褪到膝盖上，叹口气说，这可不好办，子弹还在里边。金花眼睛盯着那片伤口，说，你怕不怕疼？周云峰说，不怕。金花瞭了周云峰一眼，说，你不怕，我怕。要不，我给你嚼一点大烟膏吧。周云峰嘿嘿一笑，道，用不着，你想怎么办就怎么办。金花用蹦着火花的目光看周云峰一眼，说，是条汉子。说过，她弯腰，再从鹿皮靴里抽出小刀，将小刀在火头上燎一会儿，拿到脸前，贴脸试试，这才挪身上了敖路，用背遮住周云峰的视线，说，你忍着点吧。说罢，她左手掐住周云峰大腿，右手握着小刀，慢慢朝伤口里拨去，紧张出一脸汗水。她怕周云峰喊疼，却听不到他哼哟，便自言自语说，是英雄，都赶上关云长了。说过，自己的胆子陡然涨了起来，手也灵便多了。子弹很快取了出来。她瞧瞧那颗子弹，再把子弹送到周云峰腿前，说，你看看吧，这枪子再朝里一点，就打到骨头上了。她说着，心口就隐隐有些疼痛。周云峰看看那颗子弹，说，要是打到骨头上，那可就惨了，真得谢谢你了。金花听这话有些别扭，可让她说出道理，她又说不出。

傍晚时分，周云峰正烤着火，吴金花慌里慌张地跑进仙人柱，说，这可咋办啊，我爸爸他们回来了。周云峰睁大眼睛，吃惊地问，他们有多少人？吴金花说，除了山林队的十几个，还有七八个日本人。周云峰从敖路上拿起猎枪，说，我跟他们——拼啦。吴金花压住周云峰的手，说，不行。周云峰扬起脸，问，为什么？吴金花说，他们人多，你只是一个，还不是找死吗？周云峰急急地问，那你说怎么办？金花没有回答。她跪在地上，抓过绑腿，麻利地捆住狍皮的头部，扫周云峰一眼，说，来，你扯住皮子，别松手。说过，她把绑腿的另一端，系了自己腰间。做完这一切后，她一边朝后退，一边放那道绑腿，绑腿像条蛇似的盘向板门。将到门口时，吴金花蹲下去，身子飞速一侧，左手就搬开了板门（旧时黑龙江农村的门多是从外向里开的，为了防止大雪封门出不了屋）。随着板门敞开，一串子弹呼啸着射了进来，拖着一道道耀眼的火光。金花影在门侧，等枪声停下时，她又搬开自动关上的板门，板门响处，又是一阵枪声。这时，吴金花就听到吴山嘶哑着喉咙喊，金花，我是你阿玛。你丢下那个红胡子，自己跑出来！金花嘿嘿一笑道，那你们就别开枪。她回头看看周云峰，又嘱咐说，拽住皮子。说罢，她就朝门外爬去，腰间拖着狍皮上的周云峰，周云峰手里拖着那枝猎枪。

日本人和山林队都愣住了。他们看不清吴金花拖的是什么，待他们看清吴金花拖的是一个人时，金花已将周云峰拖进了马圈。在马圈，她解开腰间的绑腿，连拖带举，将周云峰扶上马背，自己再纵身一跳，人也骑上了马。此时，外边的枪声响了。吴金花右手抱紧周云峰，左手一抽缰绳，那小花长嘶一声，撒开四蹄飞奔而去。

日本人见吴金花朝森林里跑去，便哇啦哇啦叫着纷纷上马，正想尾随追赶，背后又响起了枪声。原来是许亨植听说周云峰失踪，怀疑是被山林队俘虏了，便杀了个回马枪，率队重新返回索利营。

第十四章

大地主"牵驴"建功

许亨植

1936 年 11 月，赵尚志率第一师一部、第五师一部、政保师和少年连组成五百多人的骑兵队伍，西征到了铁力。

这时已是 12 月。他刚到铁力，有人向他告状，说许亨植打日本人，核桃栗子一起数，也打死了一些鄂伦春人。赵尚志很是生气，他找到许亨植，立起眉毛，气势汹汹地问，你李熙山是怎么搞的，怎么破坏民族政策？许亨植振振有词地说，谁让他们帮小日本打咱们了。他们打咱们，咱们就打他。再则说了，我也是替你报仇。赵尚志眼睛里蒙上一层阴霾，说，你怎么是为我报仇？许亨植说，年纪不大，忘性可不小。刚刚过去几年，你就把巴彦游击队被这帮人打散的事给忘记了？赵尚志将小藤条朝许亨植一甩，气愤地说，这是哪跟哪啊。从现在起，你不再是哈北司令了。许亨植一脸无辜地问，赵尚志说，明天就动身，你回小兴安岭，去政治军事学校报到。许亨植眼睛翻翻赵尚志，滚下几滴泪水。许亨植的眼睛不大，却十分好看，是那种丹凤眼，两个瞳仁黑黑的，像美人。

赵尚志见许亨植噘起嘴巴，满脸委屈，便问，怎么，你还不服气啊？许亨植一甩头，道，我就是不服气。为什么？只行他索利人打咱们，就不行咱们打他啊？赵尚志说，我也没说不行打啊。不过，你总不能不分青红皂白，像李逵劫法场，见一个砍一个啊。你不要忘记，我们是抗日联军，不是胡子。许亨植垂下脑袋，嘴里嘟嘟哝哝。赵尚志听不清许亨植都数叨些什么，就走到许亨植面前，问，你都说什么？许亨植抬起头，突然道，我什么也没说。你官大，你说了算。

许亨植是早上走的，傍黑时候，他又走进了赵尚志的草屋。赵尚志唰地从炕上站起，愣愣地说，你，怎么又回来了？许亨植闪开身体，拉过身后一个人，斜眼问赵尚志，你看看，我碰到谁了？赵尚志觑起右眼，觉得那人似曾相识，一时又叫不准是谁。

来的是一个老者，头戴一顶瓦皮毡帽，毡帽外裹着张破狐狸皮。狐狸皮已七零八落，像是张扬着一面面小旗，遮住了他的半张脸。老者身上穿的是一件大襟棉袍，棉袍已看不清是灰是黑，上边一块补丁，下边一块补丁，大补丁连着小补丁，一块补丁一个颜色，冷眼看去，像是笨拙的画家拼凑的一张图画。

赵尚志正迟疑，那人朝前趔趄两步，拉过赵尚志的手，说，怎么，你不认识我老李头儿了，赵司令，我是李发啊。赵尚志啊了一声，拉过李发的手，摇摇头，又点点头，说，是李发，是老李头儿，你怎么造祸成这样了呢？李发哽哽咽咽地说，夏军长牺牲了。赵尚志心肠一热，眼圈就上来一圈泪水，说道，你说什么？夏军长牺牲了？李发伤感地说，这是真的。今年年初那阵儿，你们让我去联络杨靖宇的第一军，我把长白山都翻遍了，也没有找到杨司令。可等我回来再找夏军长报告时，却没找到夏军长，只找到了刘铁石。他告诉我说，夏军长已经牺牲了，并让我上铁力这疙瘩找你。

赵尚志两手蒙着脑袋，沮丧地坐上炕沿，又用右手拍拍炕沿，低沉淡着声音说，来，你坐这儿，跟我详细说说，到底是怎么回事？

1936 年 10 月 6 日，夏云杰率领少年连去丁大干家村。这是个典型的北方秋日，小兴安岭秋意阑珊，漫山的树叶几乎全部落光，只有棵棵松树还翠绿如染，坚守着固有的本来面目。

夏云杰那天情绪很好，他将队伍分成三队，每一队都拉开段距离。第一队由李连长率领，带两个战士走在前边，当尖兵；第二队是他自己，带着副官吴长江、军需官刘铁石；第三队就是少年连。所有的人都骑着马。夏云杰的白马跑得快，把吴副官和刘铁石都甩在了后边。这时，埋伏在山坡上的日伪军枪响了——他们放过尖兵班，第一枪就将夏云杰射下马来。吴副官和刘铁石见夏云杰落马，双双滚鞍下马，一左一右，同时扶起了夏云杰。夏云杰额上滴落下豆大的汗珠，脸色灰白。他两眼盯着刘铁石说，快，老刘，让少年连赶快朝上冲。刘铁石放下夏云杰，再重新上马，策马朝后跑去。此时，少年连的战士们已听到枪声，他们正策马飞奔而来。听说夏军长受伤，他们群情激昂，呼喊着为军长报仇的口号，像狂风般扫向日伪军。

吴副官和刘铁石抬着受伤的夏云杰，找到一间破草房。检查时发现，夏云杰的膀胱被打漏了，疼得他满头大汗，呻吟不断。刘铁石连忙喊人去找大烟，要用大烟给夏云杰镇痛。夏云杰左手压住小腹，右手摆了摆。刘铁石的心就抽搐成了一团，像是被人揉弄的面。他知道，汤原游击队起事，夏云杰曾经受过一次重伤，疼得无可奈何时，只好用大烟膏止痛，结果就沾染上了烟瘾。为了忌烟，他让人将自己吊上天棚，大头朝下挂了几天，最终戒掉了烟瘾。这次，他是宁愿疼痛，也不肯吃大烟膏了。

撂下这段往事，刘铁石对夏云杰说，要不，我们送你去苏联治疗吧？夏云杰说，不用了吧？去苏联道远，又不知路上会发生什么情况，还是在这里治吧。说完，他慢慢地闭上了眼睛，脸上呈现出一种欢喜。

夏云杰是做了一个梦。梦中的他骑着白马，带领着刘铁石他们正挥刀向日本军队冲去。那些日本兵招架不住，一个个跳进了东洋大海，像是下饺子似地，扑通扑通出水花。他兴奋得扔掉战刀，哈哈哈大笑，再回头看战士们时，发现背后已是人山人海。他们人人手中挥动着鲜花，都拼命地呼喊着，我们胜利了。我们不怕战死，不怕冻死，不怕饿死，不怕病死，坚守到最后的胜利了……他又是哈哈哈哈大笑，结果被笑声惊醒了。

梦里醒来的夏云杰看看刘铁石，腼腆一笑说，你……还没睡啊。刘铁石点点头。夏云杰轻轻叹口气说，你跟我打小日本，已经三四年了吧？刘铁石说，四年多了。这几年可让你受苦了。刘铁石说，你不比我更苦吗？夏云杰摇摇头说，你跟我不一样，因为你是教育局长，在社会上有地位，要不是日本人来，要不是为了抗日，你哪会把家烧了，还死了好几口子人……夏云杰说到这儿，舔舔干裂的嘴唇，又说，我原来想过，等把小日本赶出咱们中国，我要给你，还有张传福，还有黄有……赔偿房子。现在看来，我是活不到那个时候了……刘铁石打断夏云杰的话，说，看看你，夏军长，胡乱说个什么啊！他又朝上拉拉光板羊皮大氅。那件大氅盖在夏云杰身上，斑驳着一块块血迹。夏云杰没有回答。他启唇一笑，又合上了眼睛，胸脯一起一伏地起落着，吸进的气多，呼出的气少。刘铁石默默看着夏云杰的面孔，倾听着他那细若游丝的喘息，陡然想起了自己毁家纾难时夏云杰说过的话，一时百感交集。

刘铁石在参加抗日队伍前，已是汤原县教育局的局长。那时他三十出头，风华正茂，可谓春风得意前程似锦。就没想到日本人会发动"九一八"事变，并迅速占领辽宁，占领吉林，又向黑龙江下江地区扑来，像只贪多无厌的饿狼。

日本的强盗行径激怒了刘铁石。他把全县中小学的校长找来开会，要求他们立即行动起来，组织各自学校的师生，走上街头，走进村屯，大张旗鼓，采取多种形式，最广泛地宣传抗日，鼓动人民群众的抗日情绪。他的部署很快得到了落实。一时间，汤原县城内外，到处都是慷慨激昂的学校师生，到处都是义愤填膺的宣传队伍。但鲜血凝成的口号，抵挡不住钢铁铸成的枪炮，日本人还是如愿以偿，占领了佳木斯。这让刘铁石悲愤交加。他不想给日本人干事，索性带领孩子老婆黯然离开汤原县城，回到了胡家窝棚。

刘铁石不想给日本人干事，日本人却想让他干事，而且还让他当伪教育局长，并言明不计较在他们进佳木斯时，刘铁石曾组织师生做过反日宣传，并造成轰动性的影响。

这天，一个伪警察走进了刘铁石的家，说是刘县长请他进城一趟。刘铁石皱起眉头，问那警察，县长找我，有什么事？那警察一摊两手说，这我就说不清楚了。刘铁石坦然一笑，说，我要是不去呢？那警察脸色立即冷酷起来。他拍拍腰间枪套，用讥讽的口气说，这，恐怕就由不得你了吧，刘局长。刘铁石瞭那警察一眼，揶揄地说，这么说，你是来保护我的。

刘铁石走进伪县长办公室时，刘县长正坐在办公桌前等着刘铁石。他见刘铁石进屋，便从椅子上站起，朝刘铁石伸过一只手，说，你总算来了，刘局长。刘铁石没有伸出手。他肃穆起面孔，冷冷地问，是你找我吗，刘知事？"知事"是民国时对县长的称谓。刘铁石不称刘县长为县长，却叫他为刘知事，里面分明寓意着讽刺——讽刺他从民国的刘知事，摇身一变，又成了日本人的走狗，伪政府的县长。

呼啦啦，刘县长的脸上就烧起一团大火。那大火转瞬即逝，又烧成一团白灰，散发着死亡般的气息。他勉强一笑，厚着长脸说，你知道，我请你回来做什么吗，刘局长？刘铁石淡淡地说，不知道。刘县长说，那好，让我告诉你吧，我是请你回来做教育局长的。两眼窥着刘铁石的眼睛。这个，我是不会从命的。刘铁石当即给予拒绝。他不想跟刘县长盘桓，只想早早离开伪县政府。刘县长阴郁着脸，不紧不慢地说，我叫你复职你不干，总得回来清理欠款吧。刘铁石不卑不亢地说，我刘铁石当局长，可谓一清二白。如果你不信，就去银行、财政局查。刘县长暧昧一笑，趋前一步，细着声音说，我为了保这个县长，拉了不少的饥荒，你能借我几个钱吗？刘铁石轻蔑地一笑，说，我一个种地的，哪有闲钱借给你啊。刘县长又阴鸷一笑道，那，你可就别怪我不仁义了，随你的便。刘铁石傲然一甩头，拔脚就朝外走。只是，他刚走出伪县长办公室，就被门外几个伪警察捆绑起来。

听说刘铁石被捕入狱，这可慌了刘铁石的家人。他们纷纷出头，该送礼的送礼，该使钱的使钱，该托人情的托人情，最终是卖掉家里的二十石黄豆，将刘铁石赎了出来。刘铁石连家门都没进，半路上就去找夏云杰，参加了汤原游击队。

这天，刘铁石正教几个战士识字，就听到背后有脚步声，簌簌簌地朝这边响来，他回头，就看到了吴副官。吴副官嘻嘻一笑道，夏队长请你去一趟呢。刘铁石以为吴副官是开玩笑，他依旧教自己的字。吴副官诧异地问，你怎么还不快走呢？刘铁石爱理不理地说，我还有正事呢，你不要开玩笑。吴副官说，开玩笑，我开的什么玩笑？夏队长真的找你。刘铁石问，那你怎么笑嘻嘻的？吴副官故弄玄虚地说，这可是秘密。

刘铁石进屋就是一愣，原来汤原县农会会长、汤原县商会会长正跟夏云杰说话呢。那两个会长见刘铁石进屋，双双从椅子上站起身形，拱手施礼，说，刘局长，别来无恙啊。刘铁石抬眼瞧瞧两个衣冠楚楚的会长，也礼节性地寒暄两句。夏云杰暧昧一笑道，他们两个是特意上山来看你的。那两个会长听夏云杰如此说，连连点头哈腰，说，是的，是这样的。不过……夏云杰将话题一转，冷言冷语地说，不过，他们来的主要目的，还是请你回县城。我已经答应他们了，只要你同意，就跟他们一起走。

刘铁石听两个会长是来劝降的，胸中立刻轰隆隆地响起了大鼓，脸上腾腾腾地冒起了大火，脑海里依次闪现出几个哥哥、嫂嫂和侄儿们的面孔——他们都是因为刘铁石参加抗日队伍，被日本人杀害的。突然间，刘铁石从椅子上站起身，目光像机关枪点射着那两个会长，说，看来你们是来劝降的？那就让我把话明明白白地告诉你们吧，也免得你们多费口舌。我刘铁石宁肯粉身碎骨，也绝不会投降日本人。刘铁石说过这话，又转过身来请求夏云杰说，我请队长立即下命令，毙了这两个民族败类。那两个会长听刘铁石如此说，面色如土，不约而同跪在地上，又是作揖，又是磕头，向刘铁石求情。刘铁石转过脸去，视而不见。夏云杰拍拍刘铁石的肩膀，说，老刘啊，回不回去在你。自古以来两兵交战，不斩来使，我也不能要他们的命。刘铁石一跺脚，说，你们——都给我，滚。那商会会长从地上站起身，又壮起胆来，讨好刘铁石说，刘局长，恕我直言，过去有句老话，说是跑了和尚跑不了寺，你可是房屋成栋、骡马成群的人啊。刘铁石朗朗一笑，我连命都豁出去了，别说是几间房子。

果然，那两个会长刚进城，就听说日本人已将刘铁石、张传福、黄有的家人全部遣送回了原籍。同时，他们还听说，这三家的房子都烧光了，而烧毁房产的人，正是这三家的主人：刘铁石、张传福和黄有。夏云杰在跟刘铁石他们说到这事时，信心足足地说，烧吧，烧吧，等到把小日本赶出中国，我再给你们盖新的。

时间一天天熬着，夏云杰的伤情每况愈下。这天黄昏，他从梦中醒来时，两眼充盈着泪水。刘铁石诧异地问，你是……怎么流泪了？老刘啊，我八成是不行了。夏云杰挣扎着坐起身体，说，你去把冯治纲给我找来，我要交代咱队上的事。刘铁石黯然神伤。他已看出夏云杰是回光返照，但他不想说破，反而安慰夏云杰，说，看你说哪去了，你又没伤着主要器官，哪能说死就死呢。不过，我倒赞成把冯参谋长找来，商量商量队伍今后的发展。夏云杰勉强一笑道，那你就去告诉黄大哥，让他去找冯治刚。他道路熟，人靠谱。黄大哥就是黄有。黄有是汤原县出名的大地主。1935 年初，他为汤原游击队出钱、出粮、出枪、出马，最后他索性烧掉黄家大院，亲自投身汤原游击队，先做夏云杰的副官，后被任命为稽查处长。

黄有听说夏云杰找他，眼睛里写满了问号，说，是……夏军长不……好吗？他疑惑地问。刘铁石点点头道，我看他好像有了预感，让你去找冯治纲。黄有的眼圈就红了，他哽咽着说，走，我先去看看他，看完了再走。刘铁石说，你走你的吧。你这时候去看他，他会多心的。黄有说，那我就先去找冯治纲，等回来时再看他。黄有抹抹眼眶里的泪水。

这天天刚过晌，黄有走进了靠山村。靠山村是个小村，全村总共也不过十几户人家。黄有决定在这里吃晚饭。当年，东北农村人猫冬，每天大多是两顿饭。黄有走进村东老于家，刚端起饭碗，街上就有人乱纷纷地喊，小日本进村了，日本子进村了。黄有放下饭碗踅身就朝外跑，结果刚出屋，恰好跟三个日本兵碰了个满怀。

　　日本兵见黄有身上有枪，断定黄有是抗日分子，便把黄有带到少佐小田面前。小田少佐是讨伐队的队长，他是专门进山搜查夏云杰密营的，带着一百多名日本兵。

　　黄有知道自己是必死无疑了。如此，他不想再隐瞒自己的身份。小田问他，你的是红胡子？黄有乜眼小田，说，我不是红胡子，我是抗日联军。小田翘起下巴，佯装一种感兴趣的样子，观察着黄有的脸，说，我让你带路，去找夏云杰，你的愿意吗？黄有眼睛觑着小田身后的狼狗，迟疑片刻，点点头，一脸的恐慌。小田就有些喜出望外，但用狐疑的目光照着黄有，又重复说，我让你的带路，找夏云杰，你能听明白？黄有两眼还是盯着狼狗，回，我……要是不带路呢？他的声音有些颤抖，像是怕那条伸着舌头的狼狗。小田没有回答。他朝一个军曹挥挥手，那军曹便牵着狼狗贴近了黄有。狼狗咻咻地喘着粗气，舌头耷拉得又红又长，两眼凶狠狠地望向黄有的脸。黄有朝倒退两步，惊恐地说，快……快牵住狗，别让它咬着我。小田阴阴一笑，说，那，你得给我们带路。黄有嘴上惧怕地说，我答应……你们……带路。他心里却唱着歌地想，你们死定了，一群蠢驴，等我把你们带进迷魂阵，让你们有去无回。迷魂阵是一片原始森林。自古以来，那里就只有走进去的人，没有走出来过的人。自决定将日本兵牵进迷魂阵那时，黄有就不想再活着走出迷魂阵了。此时，他隐秘一笑，说，我饿了，你们得让我吃完饭再走。小田友好地点点头，说，好，我给你吃的。说过，他让那些日本兵寻找食物。结果，那些日本兵翻来翻去，也只翻出一盒罐头，两盒饼干。黄有看着那些日本兵搜天搜地，心里便烧起一座暖炉，脸上腾腾冒火。要吃的，没吃的；要喝的，没喝的，他妈的小日本子，你们算是死定了。黄有坏坏地想，不禁笑了。

小田见黄有笑，便也跟着笑。他以为黄有是怕死，心中暗想，等抓到夏云杰，我就让狼狗把你收拾了。他这样想过，又欻地抽出指挥刀，将刀刃对着黄有说，你的，要老实。不然的话，我劈了你。黄有目光躲避着闪闪的刀刃，诚惶诚恐地说，我……不敢，我不敢。

太阳坠进一道山脉时，黄有走到了迷魂阵，身后跟着一百多名日本兵。迷魂阵里云罩雾绕，雪光蒙蒙，松树成阵，一棵挤着一棵，拥挤成一堵堵墙，墙缝里流动缕缕的寒气，像是藏着万千的妖怪。

在迷魂阵外，小田收住了脚步。他用狐疑的目光侦察着黄有的面孔说，这里边的没有路，能找到红胡子吗？黄有跺跺脚，咔吧咔吧搓了会儿手，干涩着声音说，钻树林少走二十多里的路，要不，我们走到密营得天亮。小田点头称是，举起指挥刀，朝大森林指指，暖着脸对黄有说，你的带路。

迷魂阵里的雪要比草塘里的雪浅一些，这让日本兵体验到了轻松，脸上露出了喜悦的神情。不过，这种喜悦很快就被黑暗吞噬了。他们脚下的路似乎是越走越长，森林越走越密，身上的力气越走越短。

小田开始怀疑黄有。他唤住黄有，木着嘴唇问，路的，还有多远？黄有说，不远了，再翻过两个山头就是了。小田听黄有声音里杂有一种兴奋，他的心头就掠过一股寒流，便靠近黄有，歪着脑袋看黄有的脸。他是想从黄有脸上察出些破绽。结果，看到的只是黄有脸上的笑，高深莫测，冻得有些走形，带着苦涩的味道。小田对黄有说，你的，好好带路，我的重重的有赏；你的不好，我的劈了你。他想举起腰刀，却没有举起来——他已经是力不从心了。

鬼子的队伍继续跋涉。再翻过两座山头，小田停下脚步问黄有，山的翻过了，密营的，怎么还不到？黄有吁吁喘着粗气说，那两座山是小山，不算数。小田眯起目光，前后左右看看，怎么看，森林都像口黑锅，无边无际，仿佛身边的每棵松树，都是一个妖怪，个个张着大嘴，仿佛只要嘴巴一动，就会吞噬他们这些人。

森林越走越黑，大腿越走越重，心越走越怯。小田终于悟到了什么，他跟跄两步，抢到黄有面前，问，你的……说……到底……还有多远？黄有长长地叹口气，煞有介事地说，再翻过前边那座小山，就是。小田晃晃脑袋说，天这么黑，我们怎样能找到红胡子？黄有认真地说，我们看火光啊，一看到火光，就到密营了。小田沉吟片刻，回头叫过那个军曹，嘀咕了几句日本话。那军曹笨拙地解开皮挎包，打从里边掏出一根麻绳来。黄有明白，小田是怕他跑掉，想用绳子捆住他，就说，别，你们先别绑我，我先屙泼屎。说过，他就一边解布腰带，一边朝下蹲。小田捂起鼻孔说，你，远远的，远一点。黄有佯作两手提着腰带，朝一棵大树后边挪去。在大树下，黄有见小田没有制止他的意思，便弯起腰身，朝另棵大树走去，两眼扫描着小田。夜色太重，他看不清小田的面孔，只觉得小田像个木桩子，短短地戳在那里。小田见黄有还没有蹲下，便鬼惊鬼爹地喊，你的……不要走了。黄有听小田这么喊，反倒朝前跑了起来。

八嘎！小田狂喊一声，拔脚就朝黄有追去。他的身后，是那些筋疲力尽的日本兵。只是，他们的呢大衣，他们的长腰皮鞋，他们饥饿的躯体，影响了他们的速度。如此，过了半个小时光景，他们不得不停止追赶，个个站在那里，垂头丧气，目光幽幽，像狼似的看着小田。彼时，小田正借助一支手电筒，察看着一盘指南针。当他确定指南针已经失磁时，恼怒地甩掉了那盘指南针，指南针落地，立时砸起一片哭声，如同鬼哭狼嚎，弥漫在迷魂阵里。

当那些侵略者绝望无路时，黄有正坐在一棵大树下闭目养神。他休息的地方离日本兵很近，甚至能听得到来自南方的号叫声，断断续续，不绝如缕。他知道这帮侵略者是必死无疑了，禁不住喜泪纵横。只是，片刻工夫，他脸上的泪珠变成了冰珠，周身也开始变冷，从双手到双脚，迅速延伸到全身。他知道自己的死期到了，脸上露出了笑容，眼前浮现出了夏云杰。不，我不死，我不能死，我还有任务，找到冯治纲。他心里这么想，身上激张出一股莫名的力量。于是，他两手撑地，艰难地站起身体，摇摇晃晃地朝前走去，深一脚，浅一脚，每走一步，都要费上浑身的力气，摇摇欲坠，像个喝高了酒的醉汉。

腿越走越沉，身体越走越凉。黄有感到周身都冻成了冰，周身所有的血管，连同嘴里的热气，大脑里的神经，都凝结了，像冬天里的一条条河流。他只好背倚一棵松树，想坐下来休息片刻。不过，他没有坐住，而是斜倚着树干倒了下去。这让他笑了笑，很惨淡，无可奈何的那种。他的四肢已经麻木了，但他的思维还清醒得很。他知道他这一躺下去，就再也没有爬起来的机会了，但他脸上仍留着得意的笑容。要是能拢堆篝火就好了。他心里想，眼前又燃烧起那场轰轰烈烈的大火。那场大火是他自己放的，而且烧的是自己家的四合大院。他把他的财产，全部奉献给了抗日联军，却不肯把一座空院留给日本侵略者。那把大火燃烧到至今，炙得他周身炎热。他咬咬牙，吭哧两声，艰难地从雪树下翻过身，开始朝前爬行。他脸贴着地皮，四肢扒着雪，一步步朝前蠕动，像条蛇，低头朝前拱拱，直腰喘息一会儿，再朝前拱拱，再喘息一会儿。

最终，他看到了天光，灰蒙蒙的天光。灰蒙蒙的天光下，晃动起三个人影，一点点朝他这边移来。开始时，他以为是幻觉，拼尽全身力气再睁开眼睛，他就看清了，果真是三个人，而且是抗联，而且其中一个是刘连长。刘……连长！他拼尽全身力量，喊一声，震得他耳朵轰隆隆呼叫。而后，他就失去了知觉。

救他的人果然是刘连长。他是带着两个人去梧桐河密营的，结果就意外地救了黄有。只不过，这时的黄有已被冻断了四肢。任是如此，日本人也没有放过他。他们后来搜捕到黄有，将他杀害了，说是为那一百多个日本兵报仇。

黄有"牵驴"的时间是 1936 年 12 月，牺牲的时间是 1938 年 12 月。

　　黄有，黑龙江省呼兰县人。1899 年生，1920 年迁往汤原县，在前太平川开垦荒地，共开垦土地 4500 多亩，为当地上数的大地主。"九一八"事变后，日本帝国主义侵占汤原，黄有参加了当地的红枪会，抗击日寇。1934 年 6 月，夏云杰召开群众大会，动员开明地主有钱出钱，有物出物。黄有积极响应，当场牵来五匹马，拿来十支枪，并表示要卖掉一百余担粮，把粮款献给抗日游击队。1935年，黄有参加了汤原游击队，先后任司令部副官、稽查处处长、军需处长。1936年12月，他将一百多名日本兵牵进原始森林，全部冻死。1938年12月被捕遇害。

听过李发的讲述，赵尚志泪流满面。他拉过李发的手，喑哑着声音说，真的难为你了。李发却愧着脸色，躲过赵尚志的目光，喃喃地说，我没有完成任务，没有找到杨靖宇。他活动的范围太大，我只找到了他手下的一个团。赵尚志怔怔，说，这就不容易了，真的难为你了。李发从赵尚志手里退回自己的手，突然挺起胸膛，说，我再去找，就是头拱地，我老李头儿也要找到杨司令。赵尚志收起目光，说，你都扔下六十奔七十了，还在为抗日奔波，我真不忍心让你再跑了。李发扑哧一声笑了，说，别看我老李头儿年纪大，但身体还硬梆得很，走路噌噌的，吃饭欻欻的，放屁咣咣的，并不比你老赵差。赵尚志没有笑。他重新拉过李发的手，说，那，你就再找找老张（杨靖宇在哈尔滨做地下工作时，化名老张）吧，我们现在迫切需要见面。李发心里一热，当即回答道，我明白，你放心。

1937年2月，赵尚志在铁力境内过完春节，开始向绥棱和海伦一带进军，率领队伍边走边打。

这天，赵尚志走到了通北的张破帽子店。张破帽子店是个小山村，它的村北有一大片冰趟子。冰趟子就是泉水从地下涌出来后形成的冰面。冰面有的大，有的小，大的如湖泊，小的只也如水泡子。赵尚志看冰趟子的南面是一脉山坡，坡上密密麻麻分布着灌木丛，灌木丛里坐落着四栋采伐工棚，脸上现出笑容，快活地对朴吉松说，只要他小日本能到这冰趟子来，别说他是五十（武士）道，就是六十道、七十道，我也让他有来无回。那时，少年连的朴吉松正站在赵尚志的身边。他心领神会，便说，那，老赵的意思，是打他一下子。赵尚志用赞许的目光扫朴吉松一眼，神采奕奕地说，你带领少年连一排，想办法暴露给日伪军，然后再将他们给我勾引过来。

这天，1937年3月7日，日本竹内部队的二百多名日军带领五百多名伪军，追踪赵尚志的队伍而来。为首的是守田大尉。守田大尉是个骄横狂妄的人，压根就没把赵尚志的几百人放到眼里。如此，他带队走到冰趟子时，尽管已意识到了伏兵的危险，但依旧驱队前进。哼，我有七百多人，配备有小钢炮、重机枪、轻机枪，还怕你赵尚志这一群乌合之众吗？他这么思量，就派一个中队的伪军打头阵，赶着十几辆马爬犁，充当炮灰，先行爬上了冰趟子。

那伪军中队长情知是当替死鬼，但却敢怒不敢言，只好战战兢兢，慢腾腾地朝前行进，一边走，一边左顾右盼，贼头贼脑，像是想偷东西又怕被主人发现的贼。如此，走走停停，停停走走，马爬犁越过四座工棚时，他长长地吁口气，左手一拍额头，念声阿弥陀佛。岂知，他的阿弥陀佛声音太大，震响了两边的枪声。他大喊一声不好，再想掉转马头，朝来时的路上退时，一颗子弹击中他的脑袋，他只来得及叫声妈，人便从马爬犁上掀翻下来。那些拉爬犁的马，都是从老百姓家里抢来的。它们只会拉车，套犁，围着磨盘转，哪里经得住这样的炮火。如此，枪声一响，它们就乱撞乱跑，像没了脑袋的苍蝇，再也不听伪军的吆喝。只可惜，它们的蹄上没钉马掌，想在冰面上跑也跑不起来，结果就是死的死，伤的伤，闹得冰趟子上人仰马翻，哭爹喊娘。

守田听到前边枪响，他心里一笑，立即指挥所有队伍冲上冰趟子，朝山坡上的四座工棚进攻。此时，他已料定了赵尚志的意图，相信工棚里埋伏着大批的抗日联军。但他不怕，他本来要打的就是赵尚志的主力。

四架工棚里果真埋伏着赵尚志。他见日军不但不退，反而向工棚发起了冲锋，便知道来者不善。这也正中他的下怀，他命令六挺机枪同时开火，居高临下，凭险困守，击溃了敌人一次又一次的进攻。

战斗打着打着，天就黑了下来，气温也降了下来。守田的日军越打身上越凉，冻僵的手连想拉动枪栓都成了问题。赵尚志则将工棚里的兵力分成两部，一部分抵抗日军的进攻，一部分守着火炉烤火，等到烤火的战士们身暖手灵时，再替换另一拨。如此反反复复，几个来回过后，抗联战士身体越打越热，手越打越灵；日本侵略者身体越打越冷，手越打越笨。任是如此，守田也不甘心就此收兵。他狂妄地呼号着，一次次地组织冲锋，妄想消灭赵尚志的主力。

这样来来往往，日军死的死了，伤的伤了，没死没伤的又被冻得四肢麻木，丧失了战斗力。守田的大脑开始清醒，他决定撤兵。结果命令还没有下达，人已啊呀一声，栽倒在了冰面上。其余的日军和伪军见主帅已死，哪里还有心思再战，于是开始突围。只是他们想跑，仅跑上三步两步，人就会摔跟头；想赶马爬犁，马爬犁又被打得七零八落。好不容易总算有部分人逃到冰趟子入口时，又遭到了伏兵的猛烈扫射。原来，赵尚志已料到日军会撤离，他在战斗进行中，已先抽出十几人，封堵了冰趟子出口。

如此，赵尚志获得了冰趟子大捷，打死打伤日伪军三百多人，冻死冻伤日伪军一百多人，而第三军付出的代价，仅仅是牺牲了七名战士。

冰趟子战斗后，赵尚志率少年连和一师共三百多人，继续北上龙镇。临行之前，他留下张光迪的六师和五师坚守在海伦、绥化、庆城和铁力一带，继续扩展战果。

第十五章

▶ 周保中独身劝将

政治军事学校遗址

1937 年 4 月，赵尚志结束西征，回到了小兴安岭查巴气的小西沟。

小西沟顿时热闹起来。正初春时节，漫山的树木从梦中苏醒，它们抖动抖动身姿，发出咔吧咔吧的响声，殷切地呼唤着春风，呼唤着春雨，呼唤着阳光，然后就抽出嫩芽，抽出绿叶，渐次跑遍小兴安岭每一座山峰。山中的小溪也开始涌动。它们不甘头顶坚冰的压迫，拼命地左冲右撞，一路跳下山去，唱着欢快的歌。多情的狍子、麋鹿也从严冬中冲了出来。它们不停地刨动着残雪，啃噬着刚刚破芽的小草，在树林边，在草地上，相依相恋，相互追逐，表达着爱慕之情，渴望着成双成对。

赵尚志的心情像春天一样美好。一天，他找到师长蔡近葵，让他陪自己出去散步。这让蔡近葵有些丈二和尚。赵尚志见蔡近葵目光疑惑，开门见山就问，咱们这里有许多女战士，不知有没有你看上眼的？蔡近葵先是一怔，而后就垂下头去，用棉胶鞋底咔嚓咔嚓地搓蹭草皮上的残雪，脸立马红了。赵尚志暗鸣得意。他就知道自己的观察力不错——蔡近葵这小子真是有心上人了。如是，他不再火力侦察，索性单刀直入，说道，我看于桂珍同志不错，不知你有没有意思？有意思就吭一声，我老赵给你当红媒。蔡近葵脸红得像一盆火，忸怩地瞧赵尚志一眼，摇摇头说，我没那个意思。说过，又垂下了头，快如电光石火。赵尚志爽爽一笑，道，不打自招，没意思你脸红什么啊？蔡近葵知道再隐瞒已没有意义，就壮起胆来说，军长还没有爱人，我哪敢先找啊。胡说。赵尚志故作生气地说，你是你，我是我。行了，行了，你也别藏着捏着了，这个媒婆我赵尚志是当定了。蔡近葵嘟囔着说，人家……也不知道人家同不同意？赵尚志说，这个不用你管。就凭我赵尚志三寸不烂之舌，没有说不成的。他凝重起面孔，又说，于桂珍是于四炮的闺女。现在于四炮已经参加了抗联，你再跟于桂珍结婚，这就解决了他的后顾之忧，促使他死心塌地地去打小日本子。

蔡近葵和于桂珍刚刚举办过婚礼，东北抗日联军第五军军长周保中找到了小西沟，他找赵尚志，是来弥合分歧的。

原来，"珠、汤会议"过后，赵尚志一方面派朱新阳向中共驻共产国际代表团汇报，一方面将珠、汤会议的相关文件派人送到吉东省委和第五军，征求他们的意见。吉东省委和周保中不完全同意"珠、汤会议"的精神，他们想与北满省委沟通，和赵尚志进行探讨，解决双方的分歧，以利团结一致，相互配合，更有效地打击日本侵略者。如此，周保中就派人给赵尚志送信，说是要与赵尚志见面。不巧的是，那时赵尚志已带队西征，冯仲云又巡视抗日联军政治军事学校去了。这次，周保中听说赵尚志西征胜利归来，立即动身前往小兴安岭，寻找赵尚志和北满省委。

赵尚志见周保中来访，内心很激动，便感慨地说，我还没腾出空儿去看你，你倒先来了。周保中弯腰，拉起赵尚志的手说，你远征归来，队伍需要休整，还是我来的好。赵尚志说，事是这么回事。

不过，我真的早就想拜访你了。都说你单枪匹马，为了打进王德林的救国军，差点掉了脑袋，我想听听你的故事。周保中爽朗地笑着说，这事有是有，但不像江湖上传得那么神乎其神。我这次找你，是想同你们交换交换意见，以期达到目标一致。赵尚志抬头打量打量周保中，直言不讳地说，你是不是想说服我，让我同意你们的意见？周保中也不绕弯子他直截了当地说，不管谁说服谁，我们在一起讨论讨论，总会有好处，对我们五军和三军有好处，对东北抗日大局更有好处。赵尚志说，这话说得不错。再怎么说，我们都是抗日联军，都是共产党的抗日队伍，我们之间闹矛盾，只能对日本帝国主义有利。只是，这事一时半会也说不明白，我性子急，很想先听听你的事儿。周保中摊开两手，勉为其难地说，那，我就先讲讲我们第五军的成长史吧。

"九一八"事变后，中共中央指示满洲省委派巡视员到各地创建游击队，以武装斗争形式反抗日本侵略者。为了落实这一精神，满洲省委书记罗登贤先后将几任省委军委书记、代理省委军委书记派到地方去。赵尚志被派到巴彦的时间是 1932 年 6 月，杨靖宇被派到盘石的时间是 1932 年 11 月。周保中被派出去的时间最早，他是 1932 年 4 月被派到吉东去的。

周保中先到宁安，找到了宁安县委。在那里，他听到一个坏消息，说是吉林自卫军第四旅旅长刘万奎有投降的迹象，便决定打进第四旅，制止刘万奎投降，争取将第四旅改造成共产党领导的队伍。宁安县委负责人知道周保中此去凶多吉少，便要派两个人保护周保中一起去。周保中不同意。他说，如果刘万奎不投降日本人，去我一个人就够了；如果他想投降，去再多的人都是送死。

刘万奎外号叫刘快腿。他原本是山里的胡子，后来受招安，当上了宁安县保安大队大队长。1932年初，日本侵略者侵占吉林，他接受吉林自卫军司令李杜的改编，被任命为第四旅旅长。没过多久，1932年春，抗日救国军司令王德林又找到他，让他参加抗日救国军，还是让他当第四旅旅长，并让他担当左路军的总指挥。

这可难为了刘万奎。他不想脚踩两只船，怕两面都不讨好，或者是两败俱伤，便找他的三夫人花蝴蝶商量。

这花蝴蝶本是良家妇女，大名叫王桂兰，只因有个地主看她花容月貌，想永久占有她，便害得她家破人亡，逼得她带领几个人落草为寇，报号花蝴蝶，呼啸山林，杀富济贫。后来，她被宁安县保安大队大队长刘万奎收编，同时也将她收编为第三夫人。刘万奎决定参加抗日队伍时，曾想把他的四个夫人都送到苏联去上学。结果是其他三人同意了，花蝴蝶没有同意。花蝴蝶说她要与刘万奎患难与共，甘苦同享。这让刘万奎很是感动。他很信任读过几年书的花蝴蝶，每有难事，总要跟她商量，几乎是言听计从。听过刘万奎的讲述，花蝴蝶轻启红唇，说，这年头兵荒马乱，谁都想扩展自己的地盘，谁都想扩大自己的势力，闹不好，咱这点人马就会被滑光了。我想他王德林让咱们打头阵的原因，一个是看重咱们的力量，一个也是想保存他自己的力量。为了稳妥起见，你请他到咱家来作客，到时我躲在屏风后，看看这人可靠不可靠，然后再拿主意。

刘万奎前脚送走王德林，后脚急急忙忙赶回后院，问花蝴蝶，你看这人怎么样？花蝴蝶两眼微合，说，王德林这人圆脸，浓眉，两只三角眼炯炯有神，像个干大事的人。花蝴蝶说到这儿，从圈椅上站起身，侧目看着刘万奎说，不管如何，他王德林肯打小日本，我们就听他的。刘万奎揽过花蝴蝶的肩膀，疑虑地说，你说的，也是我想的。只是……我怕有什么闪失。花蝴蝶冷冷地说，打吧，打吧，也该灭灭小鬼子的威风了，要不，咱们中国人活得太窝囊了。刘万奎就一跺脚，说，要不，你就当我的副旅长，有你在，我心里托底。花蝴蝶笑了，说道，我一个妇道人家，当什么这个官那个长的，只要能跟着你杀小日本，我也就满足了。

抗日救国队伍在打刘万奎的主意，日本人也在打刘万奎的主意。他们左挑右选，最终选定刘万奎的朋友、宁安县大商人孙彦卿来游说刘万奎向他们投降。也是无巧不成书，周保中到刘万奎驻地花脸子沟的那天，正是孙彦卿到花脸子沟的那天。

那天是 1932 年 5 月 10 日。

正春光明媚时节，木欣欣以向荣，水涓涓而始流。通往花脸子沟的土路两边，蒲公英开得烂烂漫漫，像两队调皮的孩子，吵吵闹闹地朝前走去。山边的柳树，绽开一朵朵小花，黄茸茸，密麻麻，像是一只只眼睛，刚刚从长冬中睡醒。远处什么地方，有一只布谷鸟在叫，叫得山林更加寂静，更加浓郁，像一坛醇醇的老窖。

周保中走在这样美好环境里，心情并不愉快，甚至有些忧伤。他手里拿着一根白皮柳条子，一边走，一边抽打路两边的灌木，左一下，右一下，打草惊蛇。

山路曲折而漫长。转过一个弓背似的大弯后，他终于看到了几栋草房，隐隐约约，卧在懒懒的夕阳下。他长吁一口气，抬起左手拭去额上的汗水，而后一甩手，便将右手中的柳条抛进了灌木丛里。

灌木丛噗噗啦啦一阵响，打从里边站起两个人来。一个是瘦高个，穿细布黑衣服，双手端着支汉阳造；一个短粗胖，用毛巾蒙着头，手里持着把大刀。那瘦高个眼睛瞪着周保中，哗啦一声拉开枪栓，鬼惊鬼爹地问，你是谁？周保中知道是找到刘万奎的人了，只是他内心奇怪，这刘万奎的手下，竟然讲的是黑话。他不禁一笑，两手抱拳，说，两位兄弟辛苦了。那矮胖子一挥手中的大刀片，高声说，少来虚套，你就说你是干什么的吧？周保中说，我是教书先生，是来找你们刘万奎刘旅长的。那矮胖子拿眼睛翻翻周保中，说，听你的口音是南蛮子。你放着好地方不待，跑到日本鬼子的天下来，八成就是日本人的探子。说过，他举起大刀，一步步逼向周保中，恶狠狠地喊，快说实话，你是不是日本探子，不说实话，我一刀就劈了你。

这时，那瘦高个也走了过来。他斜起右眼，仔细地打量周保中，从头看到脚，从脚看到头，最后对那矮胖子说，别胡闹，先送他见刘旅长再说。说过，他窸窸窣窣从腰里掏出根细麻绳，就要去捆周保中。周保中摆摆手说，这就不必了吧，你们看我像个要逃跑的人吗？瘦高个就抽抽着鼻子说道，你寻思你是大当家啊，我们听你的？说过，他不容分说，三下五去二，麻利地捆好了周保中。

刘万奎听说抓住一个南蛮探子，立即让人将周保中带进司令部。他的司令部是五间土房。土房中间开门，东边的两间是办公室，中部的一间是厨房兼待客室，西边的两间是卧室。卧室简单，却干净明亮。这是因为花蝴蝶喜欢清洁。

周保中走进司令部时，坐在太师椅上的刘万奎没有动身，一双三角眼锐利地扫描着这位不速之客。只见这人身穿灰色西服，头戴黑色礼帽，身材高大，虽然被捆，犹显得气宇轩昂，一身正气。刘万奎审视周保中，周保中也审视刘万奎。在周保中的眼中，刘万奎四十上下，脸方额宽，眼圆嘴大，虎背熊腰，典型一个车轴汉子。

刘万奎见周保中不卑不亢，不太重视自己的权威，心里大不受用。他啪的拍声八仙桌，瞪大眼睛问，好你个日本探子，从实招来，我饶你不死。周保中冷冷一笑道，我不是日本探子，我是教书先生，特地从哈尔滨来找你。刘万奎从太师椅上欠欠屁股，朝前伸伸腰，将两手撑着桌面，硬硬地说，胡说！你明明是日本探子，还说自己是教书先生。再不说实话，老子枪毙了你，周保中翘起嘴唇，眯刘万奎一眼，说道，你不认识我，怎么就知道我是日本探子呢？刘万奎眨巴眨巴眼睛，刚想再耍威风，就听板门咣当一声响，打从西屋里走来了花蝴蝶。花蝴蝶身材高挑，面目白皙，眉清目秀，头发绾成一个高高的发髻，左鬓还插着一朵蒲公英，水灵灵，颤巍巍，好像随时都能从头发上坠下来似的。她听说抓来个日本间谍，原本躲在门后偷听，此刻，她再也听不下去了。

刘万奎见花蝴蝶进屋，立即从太师椅上站起身，满脸堆着笑说，你怎么来了，三夫人？花蝴蝶并不答话。她款款走到周保中面前，说，你说你是教书的，那么我问你，你用什么书教人啊？周保中说，我过去教的是《三字经》《百家姓》，现在教的是国文、历史和地理。花蝴蝶挑起柳叶眉，说，像你这样有学问的人，干点什么不好，偏偏给日本人当奸细。周保中说，你这话说得就没根据了。当此国破家亡之时，大凡有点民族心的人，都会挺身而出，共敌外侮，何况我堂堂一位读书人。花蝴蝶点点头。她从八仙桌前拉过一个椅子，挪到周保中面前，说，你说你不是日本人奸细，我相信。可让谁来证明你呢？周保中晃晃肩膀，低头看看身上的绑绳，讥嘲地说，哪有绑着人请坐的呢？花蝴蝶脸上飞红，连忙喝人解开周保中的绑绳。周保中抖抖两个肩膀，说声谢谢，而后大大方方坐上椅子，抬头看着花蝴蝶说，我一个外乡人，到此人生地不熟，你让我到哪里去找证人呢？要说有证人，我可以用自己的中国心做证。花蝴蝶说，你既然说你是有良心的中国人，那么我问你，为什么不从军，真刀真枪地跟日本人干？周保中说，你问得好。我就是想投奔刘旅长，拿起刀枪，跟刘旅长一起打日本侵略者的。

好！刘万奎听到此处，报了声好，呼的一掌拍桌面，说，好，看你还算个明白人。你说，我刘万奎今后的前途如何？周保中明白，刘万奎最关心的是他的自卫军的命运，便也不客气地说，你们自卫军现在在牡丹江东岸与日军对峙，这种形势十分不利。怎样才能改变这种不利形势呢？只有主动出击，派兵去袭击敌人的后方，通过前后夹击，迫使敌人撤退。恕我直言，据我所知，你们自卫军虽然抗日的士气高，但纪律不严，骚扰百姓的事不少，老百姓对你们有意见。这样的军队是不会打胜仗的。如果你真想抗日，那就得整顿军纪，改善与老百姓的关系，还要放手发动老百姓，让他们一心一意，同心同德，跟我们一起抗日。

周保中一席话，说得满屋人面面相觑，说得花蝴蝶心花怒放，说得刘万奎频频点头，但他还是狐疑地问，你一个教书人，两手抱空拳，怎么能带兵打仗呢？周保中微微一笑道，实不相瞒，当年国民党北伐，我是团长，还带着一团人打过吴佩孚呢。刘万奎说，真的？他吧嗒吧嗒嘴，啧啧两声，又打量打量周保中，回头问花蝴蝶，夫人看怎么样？花蝴蝶看着周保中问，请问，你大号怎么称呼？周保中说，我叫周保中。花蝴蝶答应道，好，周保中。她又回头对刘万奎说，他周保中是块料，我们留下。刘万奎说，你说留下就留下。刘万奎大声大气地说，从今天起，你就是我的军师参谋长。

晚上，刘万奎司令部里灯火通明，酒气弥漫，猜拳行令声此起彼伏。酒过三巡，菜过五味，刘万奎醉着一张圆脸，说出了孙彦卿来劝降的事。周保中就问，那么旅长是什么打算呢？刘万奎眼睛一乜，说，这话还用问，我要是想投降，能让你当参谋长吗？周保中眉开眼笑，他贴近刘万奎的耳朵，低低地说几句话。刘万奎听过，二话没说，端起酒碗，咕咚咕咚，就将大半碗酒倒进嘴里。随后，他站起身形，两只手背叉在腰上，一脸踌躇满志。

第二天上午，孙彦卿陪着日军少佐和田，走进了刘万奎的议事厅，他们是按照协定来洽谈接受刘万奎投降事宜的。

主宾寒暄过后，和田微眯着笑眼，让孙彦卿宣读受降协议。孙彦卿干咳两声，摇着脑后一条小辫，拿腔作势，平平仄仄读起了双方协议。谁知，他的协议刚宣读一半，旁边的花蝴蝶炸了。花蝴蝶从椅子上站起来，嗖的一声，抽出右腰上的手枪；再嗖的一声，抽出左腰上的手枪，两支枪同时指向孙彦卿的脑袋，满脸红光流溢，一双美目如剑，怒气冲天地喝道，你孙小辫纯粹是满嘴喷粪，快给我闭上你的臭嘴。孙彦卿两眼盯着两支枪口，立马停止朗读，像个应声虫，乖乖退到一边，如同老鼠见猫，再也不敢吭一声。花蝴蝶美美一笑，心里骂一句，看你那个鳖犊子色。她转身，又将双枪对准刘万奎，又骂，好你个刘快腿，你他妈的贪生怕死，偷着跑你的好了，干吗把我们也拉上，做民族败类，落千古骂名。骂过，花蝴蝶一挥手中手枪，冲着门口就喊，来人啊，把刘快腿这个民族败类给我拉出去，毙了。

花蝴蝶话音落地，门口几个卫兵一拥而上，七手八脚就将刘万奎拉出了指挥部。随后，十几条大汉打从门外冲了进来，呼啦啦，不容分说，便将所有劝降的人，全都捆了起来。孙彦卿人到此时，已是魂飞魄散，面色如土。他双膝一软，跪下就叩头，像饿鸡叨米，口里念念有词，什么两国交兵，不斩来使；什么大人不记小人过；什么人不亲土亲，土不亲水亲，乱七八糟的，说得唾沫横飞。

和田少佐此时亦是心惊胆战。但他不喊不叫不求情，只是用两只金鱼眼睛打量着花蝴蝶，思忖着她的用心。花蝴蝶眯起双眸，瞟和田一眼，慢声拉语地说，你们想活命，可以，不过，得给我送来两箱西药，六十箱子弹，二百袋白面，五万元日本金票。

　　周保中智斗和田的事传进王德林耳朵里，王德林觉得周保中是个人物，便约周保中到司令部会面——他想把周保中留为己用。

　　周保中前脚走，刘万奎后脚就收到一个情报，说是梨树镇守敌不多，只有二十多个日军、三十多个伪军，但镇里的物资却堆积如山。刘万奎觉得这是个好机会，便带领一百多个救国军去攻打梨树镇。不料，梨树镇里的日本兵虽少，战斗力却强，他们凭借轻重武器，竟抵抗住了刘万奎的救国军，并让刘万奎伤亡了十几个人。刘万奎人到此时，想退，觉得太窝囊；不退，一时半会又攻不进镇，人员伤亡还会增加。他正急得如热锅上的蚂蚁，周保中骑着一匹大红马，嗒嗒嗒嗒地跑了过来。他是听说刘万奎带兵打梨树镇后，快马加鞭赶过来的。

　　刘万奎听得身后马蹄声响，回转身去看，周保中已滚鞍下了马。刘万奎喜出望外，便风风火火地说，你可来了，参谋长。快说，我们该咋办？周保中毫不犹豫地说，撤，立即撤兵。刘万奎正有此意。他听周保中也是如此说，立即就要下达撤退的命令。周保中摆摆大手，说，这样不行。我们这样一撤，如果让日本人发觉了，他们会跟踪追击的。刘万奎又没了主意，问道，那你说怎么办？周保中胸有成竹地答道，我们先佯攻一下，给敌人造成攻城的错觉，然后再撤。

　　刘万奎安全撤军之后，心里不痛快，总觉得梨树镇这仗打得窝囊。周保中就劝他说，总指挥不要窝囊，过个三天五天，我们再去打梨树镇。刘万奎疑惑地问，这行？周保中雄心勃勃地说，没问题，我保证稳操胜券。刘万奎顿时眉开眼笑道，我就纳摸着你胸中横是有了主意。

这天，1932 年 6 月 19 日，周保中明里宣布当天放假，暗里却挑选十二名战士，把他们分为四组，身佩短枪，潜入梨树镇。他给他们的任务是：一旦城外枪声响起，就四面打枪，四城呐喊，让城里的敌人搞不清虚实。

当天晚上，周保中突然宣布，队伍紧急集合。随后，他挑选出一百名战士，连夜急行军，赶到了梨树镇外。在梨树镇外，他将队伍一分为二：一部五十多人，由刘万奎率领，攻打三十几人的伪军营房；一部由他带领，攻打二十几人的日军营房，并规定两处人马同时发起攻击。

如此，两处枪声一响，城里早已埋伏好的四组战士便四处开枪，大喊大叫，闹得日伪军晕头转向，糊糊涂涂。他们猜不出来哪里是主攻，哪里是副攻；更判断不出来，镇里有多少抗日战士，只好缩在营房里，等待援兵。

周保中带人跑到日军营房时，日军凭借钢筋水泥建筑的三层碉堡，用轻重机枪，封锁了救国军的道路。周保中有备无患。他命令战前选出的神枪手，三人一组，轮番守着碉堡的枪眼，只要日军一露头，就一枪毙命。经过几个回合的点射，日军碉堡里的枪声明显稀少了。周保中见时机已到，一边集中全部火力，射击碉堡孔，一边派出爆破手，借火力掩护爬到碉堡底部，点燃了炸药包。

消灭了全部日军，周保中立即带领队伍支援刘万奎。结果，救国军没用上一个小时，就全歼了梨树镇内的五十多名守军，缴获了两挺机枪，一大批军用物资，而救国军的代价，是牺牲了三名战士。

周保中由此声名大振。王德林便跟刘万奎商量，把周保中调到前敌总指挥部，给前敌总指挥吴义成当参谋长。

　　总指挥吴义成的秘书是陈翰章，当年只有十九岁。他见周保中能文能武，处事公平，总喜欢跟周保中接触。周保中看他能文能武，有胆有识，又有爱国意识，便也愿意跟他相处，有事没事的，总是跟他一起谈天说地，讲述抗日道理，分析抗日形势。如此，天长日久，他们成了好朋友。

　　1932 年 10 月，王德林决定组织联军攻打宁安县城。担当主攻的有吴义成部，有刘万奎的第四旅，还有"平南洋"的义勇军。

　　战斗打得很是艰难。刘万奎和平南洋攻进城中心时，助攻的冯团、马团、孔团却退缩一隅，玩起了坐山观虎斗。这就把刘万奎和平南洋置于了两面受敌的境地。刘万奎不服气。他甩掉脑袋上的帽子，手里拿着匣子枪，一边点射，一边督战，死活是要攻下日军的指挥部。花蝴蝶此时却清醒得多。她见大势已去，情势不妙，便劝刘万奎撤兵。刘万奎瞪起充满血丝的眼睛，大骂，不撤，没想到你他妈的当了熊蛋。花蝴蝶满脸流血，她气急败坏地说，老刘啊，再这样继续打下去，我们可就是全军覆灭了。刘万奎大梦初醒，他喊一声啊，然后骂道，他妈拉个巴子的，都给我撤。

　　刘万奎带领残兵败将撤退到城东时，恰好碰到了周保中。那时，他率领敢死队，已炸毁了敌人的军火库，打死了十几个日本兵，但他的左臂也中了一枪，血流肉翻。刘万奎见状，急忙让花蝴蝶给他包扎。周保中摇摇头，谢绝了花蝴蝶。而后，他向刘万奎要来小佩剑，再让两个战士压住自己的胳臂，他则朝外剜伤口里的子弹，一刀接着一刀，臂上鲜血横流，脸上大汗如雨。周围的人不敢看这种场面。单是咔咔嚓嚓的声音，已是让他们心惊胆战，面面相觑。如是，一句谚语迅速传遍了救国军：古有关云长刮骨疗毒，今有周保中剜肉挑弹。

从此，周保中在救国军中的威信越来越高，如日中天；他的工作开展得越来越顺利，顺风顺水。周保中也抓住时机，秘密发展中共党员，建立党的支部。后来，1933 年 1 月，王德林败走苏联，救国军四分五裂，周保中率领一百多人赶到宁安，在那里找到平南洋。他知道平南洋已参加了共产党，决定联合平南洋，共同组建起"绥宁反日同盟军"。

平南洋就是李荆璞。

"九一八"事变后，李荆璞不甘心当亡国奴，他找来几个要好哥们，说是要拉起一支队伍，打击日本侵略者。物以类聚，人以群分。那几个哥们各怀一腔热血，平时都信服李荆璞，唯李荆璞马首是瞻。如今听李荆璞说是要组织起来共同抗日，自然是一拍即合。可是，我们手里没有家把式啊！一个哥们愁起眉毛说。李荆璞颔首一笑说，这个好办。我们学习胡子起局的办法，找地主老财去借。几个弟兄都睁大眼睛说，借？那个哥们又说，哪个地主老财肯把枪借给你？李荆璞只笑不说话。他从炕席底下摸出个红布小包，不慌不忙，又一层层打开小包，从中抓起个榆木疙瘩，再眯起左眼，瞪大右眼，对准窗户，做个扣动扳机的动作，回头问几个哥们，咋样，你们看这家把式像不像？几个哥们先是面面相觑，而后就是哈哈大笑——他们都明白了李荆璞的用意。原来，在旧中国，有许多胡子起绺子，因为没有枪，都用红布包个硬东西拿出去打劫，如此真假难辨，往往就是马到成功。

这天晚上没有月亮，天墨黑墨黑，像个大锅底。李荆璞带着几个哥们，突然闯进了一个地主家。那地主看李荆璞手中握个红布包，两腿立刻就飘了，周身簌簌簌抖成一团，像是打摆子。李荆璞立起眉毛，却温着声音说，你用不着害怕，我们一不是胡子，二不想砸窑，只想跟你借几支枪，去打日本人。那地主眼睛看着李荆璞手中的"枪"，嘴里哆哆嗦嗦地说，你……好生……拿着那家伙……别走了火……我家里统共有……九支大枪，一把匣子，都交给你……

如此这般，照葫芦画瓢，李荆璞带着几个哥们很快搞到几十支枪，发展起一支百多人的队伍。李荆璞见人也多了，枪也多了，便按当时的传统，给自己的队伍起个名字，叫"平东洋"。这三字听起来响亮，意思也明朗，但有个弟兄不同意。他说，一生、二死、三逃、四亡、五富、六贫、七升、八降，这"东"字是八画（**繁体的东字八画——作者注**），叫"平东洋"不太吉利。李荆璞蹙起鼻头，思忖好一会，说，"平东洋"不行，那就叫"平南洋"吧。那人又说，"平南洋"倒是不错，可它跟小日本挨不着边啊！李荆璞摇摇头说，咋说挨不着边呢？我看过地图，那日本国斜对着咱宁安县，也可以说是在咱宁安的南面。

如此，一支抗日队伍诞生了，它的名字叫"平南洋反日游击总队"。李荆璞之所以将自己的队伍不叫"队"，而叫"总队"，是考虑这样的名字听起来有气势，有利于吸收其他队伍。这也是当年的一种潮流。但凡起事反日的队伍，都想将名头叫得大一些，好壮自己的声威，吓敌人的胆魄。

平南洋扯起大旗后，很快打了几个胜仗。这引起了王德林的注意，他将平南洋收编进了救国军。李荆璞参加救国军后，却发现救国军内部成分复杂，人心不齐，有的真抗日，有的假抗日，有的甚至是措抗日的名头为自己捞好处。如此，他又将队伍拉了出来。但当王德林约他攻打宁安县城时，他却慨然而往，并且英勇作战，打进县城，坚持到最后才撤退。

撤出宁安县城的李荆璞闷闷不乐。烈火识真金。通过这次战斗，他看清了王德林救国军的本质，对抗日的前景感到渺茫。恰当此时，于洪仁找到李荆璞，问，我看总队长这两天愁眉不展，是不是有什么心事啊？于洪仁是平南洋的副总队长，也是共产党员。他是受宁安县委的指派，打进平南洋队伍，准备改造平南洋的。但这些李荆璞并不知道。他见于洪仁目光闪烁，内容深沉，灵机一动，便反问于洪仁，你看这救国军，还能靠吗？于洪仁看着李荆璞，略侧着脸，问，你是让我说真话呢，还是让我说假话？李荆璞有些不耐烦地说，要说假话，你就别说了。于洪仁暗自称好，嘴上又道，好，好，让我说真话，我就说。现在要我看，连国民政府都靠不住，何况他救国军呢？李荆璞咬咬下嘴唇，启唇又问，救国军靠不住，国民政府也靠不住，那你说我们还能靠谁？于洪仁朝门外看一眼，神色肃穆地说，你要想真心抗日，在吉林这地界，只能靠共产党。啊！李荆璞惊叫一声，从板凳上站起，两眼愣愣地盯住于洪仁，好一会儿才说，看来，你于队长是共产党的人了？于洪仁如实而言，你说得对，我就是共产党员，我就是想和你一起抗日。

于洪仁说完这些话，扬起脸来，朝后退一步，再朝前伸出双手，目光炯炯，准备李荆璞叫人捆他。李荆璞真的朝前逼了一步，但他没有捆于洪仁，而是急切地问，你真是共产党？于洪仁肯定地回答，我真是共产党员。蹦到喉咙的心又退了回去。李荆璞两眼放光，拉过于洪仁的手说，那好。共产党真抗日，这我早就知道了，只是不知道到哪里去找共产党，也不知道找谁拉关系。既然你是共产党，那就介绍我参加共产党吧。于洪仁两眼审视着李荆璞的脸色，说，你要参加共产党，我可以当你的介绍人。但你得答应我三个条件。李荆璞问，哪三个条件，你说。于洪仁说，第一条，你要服从组织，遵守党的纪律。李荆璞说，这点我做得到，你再说第二点。于洪仁说，第二条，你要坚定信心，抗日到底。李荆璞说，这点我也能做到，你就说第三条吧。于洪仁说，第三条，你的军队要听党的指挥，也就是把队伍交给共产党。这……李荆璞声音戛然而止。他扫于洪仁一眼，两手背在身后，踢踢踏踏，就在地上绕起了圈子。绕到第一圈时，他站到于洪仁面前，踢踢踏踏，又绕起了圈子；绕到第二圈时，他站到于洪仁面前，低头思忖良久，又踢踢踏踏，绕起了圈子；绕到第三圈时，他站到于洪仁面前，再次拉过于洪仁的手，激动地说，你的条件，我全部接受。

这样，1933 年 5 月 5 日，中共吉东特委特批李荆璞为共产党员，并将陈翰章等共产党员派进平南洋，建立起了平南洋党支部，于洪仁为支部书记。支部书记于洪仁再主持会议，会上宣布，自此之后，平南洋将改名，叫"工农反日义务总队"。后来，1934 年 2 月，周保中找到李荆璞，联合成立了"绥宁反日同盟军"；再后来，1935年，"绥宁反日同盟军"又改名，叫作"东北反日联合军第五军"。

1936 年 2 月，中共东满特委书记、东北人民革命军第二军政委魏拯民从莫斯科回国。他找到了第五军，在宁安南湖头，向周保中传达了共产国际中共代表团两个指示：第一是撤销中共满洲省委，建立南满、东满、吉东和松江（北满）省委；第二是统一东北抗日武装的名称，一律称作东北抗日联军。

第十六章

▶ 赵尚志智取顽凶

东北抗日联军胸章

1937 年 6 月 28 日，中共北满临时省委执委扩大会议召开了，地点是浩良河的帽儿山。帽儿山因形状像一顶礼帽而得名。它山势峻峭，坡陡林密，山脚下盘着浩良河，河边横卧着四个大工棚，工棚都是木刻楞房。这些木刻楞房，就是北满省委的住所。

参加这次会议的有赵尚志，他是北满临时省委执行主席、抗日联军总司令和第三军军长；有冯仲云，他是北满临时省委书记；有周保中，他是吉东省委代表、抗日联军第五军军长；有张兰生，他是北满临时省委宣传部长；有张寿篯（李兆麟），他是北满临时省委执行委员、抗日联军总政委。另外还有白江绪、魏长魁、许亨植、戴鸿宾、吴玉光、黄成植等。承担会议记录的有两人：一个是于保合，他是第三军政治宣传科长；一个是徐文彬，他是第六军政治宣传科长。

大会由冯仲云主持，赵尚志代表北满临时省委，做了工作报告。在会议讨论中，赵尚志公开反对"王（王明）、康（康生）指示信"中的"抗日反满不并提"，反对"吉东特委信"中的"劝群众归大屯"，认为这些是右倾路线，与党中央的路线背道而驰。周保中则与赵尚志的意见相左。他认为赵尚志坚持的是左倾路线，并试图劝说赵尚志改正自己的错误。结果两个人就是各执一词，吵得脸红脖子粗，不可开交。

这让冯仲云很是着急。他趁会休机会，将赵尚志拉到一边，劝赵尚志说，我看，你就别再坚持咱们的观点了。赵尚志用奇怪的眼色扫冯仲云一眼，问，你说这话是什么意思？冯仲云说，你这样做，太危险了，闹不好，就是反对中央。赵尚志当即瞪起右眼回敬冯仲云一句，我的发言都是按照"珠、汤会议"精神讲的，这些都是你赞成的，你怎么能出尔反尔？冯仲云尴尬一笑，说，要注意团结啊，老赵。再则说了，我这样做也是为了你好。当年你要是不跟省委唱对台戏，能被开除党籍吗？现在你又公开对抗共产国际，能有你的好果子吃吗？赵尚志的火气降了三分，但仍气咻咻地说，我就是对共产国际不满。要不是他们撤销满洲省委，哪来的这么多啰嗦事。又是吉东省委，又是北满省委，又有南满省委，各定各的调，各吹各的号，这不把东北的抗日运动搞散了吗？冯仲云下意识地点点头。他心里暗暗佩服赵尚志，但嘴上仍然劝说赵尚志，说道，还有我们跟吉东省委的关系问题。依我的意见，在双方观点不一致时，我们不妨先让一步，这对协同作战、共同打击日寇有好处。赵尚志说，该让的，我赵尚志会让；不该让的，我不能让。

如此，这次会议形成了《中共北满临时省委执委扩大会议对目前政治形势的分析及关于政治路线的决议案》，决定将抗日联军第四军、第五军、第七军、第八军、第十军，归吉东省委领导；第三军、第六军、第九军和祁致中的抗联独立师，归北满临时省委领导；"东北抗日联军总司令部"改称为"北满抗日联军总司令部"。除此之外，会议还选举张兰生为北满临时省委书记，魏长魁为组织部长，冯仲云为宣传部长，并调张寿篯（李兆麟）为第三军政治部主任，许亨植为第九军政治部主任。

争论归争论，坚持归坚持，这都是会上的事，但在会后，赵尚志和周保中仍亲密如故，无话不说。

这是一个傍晚。太阳的余晖洒在帽儿山上，帽儿山墨绿如堆。帽儿山下，浩良河浅浅地流着，水面幻动着一条银带，氤氲着茫茫的雾气。浩良河岸上杂花缤纷，打扮得高岗像块大花毯，在太阳的照耀下，闪着金灿灿的光芒。年轻的战士，更多的是那些女战士，抵抗不住这美好的诱惑，纷纷走上草地，三三两两，说说笑笑，将草地变得生动得像个大舞台，多彩多姿多声。

赵尚志和周保中也在散步。周保中看到那些年轻活泼的女战士，突然感慨地说，你这儿有这么多大姑娘小伙子，为什么没有成双成对的呢？赵尚志嘿嘿一笑道，怎么没有？我都当回红娘，把于四炮的闺女介绍给蔡近葵了。周保中看看赵尚志，略有所悟地说，我听说你曾立过誓言，说是不把日本侵略者赶出中国，就不结婚？赵尚志说，这话是我说的。周保中摇摇脑袋，俯身说，我看没有必要。我们共产党员不是清教徒，我们打日本侵略者，也不是三年两年的事。所以呢，我劝你有中意的不妨就选择一个。赵尚志说，大丈夫吐口吐沫立地成钉，我说过的话，就不会改变。不过，我倒愿意给他们串成对。赵尚志说过，目光扫向那些散步的战士，突然喊一声，于保合，你给我过来。

于保合正准备走下河岸，听赵尚志叫他，便三步两步走回到赵尚志面前，诧异地问，你有什么事，老赵？赵尚志扫于保合一眼，笑眯眯地说，你跟我说实话，这群大姑娘中，有没有对你心思的？于保合看看赵尚志，再看看周保中，大大方方地说，我看六军被服厂的李在德……不错。赵尚志就一拍胸脯说，这话你怎么不早说呢？

于保合羞涩地垂下头，难堪地说，谁知道人家……能不能看上我呢？赵尚志嘿嘿一笑说，一家女，百家求，这有什么大不了的。你不好意思开口，我让冯仲云去找裴成春厂长，请她当个大红媒，你看中不中？于保合脸红得像张大红纸，趔身就走。赵尚志说，哎，你别走啊。于保合回过头，涩着声音问，还有什么事，老赵？赵尚志说，我想问你，看没看出来，谁跟谁还有那个意思？于保合朝草岗那边搜寻一遍，说，我看六军的吴师长吴玉光跟李桂兰好像有那么回事。赵尚志哈哈哈大笑道，一勺烩，一勺烩，我都给你们张罗张罗。

好事成双。这天，会场里摆遍了野花，好像开在屋子里似的，晃得人眼花缭乱，引逗得几只蜜蜂穿来穿去，在花间嗡嗡嗡叫着，寻找着花蜜。一台旧式留声机悠扬扬唱着，歌声绕屋游走，弥漫在花香里，跟花香一起飘出门窗，漫山遍野地舞蹈。

于保合和李在德、吴玉光和李桂兰，两对新人的新婚典礼就在这里举行。婚礼仪式由周保中主持，赵尚志作证婚人，他们先后发表了热情洋溢的讲话。参加婚礼的干部战士喜笑颜开，没有什么礼物，就向新人献上一束束鲜花，一句句祝福的话，把个典礼现场铺排得热热闹闹，生生动动，让人们忘记了环境的艰苦，时刻面临的生离死别。

婚礼散后，冯仲云看张寿篯（李兆麟）目光有些发呆就用胳臂撞撞赵尚志，眨巴眨巴眼睛，用目光点着正在收拾会场的金伯文。赵尚志心领神会，把张寿篯（李兆麟）拉到身边，压低声音说，我听说你也有心上人了，能不能告诉我？我这个人当红娘，很有水平。张寿篯（李兆麟）暧昧一笑，没有回答赵尚志，倒背过手，不紧不慢地走了。赵尚志哈哈大笑，笑得满屋子人都看他，大眼瞪小眼，谁也不晓得个中的微妙。只有金伯文脸红了。她躲开赵尚志的目光，走到木刻楞窗户前，佯装观看窗外的野花。

晚饭后，张寿篯（李兆麟）看金伯文在草地上散步，便走出草屋，假装偶然碰上的金伯文。金伯文心就扑扑通通狂跳。她想跟张寿篯（李兆麟）说句什么，却没有说出口。张寿篯（李兆麟）看在眼里，喜在心头。他不再拖延，红着脸说，这几天他们总跟我开玩笑，你知道是怎么回事吗？金伯文明知故问，怎么回事？眼睛像个小鸽子，躲过张寿篯（李兆麟）火辣辣的目光。张寿篯（李兆麟）横起一条心，说，我要是真的爱你，那你怎么办？金伯文闪张寿篯（李兆麟）一眼，两手捂脸，暨身就跑。跑了几步，回头说，我还没有想过，让我考虑考虑吧。

金伯文一夜无眠。第二天早上，她红着眼睛去找张寿篯（李兆麟），发现张寿篯（李兆麟）的眼睛也是红。张寿篯（李兆麟）看到金伯文的眼睛，什么事都明白了，暨身就走。金伯文惊讶地问，你去哪儿？张寿篯（李兆麟）头也不回，说，我去找赵尚志。

赵尚志听张寿篯（李兆麟）说要跟金伯文结婚，有些喜出望外，说道不就是这么回事吗？我老赵的眼光还是很毒辣的。好，我现在就去找冯仲云他们商量，下午就给你们操办婚礼。

很多年后，金伯文在她的《回忆李兆麟同志》中，回忆这段美好的婚姻时，还充满深情地说："在会议间歇时，冯仲云、赵尚志等同志总是拿我和李兆麟同志开玩笑。而每当这时，李兆麟同志总是像若无其事似的，倒背着手，来回踱着步，好像是在考虑着问题。看到这种情况，我心里挺纳闷的，不知他们的用意所在。有一天下午，李兆麟同志把我喊了去，他直来直去地开口就说：'同志们这几天总是开我们的玩笑，你怎么想的？我要是真的爱你，你怎么办？'这突如其来的问话，弄得我不知该说什么才好，我当时一点思想准备都没有。李兆麟同志当时是省委的领导同志，是个久经考验的指挥员。而我只不过是一个不识几个大字的年轻战士，这怎么可能呢？于是我就说：'我还没有想过，让我考虑考虑再说吧！'自从省委领导同志到这里开会后，我们就把山上小屋的炕让给了他们住，而我们几个女同志就用草铺在小屋的地上睡觉。这天夜里，我翻来覆去怎么也睡不着，想着和李兆麟同志头一次见面的前前后后。说实在的，他给我留下的印象真不错，我很敬重他。他真是一个好领导，要说结为夫妻嘛，我想……部队里女同志少，当时自己又进入了成年，追求的人又多。我想只要他人好，政治上坚定，在任何情况下都不会背叛革命，我看就行。这一夜，我看李兆麟同志也没有睡好。于是，第二天我就答应了。这以后我们又谈了几次，双方把各自的家庭情况和个人经历都向对方作了介绍。会议在这里共开了半个多月，在会议结束前，经过当时省委研究，同意我们俩结婚。有一天中午，我照顾同志们吃完午饭，在同志们的提议下，决定让我们在当天的下午举行婚礼。同志们都高高兴兴地分头到周围采来了一些五颜六色的野花，把房子前面的空地简单地布置了一下。正巧当时省委还有一台留声机，放起了歌曲，由冯仲云同志为我们主持了婚礼。冯仲云和赵尚志同志平时就没有领导的架子，爱开个玩笑，这下可得到了机会，加上一帮警卫战士在一旁起哄，婚礼也弄得挺热闹。就这样我和兆麟同志在艰苦的岁月里，在战友们的欢乐声中结婚了。当时因为没有条件，我们虽说结了婚，但仍是各自和大家睡在小屋里。后来有一天大家好像恍然大悟似的，想起我们已经结了婚，也就应该有个'新房'了。于是，我们天当房，地当床，同志们在小屋附近给我们俩支起了一个简单的小帐篷，还特殊优待，让给我们一条军毯。在这天晚上，我们俩就单睡了。可是天不作脸，山区的天气多变，到了半夜下起了狂风暴雨，刮跑了帐篷，把我们俩淋得像个落汤鸡。当我们跑回小屋叫门时，冯仲云和赵尚志还捉弄我们，说什么也不肯开门，结果，让我们在外面整整地浇了一夜。这就是我们新婚第一夜，真是使我永生难忘。"

会议结束后，周保中回到了吉东。1936 年 10 月，他把东北抗日联军第四、第五、第七、第八军组织起来（也有资料说第十军也在其内，此处采取冯仲云说），成立东北抗日联军第二路军，周保中任总指挥，崔石泉任参谋长。

北满临时省委执委扩大会议刚刚开过，1937 年 7 月 7 日，震惊世界的"七七"事变爆发，中华民族全面抗战开始了。

这让赵尚志既感到振奋，又感到沉重。他振奋，是因为他清楚，东北抗日联军从此不再是孤军作战；他沉重，是因为他知道日本关东军将会更凶残地向抗日联军进攻，以图尽早消灭抗日联军，抽出兵力，投入到关内主战场上去。

为了配合关内主战场，牵住关东军后腿，赵尚志组织隶属北满省委的抗日联军第三军、第六军、第九军和第十一军，联络各路抗日的山林队，满树开花，四处出击，搅得松花江两岸敌人晕头转向，顾此失彼，想抽出兵力也不容易。

如是，赵尚志的队伍捷报频传，一个个胜利接踵而至。第三军第九师运动作战，击毙日寇一百来人；第六军第一师、第五师和第一师联合作战，袭击富锦县太平镇，攻打宝清县凉水泉子，伏击日寇德田讨伐部队；第九军第一师和第二师相互配合，攻克依兰草帽顶子村，将伪自卫团四十三人全部缴械；独立师先后袭击宝清县的凉水泉子、富锦县的国强街基，并在 1937 年 10 月，正式扩编为东北抗日联军第十一军，军长祁致中，政治部主任金正国，全军有一千五百多人。

如此这般，赵尚志领导的北满抗日联军、杨靖宇领导的东南满抗日联军、周保中领导的东满抗日联军，共同拖住了日本关东军的大腿，逼得他们不得不把精锐部队留在东北，继续围剿抗日联军。对此，毛泽东在《抗日游击战争的战略问题》中说，"东三省的游击战争，在全国抗战未起以前，当然不发生配合问题，但在抗战起来以后，配合的意义就明显地表现出来了。那里的游击队多打死一个敌兵，多消耗一个敌弹，多钳制一个敌兵使之不能入关南下，就算对整个抗战增加了一份力量。至其给予整个敌军敌国以精神上的不利影响，给予整个我军和人民以精神上的良好的影响，也是显而易见的。"

当然，日本关东军的猖獗围剿，也给抗日联军造成了严重的伤亡，逼迫一些意志薄弱者走上了叛变的道路。

这天，赵尚志正在行军途中，收到了一份报告。报告是第七师政治部主任张德打的。他向赵尚志报告说，第七师师长于九江，已经跟巴彦县的日本人勾搭上了，叛变只是时间早晚的问题。这让赵尚志有些头疼。他把手里的藤条横起来，再竖下去；竖下去，再横起来，思绪纷杂，一时不知该怎样处置于九江。

于九江原名为海云，因起绺子之后报号"九江"，人们都叫他于九江。这于九江长得人高马大，大脑袋，大嘴叉，大麻子，恶人恶相，再加之他性情狡黠，心黑手辣，一般小绺子都捧他为土匪老大。他也以老大自居，呼啸江湖，摆出副山林霸主的架势。那是1934年3月，当时赵尚志为了扩大抗日队伍，特地拜访于九江，想将他拉上正道，使他投身到抗日洪流中来。

赵尚志走进于九江的地窖子时，于九江正同手下"四梁八柱"在喝酒。土炕中间放着两个大黑泥盆，一个装小鸡炖蘑菇，一个装酱炖河泥鳅。屋里烟气缭绕，味道复杂，有菜香，有酒辣，有汗酸，也有汗脚臭。

于九江明知来人是赵尚志，大名鼎鼎的珠河抗日队队长，他却故意拿大，随意瞥赵尚志一眼，满嘴喷着酒气说，啃过富没有，没有，就喝两口。赵尚志挺挺腰板，说，谢谢大当家，我已经吃过了。于九江抹抹油渍渍的厚嘴唇，大大咧咧地说，那就上炕拐着（坐），炕上有干净媳妇（扫炕笤帚），自个划拉两下。赵尚志朝炕上扫一眼，只见炕上扔满了大狗皮帽子、小野兔护耳朵包子、白羊皮套袖筒子、花狐狸护腚皮子，五花八门。他皱皱眉头，没有挪动身体。于九江就愣愣，脸上的大麻子闪闪发光，尴尬地说，见笑了。我们是穷欢乐，活一天少两个半晌。既然你不想上炕，那就看我们划拳。说罢，他两眼瞅着对方一个老胡子，说，刚才让你赢了，我还真就他妈的不服气。来，咱们再来一拳。他高声大嗓地喊，当朝一品卿啊，两眼大花翎啊，三星高照四季到五更啊，六合六合春啊，七巧八马九眼盗花翎，十全十美福禄年年增啊。那老胡子听于九江喊到此处，便配合于九江，两人一齐划起拳来，八匹马啊，五魁首啊，六六六啊，四喜四喜……结果是那老胡子输了。于九江得意洋洋，笑眯着眼睛说，你输了，你输了，输了就得给我唱《十道黑》。那老胡子也不推辞，也不谦虚，咧开大嘴，南腔北调，唱起了《十道黑》，用的是《王大娘锯大缸》的调：王大娘的烟袋乌米杆哎，掐头去尾一道黑；姐俩描眉又画鬓哎，查来查去两道黑；张飞摁着李逵打哎，包文正来拉仗三道黑……

赵尚志此时已是怒火中烧。他几次想拔脚走人，最后还是站在地上，冷冷地看，冷冷地听，两眼眯着，任谁也看不出是喜欢，是厌倦，还是鄙夷。于九江斜眼溜上赵尚志一眼，再朝炕里挪挪屁股，用舌头搅搅下牙床，噗的一声，将个牙塞吐到地上，说，听说你赵司令是个念过大先生的人，那我给你破个闷儿（谜语），咋样？赵尚志眉头一展，说，那好啊，我就听听。于九江朝那老胡子眨巴下眼睛，大嘴叉一咧，说，来，老水香（土匪中的四梁之一，负责站岗放哨），你给他破个闷儿，比试比试，到底谁他妈的厉害。那老胡子瞄上赵尚志一眼，嘴里念念有词道，有个小伙儿真叫俏，耳朵长了不老少。绳子一解他不走，绳子一捆他就跑。你说这是个什么玩意吧。赵尚志随问而答，我说是轧鞯，对不对？那老胡子一脸惊讶，说，挺他妈的尿性啊，算你破对了，我再给破一个：提起它，哪儿都有。真的它会爬，假的它会走。赵尚志微微一哂。他没有回答那老胡子，只是将两手的拇指和食指对扣，其余六个指头上下摇动，做出个乌龟爬动样子。顿时，炕上爆发出惊天动地的笑声，笑得胡子们前仰后合，咳嗽的咳嗽，放屁的放屁，捂肚子的捂肚子，哎哟叫妈的哎哟叫妈。

突然，窝棚里爆发出一声春雷。于九江喝道，都消停一会儿，好不好？他斜眼瞥向喊话的人，颇为不满地问，咋地，字匠（相当秘书），你还有啥话要讲？那字匠说，人家是来访的贵客，我们这样对待人家，如果传到江湖上去，恐怕有失于大绺子的身份。于九江脸上的大麻子上下动了动，眼睛扫一圈炕上的土匪，猛地就喊一声，你们都给我眯着吧。众土匪听于九江一声喝，谁也不敢再吭声，屋子里顿时沉寂下来。于九江从炕上委下屁股，摇了两摇，走到赵尚志面前，醉眼朦胧地说，我是他妈的喝启盖（醉酒）了，可我心里明白得很，你来是想滑我的。可你也没买上二两棉花，纺一纺（访），我于九江起绺子，可不是为了打小日本。

　　这于九江果然是厉害，名不虚传，我还没说话，他已猜到我的来意了。赵尚志心里想，故意斜过目光，反问，请问于大柜，你图的是什么？于九江乜赵尚志一眼，挺挺脖子，南腔北调地唱起来，当响马，快乐多，骑着大马把酒喝，搂着女人吃饽饽（乳房）；当响马，不发愁，进了租界住高楼，吃大菜，逛窑子，匣枪别在腰后头，花钱好似江流水，真比神仙还自由……唱过，于九江眯起充满血丝的眼睛，问赵尚志，咋样，你看我小日子比你赵司令过得……快活不快活？赵尚志摇摇头，说，快活是快活，只怕你也快活到头了。于九江立时立起眼睛说，这话，怎么说？赵尚志淡淡一笑道，现在小日本已经打了进来，收拾你也是早晚不等的事。你想没想过，就你那百八十人，能不能打过日本人。于九江翻翻眼皮，半天作声不得。好一会儿，他靠近赵尚志一步，说，那你有什么……高见？赵尚志两手一摊，没有回答。于九江睖睖起眼睛问，你这是什么意思？赵尚志说，江湖上都说于大柜大人大量，看来也是徒有虚名。于九江再朝赵尚志跨一步，问，你，这又是什么意思？赵尚志说，我赵尚志大老远来看你，你却跟我摆鸡巴架子，有失大柜风度。于九江皱起了眉头。他初听这话，有些刺耳，再吧嚓吧嚓嘴，又觉得有些滋味，便笑出一脸红光，抱起双拳搭上左肩，躬躬身说，刚才是我九江慢怠了，现在就请赵司令炕上拐着吧。赵尚志扬眉一笑，说，我赵尚志不是那种挑肥拣瘦的人，我是看于大柜这样醉生梦死，为大柜担心。于九江翘起嘴唇，慢腾腾地说，连张少帅几十万人都打不过人家日本鬼子，就我这百八十人，几十支枪，还逞的什么干巴强？赵尚志说，你的人少枪少，我的人少枪少，别人的人少枪也少，但我们大家都联合起来，不就人多枪也多了吗？于九江垂下脑袋，思忖片刻，说，要说打小日本，我他妈的也早有此心。眼巴前既然你想同我合绺子，就讲讲条件吧。赵尚志伸出右手，递向于九江。于九江嘿嘿一笑道，你是要和我拉马（握手），好啊，咱们就坐在炕上好好唠唠。说过，他拉过了赵尚志的手。赵尚志却说，这屋里造得乌烟瘴气的，我们还是出去走走吧。于九江说，外边嘎巴嘎巴冷，我可不想挨那个冻。赵尚志不再坚持，只好跟于九江坐上了炕头。于九江见赵尚志盘腿而坐，他心里舒服，便说，说吧，都什么条件？赵尚志说，眼瞅着天黑了，我就长话短说吧。只要你不投降，不卖国，不祸害老百姓，反日到底，就成。于九江伸出舌头，舔舔下嘴唇，斜赵尚志一眼，缓缓地说，好，我同意跟你合绺子。

于九江同游击队联合起来后，还真的同日本人打了几仗，并在三岔河战斗中增援过赵尚志。不过，他这个人本质有问题，有奶便是娘。如是，当日本特务拿出重金登门策反时，他又趁赵尚志东征的机会，挑拨哈东支队和各路义勇军、山林队的关系，说赵尚志现在联合我们打日本人，等到抗日胜利了，他回过头来还得收拾我们。一些义勇军、山林队，诸如黄炮等，受他蛊惑，纷纷脱离了哈东支队，投进日本人的怀抱。赵尚志东征回到珠河，听说这件事后，立即采取果断措施，打退了黄炮的进攻，打跑了于九江，迅速平息了这场投降浪潮。

后来，1937年初，赵尚志的抗日联军越打越强，越打人越多，众多义勇军、山林队又纷纷而来参加赵尚志的抗日联军。这使于九江受到了孤立。他不甘寂寞，重新萌生了跟赵尚志的心思。赵尚志听说后，决定屈尊前往，主动去会见于九江。

于九江没有想到赵尚志会亲自登门。他一脸难堪，感慨地说，这回是我九江丢人现眼了，真想不到你赵司令大人大量，还能屈尊找我。请赵司令放心，我于九江今后办事再秃噜反仗的，就是小闺女养的。赵尚志连忙摇着手说，既往不咎，既往不咎，只要你于司令肯打小日本，我们还是朋友。不过，我希望你痛改前非，摒弃掠夺、杀人、放火的土匪行径，全心全意地打小日本。于九江红着满脸麻子，说，你还相信我吗？赵尚志哈哈大笑道，如果你不相信我，咱们可以磕头拜把子。他还真的让于九江摆上香烛，同于九江磕头，论上了弟兄。于九江年纪大，为兄；赵尚志年纪小，为弟。如此，赵尚志以于九江的队伍为主，再合并一批义勇军和山林队，组建成东北抗日联军第三军第七师，并派张德任政治部主任。

张德临行时，赵尚志嘱咐张德说，你要时刻注意着点，这于九江是属魏延的，脑袋后有反骨，我们要防备着他再投降小日本。结果就被赵尚志言中了。于九江参加抗日联军后，他嫌抗日联军的生活太清苦，嫌抗日联军的纪律太严明，因此背着政治部主任张德又同日本人勾搭了起来。

这消息是杜希曾告诉给张德的。杜希曾原是于九江的字匠，属四梁八柱之一，投入抗日联军后，改称为秘书。张德看秘书杜希曾有文化，有爱国心，有正义感，便时常找杜希增谈话，左三番，右两次，提高他的政治觉悟。杜希曾自此眼明心亮，一心跟着共产党抗日。如此，当他发现于九江与日本奸细勾结后，暗中将此事汇报给了张德。

张德听说此事后，决定去找于九江谈谈。杜希增为张德的安全担心，说于九江这人反复无常，万一翻脸，你的处境就危险了。张德说，那怎么办？难道我们还能眼睁睁地看着他反水吗？杜希增迟疑片刻，说，要不你先去吧，我在后边给你照看着点，假如他敢动手，我就先解决了他。

张德假作刚刚听说这件事，走进于九江的地窖子，劈头便问，于师长，我听说你跟日本人联系了，有这回事没有？于九江说，现在我们要吃的没吃的，要穿的没穿的，要武器又缺少枪支子弹，你要我怎么办？张德就怔了怔。他没有料到，于九江这么霸气，竟直言不讳，全盘端出了自己的老底，并不把他这个政治部主任看到眼里。他略作思考，又问，日本人给你什么好处了，你想投降日本人？于九江大脸一扬，颇为得意地说，日本人已经答应了，只要我把人拉过去，就他妈的是八县游击司令。张德反问一句，八县司令？又说，于师长，你好糊涂啊！你以为日本人说话算数啊？你以为日本人是好骗的啊？别人不知道，你还不知道吗？当年朝阳队那个孙朝阳，要不是轻信日本人，能让日本人逛到哈尔滨杀了，再拉到宾县砍头，将脑袋挂在城门楼子上示众吗？于九江沉吟不语。他踌躇一会儿，又为难地说，张主任，你看咱们日子过得多艰难啊，穿得破破烂烂，成天吃高粱米苞米面，将弟兄们刻薄得个个都五脊六兽的，照这样下去，别说是打小日本，就是保命都他妈的悬乎。何况我还喜欢抽两口，没有福寿膏……于九江的话没有说完，地窖子外就传来一阵呼喊声。于九江看看张德，张德看看于九江，两人不约而同走出地窖子，就看到小广场上停着一行三辆四马大车，一些人团团围着大车，正吵吵嚷嚷，闹闹哄哄，欢快地朝下搬运着物品。

老水香看见于九江和张德，便呼哧带喘地跑过来，笑眯眯地说，巴彦城里的日本人给咱送大米、白面、猪肉来了。于九江听了，神气地瞥张德一眼，张开大嘴呵呵地笑。张德没有理会于九江，走到一辆大车前，不慌不忙，看准车上一条猪肉，嗖地从腰间抽出匕首，嚓嚓两声，便割下一条猪肉。他将那条猪肉送到眼前看看，再甩手，又扔给了一条狗。那狗早已垂涎三尺，见猪肉抛来，猛地一个跳跃，伸嘴接住了猪肉，而后欻欻欻欻，如风卷残云，一边吃，一边左看右看，怕有人抢它到口的肥肉。

很快，那条狗将那条猪肉吞进了肚里。张德见狗安然无恙，略一迟疑，还是打开一条大米麻袋，从中抓出一把大米，撒给了身后的几只芦花鸡。那几只鸡看有大米可吃，便㧱开翅膀，争先恐后地飞奔过来，一边低头抢食米粒，一边咯咯咯咯叫着，很快就啄光了地上的米粒。

这回张德放心了。他转过脸去，朝于九江点点头。于九江便快活地呼喊起来，来，来，都给我来卸货，剁个楞地。今儿黑上我让大家吃大米干饭，猪肉炖干枝子（粉条），可劲造。

这天，张德正琢磨如何扭转局面，杜希曾又来了。他告诉张德说，日本人永田带着翻译又进了于九江的地窖子。张德脑袋轰的一响，蹿身就朝门外走。杜希曾问，你去做什么，张主任？张德说，我要制止他们的勾结。要是出事怎么办？杜希曾还是不放心。张德回头一笑，说，还有你们呢。杜希曾顿觉热血喷脸，他挺起腰板，朗朗地道，你先去吧，我去找弟兄们。

于九江见张德闯进地窖子，先是一愣。转瞬之间，又换上了笑脸，尴尬地向两个日本人介绍说，他是我的参谋长，张德，张参谋长。于九江不讲张德是政治部主任，而说是参谋长，这一是他不敢向日本人说明，二是他想给张德留条后路。张德当然明白于九江的用心。他不想挑破这层窗户纸，只想留在地窖子里，听听他们都谈些什么，葫芦里卖的是什么药。于九江却心怀鬼胎，不敢让张德听到他们谈话的内容，介绍过张德后，立即把他打发了出去。

张德意识到了事态的严重性，马上写信，交给正经过此地的抗联总部交通员，嘱咐他迅速送给赵尚志。赵尚志接到密信后，决定痛下杀手，铲除于九江。

这天，张德从赵尚志那里"开会"归来，送给于九江二百块钱，轻描淡写地说，这是老赵送给侄女儿的零花钱，他托我带给你。于九江开口大笑道，这当叔叔的，真不赖呆，心里还装着大侄女。只是……于九江说到这儿，眨巴眨巴大眼皮，晃晃张德，又说，你没跟赵司令说我们队伍还没解决过冬的棉衣吗？哦，张德像是突然想起似的说，这个，师长不用担心。老赵说了，总部里还有些金子，他让师长带几个人亲自去取，取回来给战士们做棉衣。另外，他还说有些机密事，想同你当面说。

于九江听说有金子，脸上麻子铮铮放亮。他怕夜长梦多，带上几个亲信，立即就去见赵尚志，一路上有说有笑，甚是得意。只是，他刚走进一片树林，"恰巧"碰到了蔡近葵的第一师。蔡近葵不容分说，当即下令，缴于九江的械。于九江莫名其妙，瞪大眼睛冲着蔡近葵喊，他妈拉个巴子的，我于九江奉命去见赵司令，你小子搞的什么鬼？蔡近葵冷冷一笑道，我是奉命行事。你有什么话，到军法处再说吧。

这是1937年11月的事儿。

抗日联军的迅速发展，抗日联军战果的不断扩大，搅得日本关东军寝食难安；赵尚志的神勇英武，更让日本人恨之入骨。如此，1937年5月，日本关东军在《关于最近满洲国的治安》中说："松花江两岸的匪团，是品质最恶、最顽强，行动最活泼的匪团。其代表者是以赵尚志为首所率领的共匪。"如此，日本关东军将围剿东北抗日联军的重点，从南满转向了北满，并组成"讨伐军司令部"，分兵多路向松花江下游的抗日联军展开大范围进攻。与此同时，日本关东军更加强了"集团部落"的建设。他们在原有的"归屯并户"基础上，又采取"三光政策"，将山区的零散住户、偏远小村，一律强迁进集团部落，并制定严格的联保制度，一家从匪，十家连坐。

这是既阴损又毒辣的一招。在实施集团部落以前，各个抗日根据地，日伪政权虽然占据了大小城镇，但广大的乡村还掌握在抗日军队手中。他们不但从中得到老百姓的支援，还为自己准备了安身和休养之地。集团部落完成之后，日本关东军不但隔离了抗日联军同群众的联系，而且还断绝了抗日联军的供应，逼得抗日联军不得在野外风餐露宿，不得不用战斗和牺牲去换取每一粒子弹，每一口粮食，每一件衣服。更为严重的是，抗日联军失去了与党中央的联系。

这让赵尚志痛心疾首。在此之前，他曾先后派刘海涛、朱新阳前往苏联，试图恢复同中共中央的联系。结果，刘海涛是黄鹤一去不复返，朱新阳又是泥牛入海无消息。赵尚志思考再三，决定自己出面，谋求苏联的援助，并通过苏联联系上中共中央，取得党中央对东北抗日联军的直接领导。

这样，1936 年 11 月 26 日，赵尚志给苏联远东军特别集团军司令布留赫尔元帅写信，希望得到苏联的武器、弹药和药品；希望苏联军队为抗日联军培训抗日干部提供条件；希望苏联帮助抗日联军联系上中共中央。赵尚志之所以给布留赫尔元帅写信，那是因为布留赫尔元帅与他有师生之谊。在中国大革命时期，布留赫尔曾化名加伦在黄埔军校讲过课。

1937 年 12 月，陈绍滨从苏联回国了。他原来是抗联第六军第二师师长，现在是交通队长。陈绍滨给赵尚志带回来一封信，说是苏联要向日本宣战，苏联领导人伏罗希洛夫邀请东北抗日联军主要领导过江，共同研究商量如何配合作战问题。

这让赵尚志喜出望外。他马上把北满临时省委负责人找到依兰县杨家沟，召开北满临时省委会议，同张兰生、冯仲云、张寿篯（李兆麟）、魏长魁、陈绍滨等人一起讨论这封信。最后，临时省委决定，派赵尚志过江，代表北满临时省委同苏联会商。

赵尚志满怀喜悦走上了黑龙江左岸。上岸以后的赵尚志踌躇满志，跟吴副官等四人又说又笑。不过，他脸上很快就落满了冰霜——苏方否认曾约请赵尚志过江，他们不但缴了他的械，还将他关进了禁闭室。赵尚志哪是逆来顺受的主儿？他暴跳如雷，要求苏方澄清有没有派陈绍滨送信这回事，苏方不理睬；他要求找中共驻共产国际代表团，苏方不理睬；他要求回东北抗日战场，苏方还是不理睬。赵尚志如虎落平川，龙困涸泽，一拘就被拘了一年半的时间。

说到苏军扣留赵尚志的原因，至今仍聚讼纷纭，莫衷一是。主要的说法有四种：第一种说法是，当赵尚志写信给布留赫尔时，布留赫尔还是苏军元帅，而当赵尚志过江之后，赶上苏联肃反，布留哈赫尔被斯大林处决了。如是，苏军只好矢口否认，直到斯大林发话，才放了赵尚志；第二种是，日本关东军为了打击赵尚志，打击抗联，买通了苏军的某个军官，让陈绍滨传假信，骗赵尚志过江，以削弱抗联力量；第三种是，苏军本来就没有信，是陈绍滨自己编撰出来的；第四种是，当时苏联跟日本订有《日苏友好条约》，他们怕支援抗联激怒日本，引起争端，因此软禁了赵尚志、戴鸿宾和祁致中等人。

第十七章

阻强敌"八女投江"

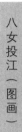

八女投江（图画）

1938 年初，日伪政权实施"铁壁合围"行动，围剿南满、东满和北满的抗日联军。北满临时省委为了保存力量，打击敌人，跳出包围圈，决定分批分期，向小兴安岭以西远征。

　　第一批西征队伍是 6 月份出发的。

　　这年 6 月，魏长魁找到了军长李华堂，在依兰东部，试图说服李华堂，让他率领第九军参加西征。李华堂阴沉下脸，一边吸烟，一边琢磨，就是不肯表态。魏长魁说，这是临时省委的决定，你是共产党员，应该执行这个决定。李华堂睥魏长魁一眼，慢吞吞地说，不是我跟省委要心眼，我就是不想离开这个地界。魏长魁说，你这样做是违抗组织纪律的。李华堂嘿嘿一笑道，违抗组织纪律？我倒是想服从组织纪律，可等我把这点老底都折腾光了，组织能不能帮我码人？说罢，他一甩袖子，扬长而去。走到门口时，他手拉板门，回过头来，眯起眼睛，说，你是政治部主任，有章程自己想着去吧。魏长魁说，你回来，咱们再商量商量行不行？李华堂嘻嘻一笑说，你是主任，我是军长，我凭什么听你的？说罢，将板门猛猛地一摔。魏长魁愣了一会儿，最后还是耐着性子，再去找李华堂。不料，李华堂却不肯见他。魏长魁无计可施，只好擅自做主，带上郭铁坚第二师的四、五两团，联合第三军政保师师长常有钧，组成第一批西征军，闯进了小兴安岭大森林。

6 月的小兴安岭，已到了大关门时节。森林遮天蔽日，蒸腾着水淋淋的湿气，人行其间，如同走进一个腾腾冒着热气的大蒸屉。炎热潮湿的空气滋生了大量的蚊蠓小咬。它们不喜欢这些衣衫褴褛的不速之客，成群结队地向他们展开围攻，咬上他们的头，咬上他们的脸，咬上他们的胳臂，咬上他们的手掌，无孔不入，前仆后继，咬得他们面部发肿，刺痒难熬，苦不堪言。

这天，西征队伍走到了呼兰河边。呼兰河是松花江的一条大支流，它从铁力的炉吹山流起，曲曲折折，穿越铁力、庆安、绥化、望奎、兰西，在呼兰张家湾汇入松花江。呼兰河正在涨水。它肆无忌惮地撞击着河中的巨石，吞噬着河岸的树木，喷吐着肥大的泡沫，咆哮如雷，凶恶如虎，横了战士们的面前。魏长魁想等到洪水撤退时再渡河，可粮食都吃光了；想冒险渡呼兰河，又会造成战士的牺牲；想避开呼兰河绕道前进，那样将耗费更多的时间，还要穿越日伪占领区。两害相权取其轻。最终，魏长魁同常有钧、郭铁坚商量，决定涉水渡呼兰河。

夜半时分，战士们手拉着手，蹚进了咆哮的呼兰河。很快，他们的身体就被冰水打透，脸庞铁青，嘴唇发紫，周身不停地战栗。他们相互鼓励着，他们相互搀扶着，一步步向对岸挪动，被河水冲得东摇西晃。将到河心时，有个战士两腿一软，人就栽进水里。另一名战士伸手想去拉他，没有拉住，结果也被卷入水中。眼睁睁看着战友被洪水冲走，其他人无能为力。他们不能呼喊，因为岸上不远就是伪警察所；他们不能出力，因为他们身上的热气已被寒水掠尽，再也没有援手之力。

河的对岸是铁力县的石长村。魏长魁怕惊动村里的日伪军，日伪军还是发现了他们，并迅速组成包围圈，将西征队伍困在了铁道以北。魏长魁立即指挥队伍向山上突围。突破重围后，魏长魁发现还有几个战士落在了后边。他当机立断，让常有钧、郭铁坚率队继续前进，他则带上两个战士，伏在一片苇塘里，掩护落后的战士突围。战士们得救了，他的大腿却受了贯穿伤。战士们要背着他撤退。他浅浅一笑，说，你们看我这样，还能活吗？你们快跑，我掩护。说罢，他拖着那条伤腿，回头再朝前爬动几步，躲到一个塔头后边，朝追敌射击，直到剩下最后一颗子弹。那时，他侧过头，朝远方树林望望，嘴唇抹上一丝笑容；回过头，他再看看呼喊着口号向他包抄过来的日伪军，冷冷一笑，将枪口对准了自己的太阳穴。

魏长魁，山东省德平县人，1906 生。1921 年随父亲到大连谋生，做印刷工人。1926 年加入中国共产党，同年 5 月，代表大连地区工会组织，赴广州参加全国第三次劳动代表大会，并被选为全国总工会执行委员。1927 年 7 月被捕，1933 年出狱。1935 年，他到哈尔滨，找到了满洲省委，先后任中共哈尔滨道外区区委书记、珠河县县委组织部长、苇河县县委书记、哈东特委书记、北满临时省委委员，北满省委组织部长。1938 年 5 月，他任东北抗日联军第九军政治部主任。同年 6 月，他率九军一部从依兰向铁力远征，在铁力县石长村苇塘沟陷入日伪军包围圈，指挥队伍突围后，他因大腿受贯穿伤，自杀殉国。

魏长魁牺牲后，常有钧、郭铁坚率领部队继续西行。此时，他们只能靠野菜野果充饥，蘑菇、野菜、山丁子、臭李子等等，凡是能吃的都吃，吃得大肠干涩，肚皮鼓得像大肚蛤蟆，憋得你喊我叫，想排便却排不出来，纵使两三个人帮忙，用小棍朝外抠粪便，抠出来的也只是几个粪粒，像是羊粪蛋。

这天，他们走到绥棱张家湾河时，正值河水暴涨，队伍又被困在了河南的山上。这是一次致命的困境。那时，连救命的野菜野果都找不到了，全休指战员饿得头昏眼花，东倒西歪，只能坐以待毙。

昏昏沉沉中，常有钧睁开眼睛，飘着郭铁坚，问，怎么办？郭铁坚淡漠地扫扫身边的战士，两手支撑着草地，说，不动只有饿死。你们在这里……等着，我带两个战士……钻出森林，找点吃的。郭铁坚说完，看了看两个战士。他们三人相互扶持着，一步步朝林外移去。移了几步，他艰难地回过头，断断续续地说，等我……到天黑……天黑不归来……就永别……

郭铁坚他们很幸运，出森林时竟碰到一个中年妇女。这妇女没有丈夫，当地人都叫她张寡妇。张寡妇带着两个孩子度日，粮食不够吃。那天，她去玉米地里掰青玉米，想给孩子们充饥，结果就碰到了郭铁坚和两个战士。

张寡妇看到郭铁坚三人，吓得魂飞魄散，问道，你们……是人还是鬼？说话都结巴了。闯入她视野的这三个人，个个乱发蓬蓬，破衣烂衫，面孔灰黑，两眼放出幽幽的暗光。郭铁坚挣脱出吃奶的力气，喊，我们……是抗日联军。大嫂……我们……张寡妇收住脚，迟疑片刻，吞吞吐吐地走到郭铁坚面前，怯怯地问，你们，真是抗联？郭铁坚和两名战士同时点头。张寡妇说，那你们是咋造的，个个脸上都魂儿画儿的，我还以为遇到鬼了呢。郭铁坚费力地说，我们是……他想说是饿的，可他嘴唇干动弹，就是吐不出那个"饿"字。张寡妇恍然大悟。她再靠前一步，两眼死死地盯着郭铁坚的脸，手指着身边的玉米地说，这两垧苞米都是我的，都可你们吃吧。那……郭铁坚眼枯无泪，只哽咽着说，那……谢了……等打跑小日本……我……加倍还你……张寡妇扑哧一笑道，想赶走小日本，谁知道猴年马月啊。我既然想把苞米送给你们，就不指望你们还了。张寡妇说完，唰唰唰走进玉米地，回头瞭瞭郭铁坚三人，说，来啊，你们来掰苞米啊。是不是树林里还有人啊，让他们都出来掰啊，我掰一筐就走，剩下的都给你们。郭铁坚吃力地说，那……你别把碰到……我们的事……说出去。张寡妇说，你这可是门缝瞧人，把人瞧扁了。她嘿嘿一笑，自去掰自己的玉米。

张寡妇的玉米拯救了一百多指战员的生命，支持他们走到了庆安县的偏脸张村。在偏脸张，他们又断粮了。意外的是，他们发现了一个地窝棚。

深夜时分，郭铁坚敲响了地窝棚的板门。他用的力很轻，却在战士们耳中轰鸣，像霹雳一样。只是，郭铁坚连敲了三次门，窝棚里的人却不肯回话，更不肯开门。郭铁坚缩缩舌头，抿抿嘴唇，强行挤压出一点涎水，润润喉咙，说，老乡，请你开开门吧，我们不是坏人。你想没想过，如果我们是坏人，就你这个小窝棚，能挡住我们吗？

郭铁坚的话音撞进窝棚，窝棚里传出了窸窸窣窣的声音。再隔一会儿，板门嵌出一条细缝，打从门缝里透出一线灯光。那灯光迟疑一会儿，终于探出板门，灯影里晃着一个脑袋。郭铁坚见缝插针，连忙说，老乡，你别害怕，我们是抗日联军，你听说过吗？那人将右手的油灯朝后撇撇，用左手将板门搬开半张，说，听说过，听说过。这时，他就看到门外有二十多号子人，影影绰绰，有的站着，有的坐着，有的躺着，有的扶着窝棚草墙，不管是站着的，坐着的，还是躺着的，扶着窝棚的，个个都是披头散发，目光幽幽。他鼻子一酸，抬左手挡住油灯，将身体闪向板旁，说，你们，都进屋挤挤吧。

郭铁坚最后一个走进窝棚，他用后背倚上板门，两眼照着那人问，请问老乡，你叫什么名字？那人说，我叫尹凤阁，住在窝棚里，给日本开拓团看地。郭铁坚笑笑说，我们已经好几天没吃饭了，你帮我们弄点吃的好吗？尹凤阁将手中油灯放上炕沿，诚实地说，我这疙瘩没啥好嚼嗤，只有小米子、苞米面，你们想吃就吃。郭铁坚两眼闪闪发光，兴奋地说，我们会给钱的，我们会给你钱的。尹凤阁摆摆手说，我不要你们钱。我只求你们别嘚嘚出去，让日本人知道，没有我好果子吃。

在尹凤阁的窝棚里，郭铁坚他们一住就是二十几天，白天进山，躲避日伪军的侦查；晚上进窝棚，住宿吃饭，直到张家湾河水回落。

这天早上，得知郭铁坚他们要继续北上，尹凤阁将窝棚里的粮食全都搬了出来，让抗联指战员们装满了背包、口袋。任是如此，窝棚里还是剩下了几麻袋玉米粒。尹凤阁想把这些粮食都送给抗日联军，就从村中牵回四匹马，对郭铁坚说，你们道远，钻山过岭又不好走，我就给你们送粮吧。郭铁坚两眼盈泪。他找出一张旧烟盒，写好一张字条，双手递给尹凤阁说，我们，是不会忘记你的。请你收下这个进山证，到那时不管我郭铁坚在不在，只要你把它拿出来，我们抗联的人都会报答你的。尹凤阁颤着声音说，我保存好，我死活都会保存好。但我不求你们报答我，只求你们剁个愣地将日本人赶出去。

如此，常有钧和郭铁坚率部走出了大森林，走到了海伦县八道林子，在那里与第三军的张光迪会师。此时，他们从出发时的一百多人减员到二十几人。其余的指战员，不是被日伪军打死，就是饿死、病死或者累死了。

北满第二批西征军由两支部队组成。第一支二百多人，组成队伍的是抗联第六军教导队和两个团，他们在第六军参谋长冯治刚、第二师师长张传福的率领下，从萝北县老等山出发，历经一个多月，于 1938 年 10 月到达海伦县八道林子，同张光迪会师。第二师师长张传福在西征途中牺牲于黑金河。

1938 年 8 月初，中共北满临时省委常委、第三军政治部主任金策、原第三军三师政治部主任侯启刚，率部到达梧桐河畔。在那里，他们与抗联第六军第三师师长王明贵会师，率领着三百多骑兵队伍，开始了西征。

这一天是 1938 年的 9 月 6 日。

正是阴雨连绵时节，联军骑兵队伍渡过梧桐河，顶雨走进了大沼泽地。大沼泽地上的山风呼啸着，它像一个凶残暴戾的魔鬼，挥动条条寒冷的皮鞭，一阵阵抽打着指战员们。指战员们不能骑马，只能牵马蹚过沼泽，深一脚，浅一脚，里倒歪斜，前仰后合。时间再长些，他们的身体冻麻木了，两排牙冻得咯噔咯噔敲打，像是敲乱的鼓点。很多人的两条腿已失去知觉，只能拖着马尾巴朝前移动，结果是人活了下来，战马却累倒毙了十几匹。

几十年后，1987 年，当年的师长王明贵在回忆西征时说："到了下午，走不动的人渐渐多了起来。我们鼓励大家要互相帮助，坚持下去，并规定各连不许有掉队的战士。同志们互相搀扶着走。领导干部的马匹早已让给病号和年纪大的同志骑了。有个战士，双腿被刺骨的冷水冰木了，不听使唤了，两个同志只得架着他走。后来，他一步也走不动了，别人只好在水中拖着他走。走着，走着，忽然发现，这个战士由于连冻带饿，不知什么时候停止了呼吸……到处都是水，哪里能埋葬牺牲的战友呢？只好让牺牲的战友顺水漂走了……有个女同志，实在走不动了，昏了过去，徐子英（应该是徐紫英——作者注）同志就背着她走。徐子英身材高大魁梧，虽然他也冷得浑身打战，上牙打着下牙，但他咬着牙，硬是把这个女同志背出了沼泽地……

走过沼泽地后，有一个叫王才的同志，都五十多岁了，是后方修械厂的铁匠，由于他年纪大，被抬来时，已经奄奄一息了。他看到师长来到跟前，便用微弱的声音说：'师长，我不行了……'此时，王才直挺挺地躺在地上，眼睛微微睁着，呼吸十分困难。这是一个多么可爱的战士呀！师长说：'王铁匠，要坚持下去，沼泽地都走地来了，只要有一口气，背也把你背出小兴安岭！'大家把王才抬到篝火边，帮助他揉搓冻僵了的手和脚，又用火烤，终于温暖了他那颗即将停止跳动的心。王才终于缓过来了。"

西征联军走出沼泽地后，碰到的第一个村庄是石场沟。这时，他们发现身后跟着"廉秃爪子"率领的伪军。廉秃爪子是绕道跟踪而来的。

这些卖国贼，不打早晚是祸害。金策决定给廉秃爪子点颜色看看。这样，他让联军停下来休息，自己则带着侯启刚和王明贵去查看地形。石场沟山形如簸箕。联军休息的位置恰好在簸箕底，而簸箕口正对着伪军追来的路。好，我们就给他来个"关门捉贼"。金策暖暖一笑，决定朴吉松带十几个人，三挺机枪，埋伏在簸箕的西帮上；冯魁和冯带十几个人，四挺机枪，埋伏在簸箕东帮上；其余的人马则扎在簸箕底，以逸待劳，专等廉秃爪子的伪军入网。

金策刚刚吃过午饭，哨兵便跑回来报告，说廉秃爪子的人冒头了。金策立即跨上马背，率领骑兵缓缓南退。廉秃爪子见金策打马而去，怕是有诈，便架起望远镜，观察两侧山坡，结果没有发现一个伏兵。任是如此，廉秃爪子还是将队伍分成三队，三队分三个方向，鱼贯前进。西坡上的朴吉松见伪军进入阵地，立即开火，嗒嗒嗒嗒，五挺机枪同时怒吼起来。东坡上的伪军听到西坡枪响，掉头就跑，冯和和冯魁的四挺机枪又响了起来，突突突突。正面的伪军见两翼队伍都遭到了埋伏，他们不敢参战，索性一跑了之。

这次伏击战，联军打死廉秃爪子伪军三十多个，联军则无一伤亡。

1938 年 10 月 8 日这天，正好是农历的八月十五。联军西征队伍到达了海伦县的白马石，同张光迪、冯治刚的队伍胜利会师。那时，小兴安岭漫山红遍，层林尽染，西大荒（旧中国时对松嫩平原的称呼）色彩斑斓，一片秋色。

1938 年 11 月初，北满抗联总政治部主任张寿篯（李兆麟），第十一军第一师师长、代军长李景荫，政治部主任于天放，率领第六军教导队一部、第十一军第一师开始了第三批西征。

西征军是从查巴气的老白山出发的。那时，小兴安岭冰雪满山，寒风刺骨，山下沟塘积雪没膝，雪下乱草缠脚；山上倒木横躺竖卧，树枝牵衣挂脸。

开始的几天，队伍每天能走上四十多里路。几天过后，队伍就只能走二十来里了。严寒的天气，艰难的跋涉，需要不断地补充营养，但他们却断了粮食。这逼得他们不断地杀马，吃马肉、马骨头、马内脏，甚至是马皮。待到所有的马都杀光吃光后，他们只好翻雪刨冰，寻找埋在冰雪里的松子、橡果、蘑菇，甚至是扒食松树皮，将松树外皮剥掉，再扒下内皮，将内皮切碎后，放到铁锅里煮，煮成树皮粥充饥。

天气是一天比一天冷，人是一天比一天累，行军是一天比一天困难。白天，他们相互搀扶，相互鼓励，艰难前进；晚上，他们拢起篝火，团团围定，相依相靠，共度原始森林里的漫漫长夜。胸前向火的一面，烤得人脸上冒油，头上冒汗；后背背火的一面，衣如冰板，透骨袭髓。

这天晚上，张寿篯（李兆麟）同于天放并肩烤火，忽然就来了创作灵感。他眯缝着眼睛，思索一会儿，对于天放说，天放，我们琢磨琢磨，再续写我们的《露营之歌》吧。说过，他将双手伸向火堆，先对着残火烤烤，再咔吧咔吧搓动两掌。待到两手温热后，他从破烂的皮大氅里摸出来半截铅笔，一页拆开的香烟盒纸，说，来，天放，我们一起切磋切磋。如是，张寿篯（李兆麟）和于天放，两人一边烤火，一边切磋，你一句，我一句，写出了《露营之歌》的第四段歌词。

歌词写好，两人都很兴奋。张寿篯（李兆麟）两腿一屈一伸，打着节拍；于天放两手一起一落，数着节拍，两人共同唱起了《露营之歌》第四段。他们的声音很低，压不住呼呼掠过的寒风，却惊醒了身边的战士。他们纷纷从雪窠里站起身，摇摆到张寿篯（李兆麟）和于天放身后，跟他们学唱起了第四段《露营之歌》。学着唱着，不知不觉，又将四段歌词连成一体：

暴雨狂风，荒原水畔战马鸣。围火齐团结，普照满天红。同志们，锐志哪怕松江晚浪生！起来呀！果敢冲锋，逐日寇，复东北，天破晓，光华万丈涌。

浓荫蔽天，野雾弥漫，湿云低暗，足溃汗滴气喘难。烟火冲空起，蚊吮血透衫。兄弟们！镜泊瀑泉唤醒午梦酣。携手吧！共赴国难，振长缨，缚强虏，山河变，片刻熄烽烟。

荒田遍野，白露横天，野火熊熊，敌垒频惊马不前。草枯金风疾，霜沾火不燃。战士们，热忱踏破兴安万重山。奋斗啊！重任在肩，突封锁，破重围，曙光至，黑暗一扫光。

朔风怒吼，大雪飞扬，征马踟蹰，冷风侵人夜难眠。火烤胸前暖，风吹背后寒。壮士们！精诚奋发横扫嫩江原。伟志兮！何能消减，全民族，各阶级，团结起，夺回我河山。

歌声引回来了查岗的李景荫，他不声不响，站在战士们身边，充当观众，眼前浮现出的，却是他参加抗日联军的历程，一幕幕，像是电影里的蒙太奇。参加抗日联军前，李景荫是富锦县七区伪警察署的署长。他人多势众，手下有七十多个伪警察，还管着个二百来人的自卫团。富锦县的人都说，他李景荫在城东踩踩脚，城西都呼嗵呼嗵跟着摇晃。

1937年7月，祁致中找到他，劝他哗变，跟着独立师一起抗日。那时的祁致中是抗日联军独立师师长。

李景荫人长得块头大，心胸宽，性情高傲。他看祁致中一眼，反问，你有什么本事，敢策反我跟你一起抗日？祁致中嘿嘿一笑道，没有弯弯肚子，不敢吃镰刀头。你要俺有什么本事？李景荫拍拍腰间手枪，说，我想跟你比试比试枪头子，你敢吗？祁致中两眼琢磨着李景荫，回答得不卑不亢，你说比俺就比。说吧，你说咱们打什么东西吧。李景荫翘起下巴，高傲地说，我不占你的便宜。听说你们山林队喜欢打飞钱，我就跟你比打飞钱。说罢，他大摇二摆地走出警察署，站在门前，抽出腰间手枪，便喝令手下向空中抛制钱。说时迟，那时快，李景荫见制钱腾空而起，他右臂一甩，先听嗖的一声，再听当啷几声，那枚大钱落在地上，已是粉身碎骨。周围爆起了一阵叫好声。

　　李景荫低头看看枪口，再抬头时，两眼盯着祁致中，将手中枪递给祁致中，说，你请。祁致中摇摇头，没有接李景荫的枪。李景荫眼睛一亮，说，怎么，你不敢比吗？祁致中又摇摇头说请李大队长给我找一挺轻机枪。什么？李景荫表情就有些愣怔。他审祁致中一眼，便吩咐人去拿一挺轻机枪。祁致中两手抓起机枪，仰面望着天空，轰隆隆地喊一句，给我——扔铜钱。李景荫从手下要过一枚大钱，再瞟祁致中一眼，突然呼的一声，就将手中大钱抛向了空中。祁致中高抬机枪，闭上左眼，瞪圆右眼，右手轻轻一钩，突突突突，就是一阵连射。众人抬头再看，只见那枚大钱已变成一团雾气，腾空而起，随后又纷纷坠落，沙沙沙沙，像是一霎流星雨。周围的人先是一片寂静，像是人去场空，突然间叫好声骤起，又像大梦初醒。李景荫烧着大脸庞，连连点头，也跟着手下鼓起掌来。祁致中将手上机枪还给李景荫，扬起脸来，快人快语道，怎么样，还用比什么？李景荫拉过祁致中的手，爆豆般地说，什么都别说了，我今儿个就参加你的独立师。祁致中张开大嘴，毫不含糊地说，那你就是俺的副师长。

不久，1937年11月，北满临时省委将祁致中的独立师改编为东北抗日联军第十一军，下辖一个师、三个旅，李景荫任第一师师长。后来，祁致中过境求援，被苏军扣留，北满临时省委又任命李景荫为代理军长。

唱过《露营之歌》，张寿篯（李兆麟）从篝火边站起身，回头看到李景荫，突然间放声大笑。李景荫莫名其妙，诧异地问张寿篯（李兆麟），你笑什么？张寿篯（李兆麟）说，我忽然想起你当大队长的事了。那时候的你可以说是吃香的，喝辣的，锦衣玉食，呼奴使婢。再看看你现在，简直是要饭花子一个。李景荫低头看看自己的一身穿戴，哑然失笑，说，这叫作周瑜打黄盖，愿打愿挨。原来，西征出发时，李景荫穿的是一件羊皮大衣。西征途中，他看有的战士鞋磨破了，便将自己的皮大衣分割出几块，给他们包了鞋。结果，他好端端的一件皮大衣，就只剩下了上半截，再被树枝刮来刮去，最终刮成片破羊皮。

张寿篯（李兆麟）点点头，而后两手叉腰，巡视一圈篝火边的战士，满怀激情地说，我们的李师长为了抗日，宁可舍弃富贵荣华，宁可跟着我们爬冰卧雪，宁可跟着我们忍饥挨饿，这是什么精神？这就是爱国主义精神。我们大家都要向李师长学习，不把日本侵略者赶出东北，决不下战场。张寿篯（李兆麟）的临时鼓动，博得了战士们热烈的掌声。张寿篯（李兆麟）益发激动。他红光满面，慷慨激昂地说，同志们，为了打击日本强盗，我们现在正经历着前所未有的困难，但我们相信，困难过后就是胜利。同时，我可以骄傲地告诉大家，在我们周围，像我们这样的抗联，还大有人在；像我们这样参加西征的，还大有人在。他们像我们一样，正在战胜重重困难，不怕牺牲，英勇顽强地同侵略者作战。现在，我就给大家讲讲第五军冷云她们的故事吧。

冷云原来是桦川县悦来镇的小学教师，1936年，她被组织派进了抗日联军，先在第五军秘书处做秘书工作，后来调任第一师妇女团的指导员。

1938年夏，抗联第五军第一师开始西征。他们的目的是寻找汪雅臣的第十军，同他们联合作战。只是他们走到五常境内时，遭到了日伪军的重兵围攻，队伍伤亡很大。师长关书范决定回师，于是率领一百多人，一边作战，一边寻找第五军军部。

1938年8月，第一师来到了乌斯浑河畔的柞树岗。那时，妇女团只剩下了八名女战士：指导员冷云，第四军被服厂厂长安顺福，班长杨贵珍，班长胡秀芝，战士黄桂清、郭桂琴、李凤善和王惠民。王惠民年纪最小，她只有十四岁，如果放在今儿个，还被父母宝贝着呢。

柞树岗位居乌斯浑河的西岸，隔岸就是关门嘴子，曾经有个渡口。不过，当第五军一师辗转跋涉到这里时，乌斯浑河正发大水，渡口已被淹没了。师长关书范决定在这里宿营，准备第二天天亮后渡河，并拢起了十几堆篝火。谁知，篝火被葛海禄发现了，这葛海禄是日本特务。他根据篝火的数目，判断出这里驻扎着抗联队伍，就连夜报告日本守备队。日本守备队长得到这个消息，立即让葛海禄带路，在一师宿营地南埋伏了下来，准备天亮时再发起总攻。抗联想选择白天渡河，是为了渡河的安全；日军决定天亮时发动进攻，是因为多年的经验告诉他们，夜间发起冲锋，损失会更大。

第二天，天刚蒙蒙亮，关书范开始组织渡河。他先派金参谋下水探明河水的深浅，并对指导员冷云说，妇女团准备准备，等到金参谋一到对岸，你们就先过河。说过，他看着冷云那又黑又瘦又憔悴的脸，又说，过河就是刁翎，到那里时，我一定让你们痛快地洗个澡。长期的行军生活，已经遮掩了这些女性的特征。她们个个衣衫褴褛，头发凌乱，面容污浊，冷眼看去，谁都会相信，这是一群女乞丐。

冷云接受命令，立即带领七名战士，朝河边运动。就在她们准备渡河时，日本守备队的机枪响了。那尖利刺耳的呼啸声穿破寂静的清晨，河水般地朝抗联队伍泻来。

事发突然，师长关书范没有顾及八名女战士，慌忙指挥队伍突围，朝柞树岗上撤退。只是爬到半坡时，关书范脑袋一涨，忽然想到河边还留有八名女战士。他懊悔地拍下脑袋，带领队伍朝山下冲来，可转眼之时，就有几个战士中弹倒在了灌树丛里。

这情形被躲在柳毛通里的冷云看到了，她焦急地喊，关师长，你们走，我们掩护！喊罢，她立即命令身边的七名女战士向日军开枪，将日军的炮火引到她们这边来。

日军果然上当。他们发现河畔还有抗联，枪声又密，以为那里是大部队，便集中火力向八名女战士射来。八名女战士并不惧怕，她们凭借地利，顽强地抵抗着日军，将每一粒复仇的子弹，都准确地射向敌人。

天光渐次明亮了。深秋的天空澄澈如镜，山上的树木清晰如洗，只有乌斯河畔硝烟弥漫，枪声如雨。此时围攻的敌人才看清楚，阻挡住他们脚步的竟然是几名妇女。这让他们懊悔不已，又生非分之想，想活捉这几名女战士。于是日寇停止射击，朝冷云她们喊话，劝她们投降，说是只要投降，就保证她们的生命安全。冷云冷冷一笑，回答敌人的是一串子弹。

再坚守十几分钟，冷云她们的子弹打光了，七名女战士仅剩下三颗手榴弹。冷云惨然一笑，向敌人阵地一瞄，抬手将一缕湿发抹上鬓角，说，立即蹚水过河。能过去，我们找到军部，再跟他们拼；过不去，我们就死，谁也不能当俘虏。说过，她嘴角泛起笑容，将三枚手榴弹，分给安福顺一枚，分给杨桂兰一枚，又说，我喊一二，我们同时扔出手榴弹，然后就——下河。

一，二！冷云的"二"字刚吐出口，三颗手榴弹同时甩了出去，炸起一片烟雾。借着烟雾掩护，八名女战士相互搀扶着，毅然走下了河床。敌人不再幻想，女战士背后的枪声响了。王惠同不幸中弹，她啊了一声，身体就朝前倒去。冷云想去拉住王惠同，结果肩膀受了伤。安福顺见状，毅然返回身来抱住了王惠同。

敌人被河中的情景震呆了。他们不再射击，而是喊话道，回来吧，我们不会要你们的命。回答他们的只有乌斯浑河哗哗哗的流水声，抗联女战士拒绝了来自异国侵略者的诱降。侵略者绝望了。他们向女战士发射了迫击炮。一颗炮弹恰巧落到了女战士中间，轰然翻起一股浑浊的水柱。水柱散后，河面上已不见了女战士的身影，只有乌斯河水滚滚南流，水面上翻腾着片片红花。

张寿篯（李兆麟）讲完八女投江，周围已是啜泣声一片。李景荫没有流泪，他两眼呆呆地望着黑沉沉的夜空，呼哧呼哧地喘起了粗气。张寿篯（李兆麟）奇怪地问，你是怎么的了？李景荫瓮声瓮气地说，我是气的。张寿篯（李兆麟）益发奇怪，问，你生的什么气？李影荫说，这个关书范，纯粹是个窝囊废。如果是我，就是把

人都拼光了，也要救回女战士。张寿篯（李兆麟）没有再说话，他
朝女战士们扫上一眼，默默地走了。这些女战士个个破衣烂裳，有
的披着麻袋片，有的盖着破棉被，有的穿着破棉衣，里边的棉花都
突围出来了，张扬着大团小团的花絮，像是成熟了棉花桃，绽开在
黑夜里。

张寿篯（李兆麟）走到耿殿君面前时，收住了脚。他冷着面孔
看耿殿君一眼，说，你带上几个人，先行一步，到绥棱那边去找我
们的人，让他们赶快来接应我们。晚了，恐怕我们都得饿死冻死了。
说完，他猛猛地跺两下脚，狠狠地搓搓双手，再从皮包里取出一页
黄纸和一支派克笔，给耿殿君写信：我率第三批西征部队已到达白
皮营。你们要火速给我送粮，以解燃眉之急！张寿篯（李兆麟）写
完这些字，咔吧咔吧搓会儿手，想了想，又在每个字的左侧，画上
个圈，最后标名日期：1938 年 12 月 29 日。

路越走越艰难，人越走越少。这些西征的战士，有的病死了，
有的累死了，有的冻死了，更有的因病因伤，被留在山里，等待他
们的救援，结果也是全部饿死冻死。

这天，他们摇进一片密林时，发现了一个地窖子。张寿篯（李
兆麟）决定就地待援，安排伤员住进地窖子，其余人则用雪堆墙，
露天休息。李景荫有气无力地说，这样……我们……只会冻死。张
寿篯（李兆麟）一笑，说，哪个还能走得动？就这样吧，如果援军
不来，我们宁可冻死或者是饿死。

天不灭曹。天亮时，一支队伍闯进了密林。那时，张寿篯（李
兆麟）他们正围着篝火坐以待毙。他们都眼睁睁地看着那队人，谁
也动弹不得。如果是敌人，那只有束手破擒；如果是同志，就继续
战斗。张寿篯（李兆麟）这样想，索性朝后一仰，将身体倾倒在了

雪墙上。

来的是王明贵。他接到张寿篯（李兆麟）的鸡毛信后，带人来寻找第三批西征军，结果就不期而遇。王明贵看到这些抗联战士，乐得他就地蹦了个高，惊天动地地炸一声，同志们，我是第三师的王明贵，我们来给你们送吃的来了！

听到王明贵的呼喊，篝火边的人们先是木然，没有感觉，仿佛吃了迷魂药。随即，火山突然爆发，他们力量激涨，一个个竟踊跃而起，朝王明贵他们扑去，大呼小叫，磕磕绊绊，跟跟跄跄，同王明贵他们拥抱在一起，个个泪流满面，哽咽着说，我们……得救了……我们胜利了……张寿篯（李兆麟）此时头脑还算清醒，拉过王明贵的手，说，快，地窖子，里边全是伤病号。

王明贵钻进地窖子时，不禁呆若木鸡。他的眼中是这样的场景：那些伤病员个个都肢体残缺，半死不活。有的没了一只手，有的少了一只脚，有的脸上浮肿，所有的女战士都是披头散发、破衣烂帽。这些战士见王明贵进来，想说话，挪不动嘴唇；想哭，没有眼泪，只有呆呆地看着王明贵，形同木偶。

多少年后，1965 年的春节，当年九死一生的于天放回忆这段经历，曾写了一首诗，诗中说："双足踏破西征路，联军铁流奔西征。汤原沟里米断炊，抵御风寒衣自缝。篝火露营雪筑墙，披星戴月雁风霜。堕指裂肤脸青紫，靰鞡烧破脚冻伤。"

1939 年 1 月 28 日，北满抗日联军总政治部主任张寿篯（李兆麟）主持召开联席会议，他将第三军、第六军、第十一军的西征队伍改编为龙南、龙北四个支队和两个独立师。第一支队和第二支队为龙北支队，活动范围是嫩江、通北、克山、龙门一带；第三支队和第四支队为龙南支队，活动范围是海伦、绥棱、庆城、铁力一带。

第一支队由第三军三师八团、第六军一师六团组成，支队长张光迪，政治部主任陈雷；第二支队由第六军二师十二团、第三军三师八团组成，支队长冯治纲，政治部主任赵敬夫；第三支队由第六军三师一部、第十一军一师组成，支队长王明贵，政治部主任天天放；第四支队由第六军三师一部、第十一军一师一部组成，支队长雷炎，政治部主任关树勋。

　　独立一师归属龙南部队，活动在燕窝山一带。燕窝山位居铁力、庆城和木兰三县交界处，由几座大山构成，远远看去，犹如一个燕窝，由此得名叫燕窝山。

　　这天，周庶泛接到情报，说是庆城县警察署和特务股的人要来大罗镇抓捕大罗镇的温三爷。周庶泛是独立一师政治部主任，当时独立一师没有师长，周庶泛实际上执行着师长的职责，副师长叫任永富。温三爷是个木把头，手下管着上百个木把子（伐木人）。但他为人忠厚耿直，仗义疏财，深得木把子们的喜欢。这样，独立一师到燕窝山后，周庶泛就找到温三爷，向他宣传抗日救国的道理，鼓励他支援抗联。温三爷也深明大义，他借口为工人购买粮食、衣物、鞋帽，却将这些物品转送给了抗联。这事被日本人知道了，就组织起队伍，火速赶往大罗镇捉拿温三爷，企图顺藤摸瓜再找到抗联。

　　周庶泛带人赶往大罗镇时，庆城县特务股和讨伐队已先行到了那里。他们没有抓到温三爷，便将全镇居民驱赶进一个打谷场，四周架起机关枪，开始寻找温三爷。结果他们只是找到几个老温家的人，没有温三爷，甚至没有温三爷的儿子温福才，这让日本守备队长恼羞成怒。他拉出温福才媳妇，将她摔倒在地，再命令伪警察用脚踢。伪警察们纷纷上来，团团围定温福才媳妇，你踢一脚，我踢一脚，踢得温福才媳妇先是叫喊咒骂，最后昏厥在地，仰面朝天，只有出的气，没有进的气。守备队长嘻嘻一笑，抽出指挥刀，狠狠地刺进了温福才媳妇的胸膛。温三爷的孙子见母亲被杀，吓得哇哇大哭。那守备队长狰狞一笑，手握指挥刀，一步步逼到那婴儿面前，眼睛眨也没眨，便用指挥刀挑起两岁的婴儿，再高高举起，又猛地一抡，将那婴儿摔向硬硬的打谷场。

周庶泛赶到大罗镇时，日伪军刚刚离开大罗镇。抗联指战员纷纷请战，要求追击敌人，为死难同胞报仇。周庶泛却冷静得很，他安慰战士们说，日本人是不会放过温三爷的，他们一定会去伐木场捕捉温三爷，我们不妨就埋伏在路上，打他个措手不及。周庶泛为人精明强干，足智多谋，在抗联中素有"小诸葛"之称。

果然不出周庶泛所料。第二天拂晓，日本兵和伪警察便乘坐四辆汽车，顶风冒雪包围了青峰岭伐木场。只是他们再摸进一个个木刻愣时，却没搜索到一个人。他们无计可施，只好败兴而归，离开青峰岭。汽车压着雪道，嘎呀嘎呀地叫着，像是病人濒死时的呻吟。

汽车开到青峰岭以北五公里时，突然轰隆轰隆两声巨响，前边的那辆汽车中了炸弹，车上的敌人被抛上了空中，哀号声不断，像是中了弹的乌鸦，又啪叽啪叽摔到地上。日本守备队长情知中了埋伏，慌忙命令司机绕过被烧毁的汽车，夺路向县城方向逃窜。

日本人见武力解决不了周庶泛，决定再施软手，招降周庶泛。如此，他们找到了牛天成村的林凤镇。

这林凤镇种了几十垧水稻。秋天收获时，他曾托庆城城里的伪警尉金凤千给他找一些割水稻的民工。秋收后，林凤镇请金凤千喝酒，耳鸣眼热之际，竟三吹六哨，胡说他跟抗日联军打过交道。那金凤千立功心切，一刻不等，立时将情报送给了特务股长。特务股长是个日本人，名字叫瓦木。瓦木顺手牵羊，找来林凤镇，让林凤镇去劝降周庶泛。林凤镇顿时两眼模糊，两腿哆嗦，心里叫苦不迭。他有心想不去，怕日本人不肯饶他；他有心想去，又怕抗联将他按汉奸论罪。两相权衡，反复思考，他还是进山设法找到周庶泛，壮着胆子说，我他妈的叫日本人给熊上了，他们非得让我来劝你，不来就收拾我全家。

周庶泛眉头一皱，脸上现出苦不堪言的神色，说，现在我们队伍要吃的，没吃的；要穿的，没穿的。照这样下去，不等打小日本，就先饿死冻死了。所以，我也还真有点……弃暗投明的意思，只怕到了真章时候，他小日本说话不算数，把事情整岔劈了。不岔劈，板上钉钉地不会岔劈。林凤镇听周庶泛如此说，脸上绷紧的弦立马松散了。他一脸笑容补充着说，我来时日本人跟我讲了，说是只要你们肯投降，要钱给钱，要官给官，要女人给女人。周庶泛嘻嘻一笑道，这事，我可不听你的，你最好找瓦木问问。

林凤镇听说此话，打马加鞭就进了县城，屁颠屁颠地找到了瓦木。那瓦木狂妄自大，利令智昏，他怎么琢磨都认为周庶泛的投降不会有诈。这样，他就找到了伪县长。

伪县长王世修一拍桌子，呼地站起身，谄媚地说，这可是千载难逢的好机会，我立即就将此事报告给北安省政府。北安省政府闻报后，火速派民生厅厅长孙仁轩、警务厅高级警官张世明前往庆安，会同王世修、总务科长阎忠耀组成"收降总部"，全权负责受降事宜。

伪县长王世修以为胜券在握，眯着笑眼对林凤镇说，现在你发财、我升官的机会到了。请你再到青峰岭走一趟，告诉那个周主任，说是只要他肯投降，什么条件我们都会答应。林凤镇人逢喜事，连家都没有回，直接进山就找到了周庶泛。周庶泛很高兴，却也很谨慎。他向日本人提出四个条件：第一，这些年我们吃苦吃得太多了，收降前，他们要给我们送些大米、白面和猪肉粉条来，让我们先开开斋；第二，为了表示对抗联的诚意，我们投降后，不能被遣散，也不能进城，只能单独活动；第三，他们收降时，方圆二十里以内，不能派部队，受降人员更不能携带武器；第四，给我三万圆钱，我好奖赏给弟兄们，也算他们没白跟我一回。

第三天，十张马爬犁集合到了伪县公署大门前，上边满满当当，装的是大米、白面、猪肉和粉条。按照省政府指示，应该由伪民生厅长孙仁轩、伪县长王世修、伪北安省高级警官张世明、伪总务科长阎明耀共同进山受降。

马爬犁临出发前，民生厅长孙仁轩上马爬犁，"一不小心"碰坏了手指。伪县长王世修满脸恐慌，虾着身体，想看看孙仁轩的伤势，突然两手捂着肚子，就是惊天动地叫唤。旁边的人慌了神，都围拢过来，纷纷询问是怎么一回事。王世修哭丧着脸说，我肚子疼得厉害，疼得像转了轴似的。副县长便讨好地说，大概是得了盲肠炎，赶快到医院看大夫吧。伪县长勉强抬起头，很失落地说，看来，这次立功机会，我只能送给兄弟做了。副县长周身立时惊出一身热汗，心里禁不住就暗骂，好个老狐狸，你这玩的是金蝉脱壳啊。可不满归不满，暗骂也只是在心里骂，他还是做出一张笑脸，连声说，兄弟愿意代劳，兄弟愿意代劳。张世明和阎明耀四目相视，脸色个个都黄得像一张烧纸。

中午，马爬犁赶进了牛天成警察分驻所。只是，警察所里没有周庶泛，也没有周庶泛的人。伪副县长一行各怀心腹事，他们心照不宣，坐也不是，站也不是，如同在针毡上坐，如同在蒸锅里卧。时间越长，伪副县长心里越虚。他眼睛看着怀表，忐忑着声音对阎忠耀说，我看这事……有点悬乎。阎明耀的心比副县长更暗，但他打肿脸充胖子，故作镇定地说，不会出问题我想他们是遇到别的事，耽误了时间。阎明耀嘴上这么说，心里却默默叨念，天塌大家死，过河有瘸子。

这些受降的人担惊受怕，那些赶马爬犁的人却欢天喜地。他们看到炕桌上摆满大碗猪肉炖粉条，大碗白菜炖豆腐，大盘酸菜炒粉条，便吵吵嚷嚷上炕，争先恐后抢占位置，又是喝酒，又是划拳，大吃、大喝、大玩，闹得个不亦乐乎，馋得伪副县长的涎水就流满了嘴丫子。发昏当不了死，就是死，也要做个饱鬼。伪副县长如此想，便故作大度，召呼阎明耀等人上炕，说，来，来，该吃，吃；该喝，喝，趁热。阎明耀等人闻言，心怀鬼胎，哭丧着脸，只好陪着副县长吃喝。吃菜，菜没味；喝酒，酒不香。

太阳偏西南时，大院里突然传来了说笑声，炕上几个受降人又惊又喜又怕，慌忙下地迎出门时，周庶泛领着几个人，已走到门前。阎明耀立时笑逐颜开。他眼观周庶泛，手指伪副县长说，这是我们的副县长。伪副县长伸出一只手，递给周庶泛说，早闻周主任大名，如雷贯耳，相见恨晚啊。孰料，周庶泛只乜他一眼，便转过头去问阎明耀，不是说好民生厅长来吗，他在哪儿？阎明耀说，孙厅长真的要来，只是，他临上车时，被车门挤破了手指头，所以嘛……他还想解释几句，再看周庶泛脸上阴云横陈，眼里电闪雷鸣，只好把想说的话又吞了回去。

周庶泛果然怒气冲天。他眼睛瞪着阎明耀，说，编得好圆全，我就不相信有这么巧的事！归根结底，还是你们没有诚心。既然你们没有诚心，我们还有什么好谈的。说罢，他一甩手，又说，来人，把这几个坏蛋都给我捆了。他的话音刚落，几个战士就跑过来，三下五去二，迅速捆住了那几个前来受降的人。周庶泛目光逐一点过那几个人苍白的脸，轻蔑地说，想让我周庶泛投降，错翻了眼皮。

周庶泛诈降获胜，使他在独立一师的威望更高，这让副师长任永富感到不快。他不快是因为他妒忌周庶泛的智慧，更因为他不喜欢周庶泛独断专行。这样，他就秘密派自己的亲兄弟任永林，到老金沟向北满省委打周庶泛的小报告，说周庶泛诈降虽然大获全胜，但却产生了负面影响，损伤了抗联的信誉。北满省委接到报告后，就让周庶泛前往省委说明情况。

周庶泛走后，独立一师由副师长任永富指挥。任永富原系山林队出身，参加抗日联军后，身上的土匪习气也没有多少改变，平常时候，眼睛总是朝女战士身上溜，落到李顺花脸上的时候最多，甚至有些邪恶，只是碍着周庶泛的面，不敢有所作为。如今，周庶泛走了，他无所顾忌，便有一天，借查岗的机会，走进了李顺花住的窝棚。李顺花二十出头，是个抗联老战士，人长得鸭蛋脸、柳叶眉，只是因为整天野外生活，风吹雨打，摧残得面目有些憔悴。

任永富走进李顺花的窝棚里时，李顺花正守着火堆，给战士们缝衣服。平常时候，抗联战士总是找她缝缝补补，洗洗涮涮，不管岁数大小，都叫她大姐，大姐大姐叫着，叫得像亲姐姐一样。李顺花有时开玩笑，还会伸出手指头，去刮调皮战士的鼻子。李顺花看任永富进屋，没有多想。她笑笑，说，副师长来了，坐下烤烤火吧。任永富一笑，就凑到火堆前烤火，一边烤火一边没话找话，跟李顺花搭讪。天上一句，地上一句，说着说着，人就呼哧呼哧喘起了粗气，像是拉动的一个破败的风匣。这让李顺花有所觉警。她抬头瞄任永富一眼，问，任副师长，你是咋的了？任永富说，我……我看你长得挺好看的。李顺花就笑了，忸怩地说，你看，副师长说的，我有那么好看吗？任永富说，好看就是好看嘛。说着，他站起身，凑到李顺花身边，伸手摸上李顺花的面庞，说，看你的脸，都被风吹成麻土豆了。李顺花拨开任永富的粗手，霍地站起身，板起面孔说，副师长，我……烦你，你走吧。任永富脸红脖子粗地说，别，别，我想……想，我们的日子过得他妈的太没味了……又说不上啥时候就见阎王……能乐呵一天就乐呵一天吧……

李顺花人到此时，完全明白了任永富的居心。她强压住胸中的愤怒，暖着一张脸说，任副师长，我理解你，可你不能这么做，我们是抗联。说过，她踅身就朝门外走。李顺花是个聪明伶俐的女子，她清楚此时最好的处置方法，就是走出窝棚。任永富没有让李顺花走，他一个饿虎扑食，将她抱在怀里，拱起嘴唇，就去亲李顺花额头。李顺花拼命地朝外推任永富，一边推一边说，你……再不松手，我就喊了……任永富已是意乱神迷，他全无顾及，疯狂地去捂李顺花的嘴。李顺花别无选择，她狠狠地咬住任永富的手，任永富啊的一声叫，用力将左手从李顺花嘴里抽出，右手拔出手枪，顶着李顺花的脑门说，你，干不干，不干，我就崩了你。李顺花的倔强脾气也上来了，说，你就是打死我，我也不干。任永富气急败坏，砰的一声就开了枪。

枪声引来其他抗联战士，他们纷纷跑出窝棚，跑到李顺花窝棚前。任永富没把打死李顺花当回事，他大摇大晃走出窝棚，面对虎视眈眈的二十几个战士，还是没当回事。没当回事是没当回事，但他还是想到了为自己开脱。他将手枪插到腰间，慢条斯理地说，李顺花……想当叛徒，让我正法了。

　　抗联战士面面相觑，有的摇头，有的叹气，更有几个人嘟嘟哝哝，走进了李顺花的窝棚。任永林见大事不妙，就把任永富拉到一边，说，你麻溜挠岗吧，二哥。要不，赶明儿个周主任回来，问李顺花的事，你咋说啊？任永富一瞪眼睛说，咋说，你说咋说？我就说她蛊惑人心，想滑人下山投敌。任永林说，二哥啊，你就是说破天，谁信啊。听我的话，你就下山吧。任永富斜任永林一眼，说，你找个树根儿眯着不算你淘气。他周主任再尿性，能把我怎么样。

　　周庶泛是第二天傍晌回来的，听说了李顺花的事，就冷着面孔问任永富，任副师长，你因为什么处理了李顺花？任永富斜着眼睛说，你走这些天，她总是散布对队伍不利的话，我怕她反水，就把她解决了。周庶泛说，你说的是实情吗？如果真像你说的那样，她不早就表现出来了吗，为什么偏偏在我走这些天？任永富说，你不相信我，那你说她咋死的？任永富心怀鬼胎。他说这话时，就把窝棚里的人都扫了一遍，想看出是谁打的报告。结果他就发现，所有的抗联战士都瞪着他，一个个虎视眈眈。周庶泛说，你也不用东遮着西挡着，排除李顺花是个老同志不说，就是她真的有错误言论，你也应该等我回来，跟我商量商量再做决定。任永富说，情况就是这么一个情况。我要不刹个愣地插了她，她说不定就会滑人逃走。周庶泛说，任师长，请你说话要对党负责，要对我们的战士负责。如果你说不清这件事，我可以公开地说，你这样做有杀人灭口之嫌。任永富人到此时，已是理屈词穷，索性摆出一副死猪不怕开水烫的态度，说，我看她太孤单了，想跟她睡觉，她不同意，我就把她毙了，你能把我咋办吧？！周庶泛冷冷一笑道，怎么办，杀人偿命。说过这话，他就下令下任永富的枪，捆任永富的人。任永富大骂道，妈了巴个子的，周庶泛，你想把老子怎么样？他一边骂，一边给任永林使眼色。任永林当然明白任永富想让他做什么。他手伸上腰间时，再看看周围战士的眼色，又把抓住枪柄的手松了开来，顺势跪在地上，替哥哥任永富求情，说，周主任，我二哥做得是不咋着，可他大小也是个副师长，这些年打小日本子，也立下不少功劳。就是没有功劳，还有苦劳，没有苦劳，还有疲劳，你总不能一点面子都不给吧？周庶泛暖暖脸色，说，这不是面子的事，这是纪律的事。任永富见周庶泛黑着脸，又破口大骂，周庶泛，我 × 你祖宗！我枪毙了李顺花，你说我不等你回来商量，那么你想杀我，干啥不报告给李军长。李军长就是李景荫，他是龙南部队指挥，独立一师归他管。任永富提出李景荫，是想用缓兵之计先稳住周庶泛，再想办法。周庶泛并不理会任永富的叫骂，他一字一顿地说，如果按你当土匪时的章程，像你犯的这种罪行，要"看天"（土匪处置人的一种刑法，就是选择一棵小树，压弯，将树梢砍掉，将树尖插进人的肛门里，松开小树，将人抛向空中）或者是"挂甲"（脱光人的衣服，绑在大树上，再朝身上一层层浇水，直到把人冻死）。但我们是抗联，你打日本子也有些功劳，我就让你选择吧。任永富人到此时，就尿裤兜子了。他哭着声音说，还是用"喷子"吧。说过，他就朝窝棚外走去。走到窝棚门时，他回头看了任永林一眼。任永林躲过任永富的目光，一脸土灰。周庶泛叹息一声，拍拍任永林的肩膀说，别往心里去，你是你，你二哥是你二哥。如果你不想干了，我给你多带些盘缠，送你下山；如果你还想打小日本，就留下来。任永林抬起头，闪烁着目光说，我……愿意跟你干。周庶泛开心一笑，说，那好，你就做我的副官。周庶泛这样做，是想说明自己胸怀坦白，用他的大公无私感化任永林。就没料到，他这样做，是给自己身边安了一个定时炸弹，最终害了两个人的生命。

1940年1月，北满省委调离了周庶泛的工作，让他到老金沟报到。周庶泛接到命令时已是2月底。他交代好工作，便和原北满省委书记、抗日联军第三军政治部主任张兰生，带上原三军军需队长车永焕、副官任永林，还有自己的妻子洪明敏，两个警卫员，一行七人前往老金沟。

这天，他们走到铁力北的五花山时，已是半夜时分。周庶泛想，再走几十里就是老金沟，应该不会发生什么问题，便决定打个小宿。连日行军，他们一个个都是筋疲力尽了。

天蒙蒙亮时，任永林眨巴眨巴眼睛，拉起了身边一个年轻人。这年轻人姓王，是周庶泛的警卫员。他见利忘义，看到周庶泛身上带着五千块钱，便同任永林勾搭成一伙，共同谋定找个机会谋害周庶泛等人。

两人对视一眼，心照不宣，都蹲到残火眨眼的篝火边烤起了手。过了不到两分钟的时间，任永林看看手已舒展，呼地站起身，嗖地掏出手枪，枪口对准周庶泛的棉大衣，狠狠地勾动了扳机。

枪声惊醒了其他人。他们的第一反应就是摸枪。结果，他们发现所有的枪都不见了——两个叛徒预先将武器都扔进了雪窠子里。张兰生站起身，给车永焕递个眼色，两眼瞪得像牛，声色俱厉地问任永林，三任，你想干什么？任永林嘻嘻一笑道，干什么？我为我哥哥报仇。

这边两人正对话，那边车永焕已抓起一根烧剩的木棒，突然一跃而起就朝任永林和姓王的警卫员抢去。任永林和那警卫员措手不及，只好各自操起烧剩的短木棒，同车永焕对打起来。车永焕一边与两个凶手过招，一边呼喊，张主任，你们快快跑啊……

转眼之时，任永林两人便被车永焕打翻在地。车永焕没来得及多想，手执木棒就去追张兰生等人。可惜，他刚跑到树林边，背后的枪声响了。车永焕强壮的身体摇摆摇摆，人就重重地倒在了雪地上。

这一天是 1940 年的 3 月 3 日。

周庶泛，朝鲜族，约出生于 1910 年。1935 年任第三军第二团连长。二团团长王惠同牺牲、赵一曼被俘后，他率领十几个人找到第三团，在第三团的援助下，重组了第二团。此后，他历任东北抗日联军第六师政治部主任、第一师政治部主任、独立一师政治部主任、东北抗日联军第三路军第一师政治部主任。1940 年 3 月 3 日，被叛徒杀害于铁力县东北的五花。

第十八章

▶ 反掠夺 "赶羊" 护松

第一次西征会议遗址

1939 年 1 月，王明贵带领龙南部队第三支队来到了绥棱县诺敏河畔。那里有个叫一棵松的出河场，堆积着成垛成垛的木材，像一座座山，等待着运到山外，然后用马车或者汽车，再用轮船，运回到日本国。日本人为了保护这个出河场，在这里派驻了一百多名日军、三百多伪军。王明贵收到情报后，决定袭击一棵树出河场，夺取一批战马，提高第三支队的战斗力。如此，他派于天放、高继贤、隋德胜等人带领大部队，去夺取散放在草场上的马匹，他则带一支小队、两挺机枪，埋伏在日伪军军营大门外，阻击出洞的敌人。

于天放旗开得胜，他们很快牵回来二百多匹战马。此时，日伪军也发现马匹被牵走了，于是紧急集合，分两队朝营房大门外跑，企图夺回被牵走的马匹。只是，他们还没跑出大门，就遭到了机枪扫射。王明贵的两挺轻机枪，封锁住了日伪的队伍。王明贵见日伪军退回营房，立即带领战士们撤退。营房里的敌人见王明贵撤退，又叫喊着冲出营房。王明贵则凭借座座木材堆，沉着还击。最终，抗联战士打死打伤日伪军几十个，自己却无一伤亡，而日本人打死的，仅仅是几十匹马、上百头牛。

袭击诺敏河出河场后，王明贵将第三支队武装成了骑兵。全队指战员欢欣鼓舞，为了庆祝胜利，燃起了熊熊的篝火，演起了文艺节目。

王明贵和于天放一边看节目，一边说话。说到一棵松战斗，王明贵感慨地说，我们这次袭击出河场，虽说夺来一批战马，但并不能制止日本人盗运我们的木材，看到年年有这么多的木材被运到日本国，我心里十分难受。于天放颇有同感。他说，这问题是明摆着，如果照这样的速度继续运下去，不用很多年，等到我们打跑日本人，再建设新中国时，将没有木材可用。所以，我们应该想个办法，阻止日本人这种强盗行径。王明贵摇摇头，又垂下脑袋，两手支着下巴，冥思苦想。于天放眼睛突然一亮，说，我们队上有许多水量好的同志，我看是不是派一些出去，先潜伏下来，等到夏天流放的时候，再给日本人来个"赶羊"（旧中国时在黑龙江，人们把流放的木排拆散放跑，叫赶羊），这多多少少会减少一些损失。王明贵猛击下掌，说，这主意好。要派，我们也别只管诺敏河，还要管呼兰河、汤旺河，凡是有日本人出河场的地界，我们都要派。

派往呼兰河"赶羊"的那个战士，叫古七。

古七来到南缤出河场时，呼兰河上正插着垛（流放的木头攒成堆，形成一座山），空气里轰鸣着河水撞击原木的怪叫声，惊心动魄，鬼哭狼嚎，看得岸上的人心惊胆战，毛骨悚然。

古七没有去看插垛，他直接走上高冈，去找马大把头。那时，马大把头正跟日本人仓木商量到哪里找人挑垛，古七就来了，说是他敢去挑垛。

马大把头见古七人又瘦又黑，凸嘴凹腮，两眼深陷，活脱脱一副猴相，便嘲弄地说，就你个干巴猴样，没有条扒扛粗，还想挑垛。

走吧，走吧，从哪来的再回哪去吧。马大把头的话招来了一团哄笑，嗡嗡嗡嗡，像一窝抢粪的苍蝇。古七的脸涨得比猴屁股还红。他瞥马大把头一眼，说，没有金刚钻，不敢揽瓷器活。我古七说是敢挑，就是能挑，不信，你可以让我照量照量，生死不用你管。马大把头呸地一声，将口痰吐在绿草地上，转头又跟仓木说话，不再搭理古七。

仓木却把目光锁向了古七。仓木是仓木木材株式会社的总经理。他见古七虽其貌不扬，穿戴寒酸，上下都是更生布，更生布短衫，更生布短裤，但谈吐并不猥琐，人也不遢遢，不像马大把头，光鲜着一身绸缎，一副大背头抹得溜光铮亮，连苍蝇落下都闪腰，人却极肮脏，满嘴大黄牙，一张口臭气熏天。他对古七心生好感，朝古七点点头，眯起一双老鼠眼，慢条斯理地问，你的，能挑垛？古七豁豁亮亮地说，我说能，就能。仓木就笑了，说，你的能把垛挑了，我的不但给金票，还留你在这儿干活。在此之前，仓木曾悬赏寻找挑垛者，当着几百号木把子的面宣布，谁敢挑开呼兰河上堆集的红松，他就奖赏谁一千元。仓木出的赏格不算少，可满岸的木把子，没有一个敢应承的。挑垛是一个高危险的活儿，要有胆量，要有头脑，要眼疾手快，即便如此，有时也难逃危险。木把子的命是贱，可贱命也是命啊，谁的命也不是拿咸盐换来的。赶巧，这时候古七就来了。满河岸上的人都以为古七是恰巧赶上的，只有古七自己知道，他是特意寻找的这个时机。

古七听过仓木的话，眼睛里故意透露出一种贪财的神色，转过身去看木垛，琢磨着挑垛的关节，高凸的两个颧骨上跳着两片阳光，一张小嘴抿得像孙悟空。那阵儿，呼兰河上的木垛更加高猛了。水上的原条已拥挤成一座大山，纵横交错，狼牙锯齿，形成一个个缝隙，大大小小，长长短短，奇形怪状。河水就从那些缝隙里喷射出来，横冲直撞，肆无忌惮。

古七微微一笑，再回身时，他打量仓木一眼，认真地问，你，说话算数？仓木说，你的挑了，我的不但收留你，还让你当二把头。听仓木如此说，古七哈哈大笑。笑过了，他向马大把头伸出右手，说，给我一根压脚子。马大把头大嘴惊得像个漏斗，露出满口黄牙，立即吩咐身边的一个小把头，去，麻溜给他拿一根压脚子来。那小把头听了马大把头的吩咐，便屁颠屁颠地跑上了轱辘马子道。再从轱辘马子道那里回来时，将一根压脚子递给了古七。古七从小把头手里接过压脚子，再用力往下一掼，压脚子就深深地插在了草地上。之后，他解开缠在腰间的白腰带，深吸一口气，又重新把布带勒紧，这才拔出压脚子，朝河岸走去，一步一步，稳稳当当。

岸上所有人的目光都聚集在他的背上，有的惊诧，有的惋惜，有的佩服，有的悲哀，有的漠然。这些古七一概不管，他只是朝河畔走去，眼睛盯着那山一般的木垛。

在河边，古七立住了身，两手横握起了压脚子。他先扬脸，看看高高插起的垛头，确定散垛的关节；再低头，他看看拥挤着的原条，寻找着落脚点。突然间，他大喝一声，朝前跑去。就在临水的岸上，他右脚点地，身子向前一跃，双脚就落在了一根原条上。那原条感到了疼痛，猛地朝下一抖，腰身便转动起来，像一匹烈马，想掀翻背上的驭手。就在烈马摇动的那刻，古七顺势借力，纵身又跳上了另一根原条，像松鼠跳枝，猿猴跃涧。古七就这样跳跃着，跑动着，转眼工夫，人已站上了垛头。

垛头上的原条拥挤着，吱吱嘎嘎，哗哗啦啦，轰轰隆隆，像是一曲交响乐。古七眼疾手快，他出手就将压脚子点向一棵高翘的红松，就像一名驭手牵着一匹前蹄腾空的烈马。那烈马桀骜不驯，它不满意古七无视它的威风，便左摇右摆，试图把古七摇下背去。古七毫不理会。他将手中压脚子铁嘴朝外，叼住右侧一根插起的原条，身子左倾，再往右拨动那根原条。四两拨千斤。但听咣咣当当，哗哗啦啦，那翘起的马头已然落了下来。说时迟，那时快，古七手中的压脚子再一点，人已经落到了另一根原条上。之后，他把这根原条作为跳板，纵身一跳，又跳上另一根原条。他就是这样寻找着，跳动着，手中的压脚子飞上飞下，点左点右，眨眼之时，人已立在了呼兰河岸上，大红着脸，大喘着气，大睁着眼睛，看着河上的木垛。这时候，河上的原条已然散垛了，成百上千的原条冲向下游，撞击着，呼啸着，像武开河的冰排，轰轰烈烈，铺铺排排。眼见得流放的木头畅开了，挑垛的人稳立岸上，人群中爆发出一阵欢呼声。

马大把头尴尬一脸。仓木乜马大把头一眼，走到古七面前，拍拍他的肩膀，侧脸对马大把头说，他的，好样的，你的收下，做助手的干活。马大把头的胖脸上就流露出一层谄媚，连连哈着腰说，哈依，哈依。古七心里就骂，哈依，哈依，连中国话都不想说了，等有机会，老子就把你扔到呼兰河里喂鱼。

主子欣赏古七，马大把头便也高看古七一眼。他让古七留在出河场，吃喝穿住，一概包下。古七却不领情，执意住在城里，说已经在窑子街西头找好了房子。马大把头就暧昧一笑，口中奔出一股臭气，说，看不出你这个干巴猴，还有那么大膘性，是不是相中哪个海台子（暗娼）了？西头阿香那小寡妇挺嫩的，是不是也让你刮拉上了？古七也笑，嘿嘿两声，不承认，也不否认。马大把头以为古七是默许，挑古七一眼，再摇摇头，说，不对啊，不对头啊。看你小子嘴唇发干，满唇白醭，还是个没踩过蛋的公鸡啊。古七依旧笑，不说话。

古七租住的两间草房，在铁山包城的最西部，独门独院。草房的东侧，也是独门独院，二间草房，只是比西院的矮，像一座小马架子。马架子的主人叫阿香，当年二十出头，人长得眉清目秀，细皮嫩肉，声音甜得像蜜，是个只听声音就让众多男人身上刺痒的女子。阿香的丈夫原来也是个木把子，后来伐木时让回头棒子打死了。阿香从此断了生活来源，只得靠白天给人家缝缝补补，晚上半开门，做点皮肉生意养活两个小孩。

夜里三更，古七走出小院，蹑手蹑脚地走上了南缏出河场。出河场下稍，朝北的呼兰河上，正泊着一排排的木排，迤迤逦逦，铺满了整个水崴子。这些木排归属仓木木材株式会社，沿呼兰河流放到哈尔滨，在松花江江北拆排上岸，再装火车，再装轮船，运往日本国，架桥盖房，也做军火，用不了的就沉到海底，留着后用。据说，时至今日，在日本海海底，还贮存着大量的中国木材。但这也只是据说而已，到底有没有，谁也没看见。不过有一点确凿无误，那就是伪满时期，日本人从小兴安岭掠走的红松不计其数，永远也数不清，像天上的星星。

再说古七。他溜到河边，回头望望，又迅速钻进柳毛通，而后蹲下身，观察着河中的木排。木排都是用臭李子树条拧成一体的，每一排由十根原条组成。木排与木排之间，再用缏绳连结成串，首尾相连。

估量好头排与二排的位置，古七从腰间抽出一个匕首，叼在口中。而后，他左手撑着陡岸，将右腿探入水中。河水很凉，冰得古七周身战栗，像是打摆子。古七不敢耽搁，等到右脚够到河沙后，又把左腿插进水中。此后，他就慢慢地朝前蹚着水走，避免溅起水花。走出几米的样子，河水便没了古七的胸口。他瞄眼木排，目测好距离，身子一缩，人便潜入了水中。

古七再从水里钻出头来时，两手恰好扳住了二排排头。他扬起下巴，朝前看看头排，腾出右手，握下叼在口中的匕首，开始战斗。古七将赶羊也称作战斗。当然，这是一场特殊的战斗，没有枪，没有炮，却有着很高的风险，甚至会失去生命。这话是王明贵说的。古七清楚记得，王师长说完这话，还长长地叹了一口气，又说，真不想让你一个人作战，可这事还得保密，闹不好会被捕掉脑袋。古七的眼圈就湿了，说，请你相信我，绝不会给抗联丢脸。

眨眼之时，古七割断了联结头排和二排的臭李子藤。眼看着头排飘飘而下，古七坏坏一笑，两手攀住二排排头，再一跃身，人就上了二排。在二排头，古七蹲下身去，像个大鱼鹰，迅速切割了联结二排和三排的臭李子。二排也忽忽悠悠地飘走了。接着是三排，是四排……古七一连割散了七个木排，看看离看守木排的窝棚只差三个木排了，他悄悄游回岸上，穿好夜行衣，潜回自家。

古七抬开榛柴编成的院门工夫，东边传来了脚步声，很沉重也很清晰。古七转头，就看到一个人影摇了过来。古七头皮一炸，立马从腰间抽出匕首，低声喝问，谁？那个人没有停步，边走边答，我，隔壁的阿香。阿香声音很甜也很香。古七悬着的心落地了。古七已知道了阿香的底细，白日里遇到阿香，他心里难受；晚上遇到了，更是心酸，像空腹吃一片酸菜。古七说，今后有个为难着仄的，吱个声，都隔壁住着。阿香心就抽搐一下。夜黑，古七看不清阿香面孔，只能看到阿香眼睛含着泪水，亮晶晶的。古七唉了一声，迟疑片刻，回头又说，嘴严实点，对谁都有好处。古七的声音很低，阿香耳朵里却嗡嗡山响。她稍稍一愣，说，你是个好人。

南缠的木排总被人赶羊，这让仓木十分恼火，便找到了宪兵队。宪兵队长一脸无奈地说，这水招子（赶羊的人）水量大大的好，我们想抓也抓不着。宪兵队长还告诉仓木，有一次真的堵住了水招子，七八个人把他围在水里，可最终还是让他跑了。那水招子顶水潜游了五十多米，把几个游泳好手都扔在了后边。

　　仓木无计可施，只好唤来马大把头，责令他十天之内抓住水招子。马大把头的脸顿时拉下来了，像是死了亲爹亲妈。连你们日本人想抓都抓不到的人，我怎么能抓到。他心里这么想，嘴上不敢说，大眼珠子一转，却说，我看古七那小子，很值得怀疑。仓木贼眉皱了皱，鼠眼转了转，问，这话有什么根据？马大把头直直腰，说，太君的想想，为什么古七没来之前，没有赶羊的事儿，古七一来，赶羊的事儿就跟着腚来了。仓木点点头说，这事就交给你办，办好了，我赏你一千块钱。马大把头满脸受用，咧开大嘴说，哈依，哈依。

　　天黑时候，马大把头溜进了阿香家。那时，阿香正坐在炕上纳鞋底儿，守着一碗小洋油灯。听到门响，阿香先是一喜，抬头再看是马大把头，顿时周身筛糠，手上的锥子砰地落到了地上。阿香接过马大把头的活，领教过他折磨人的残酷。马大把头打量着阿香半掩的胸，嘻嘻一笑，说，嫡亲老爷们来了，你也不站起来侍候侍候。说着，人坐上炕沿，同时将一只大手掏向阿香的胸。阿香一手遮掩着裸露的胸颈，一手搬开马大把头的胳臂，哀哀地说，别，别，小嘎们还没睡觉。马大把头强行扯过阿香的右手，将她搂在怀里，说，别害怕。我今天不造祸你，只想问你一句话。阿香挣出马大把头的怀，仰脸问马大把头，你，想问什么话？马大把头朝西墙一歪头，说，西院住的人，你认识吗？阿香说，人不认识，听说是你们出河场的二柜。马大把摇摇头说，二把头是二把头，可这人来路不明。你们邻居住着，我寻思你能知道他晚上出去都干了些什么。阿香想起了古七对她说过的话，便答，他去干什么，我哪知道？马大把头就盯上一句，他不到你这儿来吗？阿香摇头，摇出一脸怵然。马大把头眼睛立时亮了，心中暗想，一个孤男碰到寡女能不动荤？这事也就八九不离十了。他这么想，探手从内衣摸出一根金条，摊在左手掌上，掂掂，斜阿香一眼；再掂掂，再斜阿香一眼。阿香的眼睛跟着金条颠，仿佛那金条是吸铁石，她的眼睛是两个铁球球。

这玩意给你吧。马大把头拉过阿香的左手，将金条压上阿香的右手，说，我不用你陪我睡觉，只要你给我缠住他，套出他是干什么的就中。马大把头说完，临走时顺势在阿香的乳房掐上一把，又故作和气地说，告诉你吧，我听说他是山里来的，我也想给抗联干点事，仰仗他给接个头。

古七一连三天没有赶羊。

古七没赶羊，是因为他看出了马大把头的变化。原来的马大把头见到古七，总是黑着一张脸，就像古七欠他钱不还似的。但这几天不是。这几天马大把头见到古七，总是张罗着拉他去喝酒。这让古七看出了破绽。古七每天喝完酒后，就回家睡觉。

那天天热，又喝多了酒，古七回家时就脱下上衣，搭在右肘弯里，光着膀子朝家走。走进小院，古七伸手刚去拉房门，突然就看到了阿香。阿香两手把着榛柴编成的篱笆门，头越过柴门上端，翘着一个光滑的下巴，正看着他，脸庞很白净很光洁，也很耐看，像月中人似的。古七的心就扑咚一跳。他硬起面孔问，你有事吗？阿香说，你小褂的肩膀头都张嘴了，我给你缝缝吧。古七心头一热，嘴上说，不用。说完，开门就进了小屋。人进小屋，心里还想着阿香：这阿香，怎么想起给我缝衣服了。

古七侧卧行李卷上，想三想四，越想心情越烦燥。他翻立起身，伸臂掀起了两扇窗户，顺便朝外一望，竟看到了阿香仍然站立在篱笆边，朝这边看着。他蹊跷地问，你还站在那儿，干啥？阿香嗫着声音说，我……想给你……洗衣服。古七没好气地说，我不是不想让你洗，我是没有换洗的衣服。阿香说，我家那个死鬼还留下一套衣服呢，我给你拿来。说罢，不容古七回话，扭搭扭搭就走进了家门。

阿香走进古七屋里时，左胳膊夹着一卷衣服。她把衣服放到南炕上，忸怩地说，给，换。说过，又转过脸去。古七到此时也不好再坚持了。他喘息着脱下身上的衣裳，递给了阿香。阿香接了，先嗅嗅古七身上残留的体味，心里掠过一种甜丝丝的味道，闪着黑眼睛柔柔地说，大兄弟……你晚上……不孤单吗？古七问，你是什么意思？阿香接着说，你看我怎么样？古七说，啥怎么样？阿香又说，你……看我长得俊吗？古七老实回答，我看你长得挺俊的。阿香便追问，那你稀罕咱吗？古七说，我不稀罕。阿香抽抽泣泣地走了。她觉得很委屈很窝囊。她原来想古七人长得又黑又小，能看上她，没想到他会拒绝。

阿香走后，古七也轻轻下了炕。他弯腰从灶坑里摸出把小刀，光着膀子走到北窗下，两手攀着窗台翻越到了窗外。窗外是菜园子，园子里的豆角黄瓜拥挤满架，朦胧成一面面黑绿色的墙，团团叶片摇动着露珠，散发着湿湿的清香。

第二天早上，马大把头走进办公室时，看到仓木正怒气冲冲瞪着他。他刚想问有什么事，仓木的右掌已掴上了他的胖脸。马大把头趔趄两步，手捂着左脸，愣眉愣眼地看着仓木，一脸迷茫。仓木恶狠狠地说，你的知道，我的为什么打你？马大把头哭咧咧地回答，我不知道。仓木说，昨天晚上，木排又被赶羊了，水招子的，你能不能抓住？马大把头如梦方醒，哆哆嗦嗦地说，再给我十天时间，我的一准抓住水招子。仓木板起面孔说，我只给你一个星期，七天再不抓住水招子，我就毙了你。

马大把头出办公室，直接就去找古七。古七正在呼兰河边看木排，见马大把头用怪异的目光审视着他，玩笑似的说，你那么瞅我干啥，相对象啊？马大把头目光落到古七的大褂上，说，你搁哪淘弄的这身大衣裳，长不长短不短的？古七说，我的那身皮拿去洗了，没衣服穿，从邻居那儿借来的。马大把头立时一脸淫笑地说，借来的？我说看这褂子咋眼熟呢，敢情是刮拉上小寡妇啦。说着，他凑到古七面前，上下打量着大褂。他是想看看上边有没有泥点或者是水渍。结果就一脸嗒然。古七明知道他的目的，并不挑破，一脸认真地说，没那回事，我只是求她洗洗衣服。马大把头说，洗不洗衣服的，关我屁事。眼睛还是在古七衣服上溜上溜下。古七用讥嘲的口吻说，老大是想从我身上看出花来啊？马大把头尴尬着说，我是想看看能不能找出根×毛来。说罢，转身就朝街里走去。他是想找阿香核实一下，昨天晚上古七出没出门。

阿香正在给古七缝裤子，旁边放着已浆好晒干的衣服，折得整整齐齐，散发着一股淡淡的玉米汤味。在东北民间，妇女洗过白衣服后，总喜欢用米汤浆浆。这样穿起来硬挺、舒服、受看。马大把头心里就有些泛酸。他本是把阿香做个钓饵来勾引古七，却没想到她这般认真，便醋醋地说，看来你是真用心啊，又是洗又是浆的。阿香脸微微泛红，暧昧地说，还不是给你办事吗？马大把头问，那你都听他说些啥了？阿香摇摇头，依旧缝自己的裤子。马大把头一把扯过裤子，扔到炕上，问，你跟我说，他到底睡没睡了你？阿香脸更红了，像刚下过蛋的母鸡。马大把头心头一振，他以为阿香是拿下古七了，又问，我交你的事呢？阿香知道马大把头是把事看扭了，但她并不去纠正，只是说，我问人家，人家不说嘛。马大把头细看着阿香的脸，怀疑地问，他真的跟你睡了？阿香扭过头来说睡了就睡了嘛，谁还把屎盆子朝自己头上扣啊。马大把头一歪脑袋，自言自语道，不对啊，不是他又能是谁呢？阿香好奇地问，啥事啊，对不对的？马大把头反问阿香，你给没给过他一套衣服。阿香说，给了。夜儿个黑上，他让我给他洗衣裳，我看他没换的，就把我那死鬼的衣裳给他穿了。马大把头紧盯了一句说，夜个黑上，他真的跟你在一起了？阿香点点头，又低下了头。马大把头扯起阿香的头发，说，你刹个愣点儿，三天以内办好我交给你的事，不然，就别怪我不客气了。马大把头说完，恶狠狠地看了炕上两个小孩一眼。阿香周身就颤抖成一团。

天大黑时，古七走进草屋，阿香也跟了进来，像影子似的。古七先是一怔，而后心就怦怦怦乱跳。古七发怔，是因为没有想到阿香会尾随而来；古七心动，是因为他眼中的阿香缥缈得像画里的人：脸白生生的，额头沁着亮亮的汗星星，眼睛像梦一样。古七压抑住自己的欲望，生硬地问，你来，干啥？阿香说，我来……给你送衣裳来了。古七接过衣服，说，你……快走吧。阿香一翘嘴唇说，你终归得把人家的衣服还人家吧？古七这才想起，他身上还穿着阿香男人的衣服。他说，你看……这是什么事。说着就朝下脱衣服，两手哆嗦，解了半天，也没有解开一个扣子。阿香心都醉透了。她酥酥地说，看你笨的，像个黑瞎子。说着，就贴近前来，替古七解衣上纽襻。古七朝外推着阿香，说，我……不用。阿香再朝前贴贴，就将一对活泼的乳房颤颤地贴上了古七的胸膛。古七彻底崩溃了，他大喊一声，抱起阿香就放倒在炕上。

事毕，古七让阿香快走。他是想赶快支走阿香，自己再去放羊。古七已盘算好了，昨夜他放走了木排，仓木他们会以为他今天不能再去，他正好钻这个空子。阿香却不想走，她是想勾住古七，给自己终身找个依靠。自打古七出现的那天，她就一准认定，古七是个可以依托终身的人。阿香这么想时，索性撒起了娇，说，我就不走，看你能把我咋的？古七低着头，在地上走来走去，搓得两只手掌咔吧咔吧直冒火星子。阿香就偷偷地乐，乐得脸皮也厚了，涎着眼说，你把我娶了吧。古七收住脚步，两眼瞪得猴圆，说，我娶你……古七想说，你是什么人，我是什么人，我怎么能娶你。可话到嘴边，又缩了回去。

这引起了阿香的警觉。阿香就从炕上坐起来，追问，你是不是嫌弃我？古七摇摇头说，我是个脑袋别在裤腰带上的人，娶你不是坑你吗？阿香说，我不怕。你坑我我也愿意。说罢，就将一只胳臂搂住了古七的腰。古七挣出阿香的搂抱，欻地撂下脸来，说，你走吧，你再不走我可就不客气啦。阿香看古七的脸结成了一块冰，心上的一团火就熄灭了。她怯怯地从炕上下地，扭身低头就朝外走。古七拿起阿香男人的衣服，递给阿香说，这个，你把它带上。阿香站住脚，抬头模模糊糊地看衣服一眼，说，我要它还有什么用。古七见阿香两眼都被泪水蒙满了，心上泛起一层怜惜，便壮着胆说，想来……明天晚上再来。说完这话，古七又后悔了，心乱如麻。古七先是想，如果能有阿香，正好做个挡箭牌；古七后来想，万一出事，我可就坑了阿香了。古七想得很多，却没有想到，他的话让阿香听出了破绽。回到家的阿香就想，难怪马大把头看中你古七，敢情你就是抗联的人。我知道你们抗联缺人手，等我把马大把头给你拉过去，看你还小瞧不小瞧我。阿香想到这儿，美美地笑了，再看两个深睡的孩子，幸福的花儿满脸开放。

第二天晚上，阿香早早把两个孩子哄睡了，又过到了古七屋里。两人相见，都不说话，就紧紧地滚成了一团。

事毕，阿香不想走，古七也没有让阿香走。两个人喁喁细语，有说不完的话。古七告诉阿香，如果真有人打听他晚上出不出去，你就说我见天晚上都跟你在一起。阿香骄傲地一笑，说，这个我知道，我早就想好了。古七忽地从炕上坐起，两手搬过阿香的肩膀，问，你说什么？阿香嫣然一笑道，你跟我说实话，河上的那活儿是不是你干的？古七一时语塞。阿香就想告诉古七，马大把头也想跟山里的人联系。可再想想，她又吞回了想说的话。她是想给古七一个惊喜。阿香毕竟是个女子，一个普通的农家女子，她哪想得出，乱世中有那么多圈套，圈套套着圈套，像俄罗斯套娃。

第三天早上，古七刚到出河场，就被人捆绑起来，押进了宪兵队。仓木、马大把头都在审讯室内。古七立刻明白，自己是中了圈套了。他剜马大把头一眼，说，你下的好圈套啊。马大把头哈哈大笑道，我下的不是圈套，是美人计。他说这话时，手里摆弄着一根金条。原来，马大把头套出古七是水招子后，又朝阿香要金条。阿香不给，马大把头就指着炕上的两个孩子，说，你照量办吧，是要金条，还是要孩子。阿香就知道自己是人财两空了，哭得死去活来。

古七不想再辩解。他实话实说，说自己是抗联派来的，目的是破坏日本鬼子的流放，阻止更多的木材流到日本国。再问是谁派来的，他摇头；问是什么地方人，还是摇头。仓木最恨古七，他嗷嗷地吵嚷，让宪兵队长用刑。宪兵队长说，像这样的抗联，你就是把骨头敲成粉末，他也不会招供，莫不如拉出去游街示众，再拉出西门枪毙。仓木退一步说，枪毙的不要，拉到出河场的，沉在水里淹死的干活。马大把头连忙帮腔说，对，对头，这个招好，杀一儆百。说过了，他将大眼睛翻向古七，幸灾乐祸地说，怎么着，你孙悟空再尿性，也逃不出我如来佛的手心吧。古七扬头一笑说，我自打到出河场那天，就没想过活着回去。

古七是下午被绑出宪兵队的，坐着一辆破牛车，先拉到街上，示众，再拉到出河场，淹死。牛车上还放着两块破缸碴子，准备绑在古七身上。仓木说古七水量了得，胜似浪里白条，怕他游跑了。

往日萧条冷清的大街顿时喧腾起来。听说抓住了水招子，许多人奔走相告，拥上大街看热闹。突然间，打从窑子街西口，跑过一个披头散发的妇女。这妇女就是阿香。阿香扒开围观的人群，直扑到古七身前，抱着他的两腿号啕大哭，一边哭一边喊叫，我对不住你啊，大兄弟……我是上了当啊，大兄弟……我今生欠你的，来世当牛做马也要报答你啊，大兄弟……古七不去看阿香。他挺直腰板，目光烁烁，凝视着西北方。那里是王师长他们战斗的地方。他心里在默默念叨，王师长，我对不住你，对不住抗联……

突然，他听到人群里爆发出一阵叫喊声，紧接着，是一阵嗒嗒嗒嗒的马蹄声。他回头西看，一骑白尘就刮到了他的面前，马上坐的是一位女子。他正惊讶，那女子已弯腰将他拉到马上，再压在马鞍前，又朝东而去。日本兵还有那些伪警察都被这突如其来的变故惊呆了。等到他们醒过神，再想开枪时，那马，那人，都不见了踪影。

在城北一片玉米地里，骑马女子喝住了白马。她翻身下马，又把古七从马背上抱了下来。古七诧异起目光，问，你为什么救我？

那女子粲然一笑，目光越过了古七肩头。古七回头，就看到了周云峰，骑着一匹马，剪影似的贴在玉米墙里。古七又惊又喜。他跑到周云峰马前，仰着头问，啊，是周团长，你怎么在这疙瘩？别的话以后再说，赶快跟我们走吧，现在还没有脱离危险。周云峰说，我腿上有伤，不能下马，你跟金花骑一匹马。

第十九章

小马倌解救少女

战斗在南满铁路上的抗联战士

周云峰参加抗联前，曾是山林队的首领，报号"阎王"。赵尚志初次西征时，听说阎王只杀富济贫，不祸害平民百姓，就亲自找到周云峰，劝说他参加抗日队伍，然后将他的阎王队收编为独立团，并委任他为团长，跟随自己西征。

周云峰临行时，托留守处的人将小石头送进一户开拓民家，给日本人吃劳金。按照伪满洲国法律，中国人在日本人家里干活，可以免征国兵，不用勤劳奉仕。小石头那年只有十四岁，但个头高，看上去像十六七岁。他是周云峰的儿子，母亲被日本飞机炸死了，周云峰很是疼爱他。

小石头吃劳金的那家主人叫毛力。毛力都五十三了，还是一条光棍。这是因为他穷。在日本国，他是穷农民，到中国后，仍然是穷开拓民。开拓民与开拓团不一样。开拓团是有组织成编制来的，从日本国到中国东北，将原来中国人的土地、房屋抢到手，或者象征性地"买"到手，而后春天播种，秋天收获，开始过日子，俨然是土地的主人。开拓民也是来种地的，但开拓民是耍单帮，单干户。单干户毛力是个穷人，除了两间马架子房、一匹老马、十多亩水旱田地，就是雇了个放马的小石头。

这天上午，毛力去红部，听到一个好消息，说是配给的媳妇明天就到了。这消息高兴得毛力睡不着觉，就在南炕上翻来覆去。在这段漫长的过程里，他的手中始终都攥着一块铁牌。铁牌是用马骨铁制成的，大啤酒瓶盖一点，上面阴文铸一个"7"字。按规定，明天渡海而来的那个女人，那个手持另一个"7"字的女人，就是配给毛力的媳妇。

北炕上的小石头忍无可忍。他用两只胳臂肘支着炕沿，两眼搜寻着毛力，说，折腾到多咱是个头儿啊，都二半夜了。小石头同毛力共住一间屋，南炕北炕对着，中间无遮无挡。区分只是北炕炕稍上，堆放着几麻袋燕麦，南炕只睡毛力一个人。

毛力有喜事撑着，他非但不怪小马倌埋怨，还翻过身来，左手托着下巴，两眼幽幽地觑着小石头问，你的猜，配给我的媳妇，什么模样的？小石头眨巴眨巴眼睛说，那你稀罕啥样的？毛力说，当然的，年轻貌美。就你那个丑八怪样儿，还想找年轻貌美的？小石头心里想，眼前晃动着毛力脸上那条伤疤，那条疤由左颧骨斜抹下腮一直到下巴颏，红鲜鲜的像条煮熟的大喇蛄。小石头心里这么想，嘴上却说，谁找媳妇找丑八怪啊？新媳妇保准像画儿似的。毛力听了就嘿嘿笑，笑过了，又翻过身，有气无力地唉了一声。

夜晚总算挣扎到了天亮。天亮时，毛力眼睛布满血丝，给两人准备好了早饭。早饭是小楂子和大米两合一干饭，一大碗盐水煮黄豆，一碟咸萝卜。

吃完早饭，小石头不想走，他开始给老马梳理鬃毛，实际上是想看看新来的媳妇。毛力猜出了小石头的心思。他用一块旧包袱皮包了两个饭团和半块鸭蛋大的咸萝卜，送到小石头面前，阴着一副嘴脸。小石头就知道这是东家让他走了。他有些不情愿，就嘟着嘴解开老马的缰绳，顺势又在老马的脸上抽了一下。老马扬脖，咴咴叫了两声，嗔怪地看着小石头。小石头心咯噔一跳，连忙用手抚摸着老马的脸说，都怪我，行不行？你说，都怪我，行不行？说过，他牵马走出马棚，走出屯子，一直朝猪耳朵眼走去。猪耳朵眼是呼兰河畔的一块绿草地。它横在阔叶林的外侧，远远望去，像一只硕大的猪耳朵。

正是盛夏时候，呼兰河畔游走着雾气，迷迷蒙蒙的，氤氲着馥郁的草香花香。毛道两边的蒿草疯长，密匝匝的草叶上摇动着露珠，亮亮晶晶，闪闪烁烁，不时有一颗两颗坠落在草里，像一粒粒珍珠，发出清脆的声音。小石头手拿一枝蒿杆，一边走，一边扑打蚊子，左脸啪叽一下，右脸啪叽一下。老马也用尾巴驱赶着蚊虫，左甩一下，右甩一下，鞭着自己凸出的肥臀。

往常日子，小石头一放了马，就去割草，每天两大捆，先阴干着，晚上再架上马背，驮回家去做夜草。今天小石头心头不顺，他一反常规，先行来到了呼兰河边一棵老柳树下。

树卜的乱草窠里，藏着三个空罐头瓶，每个瓶口都系着一根长长的麻绳。这是小石头的捕鱼工具。捕鱼时，只要在瓶口抹一圈饭粒，抛进河里，过一段时间，再拉回岸上，半个罐头瓶子就罩满了小鱼：小柳根儿、小穿钉儿、小麦粒儿、小葫芦子儿。跟罐头瓶藏在一起的还有一个小搪瓷盆。小石头用它煮小鱼。没有油，也没有盐，只要咬一丁点儿咸萝卜，放进锅里，河水煮河鱼，汤就鲜美得不得了。小石头舍不得多放咸萝卜。他把咸萝卜留起来，每天每天地，攒在一起，藏在老柳树的树洞里，隔十天半月，便有留守处的人来，取回去当咸盐吃。留守处住着十来个伤病员，还有三个女战士，她们是护理伤病员的。那时，日本人搞"匪民分离"，搞"十家连保",封锁了抗联和群众的联系。抗联想得到点粮食不容易,想得到咸盐更不容易。

罩鱼是件快乐的事。小石头一边罩鱼,一边哼着《小白菜》。《小白菜》是妈妈教的。小石头还记得,他很小的时候,妈妈每次纳鞋底,都会哼这支曲子。后来,日本鬼子的飞机来了,满城里扔炸弹,就把妈妈炸死了。

将三个瓶子都抛进河里后,小石头重新走上岸,走到猪耳朵眼上看马。他躺在一块旧麻袋片上,吹着口哨,旋律还是《小白菜》。吹着吹着,小石头就睡着了——昨天晚上他没有睡好觉。

小石头是被一阵喊叫声惊醒的。醒来的小石头撑起半个身子,就看见一个女人向呼兰河这边跑来,沿着放马的毛道,跟跟跄跄,披头散发。她的身后还跟着一行人,远远地喊着,追着。追在最前头的像是毛力。有大太阳刺眼,小石头也看不清楚。这时候,他就听到毛力破马张飞地喊他,小石头,小石头,快截住我媳妇,她的要跳河!小石头先是一愣,随后撒丫子便去追那女人,跳跃着,像只小鹿。那女人见小石头来追,跑得更快了,两臂摇摆着,像只山燕子。她跑过了草地,跑过了树林,一直跑进了河里,两手乱挥了两挥,人就没影了,水面上翻腾着一串串气泡。

小石头这时也追到了河边,他什么都没来得及想,三下两下甩掉身上的更生布上衣,一个猛子就扎进了水里。再从水里拱上来时,小石头右臂抓着那女人头发,左手划着水,将那女人拖到了岸上。上了岸的女人坐在河滩上,两手抱着前胸凸起的地方,嘴里胡乱喊着,我不嫁人,我不嫁丑老头子……

那天晚上天刚黑,毛力就打发小石头上炕睡觉。小石头心中纳罕:现在就睡,不喂马了?马无夜草不肥。按习惯,每天晚上,小石头需给马喂完夜草后，才能上炕睡觉。毛力的脸晦暗下来，腮上的长疤搐动着，像是煮熟的啦蛄又复活了。他觑了一眼呆坐在炕头的女人，皱着眉头对小石头说，今天晚上马的不用你喂，快快地睡。

躺下来的小石头并睡不着觉。他总想着那女子，觉得那女子怪可怜的，哭了一个下午，连晚饭都没有吃。小石头还想，这个十几岁的女日本子，给毛力做闺女还行，做媳妇就有些别扭，把事情弄岔劈了。

夜很静。窗外的虫子都叫累了，藏在草丛里休息了。只有一只蛐蛐仍在唱，在屋子西北角，一声长两声短的，唱得夜更深了。毛力以为北炕上的小石头睡着了，便抬脚脱鞋，屈腿上炕，贴在女子外侧，柔声细气地跟女子说话。小石头上过三年小学，学过几句日本话。他半听半猜，马马虎虎弄懂了他们之间的对话。你吃点东西吧？不饿。都闹腾一天了，睡觉吧。不困。睡不着，你就躺下吧。听不到女人回话，只听到了拉被头声。小石头眯起一只眼睛，就看见那女子已然躺了下来，隐隐约约的，裹着那条被子，两手扯着被头。

毛力见女人躺了下来，叹了口气，也躺了下来，脸朝着那女人，卧在光炕席上，眼睛一眨一眨的，像鬼火。

再过一会儿，毛力翻身爬在炕沿上，轻轻地呼唤小石头。毛力是想探探小石头睡没睡着。小石头并没睡着，他知道这是毛力在试探他，就捂着嘴笑，觉得像过家家，挺好玩的。毛力听不到小石头应答，呼吸变得急促起来。他大翻身，右手横过女人脑袋，往下扒被头。女人两手抓紧被头两端，不让毛力扒。毛力见扒上边不中用，就往下缩缩身体，再去扯被腰。女子就松下一只手去拉被腰，两人撕来扯去的，好一会儿，就传来了女人的啜泣声。小石头心中诧疑，他爬在炕沿上朝南炕看，就见毛力已经压在那女人身上，棉被被掀到炕梢，被里朝外，露出零乱的白蒙蒙一堆。女人似乎还在挣扎，身体扭来扭去。又过好一会儿，女人嘟嘟哝哝说句什么，小石头也没有听清，只看得见毛力扯过被子，重新盖在了两人身上。小石头睁大眼睛，试图看到他们在被子里干什么，却什么也看不到，也想不出来。再过一段时间，他就听见那女人喊叫一声。小石头头皮一麻，连忙拉被头蒙上了脑袋。他猜想那女人已经死了。横是毛力急眼了，把那女人掐死了。

小石头醒来时，天光已然大亮。他心里嘀咕，咦，今天这老毛力怎么没喊我呢？他揉揉沉重的眼皮，再朝南炕瞄去，结果只看到了毛力两条黄黑的胳臂，却没有看到那个女人。不好。横是那女人不听毛力的话，被他弄死了。小石头这样想，慌忙穿衣下炕，像小猫似的溜出了房门。

女人正在给马拌草料，弯着腰，两条胳臂在马槽里来回摆动着。听有脚步声，她回头，看见小石头正愣眉愣眼地盯着她，两颊立时晕出两片桃花。她将两条胳臂交叉到胸前，问小石头，你那么瞅我干啥？小石头说，我……寻思你……"挠岗"了呢。小石头原想说"你死了呢"，略一迟疑，还是把"死"换成了"挠岗"。挠岗是东北土话，跑的意思。

女人颊上的桃花就谢了，脸色惨白惨白，像黏大米。她软软地说，跑了再抓回来，就送去当慰安妇了。小石头不知道什么是慰安妇，但他能听明白，当慰安妇比当毛力的小老婆还糟糕。小石头不清楚小老婆的含义，以为岁数小就是小老婆呢。小石头就有些局促，他感觉同这个女人说话挺舒服的，再想说却又说不出什么。这时，毛力就走了过来。他瞧也不瞧小石头，对那女人说，回去做饭吧。

早饭是小高粱米和大米两合水干饭，菜还是盐水煮黄豆，外加腌萝卜。不过，今天的萝卜已切成了丝，又用油炒过，散发着一股浓浓的香味。小石头食欲特好，多吃了一碗饭。放下筷子，小石头攒起了饭团子。女人用唱歌般的声音说，别带饭了，从今往后我天天给你送。小石头脸上一片阳光灿烂，但转眼之间，阳光就被乌云遮住了——不让带饭，就不能带咸萝卜；不带咸萝卜，咋给抗联攒啊。

这天，小石头觉得时间过得太慢。他总是抬头看太阳，太阳也总是低头看他，但他着急太阳不着急，它好像故意跟小石头作对，缓缓地走着，像老牛拉破车。小石头也总是朝西方瞭望，盼那个女人来送饭。但那女人似乎也同他作对，迟迟不肯出现。小石头心情越来越烦乱，又垂头丧气地来到河滩上。

在河滩上，小石头甩下更生布上衣，解开白平纹布腰带，褪下用麻袋片做成的单裤，褪下毛力给他的又肥又大的黄裤衩。褪下裤衩时，小石头下意识地回头看看，还是把裤衩穿上了，他怕那个女人来时看见他光屁股。

脱光衣服后，小石头朝河边走去，他想痛痛快快地洗个澡。这时，树林那边就传来了脚步声。小石头心一跳，跷脚朝岸上看，就看见了那女人。女人没有走小道，而是绕了个大弯，顺河边树林走了过来，一手握着一枝黄萱草，一手拎着包饭的白布包。小石头心跳得更狂，连忙弯腰拾起那条更生布上衣，慌乱地穿上身。

女人并不去看小石头，蹲在河岸上解包袱皮。包袱皮一展开，小石头就看见四个黑面馒头和一小盆菜，是菠菜和小白菜，有汤有水的。小石头伸手就要抓馒头，却被女人挡住了。那女人说，先洗手，后吃饭。野小子。声音像唱歌。

小石头三下两下洗过手，坐上沙滩就狼吞虎咽。那个女人没有离去，她就站在小石头身边，看小石头吃饭。小石头偶然抬头，看那女人还在，便嘟嘟哝哝地说，我吃饭，你瞅着，多别扭啊。要不，我领你去抓蝈蝈儿吧。说过，他站起身来，就去拉那女人的手。那女人慌忙抽回手，白他一眼，说，都多大了，还乱拉人家的手？小石头羞愧地耷拉下脑袋，自管自地朝岸上走。他以为那女人不会再搭理他了，那女人却跟在了他身后，脚步轻盈得像唱歌。

那天，小石头比往天回去得早。他心里惦念着那些蝈蝈儿。结果，他刚走进草屋，就听到了蝈蝈叫。他抬头再顺着声音寻去，就看到黑黑的屋橡上，挂着三只蝈蝈笼，像三只绿色的眼睛，给黑旧的草屋增添了亮色。

小石头看过蝈蝈儿，再转过头来，这才看到毛力和那个女人。他们正坐在炕上看书。毛力膝盖上放着一本《三国演义》。平常时节，毛力总是看《三国演义》，有时还给小石头讲里边的故事，桃园三结义啊，温酒斩华雄啊，三英战吕布啊，截江夺阿斗啊，张松献地图啊……好像都能背下来。女人手中的是一份新报纸，都印些什么字，小石头却看不清。能看清的是那女人的眼睛，红红的湿湿的，像是哭了很长时间。小石头心头就是一阵抽搐：是不是毛力又欺负她了？等哪天要是让我碰上，非揍他一顿不可。小石头这么想时，暗暗握紧了拳头。

这天近午，小石头在呼兰河里洗过澡，刚走上岸，就看到那女人走过来了。小石头高兴地迎了过去。女人感到有些意外，问小石头，是饿了吗，石头君？小石头一时窘迫，莫名其妙地说，你的中国话，说得真好。女人说，真好吗？我倒不觉得。不过，你不知道，石头君，我在中国住了十年呢。小石头的眼睛就圆了，说，十年，

都在中国待十年了？那干啥还回日本？女人的眼圈就有些湿润。她
不回答小石头的问话，抬手将饭盒递给了小石头。小石头讪讪地接
过饭盒，朝前走去。他不敢再同那女人说话，那女人也不跟他说话，
只是跟着他走。小太阳当空照着，草地上蒸着微微的暖气，一层层
次第飘着，飘到远处就跟树林子缠在一起了。鸟虫们都睡午觉了，
只有一只布谷鸟做了噩梦，她一声声叫着，不哭，不哭……

　　河滩上摆着十几只蝈蝈笼。笼里的蝈蝈吱吱叫着，叫开了那女
人阴郁的脸。她跑到蝈蝈笼前，两手扑在草地上，高高跷起两条小
腿，抬头去看蝈蝈笼，眼珠转也不转。

　　小石头看女人喜欢蝈蝈笼，便说，待会儿吃完饭，我教你编蝈
蝈笼。女人跷着的小腿落了下来。她侧过脸，沉沉地说，我不学编
笼子，我要学骑马，你会吗？小石头抬起脸，牛哄哄地说，哪有放
马的不会骑马啊。那女人就站起身，凝起眉头说，石头君，吃完饭，
你教我骑马，好吗？小石头疑惑地望着那女人，说，我不教。为什
么呢？哪有老娘们儿学骑马的啊？那女人脸色骤然变怒，秋风飒飒，
她瞪着小石头说，你再这样粗野，我不给你送饭了。小石头脸唰地
红了。他躲过女人的目光，窝着头说，看你那凶样子，还能把人吃
了咋的。你想学我就教呗。女人拉起小石头的手说，那就开始吧。
小石头一甩，摆开自己的手说，那你得告诉我为啥学骑马。女人沉
吟片刻，说，我学骑马，就是想找机会逃走，进山里找抗联。听女
人这么说，小石头咬住嘴唇，不再吭声。他想起了爸爸的话。周云
峰临走时曾嘱咐他说，凡遇着谁说抗日，谁说打鬼子，你都不要吭
声，最好是装哑巴。

　　那女人见小石头闷头不吭声，她走到他身后，突然就说，别给
我装蒜了，石头君，你父亲就是抗联。小石头扑棱一声从地上站起

来，两眼瞪着那女人说，你，咋知道？女人扑哧一声乐了，脸上绽放出一朵花。她将一只手压在小石头肩上，说，看把你吓的，我又不会去告密。小石头执拗地说，不行，你得告诉我，到底听谁说的？女人答道，听谁说的？还能听谁说的，除了毛力，还能听谁说的。小石头张口结舌地说，是毛力告诉你的？女人点点头说，其实，毛力早知道你父亲是抗联了。不但知道你父亲是抗联，而且还知道你给抗联攒咸萝卜呢。小石头吐吐舌头，再也说不出话来。女人瞅瞅小石头，说，这回你总该明白，日本国里也有好人，中国人里也有坏人吧。小石头说，你就是好人。女人说，你说我也是好人，可他们说我是坏人。小石头眨巴眨巴眼睛。那女人就从学生裙里掏出一张报纸，再瞄小石头一眼，说，你看看，这上边登的就是我爸爸的事儿。小石头看眼报纸，摇摇头，难堪地说，我，认不得几个字。那女人惨淡一笑道，你坐下，我给你讲。

原来，女人的父亲是日本共产党员，在沈阳一家株式会社工作。太平洋战争爆发后，父亲应征入伍了，她和母亲回到了日本国。后来，日本军方通知她们，说女人的父亲参加了抗联，现在生死不明。女人母亲听到这个消息，急火攻心，不久就死了。正在读中学的她，也被征到中国东北，给毛利当媳妇。最后，她告诉小石头说，她的名字叫木村静江。听了木村静江的讲述，小石头呼地站起身，拉过木村的手说，走，我教你骑马。

自从学习骑马之后，木村静江的脸每天都开着花，总有说不完的话。不过，她的话大都是对小石头说的，跟毛力却很少说话。该吃饭吃饭，该做活做活，该睡觉睡觉，就是不愿意跟毛力说话。往往就是毛力问一句，她答一句；毛力不问，她从不主动说话。这让毛力很苦恼，也很嫉妒。毛力想，你木村既然是我媳妇，就应该跟我亲，就应该跟我多说话，不应该见到小石头就有话，唧唧喳喳，像个山燕子；见到我就像哑巴，吭吭哧哧，问十句连一句都不想回答。毛力想是这么想，也只是在心里想，打碎了牙朝肚子里咽。毛力不敢跟木村说，怕木村生气，有苦说不出来。嫁给小伙吃拳头，嫁给老汉吃馒头。毛力太喜欢木村了。

这天，小石头正在草地上割马草，远远地见一个人朝他这边跑来。他手搭凉棚再仔细看，原来是木村。还没到吃饭时候，她怎么跑来了？小石头站在草地，手握镰刀，目光跟着木村跑。

近了，木村便上气不接下气地喊，快……石头君，快骑马……朝山里跑……宪兵队来抓你啦。小石头脸一下就白了。他心突突突突乱跳，兀自站在那里发愣，像被哪位武林高手点了穴道。这时，木村已经跑到他面前，一边推他，一边喊，快跑啊……快骑马啊……

小石头大梦初醒。他把右手拇指和中指插进嘴里，呼地打个响哨。哨音刚落，那老马已跑到他们身边，低着头，嘶嘶地喘着气。小石头抱过马脖颈，对木村说，你麻溜挠岗吧……顺毛道朝北跑。木村急切地说，他们抓的是你啊，石头君。小石头还是不肯上马，说，我跑了，你咋办？他心里装着木村。木村有些气急败坏地说，不用你管我。我是日本人，你快骑马跑你的吧。小石头看了眼木村，只好翻身跃上了马背。那马一声长嘶，撒开四蹄就朝北奔去，马蹄下卷起一股绿烟，翻滚着零碎的野花。

小石头到抗联留守处后，意外地碰到了父亲。父亲的大腿上受了伤，走道一瘸一拐的。他先是抱着周云峰痛哭，哭得鼻涕一把泪一把的。哭过之后，他就缠着周云峰，让周云峰去前韩家打听打听木村，说如果周云峰不去，他就自己去。

周云峰没有办法，只好带着吴金花到了前韩家。在呼兰河边，他们碰到一个老农。那老农告诉他们说，木村静江送走小石头之后，自己跳进了呼兰河。周云峰就想进村找毛利算账。那老农又说，毛利早上就进城看枪毙红胡子去了。

如此，吴金花依仗着是鄂伦春人，单枪匹马闯进县城，救出了古七，并将他带到留守处，跟他们一起垦荒。

第二十章

老金沟良缘天成

抗日联军密营地

1939 年 1 月 27 日，第四支队乘着夜色，潜行到了铁力县东北的张家湾。支队长雷炎听说这里驻扎着日伪军讨伐队，就决定消灭这股敌人。消息是一个马爬犁老板提供的。他给讨伐队送给养，碰到第四支队的侦察员，就告诉他们说，讨伐队有日军三十多人，住在南侧的帐篷里；伪军五十多人，住在北侧的三顶帐篷里。

　　夜半时分，五十多名抗联战士摸到了帐篷四周。按照战前部署，政治部主任关树勋带十几名战士、两挺机关枪，围住了南侧那顶帐篷，雷炎带领三十多名战士，围住了北侧的三顶帐篷。

　　两支队伍占据好位置后，雷炎摘下狗皮帽子，开始向帐篷里的伪军喊话，我们是抗日联军，不想打中国人，你们赶快缴枪投降吧。不投降，我们就开枪。帐篷里的伪军被喊话惊醒。他们不知道虚实，谁也不敢吱声，只是暗中穿衣、摸枪。

　　夜深，雪静。雷炎听到了帐篷里的响声，窸窸窣窣，像是刻意压抑，又压抑不住。他就知道伪军是不想投降了，便举起手，又狠狠地压了下去。骤然间，三挺机关枪喷出火焰，嗒嗒嗒嗒，分别射向三顶帐篷。帐篷里立时鬼哭狼嚎。此时里边的伪军方才清醒，他们真是被抗联包围了，就胡乱地呼喊道，别打了，快别打了，我们投降。

北侧的枪声一响，南侧帐篷里的日军连衣服都不穿，抓枪就朝帐篷外跑。关树勋立即命令开枪。霎时间，两挺机关枪像两条火龙，突突突突，突突突突，将刚刚露头的日军打回了帐篷，像是乌龟缩回了头。这些日本兵不甘心等死，他们从三面挑开帐篷，分头朝树林里逃窜，有的光着膀子，有的穿着裤头，有的披着棉被。结果，他们是谁也没有活命，不是被打死，就是被冻死。

张家湾战斗震动了伪北安省。他们调动几个县的兵力，开始围剿第四支队。雷炎避其精锐，率队转移到向海伦县，驻进了李老卓屯。这天是2月16日，农历腊月二十八。雷炎决定在村里休整几天，过完年再走。这样，他就封锁了进出村的道路。谁知汉奸防不胜防，日本人还是获得了情报。如此，海伦县日本守备队全员出动，腊月二十九那天早晨，包围了李老卓屯。

战斗打响了，敌人援兵不断，从北安、绥化火速赶来，还带着迫击炮，兵力迅速达到千人以上。而四支队仅有八十多人，又都是轻武器。

再不突围只有全军覆没。雷炎命令隋德胜带领十几个人，四挺机关枪，掩护队伍向西突围。隋德胜原是第十一军直属第四团团长，作战顽强，敢打敢拼，被人誉为抗联"虎将"。虎将隋德胜接受命令，立即带队奔向村东，凭借村东的断墙，向敌人发起了猛烈的反击。敌人的兵力被吸引到村东，雷炎率大队从村西冲出了重围。只是，在突围战斗中，他和十六名战士壮烈殉国。

隋德胜见大队已经冲出村庄，他抱起一挺机关枪，瞪圆眼睛，率先朝村外冲去，如猛虎出笼。他的警卫员卢连峰想扯住他，却被他拖了个趔趄。卢连峰没有办法，只好从战友手中夺下一挺机枪，跑到了隋德胜的前面，结果就受了重伤，突围后，被送进老金沟后方医院。

老金沟密营是四座木刻愣房，窗户开在南面，门开在东大山。门高只有一米左右，无论男女，进屋都得先低头。医院和被服厂共住一个木刻愣。被服厂的女战士，兼做医院的护士。她们是金伯文、金玉坤、朴英善、金玉顺、邢德珍和李桂芝。李桂芝是鄂伦春人。

卢连峰到老金沟时，北满临时省委主要领导也在老金沟。金策、张寿篯（李兆麟）、冯仲云、许亨植陆陆续续赶来此地，参加北满临时省委执委会。会议宣布，将北满临时省委改为北满省委，选举金策为书记，张寿篯（李兆麟）为组织部长，冯仲云为宣传部长。会议还撤销了北满抗日联军总司令部，将第三军、第六军、第九军和第十一军余部改编为东北抗日联军第三路军，张寿篯（李兆麟）任总指挥兼第六军军长；冯仲云为政委兼第六军政治部主任，许亨植为总参谋长兼第三军军长。

那些日子，隋德胜每有闲暇都会来医院看卢连峰。他每次来，都要带来一些战利品，食品、衣物、药品等等。这些在当今看来微不足道的东西，在当年却是紧缺物品。时间再长些，卢连峰就发现，隋德胜总是把一些小物件送给金玉坤。金玉坤美丽、文静、勇敢、正直，虽然只有二十出头，却是抗联一名老战士。

隋德胜是爱上了金玉坤，但他不敢直接向金玉坤坦白，只好隔三岔五找她，求她帮他做些活，补补衣服啊，缝缝袜子啊，等等，而后说是为了答谢，堂而皇之地将些小物件送给她。金玉坤是个聪明女子，又正青春年少，当然猜得透隋德胜的用心，这让她暗中欢喜。隋德胜人长得身材高挑，面目英俊，大眼睛，高鼻梁，再加上他待人和气，性格开朗，又勇冠全军，早已是众多女战士心中的白马王子。不过，喜欢归喜欢，想让她主动向隋德胜求爱，她还真的没有勇气。我是女的，你是男的，男的就应该主动开口。金玉坤每每这样想时，脸上都热辣辣的。如此，隋德胜和金玉坤，你心中有我，我心中有你，道是无情却有情，又各自碍着情面，谁也不想先捅破这张窗户纸。

转眼之间，五月就到了。五月一到，女战士的笑声更响了，像阳光一样明媚。她们相约相伴，走上草岗，采摘野百合花，为了观赏，也为了食用。她们一边采花，一边说说笑笑，有时候还会唱起抒情的歌：

碧草萧萧，树叶青青，
满山野花颜色新，
清香扑鼻，鲜艳吐芳芬。

歌声悠扬，歌声纯净，
阵阵歌声飘山野，
前山在唱，后山在应。

黄花菜嫩，黄花菜香，
采来黄花做军粮。
你也满筐，我也满筐……

这天，女战士们正采着菜，唱着歌，草地上走过来了隋德胜。

他手里拿着一件黄上衣，说是肩膀破了，要找金玉坤补。卢连峰跟在他后边，内心懵懵懂懂。那时他已伤愈出院，说是愿意为团长效劳，隋德胜却暧昧一笑，坚持自己去送。

女战士们本来在采野百合，看到隋德胜来了，都不去采野菜，而是看金玉坤。有的朝她做鬼脸，有的朝她挤眼睛，有的嘻嘻哈哈地笑，将她朝隋德胜那边推。最后，她们像听到冲锋号，都朝营房那边跑去，只有卢连峰还站在原地，傻呵呵的，像根卖不了的甜杆，不知这些女战士葫芦里装的是什么药。金伯文看他发呆，跑到他身边时，拉起了他的衣袖，让他跟自己一起走。他挣脱出金伯文的手，回头看着隋德胜，心急火燎地说，我还保卫团长呢。金伯文扑哧一声笑了，说，团长有人保护，用不着你。

热热闹闹的草岗，转眼间清清静静。隋德胜看金玉坤一眼，又迅速垂下头；金玉坤闪隋德胜一眸，又迅速转过身。隋德胜的脸红彤彤的，像是被落日烧烤着；金玉坤的脸红扑扑的，像是涂了一层胭脂。最终，还是金玉坤先说了话。她眼睛瞅着脚尖，低声说，你什么话？倒是说啊。隋德胜眼睛观照着游走在林间的岚气，说，你看那些山雾，多好看啊。金玉坤抬头，恨恨地白隋德胜一眼，壮起胆子说，你去找领导吧，只要他们同意，我就——同意。隋德胜先是愣愣，随即嗯哪一声，拔脚就朝木刻愣房子跑。跑了几步，他回过头来，提心吊胆地问，你……让我找谁啊？金玉坤说，找侯启刚，他是我们医院院长。说过这话，两手捂住了脸。

侯启刚听隋德胜说要和金玉坤结婚，心里高兴，却不敢独自做主，就急匆匆找到金策、张寿篯（李兆麟）和冯仲云等人，向他们汇报这件事。金策等人听了，个个喜笑颜开，都表示赞成。金策欢喜过后，又皱起了眉头说，可惜，我们眼前条件有限，不能给他们办个像点样子的婚礼。旁边的于天放就献计说，我看这事容易，只要打开个开拓团，什么都有了。金策一拍脑门，笑逐颜开，侧脸就问张寿篯（李兆麟），总指挥看这事怎么办？张寿篯（李兆麟）半开玩笑半认真地说，自己的梦自己圆，就把这任务交给隋德胜。周围爆发起来一阵欢笑声。

隋德胜接受命令后，立即带着一队骑兵袭击了铁力县城北的黎明开拓团，结果满载而归。他牵回来了几十匹马，马背上驮着枪支弹药，还有大米、白面、烟酒、罐头、衣服、被褥，外加一台留声机。

月上东山的时候，一场盛大的婚礼晚宴开幕了。冯仲云洗手回来，左找右找，愣是没有找到眼镜。他是近视眼，没有眼镜看什么都模糊。架不住野猪肉的诱惑，他放弃了寻找眼镜，席地而坐，操起筷子就朝野猪肉盆里伸。可他左夹一块，是马铃薯；右夹一块，是萝卜块，左夹右夹，连夹了好几筷子，都没有夹上一块野猪肉。他又是着急，又是纳闷，便自言自语道，我怎么只闻到野猪肉香，却夹不到野猪肉呢？旁边就是一阵恣意的笑声。原来，这是张寿篯（李兆麟）他们搞的一场恶作剧。他们临吃饭前，故意将冯仲云面前的肉，都拨到了肉盆的另一边。冯仲云听到热闹的笑声，顿时醒悟，他腾出双手，将大泥盆转了半圈儿。结果，又惹来了一阵爆棚似的笑声。

天色越来越黑，篝火越烧越旺。于天放乘着酒兴，打开留声机，悠扬的圆舞曲便飘飘而来。指战员们闻音而起，团团围着篝火，唱啊，跳啊，尽情地享受着生活的美好。

第二天，金策将张寿篯（李兆麟）和冯仲云叫到一起，说，我想请仲云同志去趟下江，设法将那里的抗联部队整合一下，然后再去苏联求援，并请他们帮我们联系上中央，不知你们是什么意见？张寿篯（李兆麟）将目光转向了冯仲云。冯仲云摘下眼镜，一点点擦拭着镜片，说，我同意。我会竭尽全力把这事做好的。

当天傍晚，金策将冯仲云送到了欧根河畔。在欧根河畔，他背倚一棵老枫桦，紧紧握着冯仲云的手，沉重地说，我回来晚了，没有参加上执委会第二次会议。我不同意你们给尚志同志的处分，又是撤销省委执委，又是严重警告，又是解除第三军军长的职务。这是不是有些过火啊？冯仲云垂下头去，半天没有吭声。金策又说，我主要说的是寿篯同志，他对赵尚志的有些批评不符合事实，另外，方法也有问题。尚志同志在的时候，他不指出尚志同志的错误；尚志同志过江了，他又说尚志同志的不是，这应该吗？冯仲云抬起头，眺望着远方的群山，深思良久，说，这事，我也是同意的。金策说，这事我知道。我跟你说这话的目的，不是责怪你，是想让你到苏联后，设法找到赵尚志，跟他解释解释。

密营里的生活很艰苦，困难重重，最困难的是没有粮食。因为日伪政权搞"集团部落""坚壁清野"，抗联的每粒粮食，几乎都要靠从敌人手里夺，如同虎口拔牙，每次都要牺牲一些人。每个冬天都要经历一场缺粮的炼狱，这成了抗联领导的一块心病。

1940年春，刚刚熬过漫长的饥饿，金策对朴吉松说，为了给今年过冬筹备粮食，吉松同志，我们想让你带些人去种地，不知你有什么意见？朴吉松挺起胸脯，爽快地说，没问题。你给我派几个硬实的人吧，我保证完成任务。金策苦苦一笑，说，硬实的人还得留着打仗呢，我只能给你一些老弱病残。朴吉松挠着乱蓬蓬的短发，一脸难为情，右眼睑突突突地抽搐起来。朴吉松是第三军第三师第七团的政治部主任，山里山外的人都叫他朴主任。在进老金沟之前，1940年2月9日，他率队袭击铁力东北鱼眼泡日本青少年义勇队时，不幸右眼受伤，导致了失明。金策选择他去开荒，就是看他的伤口还没有好利索。

朴吉松选择的垦荒地点，在铁力县的西北河。他把十三个人分成三组。第一组由于兰阁负责，带三个人打扫撂荒地上的积雪，这样地表会开冻得快些，播种就早。山里的无霜期短，种庄稼讲究时间，否则的话粮食长不成。第二组由他负责，带领四个人盖房子。这是个累活，他选择了四个身体较好的男女战士。第三组由孙司务长带两名女战士，金正顺和金玉顺，负责后勤保证。

正初春时节，山里什么野菜也没有。金正顺和金玉顺只好剥来红松树皮，将树皮浸在水里，泡掉树皮中的苦味后，再掺些玉米粒，放到大铁锅里一起煮，以此充当三餐。任是如此，每次煮饭时，孙司务长都要从放玉米粒的碗里，再捏出三两颗玉米粒，单独存放起来；每次吃饭时，他都只是吃红松树皮，而将碗中的玉米粒送给别人。于兰阁心里诧异，就问，一人分几粒苞米，你怎么还不吃呢？孙司务长嘎巴嘎巴嘴，似乎解嘲地说，我老了，牙口不行，咬不动老玉米。于兰阁益加怀疑，问道，这苞米粒煮得比树皮都烂，你怎么说咬不动呢。孙司务长尴尬地笑笑说，都是糊弄肚子，有那么两粒没那么两粒，饿不死人。

朴吉松的房子刚刚盖成，就被冯仲云调走了。冯仲云从苏联回国，传达毛泽东的《论持久战》，并按照他与赵尚志、周保中召开的北满、吉东两省联席会议的决定，改编隶属北满省委的部队。他到老金沟后，没有找到北满省委书记金策，就任命朴吉松为第三路军第六支队政治部主任，带着他到铁力南河一带去寻找金策。那时，在铁力地界，北满省委有两个活动密营，一个是老金沟，一个是南河。南河不是一条河的名字，它泛指铁力、庆安、木兰、通河交界处的山林。因那里的水系都向南流入松花江，不知什么时候，老百姓开始就将那里叫作南河，而把铁力北部依吉密河、欧根河流域叫北河。老金沟就在北河流域。

朴吉松被调走，给这个十几人的垦荒队带来一阵沉闷。不过，这沉闷很快就被打破了，有一阵风，吹散了朵朵云彩。金正顺生产了。金正顺到垦荒队时就已经怀孕，金策不让她去开荒，她坚持跟着于兰阁他们去了。

这天天刚蒙蒙亮，金玉顺跳着蹦着跑到男宿舍，满脸花开地说，快快看看去吧，金正顺昨天晚上生了个大胖小子，可好看了。

男同志们听说金正顺母子平安，都纷纷跑过去看孩子。这个说小孩长得漂亮，像他妈；那个说小孩长得精神，像他爸，个个都喜笑颜开。愁眉苦脸的只有金正顺。她眼睛眯着看婴儿，一言不发。于兰阁看着奇怪，便说，这小崽子长得多可爱啊，怎么看你像不高兴的样子呢？金正顺幽幽地说，孩子没奶，怕是……养不活的。那婴儿像是听懂了母亲的话，呜呜呜就哭了起来。他两手抓挠着金正顺胸脯，小嘴箍住妈妈的右乳，吸吮得两腮都凹了下去，就是吸不出奶水来。

同志们正焦急，孙司务长走进了屋。他左手挂着根黄榆树条，右手握着条小布口袋。走到金玉顺面前，将小布袋子递给她说，我知道正顺同志分娩时会缺奶水，特意省下了我的那份玉米粒，你拿去给正顺同志煮粥喝吧。所有的人都哭出了声，他们此时才明白老司务长顿顿不吃玉米粒，就是在为金正顺攒粮食，为金正顺的孩子在攒粮食。那时，除了孙司务长这点玉米粒，开荒队里再已找不到一粒粮食了。

金玉顺哽咽着去了厨房，再从厨房回来时，她给金正顺端来一碗玉米粥。金正顺两手捧着大碗，还没有张嘴，眼泪先落到了碗里，嘀嗒，嘀嗒，像是把把匕首，刺着她的心窝。老孙司务长瘦得都打晃了，你把这碗粥送给他喝吧，否则……金正顺说着，就将大碗推给了金玉顺。金玉顺没有去接，说，司务长既然把苞米粒留给了你，他是不会再要的，你就都喝了吧。金玉顺劝金正顺说。

金正顺勉强喝下了那碗玉米粒粥，但奶水并没有如期而来。第三天早上，那婴儿就饿断了气。孙司务长见婴儿没了，双手托天，哭泣着喊，老天爷啊，你咋不长眼睛啊。再放下胳臂时，他人摔倒在地上，再也没有起来。

日子一天天熬着。玉米苗儿拱出了地面，玉米苗儿绽开了两个小瓣，玉米苗儿穿出了叶片，玉米苗儿抽出了缨子，玉米苗儿拱出了嫩嫩地玉米棒。垦荒者的眼睛越来越亮了，他们闻到了青玉米的芳香，看到了密营里战友们开心的面庞，为即将到来的收获摩拳擦掌。就不想，伪军的讨伐队偷袭而来。

来的是地主张歪头的森林警察队。他本来获得情报，探明了垦荒队的位置，准备偷袭垦荒队，将垦荒队员一网打尽。结果被垦荒队的哨兵发现，报告给了于兰阁，于兰阁立即带着垦荒队员撤出了垦荒点。这让张歪头恼羞成怒，他抬脚踩倒一棵玉米秧，恶狠狠地叫嚣，都给我动手，都给我动家伙，铲平玉米地，就是一根秧棵，也不给这帮饿鬼留！喊罢，他写了一张纸条，贴在了房门上。纸条上写，知道张大爷的厉害，就赶快下山投降。

张歪头走后，垦荒队员们再回到垦荒点，看到大片大片的绿泥，个个掩面而泣。金玉顺和金正顺则抱成一团，哭得背过了气。于兰阁没有哭，两眼水蒙蒙地看着山下，咬牙切齿地说，张歪头，你不让我收获粮食，我就要你的粮食。

第二天，于兰阁带着五名战士下了山，他们化装成收皮子的小贩，一夜急行军，走到了张歪头驻防的七道沟，潜伏进了陈老二家。陈老二是于兰阁的朋友，他曾经帮抗联做过些事情。

陈老二见于兰阁一行六人进屋，慌忙朝屋外跑，将关上的大门再重新朝两面敞开。再进屋时，他拉住于兰阁的手，神色紧张地问，张歪头回屯后三吹六哨，说是抗联的保命粮都被他招断了，真有这回事吗？于兰阁阴沉着面孔，说，我就是为这事来的。陈老二挺起腰板，说，说吧，用我干啥？于兰阁直来直去，说，很简单。你给我弄清张歪头的兵力和布防情况就成。陈老二嘿嘿一笑道，还哪来的兵力布防啊？这工夫讨伐队都进山了，警察队里只剩下了张歪头和两个警察，你们正好收拾这帮王八犊子。于兰阁一拍大腿道，天助我也。两眼就蒙上了泪水。

二更时分，于兰阁带着五名战士，悄悄摸到了伪森林警察队大院。院外没有岗哨，于兰阁和战士搭起人梯，翻过院墙，蹑手蹑脚地走到了窗前。在窗前，于兰阁将右手食指贴向嘴唇，朝指肚抹点唾液，将窗户纸捅了个小孔。这样，透过小孔，他就看到张老歪正斜躺在炕头，怀里揽着一个烫发女人，闭着眼睛，正美滋滋地吸大烟呢。而那两个警察则守坐在外屋，一个伏在锅台上打盹，一个两手抱膝，低头想着心事。

于兰阁决定先收拾外屋那两个伪警察。他带上三个战士，人分两组，猫步挪到那两个伪警察身边，眨眼工夫，就将他们送上了西天。张歪头听到外屋有响动，大叫一声，立时甩掉烟枪，操起了匣子枪。于兰阁眼疾手快，立时将手枪点住了他的脑瓜门，厉声喝道，别动，动就要你的命。张歪头浑身就瘫软成一团，像是一摊烂泥，两眼巴结着于兰阁，哆嗦着说，哥们……要啥……尽管说……别要……我的狗命。于兰阁说，少废话，快把厦屋钥匙交出来。张歪头眼睛里溜出一片生的希望，说，好说，这好说。在黑龙江，人们喜欢将成品粮装进大缸，再放到厦屋里，既防腐烂，又防虫蛀。厦屋就是仓房。于兰阁他们打开仓房，从里面扛出来五百多斤小麦。

临撤退前，有个战士问于兰阁，这张歪头怎么处理？问过，他用右手拍拍手枪，左手薅住了张歪头的衣领。于兰阁深思片刻，说，先放过他，以后再找他算账。听于兰阁如此说，几个战士都反对，异口同声，不行……不中……那个薅住张歪头衣领的战士，更是义愤填膺，说，因为他，我们的大人和孩子都饿死了，还留着他干啥啊？张歪头听战士如此说，周身就战栗成一团，两眼巴结着于兰阁，泪水哗哗地朝下流，哀求道，饶命啊……大爷……饶命……于兰阁正迟疑，那战士瞪着张歪头，气势汹汹地说，你以为我会让你痛快地死吗？错翻了眼皮。说过，他砰的一枪，打在了张歪头的右腿上；再砰的一枪，打在了张歪头左腿上。

第二十一章

辨真假扑朔迷离

被抗日联军袭击后的杨家堡子日本警察署

1939 年 9 月，冯仲云过黑龙江进了苏联。在苏联，他听到一个消息，说是赵尚志被苏联任命为东北抗日联军总司令，已率部回国抗日了。

原来，日苏"诺门汗事件"爆发后，1939 年 5 月，苏方解除了赵尚志的禁闭，将他礼送进了招待所。同他一起住进招待所的，还有抗联第六军军长戴鸿宾、第十一军军长祁致中。他们也是继赵尚志之后被苏方禁闭起来的。

1939 年 5 月 30 日，苏军科涅夫少将宴请赵尚志、戴鸿宾和祁致中。他向三人道歉，说是对三人被关押的事实不知情。科涅夫是苏联第二独立红旗集团军司令，他的话可以代表苏联。赵尚志对科涅夫的回答不满意，他直言不讳地问少将，我想问问科涅夫同志，你能不能告诉我，陈绍滨从苏联带回东北的信，是不是你们写的？经过一年半的禁闭，赵尚志人瘦了许多，脸也苍白了几分，但声音还是特别洪响，像座小钢炮。科涅夫王顾左右，回答说，这个，你回国后可以考查他。我现在感兴趣的是，你们想要求我做些什么？赵尚志眯起右眼，稍作思考，缓和下语气说，我没有别的要求，只想回国抗日，希望你能帮助我，把在苏联的抗联人员武装起来，跟我回国。科涅夫痛快地说，这个，我们全力支持你。同时我们还希望你们回国后，能给我们弄到日本国出版的伪满洲国地图或者日军的文件，如命令、报告、密码、材料汇编等等。这些对我们有好处。

1939 年 6 月 26 日，赵尚志等三人率领一百零五名抗联将士，携带六支手枪、六挺轻机枪、一百多支步枪、三万发子弹、二百三十枚手榴弹、一部电台，集合到了拉宾火车站站前广场，准备回国。一名苏军少校给他们训话。他在训话中宣布，苏联已任命赵尚志为东北抗日联军总司令，要求抗联全体官兵要尊重赵尚志，爱护赵尚志，服从赵尚志，保护赵尚志。

赵尚志满脸红光，踌躇满志。他将这支队伍编为一个教导队、两个分队，同时任命戴鸿宾为总司令部参谋长兼教导队总队长，任命祁致中为总司令部副官长。随后，他命令队伍变一路纵队，依次登上了一艘开往嘉荫的火轮船。

火轮船在黑龙江上航行着，船尾翻腾着暗白色的浪花，汽轮机突突轰鸣不已，周而复始，像是在奏着一支宏大的交响乐。天色黝黑黝黑。赵尚志看不到两岸风光，但他的内心却风光得很，鲜花怒放，姹紫嫣红。他想象着回国以后的轰轰烈烈，规划着扩展抗日战场的布局，憧憬着夺取一个个胜利的未来。

6 月 27 日夜晚，赵尚志率队渡过黑龙江，双脚踏上了嘉荫县观音山陡峭的江岸。他手里抚摸藤条，回望一言难尽的苏联，久久没有挪动脚步。戴鸿宾便撞撞他的肩膀，说，我们该走了，老赵。赵尚志将左手藤条交到右手，悠地甩了一下，说，走。戴鸿宾看不清他脸上的表情，依稀看得到他两腮垂着泪痕。

6 月 28 日中午，赵尚志率队来到了乌拉嘎金矿。乌拉嘎金矿是座老金矿，清朝时就有人在此采金。日本占据东北后，将金矿据为已有，并派驻一个矿警队防矿。矿警队有几个日本人、三十多个伪矿警，矿警驻在金矿大院西院，日本人驻在东院。

赵尚志决定攻打乌拉嘎。他是想给日伪政权点颜色看看，也是想向中国向世界宣示，在东北沦陷区，仍有抗日联军在战斗。为此，他把几位领导召集到身边，共同研究作战方案。他命令戴鸿宾带领一分队，攻打金矿局西院；命令祁致中带领二分队，攻打金矿局东院；他则带着司令部的十几人，作为预备队。

戴鸿宾和祁致中带队，一步步摸到了金矿局大院。在大院墙外，他们又兵分两路，奔向各自的偷袭目标。很快，戴鸿宾带队冲进了西院，但祁致中却按兵不动。赵尚志来不及多想，立即率领预备队攻打东院的日本人。

战斗打得很顺利。不到十分钟，三十多名矿警除少数死的，大多数做了俘虏，几个日本人负隅顽抗，结果全部被送上了望乡台。

赵尚志对祁致中耽搁战机很是不满。战斗结束后，在总结会上，他怒气冲天地问祁致中，你是怎么搞的，祁老虎，为什么不执行命令？祁致中牛起眼睛，毫不客气地顶赵尚志一句，我不想白白送死。赵尚志斜起右眼说，你知不知道这是违抗军令？祁致中说，我就违抗你的命令了，你能把我咋了？赵尚志两腮颤抖，我……他只说出一个"我"字，就再也说不出话来。

会议不欢而散。赵尚志找到李在德，严肃地说，你是党支部副书记，我建议你领党支部成员开个会，看看给祁老虎个什么处分。临回国前，赵尚志在队伍中成立了党支部，由他担任支部书记，李在德任副书记。按常规说，党支部会应由他主持。但他为了避嫌疑，决定由李在德主持支部会议。

支部会议开得很紧张。委员们的意见分成了两派。少数人主张将祁致中送回苏联，多数人主张处死他，说他平时就散布对赵尚志不满的言论，战时又不执行命令，假若他要带几个人反叛，后果将不堪设想。

支部副书记李在德拿不定主意，她将两种意见端给了赵尚志。赵尚志两手理着藤条，颠过来，倒过去；倒过去，颠过来，半天没有说话。李在德说，老赵啊，你是支部书记，总得有个态度啊。赵尚志没有抬头，自言自语道，战时不听从命令，按军法，就是死路一条，我服从大多数人的意见。

乌拉嘎战斗后，赵尚志又袭击了一支日军测量队。战后，他按照苏联军方的指令，派刘凤阳、张祥、赵有才、姜乃民和尚连生，将缴获的测量仪器、绘图资料等送到苏联去。

刘凤阳等人走后，赵尚志带队来到了汤原县的马把头碴营。巧不巧，他在这里碰到了姜立新。姜立新是赵尚志的老部下，曾经是第三军留守团团长，跟赵尚志情同手足。

久别重逢，姜立新抱住赵尚志就失声痛哭，像个久别的游子见到了新娘。他一边哭泣，一边诉说，可把我想死了，可把我想死了，你咋不早点回来啊？赵尚志两眼盈泪，哽咽着说，这不回来了吗，我，这不回来了吗。他一边说，一边去拉姜立新的手，突然又松开，像抓了把刺猬，不禁问道，你的手……怎么秃了呢？姜立新抬起双手，苦笑道，都冻掉了，只剩下两根，其余的都被冻掉了。

赵尚志胸中就掠过一股凉风，他再伸出手，重新抓住姜立新的手，充满真情地说，为了抗日，我们做出的牺牲太多了。姜立新摇摇头，说，这不算什么，只要能打枪，我照样打小日本。赵尚志高声说，说得好！你等我召集北满省委开过会，咱们再大干一场。姜立新的眼神有些游移，说，你要召集北满省委？这瞒不过赵尚志的眼睛，他问，怎么，老姜，我看你的神情不对头啊！姜立新看赵尚志一眼，又侧脸，躲过了他的目光。赵尚志更着急了，他松开握住姜立新的手，再上举，扳过姜立新的肩膀，晃了两晃说，你说，有什么话都实打实地说，就是天塌下来，我赵尚志也能顶得住。姜立新阴郁着脸，说，他们已把你的执行主席给撸了，还……还撤了你的北满联军总司令。赵尚志听罢，先是一愣，随即哈哈大笑道，他们撤了我的总司令？我现在是共产国际任命的总司令，照样带我的第三军十个师六千多人马，打他小日本。姜立新觑赵尚志一眼，幽幽地说，六千人马？哪里还有六千人马啊，老赵。我们三军满打满算，现在也剩不到三千人啦。赵尚志呆若木鸡，啊……赵尚志是个乐天派，哪怕天上掉下个大石头，嘣的一声砸在脑袋上，砸起一个大包，他也会手抚大包，说笑如常。但这次不行了。他呆呆看着姜立新，好一会才醒过神来，说，你讲，你讲你的，慢慢讲，细点讲。姜立新点点头，目光惨淡，迟迟疑疑地讲，北满临时省委已去掉"临时"二字，将临时省委改成了北满省委；因受赵尚志的连累，还有一大批人被撤了职，被开除党籍；北满抗日联军已组成了第三路军，张寿篯（李兆麟）任了总指挥，冯仲云任了总政治部主任；抗日联军第四军已经解体，军长李延平被叛徒杀害，副军长王光宇领四个战士投奔汪雅臣，也在中途中牺牲，其余的人都被编入了第五军；北满的抗日联军已是七零八落，第八军军长谢文东已经投降了日本人……

什么？赵尚志打断姜立新的话，近似呼喊地说，你说什么？你是说谢文东投降了小日本？姜立新说，这是千真万确的。赵尚志两眼望着棚顶，悲怆地说，唉——为了抗日，我赵尚志可没少帮扯他啊。这个不争气的家伙。小日本杀了他媳妇，关了他老妈和孙子、儿媳妇的风眼，他反倒投降了小日本？姜立新说，我听说他弹尽粮绝，眼瞅着就是饿死，只好带着二十四人投了降。赵尚志悲切地说，就是饿死也不能投降啊。他这一投降，第八军就是全军覆没啊。他垂下了脑袋。再抬起头时，他果断地做出几项决定：第一，派戴鸿宾带领大部队去打塘梨川（今南岔），阻止日本人修筑绥化到伊春的铁路；第二，派姜立新去铁力老金沟找北满省委，给省委书记金策送信，请他带省委主要领导到马把头碴营，会商"解决工作上、政治上诸般问题，展开东北新局面"；第三，以东北抗日联军总司令的名义，下达通缉令，通缉变节附敌的抗日联军第八军原军长谢文东、抗日联军第三军第二师原师长兰志渊、吉东省委原书记宋一夫等十一名叛徒。谁知，赵尚志刚签署通缉令，又传来了李华堂叛变的消息。这让他唏嘘不已，思虑重重，胸中像翻了五味瓶，苦辣酸甜咸混杂，最终也说不出是什么滋味。

这是 1939 年 9 月 30 日的事儿。

这天早上，赵尚志刚撂下饭碗，尚连生走了进来，身后还跟着白福厚，抗联六军一师三团的团长。赵尚志看进来的是尚连生，右眼顿时睁大，说，你回来了，刘风阳他们呢？尚连生躲过赵尚志的目光，低垂着脑袋，嘤嘤嚅嚅地说，我们从老毛子那儿回来时，碰到了六军一师的陈绍滨师长，他把我们都缴了械，将刘风阳他们又送回到老毛子那儿，让我带路来找你。赵尚志呼地从炕上跳到地上，走到尚连生面前，问，为什么？尚连生退后一步，回头瞅着白福厚。白福厚冷着面孔说，你们已经被包围了，陈师长让你们——立即放下武器。赵尚志嗤之以鼻道，为什么？白福厚说，我们师长让我问你，为什么要杀祁军长？赵尚志凛起脸色，说，他临战不听从命令，就是死路一条。白厚福问，那你，为什么还要杀北满省委的领导人？

赵尚志目光刺着白福厚的脸，说，放屁，你们听谁说的，我要杀北满省委领导？白福厚斜眼就去看尚连生。尚连生狠狠地瞪白福厚一眼，满脸堆灰。赵尚志冷冷一笑，对白福厚说，去，你让陈绍滨来见我，我有话跟他说。白福厚横横地说，我们师长，是不会见你的，他只问你交不交枪，不交枪就收拾你。

屋子里立时陷入了沉寂。所有人眼睛都锁向了赵尚志。赵尚志想，我这里只有十几个人，他陈绍滨带来几十人，再则说了，抗联怎么能打抗联呢？赵尚志思前想后，淡淡一笑，对于保合、陈雷和李在德说，自从六军主力西征走后，陈师长留守小兴安岭牵制敌人，吃了很多辛苦。现在他远道而来，你们代表我，带上狍子肉和白面，去慰问慰问他们。再告诉他，赵尚志是共产国际任命的东北抗日联军总司令，让他来见我。

听赵尚志如此说，白福厚反倒左右为难了。他斟酌片刻，决定回去找陈绍滨帮赵尚志说几句话。尚连生见白福厚要走，慌忙站起身也要跟着他一起走。赵尚志大声说，尚连生，你是我的秘书，就留在我这儿。尚连生看赵尚志一眼，连连摆手说，我不去陈师长那儿……他是不会放过我的。说过，夺门而去，反倒将白福厚落到了后边。

陈绍滨看赵尚志给他带来慰问品，脸色虽然阴着，眼睛里却露出点亮光。于保合见缝插针，说，总司令请你过去一趟，陈师长。陈绍滨一歪嘴说，谁让我过去，谁是总司令？陈雷端正起面孔，说，总司令就是老赵，赵尚志。陈绍滨乜眼陈雷，说，你姜士元（陈雷原名）不是六军的人吗，怎么也替赵尚志说话？陈雷在没参加抗日联军前，曾是中共佳木斯市的组织委员、书记。市委被日寇破坏后，1938 年 3 月，陈雷辗转找到抗联第六军，被任命为六军的组织科长，后来因战斗失利受伤，到苏联养伤，伤好后就跟随赵尚志，以司令部工作人员的身份回国抗日。他以为陈雷是六军的人，应该跟他一条心，因为他也是六军的人。陈雷冷峻地说，因为老赵真抗日，所以我跟老赵。陈绍滨激动地吼道，他真抗日，谁假抗日？他脸上电闪雷鸣，目光像闪电似的睚着陈雷。陈雷镇静地说，你要是真抗日，就要听老赵的，因为他是抗日联军总司令。陈绍滨说，这么说他真是总司令？陈雷答道，千真万确，我可以拿脑袋担保，他的总司令是苏联人任命的，而且是当着我们的面宣布的。陈绍滨又问道，当着你们的面？你是什么职务？陈雷说，当时我是司令部工作人员，前几天刚任命的宣传科长。陈绍滨沉思不语。好一会儿，他看看陈雷，再看看于保合和李在德，有气无力地说，你们，回去吧。我决定不抓赵尚志了。但这事不算完，我要去找北满省委，向北满省委报告。

于保合等人回到碓营，把陈绍滨的举动讲给了赵尚志，赵尚志满脸愁容笼罩。陈雷想转移赵尚志的郁结，便问，我有个问题弄不明白，老赵，他陈师长为什么不来见你呢？赵尚志说，我想，他是怕我找他的后账，怕追问他带回来的信是不是真的。于保合就在一旁插嘴说，要我说，他传的就是假信，说不定就是个奸细。赵尚志摇摇头说，他要是奸细，这次能放过我们吗？毕竟我们只是十几个人，他是几十人，这可是向小日本邀功的好机会。再则说了，我在老毛子那边的时候，曾几次追问他们，到底有没有让陈绍滨送信的事情，他们也总是打圆圆语，一会儿说让我追查他，一会儿说让我处分他，始终也没有个明确回答。还有，说我赵尚志是被他们诓去的，情有可原，可戴鸿宾、祁致中他们没有被诓，不也被扣留了吗？总而言之，我想，还是他对我不信任，怀疑我是奸细。赵尚志说到这儿，轻轻叹息一声说，这些都不是主要的东西，我们现在主要的任务是尽快找到北满省委，共商抗联大计，重新掀起抗日高潮。可我心里总纳闷，姜立新因道路远，人难找，到现在没有回信还在情理之中，可戴鸿宾离我这儿近，他怎么就连个信都不送回来？

这天，赵尚志正跟几个部下摆龙门阵，姜立新走了进来。赵尚志见姜立新是一人进窝棚，脑袋顿时涨大，两耳嗡嗡嗡嗡呼叫，像落着两架直升机。他用左手撑着炕沿，右手揉着眼睛，从炕沿上站起身，问，怎么，只是你自己？他们呢？姜立新凋零着脸，一步步挪到炕前，将一封信交给赵尚志说，还有什么他们？金策说了，他们不……不来。赵尚志额上腾腾冒汗，两手就有些哆嗦，问，为什么？他从姜立新手中将过信，迅速看一遍，从右到左，从上到下，而后，他揩去额头上的汗水，勉强一笑，说，说说，到底是怎么回事？姜立新说，我费尽千辛万苦，总算在铁力老金沟找到了金策。金策开始时很高兴，立即派人去找张寿篯（李兆麟）、许亨植他们，说你的总司令不会是冒牌的，应该相信共产国际的任命，不能对赵尚志有一成不变的认识，否则，不仅仅是对抗上级，而且对整个东北抗日事业也不利。结果，张寿篯（李兆麟）、许亨植他们还真来了，跟我一起来汤原找你。谁知，我们走到铁力透龙山那疙瘩时，碰到了陈绍滨和尚连生。他俩向张寿篯（李兆麟）他们告你的状，说你怀疑北满领导人是奸细，想骗他们到汤原，然后再杀掉他们……赵尚志大发雷霆，这是哪个王八蛋造的谣？霍地站起身，瞪大眼睛问姜立新，告诉我，这是谁造的谣？姜立新说，还有谁，就是你那个宝贝秘书尚连生呗，要不是他，谁说话有那么大的分量啊。他说你命令他说，只要他把北满省委骗来，就是他的一大功劳。赵尚志胸口一凉，额上的热汗又变成了冷汗，说，那他们也信？那他们都信？姜立新说，金策不太相信，但更多的人相信。最后他们在透龙山洞里开会，怎么决定不来，我就不清楚了。赵尚志神色激动地问，那你为什么不向他们解释？姜立新说，能不解释吗？可我磨破了嘴皮子，人家就是不信啊。赵尚志叹息道，这回，唉！怎么是这个结局，怎么是这个结局。就只有等戴鸿宾的好消息了。姜立新紧问赵尚志，怎么，老赵，你还不知道吗？赵尚志一头雾水地说，我知道什么？姜立新说，戴军长也跟北满省委走了。赵尚志啊地喊一声，张开大嘴，好半天就没有合上。姜立新嗫嗫地说，姜军长带人去打塘梨川，结果被日伪军和白俄的军队打散了，胳臂上也挂了花。他藏在一个碓营里养伤，碰到了陈绍滨他们。陈绍滨就让他跟他们一起去找北满省委。戴军长先前还不想去，陈绍滨说，你打了败仗去见赵尚志，赵尚志能给你好果子吃吗？戴军长犹豫一会儿，就眼泪吧嗒地跟着他们走了。

赵尚志没有再说话。他胸中五味杂陈，百感交集，不知说什么才好。姜立新心情戚戚，内心就有些后悔，怀疑自己将这些汇报给赵尚志，是不是犯了个错误。他这么想，便窥赵尚志一眼，转移了话题说，对了，我在塘梨川那儿，还碰到过七军的人，他们向我打听你，还让我代他们向你问好呢。赵尚志猜出了姜立新的用心，他用善意的口吻说，是吗？难得他们还惦记着我，你给我讲讲他们的情况。

抗日联军第七军由第四军第二师扩编而成，它的前身是李学福领导的虎（林）、饶（河）反日游击队。虎饶游击队归第四军后，先是被编为第四团，继而扩大为第二师，师长郑鲁岩，副师长李学福，参谋长崔石泉（崔庸健）。1937年1月，吉东特委又将第二师改编为第七军，军长陈荣久兼第一师师长，参谋长崔石泉，第二师师长李学福，第三师师长景乐亭。全军共三个师，三百多人。

军长陈荣久原来是东北军第二十一旅的士兵。"九一八"事变后，他拉出一些爱国士兵，参加了王德林的抗日救国军，被任命为连长。救国军退进苏联后，他带队又投奔了李延禄的抗日游击军，并很快入党，被派到苏联学习。学习结束后，他被任命为第七军军长。只是第七军刚刚成立，陈荣久为了掩护战友，在一次战斗中牺牲了。陈荣久牺牲后，第七军党委决定由崔石泉代理军长，并将原来的第一师和第二师合并，组成新编第一师，由李学福任师长。

抗联第七军在崔石泉和李学福的率领下，活动在饶河、虎林、同江、富锦一带，陆续收编八个反日山林队，又组成了新编第二师，很快将队伍发展到四百五十多人。

1939年7月，第七军补充团的密营被日寇摧毁，补充团被迫向深山里转移。那时，女战士许洪青将近临产，就由身强力壮的战士搀扶着前行。

正行军途中，许洪青突然腹部剧痛，她两手捧腹，呻吟不已。几个女战士知道她是要临盆了，可她们的年纪都比许洪青小，谁也没有经历过这样的事情。她们能做的，就是给许洪青搭个柴草棚子，然后共同推举年纪最大的赵树珍给许洪青接生。赵树珍顿时慌了手脚。她恐慌地看着许洪青，满脸流汗，颤着声音说，许大姐……我真的……不敢。许洪青惨笑着说，不要紧，我自己来，你帮着我点就行。如此，经过一番撕心裂肺的折腾，哇的一声，一个婴儿坠地了。

这是个漂亮的女婴。她一落草，两手乱抓，两条小腿不住地踢端，又哭又闹。许满青知道她是要吃的，可她又没有奶水，只能跟着女婴低声啜泣。几个女战士翻来找去，总算凑足一碗炒面，给女婴煮炒面水喝。那女婴一边呛着炒面水，一边哭闹。她只管对这种待遇表达不满，并不管补充团已断粮几天，每天靠野菜度日。

婴儿一天天生长，敌人一天天逼近。这天，他们正在河边歇脚，树林里传来了战马的嘶叫声，吓得婴儿哇哇，哭了起来。许洪青怕被敌人听到哭声，连忙捂住了婴儿的嘴。婴儿憋得脸色铁青，呼吸声越来越细，眼见是就要没命。赵树珍急中生智，慌忙翻出鸦片烟，一点点吹进婴儿嘴里。婴儿不哭了，许洪青却呜咽起来。她哭泣着说，躲过了初一躲不过十五。我们能听到敌人的马叫声，敌人就会听到孩子的哭闹声，如果他们顺着声音寻来，同志们就危险了。

听话听声，锣鼓听音。赵树珍立时猜出许洪青要做什么事了。她倾身将婴儿夺进自己怀里，气嘟嘟地说，你身子骨虚弱，我背着她走。许洪青看着婴儿，摇摇头说，不行，真的不行。背一天两天行，背一个月两个月也行。可我们的行军没有止境，难道总要背下去吗？我看……许洪青转过脸去，眼睛盯着湿漉漉的草地说，我看……干脆把她扔了吧。不行。赵树珍紧紧抱着婴儿，说，有我在，就有孩子在。说过，她抱起婴儿，磕磕碰碰，又朝前走去。许洪青两眼敲着赵淑珍的后背，说，孩子是我身上掉下的肉，我也舍不得把她扔掉。可我们总不能为保她一条弱小的命，扔掉一百多个人的生命啊。

傍晚时分，队伍行进到七虎林河畔，刚想休息，结果就发现了日军讨伐队的火光。队伍只好转移。临出发前，李副团长耷拉着脑袋，走到许洪青身边，什么话也不说，就从她怀里抱过了婴儿。他用双手托着婴儿，目光落在婴儿稚嫩的脸上，久久不不肯挪动。

几个女战士围了过来。她们以为李副团长是喜欢孩子，个个脸上欢喜。这个说，你是孩子的爸爸，得给孩子起个名字啊；那个说，这孩子长得像她爸爸，长大了一定会像她爸爸一样高大英俊……李副团长只是笑，眼睛注视着婴儿，不肯移动。最后，他昂然一笑，抱起孩子就朝河边走去。走了几步，他回头看到几个女战士还呆呆地看着他，便说，我到河边给孩子解个手。

李副团长抱着婴儿，一步一步走到了七虎林河河边。他回头看看。密匝匝阴森森的树叶遮住了他的视线，也遮住了那些女战士的视线。他鼻子一酸，泪水夺眶而出。他模糊着两眼，低声抽泣着，缓缓蹲下躯体，小心翼翼将婴儿放到了草地上。而后，他脱下棉袄，铺在地上，再将婴儿轻轻放置在棉袄上。最后，他紧皱起浓眉，再用两手托起棉袄，放到了河面上。棉袄就像条小船儿，打着旋儿向前漂去。棉袄上的婴儿似乎很舒服，似乎很满意，似乎很理解父亲的苦衷。她竟没有哭，就乘着父亲为她制造的小船，驶向河水更深处……

赵尚志突然暴躁地喊一声，别再讲了！我赵尚志要是不把小日本赶出中国，死不瞑目！说过，他闷声闷气地对于保合说，立即给苏军发报，就说眼前大雪封山，咱们的粮食、咸盐都吃光了，每天只能靠打狍子对付，处境十分困难，请指示今后的去向。

很快，苏军的电报发回来了。电报里说，北满省委常委、宣传部长冯仲云已到伯力，准备同吉东省委一起召开联席会议，请赵尚志也回来参加会议。

第二十二章

▶ 抗日寇东挡西征

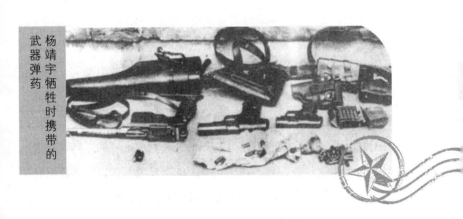

杨靖宇牺牲时携带的武器弹药

1939年底，赵尚志到了苏联伯力。

冯仲云看到赵尚志，激动得两眼湿润，他迎上前去，兴奋地说，总算又见面了，你还挺好啊？赵尚志板起面孔说，好，好什么好。你们不但撤了我的北满临时省委执委，还撤了我的北满抗联总司令，我还好呢。冯仲云从鼻梁上取下眼镜，一边搓擦着镜片，一边模模糊糊地看着赵尚志，不无尴尬地说，决定是共同做出来的。赵尚志当即顶冯仲云一句，那你是什么态度？冯仲云头也不抬地说，当然，我也是同意的。说过，他将眼镜戴上鼻梁，瞭赵尚志一眼，又说，你有什么话，可以说吗？赵尚志却来个一百八十度的大转弯，说，其实，当不当执委，当不当总司令，这都没关系，当什么我赵尚志都是要抗日。但有一点我想不通，我没在国内，你们背着我开会，这是不是违背组织原则？冯仲云脸上立时烈火焚烧，咕咚咕咚，胸膛里翻滚着一锅苦水。他无法向赵尚志作更多的解释，只是问赵尚志，那你，想怎么办？赵尚志垂头丧气地说，怎么办？我现在还能怎么办？冯仲云轻轻一声叹息，再从鼻梁上取下眼镜，一边擦拭着镜片上的汗水，一边说，我们北满内部的事，可以往后拖拖。你最好先找周保中同志谈谈，他们吉东那边对你也有意见。

1940 年 1 月 17 日，赵尚志找到周保中，简单寒暄两句，他就把话题直接引向了正题，说，我过去曾怀疑你是托派，现在知道是我错了，我向你检讨。赵尚志的坦诚让周保中感动，他也实话实说，我们都是凡人，谁都难免犯错误。现在回想起来，我们吉东省委过去有关"集团部落"的决定，也是错误的，它使我们丧失了根据地，断绝了群众对我们的支援。赵尚志说，我做错的，你们批评我；你们做错的，我也不客气地批评你们。这些都是正常的，也是应该的。现在我们抛弃前嫌，还是讨论讨论如何开好这个会吧。周保中点点头，说，可惜南满的人没能过来。赵尚志说，我们曾派老李头去南满找过老张（杨靖宇），谁知他没有找到老张，自己却被捕了。都六十多岁的人，真不知道他能不能熬过小日本的酷刑……周保中说，李发的事儿，我听说了，也只好看他的造化了。现在我想的是你的处境。既然北满省委罢免了你，我想请你到我们第二路军来做副总指挥，不知你同不同意？赵尚志开心一笑，说，别说是让我做副总指挥，就是让我做战士，只要能打小日本，我也就老罕王坐北京——心满意足了。

1940 年 1 月 24 日，在伯力"五十五号房舍"，中共吉东省委和北满省委召开了联席会议。参加这次会议的有赵尚志、冯仲云和周保中。按照苏方的指示，会议由周保中主持。这次会议第一阶段进行了十二天，1940 年 2 月 5 日休会。

1940 年 3 月 19 日，吉东省委和北满省委举行了第二阶段会议。这次会议是在伯力城外召开的。参加人除了周保中、冯仲云和赵尚志，还有苏联共产党边疆委员会书记伊万诺夫、苏联远东军代理总司令那尔马西、远东内务部长王新林。王新林是最后一个走进会议室的。他给会议带来个噩耗：据可靠情报，东北抗日联军第一路军总指挥杨靖宇同志，已于 2 月 23 日战死。周保中等人几乎是同时起立，赵尚志泪眼模糊，脑海里却清晰地浮现出了杨靖宇，仿佛昨天刚刚分手。

1932 年 5 月，省委交通员找到赵尚志，请他到姜椿芳家开会，赵尚志就知道，他又要见到杨靖宇了。那时，姜椿芳家是中共满洲省委的一个联系点，杨靖宇是哈尔滨市委书记，赵尚志的二哥赵尚朴是组织部长。市委书记杨靖宇就住在姜椿芳家。作为省委军委书记，赵尚志每次到那里，都会见到杨靖宇，无话不说，亲如兄弟。

赵尚志刚走到门口，杨靖宇已迎了出来，一脸笑容可掬。赵尚志仰起头来问，老张，是你找我？那时，杨靖宇化名张贯一，赵尚志喜欢叫他老张。老张含蓄一笑，挑开了草珠门帘。门帘哗啦啦一阵响动，像是悦耳的琴音。赵尚志进屋，一眼就看到了省委书记罗登贤。这可出乎赵尚志的意料之外。他一时愣怔，竟没有说出话来。罗登贤上前拉过他的手，愉悦地说，我都等你好一会了。赵尚志紧跟着问，那一定是有重要的事。罗登贤给赵尚志拉过一条板凳，说，你先坐下，喝口茶，咱们慢慢唠。

赵尚志屁股刚坐上板凳，头就扬起来问罗登贤，你知道，我这个人性子急，你最好先说事。要不，我喝茶会呛肺管子。罗登贤笑笑说，张甲洲在巴彦已经拉起了反日游击队，省委决定把你派过去，以省委巡视员身份兼任那里的政委和参谋长，你想不想去？赵尚志痛快地说，想去。我服从组织安排。罗登贤端起茶杯，递给赵尚志说，那好，事情就这么定了。来，我们一边喝茶，一边研究南满的事儿。

谈话结束后，姜椿芳让杨靖宇和赵尚志先走。两人走到胡同口时，杨靖宇握住赵尚志的手，俯下身说，祝你一帆风顺，我希望很快就能听到你的好消息。杨靖宇身材魁梧，身高在一米八开外，他跟赵尚志说话，要低着头。赵尚志信心十足地说，我一定不辜负组织的信任。杨靖宇说，这我相信，我相信我们都会带回好消息。赵尚志就是一愣，说，怎么，不是让你接任省委军委书记吗？杨靖宇轻轻一笑，说，这只是暂时的。按照登贤同志的意思，他准备把我派到南满去。

果然，赵尚志走后不久，1933 年 1 月 25 日，杨靖宇被派往南满，担任中国工农红军南满游击总队政委。那时，南满游击总队总队长孟杰民、政委初向臣、继任总队长王兆兰已先后牺牲，南满游击队正处在生死存亡之际。

杨靖宇到南满时，中共中央“一二六”指示信也及时送到了南满。这让杨靖宇如虎添翼。他雷厉风行，立即贯彻执行“一二六”精神，不管原来政治立场如何，不管过去跟游击队关系如何，只要爱国抗日，游击队都愿意联合他们，一起打击侵略者。很快，“殿臣”“毛团”“宋团”“马团”“三江好”“四季好”等山林队和义勇军，都聚合到杨靖宇麾下，同游击队结成联盟，联合作战，取得了一些胜利。杨靖宇趁热打铁，在桦北八道林子，主持召开抗日军代表会议，成立“抗日军联合参谋部”，并被推举为政治委员长。

1933 年 8 月 13 日，杨靖宇率领联军团团围定磐石县的呼兰镇，四个方向同时打响了攻城战斗。

战斗打得非常激烈。城内守敌一边负隅顽抗，一边向盘石县城求援。双方打到第三天时，盘石县城的日伪军增援到了呼兰镇。殿臣一看情形不妙，脚底抹油，带队先行溜出了战斗。其他山林队见殿臣已跑，便也纷纷逃跑，扔下杨靖宇的游击队独自作战。

城里守军听城外枪声渐稀，知道围城力量已经减少，更加有恃无恐。民团头目高希甲得意忘形，手拿匣枪，站在城墙上，乱点着攻城的游击队狂妄地喊，看见了吧，你高老爷又出来了，让你们尝尝高老爷的匣了枪……他的话还没有喊完，杨靖宇的枪声响了。高希甲妈啊一声号叫，人就摔到了城墙下，落到了壕沟里，砸出一片混浊的水花。杨靖宇则乘敌人混乱之机，果断率队撤出战斗。结果，这场战斗打死日军军官一名，打死打伤伪军二十三名，游击队付出的代价是牺牲了三名战士。

围攻呼兰镇的战斗影响很大。战斗过后，很多人都投奔杨靖宇而来，这让他很是高兴，最高兴的是，烟筒山伪迫击炮连起义，也来参加他的游击队，如锦上添花。

烟筒山起义的领导人是曹国安。曹国安原是北京大学学生，"九一八"事变后，他回东北抗日，受中共吉林特支的派遣，打入伪警备第五旅第十四团迫击炮连，做了一名文书。吉林特支给他的任务是利用各种方式联系进步士兵，适时组织哗变，参加抗日战争。

曹国安不辱使命。他一到伪迫击炮连，便开始广泛接触士兵，跟他们交朋友，找他们谈话。思想守旧的，他跟他们插香头，拜把子，称兄道弟；思想前卫的，他向他们灌输救国思想，启发他们的民族意识，鼓动他们爱国的勇气。如此这般，在他的周围，聚集了二十多名积极分子。其中最可靠的有宋占祥，他是曹国安的外甥；有张瑞麟，他是积极分子，跟曹国安同时打入了伪迫击炮连。

1933年5月26日，端午节的前两天，曹国安把骨干们找到一起，共同分析局势，决定端午节那天举行起义。时间是午夜十二点，口令是"革命"，口号是"抗日救国"，信号是"日本人来缴械了"。

巧不巧，端午节那天，伪连长接到一纸命令，他被提拔为少校团长，这让他喜不自胜，便张罗了两桌酒菜，把当官的都请去喝酒。又是划拳，又是唱曲，吆五喝六，昏天暗地，从午后一直喝到晚上。

当官的大酒大肉，当兵的仍然是高粱米籽。士兵们当然心里不平衡，他们满腹牢骚，说三道四，指桑骂槐，怨声载道。曹国安看有机可乘，就找到宋占祥和张瑞麟，分头请士兵们喝酒。士兵们有酒喝，有肉吃，个个喜笑颜开，都说曹国安他们是好人，愿意听他们的话。

午夜时分，十二点刚刚敲过，曹国安找到了宋占祥和张瑞麟，他们相视一笑，共同高喊，日本人来缴械了，日本人来缴械了。

骨干们原本没有睡觉，枕戈待旦，听到喊声后，便唰唰唰唰，抓起大枪；噌噌噌噌，跑出营房。其他士兵见有人跑，便也跟着朝外跑，懵懵懂懂，慌里慌张。转眼之间，营房外已集合起一百多人，有的面带兴奋，有的面带困惑，有的面带犹豫，有的面带恐惧。

曹国安看人已基本到齐，带人就朝营房外走去。这时伪连长出来了。昨夜他酒喝得高，觉睡得老，梦做得沉，院子里闹腾了好半天，他才从梦中惊醒。梦醒的他磕磕绊绊跑出屋，没头没尾地大声喊叫，你们这是想造反啊，半夜三更就起来作妖？队伍里就有人回话，说，日本人来了，日本人来缴械了。伪连长骂骂咧咧，谁说的日本人来了？谁敢他妈的放这个屁？他酒醒了大半，情知大事不妙，蛤蟆眼溜溜转了两转，缓和语气又说，弟兄们，不要瞎乱来，不要听坏人的话。这半夜三更的，哪有日本人来缴械，就是有日本人来缴械，还有我这个连长顶着呢，用不着你们担惊受怕。现在我命令，各排排长立即跟我去连部开会，其余弟兄们回营房睡觉。听过伪连长训话，便有排长吆喝着士兵，纷纷掉头，又朝营房走去。

曹国安当机立断，低声命令张瑞麟、宋占祥，说，干掉他！你们干掉他。张瑞麟、宋占祥闻令，同时举枪，砰砰两声，便把那伪连长打死在地上，惹得人群一片骚乱。曹国安乘乱跑出队外，高声鼓动士兵们说，弟兄们，日本人快要把我们包围了，我们现在走还有活命，否则死路一条。喊过这话，他率先就朝营房外跑去。其他人到此时，有的明白，有的糊涂，有的半明白，有的半糊涂，都跟着曹国安呼啸呼啸地朝城外跑，总共有一百多人、一百多支枪。张瑞麟想得周全，临出城时，组织烧酒工人扛运出来一门迫击炮、二十多箱炮弹。

队伍出城时，天光已是大亮。曹国安重新集合哗变队伍，宣布成立"抗日迫击炮大队"。大队下设三个分队，曹国安任大队长，宋铁岩为政治委员。宋铁岩就是宋占祥。他的名字是起义时改的，表示自己既然参加抗日，意志就要像钢铁岩石一样坚硬。后来，1936年2月，东北抗日联军第一军成立，他担任了政治部主任、南满省委委员。再后来，1937年2月11日，日伪军包围本溪县和尚帽子密营，他在战斗中壮烈牺牲。当然，这些都是后话了。

当天晚上，曹国安带领起义部队，走进石虎沟，住进一所破庙。在破庙里，曹国安写了一封鸡毛信，派人送给南满游击队的杨靖宇。南满游击队接到鸡毛信后，立即派人前来接应曹国安。再过几天，曹国安率队来到了玻璃河套，南满游击队的根据地。在那里，他们受到了冯仲云、磐石县委书记李东光、游击队总队长袁得胜、总参谋长李红光的欢迎。冯仲云是作为满洲省委代表到南满来找杨靖宇，传达中央"一二六"指示的。不巧的是，冯仲云历经千辛万苦找到南满游击队时，杨靖宇却去哈尔滨找满洲省委汇报工作去了。冯仲云便同李东光等人商量，决定将迫击炮连更名为"中国工农红军第三十二军南满游击总队迫击炮独立大队"。

杨靖宇从哈尔滨回到根据地，看到那门迫击炮非常高兴。他命令将迫击炮和炮弹都坚壁起来，并满怀憧憬地说，等到将来局面发生大变化时，咱们再把迫击炮拿出来，跟日本人展开阵地战。到那时候，关里的军队朝关外打，我们的队伍朝关里打，两面夹击，不把日本侵略者赶出中国才怪呢。他是这么预言的，他也真的等到了大变化。"七七"事变后，他立即起出迫击炮和炮弹，时刻准备着配合关内展开一场大战。孰料，国民党却和日本签订了《塘沽协定》，将他的一腔热血冰得拔凉拔凉的。但他并不就此罢休。在以后的抗日战斗中，曾几次派队西征辽宁，企图北上热河，穿越长城，同关里的八路军会师。结果是壮志未酬，遗恨终生。

南满游击队因有迫击炮连的参加，队伍由原来的二百多人增加到三百多人。如此，1933年9月18日，杨靖宇根据满洲省委指示，在磐石县西玻璃河套召开大会，宣布将"中国工农红军第三十二军南满游击队"改编为"东北人民革命军第一军独立师"。师设司令部，司令部下辖政治部、参谋处、军需处、军医处以及两个团和一个政治保安连。杨靖宇任师长（对外称司令）兼政委，宋铁岩任政治部主任，李红光任参谋长。

独立师成立后，杨靖宇率领部队突破一万三千多日伪军的围剿，横渡辉发江，直奔伪军邵本良的老巢——东边道重镇三源浦。

邵本良原本是个惯匪，为人性格残忍，心黑手辣，狡猾多疑，后来被张作霖收编，当上了东北军一名团长。"九一八"事变后，他卖身投靠，受到主子的青睐，曾先后任伪奉天游击队队长、伪军混成旅独立团第三营营长，第六旅第七团团长，最后又被日本人封为少将，并任命为伪"第一军管区司令部附兼混成第六旅"旅长。邵本良受宠若惊，便死心塌地为日本人卖命。他凭借多年为匪、熟悉山林、人多枪好又老谋深算的本钱，便没把杨靖宇看在眼里，逢人便吹牛，说我邵本良一定要活捉杨靖宇，让他知道我的厉害。

这天，邵本良收到一个情报，说是杨靖宇要率革命军攻打凉水河子。他既没把杨靖宇看在眼里，又想解凉水河子之围，便点起二百多个骑兵，驰援凉水河子。结果，他到达凉水河子时，别说是杨靖宇，就连革命军的一个人影也没看到。他感到受了要弄，便气冲冲地问守城连长，你不是说杨靖宇要打凉水河子么，杨靖宇在哪呢？伪连长结结巴巴地说，我听人说杨靖宇要来，谁知他又没来呢！邵本良突然醒悟，他是中了杨靖宇的调虎离山之计，便怒骂一句，我 × 你八辈祖宗！挥鞭抽那连长一鞭，又鬼哭狼嚎地喊，快、快、快他妈的回三源浦！只是，当他马不停蹄赶回三源浦时，三源浦已被杨靖宇打开了。原来，杨靖宇采取声东击西战术，调走了邵本良的主力。当天晚上，他就率领二百多名战士，人不知，鬼不觉，飞奔三源浦，从东、南、北三个方面逾墙而入，破城攻占三源浦，处死了三名日本侵略者。

这是 1933 年 11 月 24 日的事儿。

三源浦战斗让邵本良如鲠在喉，如刺在背。他每日都在琢磨着怎样才能将杨靖宇置于死地，以此向他的主子日本人邀功领赏。

这天，杨靖宇率部驻在一个山村时，侦察员押来一个货郎。这货郎子看到杨靖宇，当即双膝跪地，磕得头嘭嘭山响，震得眼泪噼里啪啦朝下落。杨靖宇内心疑惑，便将目光转向侦察员，问，这是怎么回事？侦察员说，这个人说他是货郎子，可他不但担子上没有什么货，还一个劲打听咱这儿驻的是谁的队伍，有多少人。我看他像个探子，就把他带回来了。那货郎听侦察员如此说，连忙抬头申辩说，大爷啊，我真是个卖货的啊，都说你们胡子不杀挑三股绳的，千万可别杀我啊。侦察员听他把革命军说成了土匪，心中恼火，就朝他屁股踹上一脚。谁知这一踹，竟踹掉了他腰带上的一封信。那货郎见状，周身立马哆嗦起来，两排牙咯吱咯吱地响，像是老鼠咬屋梁。

这封信是邵本良写的。他在信里告诉他的一个旅长说，他要去东部剿杨靖宇，命令那旅长带兵随后增援。杨靖宇手捏信纸，凝起了眉头：这分明是邵本良玩的蒋干盗书，故意让货郎将这封信暴露给我。杨靖宇这样想时，便给侦察员递了个眼色。侦察员心领神会，立刻将货郎押进西屋，再哗啦一声挂上大铜锁，隔着门窗对货郎说，我上一趟茅楼，你好生给我待在这里，别乱走乱动，不然我枪毙了你。那货郎哭丧着脸说，我哪敢啊。他嘴里这么说，待到侦察员走后，还是猫行鼠步，将耳朵贴到了间隔墙上。这时，他就听到了杨靖宇跟几个人的说话声：都说邵本良老奸巨猾，我看他是草包一个。他到东部找我们，那里山高林密，还不是只有挨打的份。这声音结实、沉毅、自信，是杨靖宇的声音；我看不能这么简单吧？那邵本良并非等闲之辈，怎么能轻易将这么重要的信件，落到我们手里呢？这声音豁亮、老辣、充满智慧，是宋铁岩的声音。我也赞成宋主任的判断，这是邵本良使的调虎离山计。这声音听起来有些生涩，是李红光的声音。兵不厌诈。我相信这是邵本良耍的小把戏，故意将真实意图暴露给我们，让我不相信。《说岳全传》说"何立从东来，我向西方走"，我们偏向西方走，让那老狐狸想哭都来不及。

那货郎听到杨靖宇最后的决定，心里既是高兴，又是着急。他高兴，是他在无意间听到了杨靖宇作战的秘密；他着急，是他被锁在屋子里，插翅难逃。如此，他就满屋子转圈，像小驴拉磨。转来转去，他的眼睛突然亮了。他发现屋后的窗户，竟然有些松动。他眉开眼笑，两手蒙上额头，暗暗地说，天助我也。他开始盼望黑天。

他越是盼天黑，天黑得越慢，像病牛拉辆破车。最终，那辆破车总算到站了。他屏住呼吸，蹑手蹑脚走到后窗前，窥出窗外没有哨兵，便轻轻撬开后窗，爬到屋后，而后撒丫子就跑，像是一溜烟。跑出村外时，他竟碰到了杨靖宇的传令兵，便先下手为强，捆绑起那传令兵，将他押送给了邵本良。

这天夜里，邵本良把部队带进西部的回头沟。他在那里布下天罗地网，专等杨靖宇钻进网来，再一网打尽。孰知，他从午夜等到天亮，却不见杨靖宇走进回头沟。他狐疑满怀，正不知如何是好时，打从山后跑过来一个伪兵。那伪兵呼哧带喘地报告说，凉水河子被杨靖宇包了。邵本良脑袋轰的一响，两眼金花乱迸，顿时觉得天旋地转。原来，他中了杨靖宇用的连环计。杨靖宇将邵本良调到西部后，又联合山林队"老长青"，直插凉水河子，消灭了驻在那里的伪自卫团。

邵本良是又悔又恨，立即率兵急匆匆回师凉水河子。结果，杨靖宇早已消失得无影无踪，像是地遁了。

第二天，他又侦得了杨靖宇要攻打柞木台子的情报。这样，他立即率队奔赴柞木台子。岂知，他大兵刚压到柞木台子，杨靖宇又打下了八道江。邵本良听到情报，嘭地猛踩下右脚，哭丧着脸，恨恨地说，有我邵本良，就不会有你杨靖宇！

如此这般，东北人民革命军独立师越战越勇，越打人越多，像滚雪球似的迅速壮大。到 1934 年 9 月，独立师已发展成为一支有着八百多人的红色队伍。

这样，1934 年 11 月 5 日，中共南满党组织举行第一次代表大会，成立了中共南满临时特委，并于 11 月 7 日，俄国十月革命纪念日那天，宣布成立东北人民革命军第一军，下辖两个师。军长兼政委杨靖宇，参谋长朴翰宗，政治部主任宋铁岩兼党务，军需处长马占元。第一师师长兼政委李红光，副师长韩浩，政治部主任程斌；第二师师长兼政委曹国安，参谋长李松波，政治部主任张云志。

第二十三章

杨靖宇血染白雪

图为杨靖宇在开封工业学校读书时与同学的合影，前排右为杨靖宇

1935 年 8 月，杨靖宇率队正在金川县、柳河县一带活动，第八团派人送信，说是东北人民革命军第二军政治部主任李学忠到了那尔轰，他受第二军军长王德泰、政委魏拯民派遣，率领一百五十多人，前来联络第一军，以结成统一战线，共同抗日。

　　杨靖宇决定亲自率教导团返回那尔轰同李学忠会面，共商联合抗日大计。如果日寇探知我们回师，一定会尾随追击，我们正好设下伏兵，打他一家伙。杨靖宇对宋铁岩说，我们商量商量，看看选择什么地方好打埋伏。宋铁岩说，我看柳河县黑石头村那地方不错，两山夹一沟，不容易被发现。杨靖宇说，那好，我们立即出发。

　　果然不出杨靖宇所料，8 月 22 日近午时分，一支伪军大队尾随而来。他们受日本人驱使，只知道杨靖宇已经撤军，不知道他已埋下伏兵，结果，就钻进了杨靖宇张开的口袋，被他打个措手不及，扔下一门迫击炮、四十多支步枪，死伤七十多人，落荒而逃。杨靖宇则从从容容，率领第一军回到了那尔轰。

　　此时，东北人民革命军第一军人数已达到三千人。

　　1936 年 2 月，杨靖宇获得一个情报，说是邵本良的老巢——通化热水河子警备松弛，物资充盈。杨靖宇认为此虚可乘，便在 2 月

26日晚上率兵围住了热水河子。27日拂晓，突然发起攻击，迅雷不及掩耳，先解决西门岗哨，再包围第七团团部，解除伪军全部武装，俘虏副团长以下六十多人，缴获轻机枪一挺，长短枪支五十多支，战马四匹。

邵本良听说老巢被杨靖宇攻克，脸面丧尽，便向日本主子请缨，纠集伪军一千多人，在三架飞机配合下，分兵三路，寻找杨靖宇的主力部队，妄图与杨靖宇决战，一举消灭第一军军部。

杨靖宇当然不会三面迎敌。他采取游击战术，诱敌追击，牵着邵本良的鼻子走，直到拖得邵本良伪军人困马乏，怨声载道，这才选择梨树甸子沟，埋下了伏兵。梨树甸子沟山高道窄，地形险要，山坡上遍生灌木，哪怕是千军万马藏身其中，轻易也看不到一个人影。

邵本良也非同等闲之辈。他早些年带胡子，后来领兵，生性狡猾，每逢打仗，都要瞻前顾后，精打细算。只有这次例外。这次他倚仗着人多势众，又有飞机助战，便无所顾忌，挥队长驱直入，闯进了梨树甸子沟。

队伍进沟过半，他猛然醒悟：他妈拉个巴子的，这地界两边都是树林，要是杨靖宇在这地界布下伏兵，还不得要我嘎拉哈使啊？他这样想过，额头就往外蹿冷汗，脸红脖子粗地喊叫，前军变后卫，后卫变前军，都给我朝沟底撤！

队伍刚刚变阵，就打后边跑过一个人来，他向邵本良报告说，沟底……路……都被杨靖宇给堵死了。邵本良脸上就大汗如雨。他清清楚楚，他是着了杨靖宇的道，如同诸葛亮困司马懿。他正琢磨如何应对，两边枪声骤然大作。前行只能送死，后撤又被封住路口。邵本良别无选择，只好率队冲锋，拼死夺下一个山头，逃命而去，结果是被打伤了一条腿。

邵本良不想就此善罢甘休。他在沈阳治好伤后，又找到他的主子，拍得胸膛嘭嘭嘭山响，说，有我邵本良，就没有他杨靖宇。日本人见他还有利用价值，便拨给他八挺机枪，三个月的军饷，五十辆大车的给养，让他带领一团伪军再去围剿杨靖宇。

这天上午，邵本良带着千名伪军，浩浩荡荡开进了八道江江崴子。这次他多了个心眼，自己走在队伍中间，前后都有骑兵保驾。眼见得一辆辆大车压过滚滚黄尘，嘎呀嘎呀，吱吱扭扭，平安前进，邵本良面上现出了得意：看来杨靖宇毕竟是年轻手嫩，倘若他在此地布下伏兵，我岂不成了瓮中之鳖？

队伍继续行进，有个伪军想解手，便跳下大车，一瘸一拐地颠向路边。孰料，他的鸡架门还没有解开，大腿却碰上了一个硬邦邦的东西。他低头看去，原来是一个枪口。他"妈啊"一声，提着裤子就朝回跑。结果刚跑上三步，就被一枪放倒在地。

此时，邵本良已走到队伍前头，听到枪响，情知又遭到了杨靖宇的伏击，哪里还敢还击，只好扔下战马，扔下队伍，甚至扔下他的日本顾问，跑进路边一户人家，抢了一套朝鲜族衣服溜之大吉，惶惶如丧家之犬。

只是，他躲过了初一，躲不过十五。日本人见他既损兵折将，又断送了日本顾问的命，已无利用价值，便把他毒死在南满医院。

1936 年 7 月，东北抗日联军第二军政委魏拯民率领一个连，来到金川县的河里地区，找到了杨靖宇的军部。4 日那天，他同杨靖宇共同主持召开了东满省委、南满省委以及东北人民革命军第一军、东北抗日联军第二军主要领导会议，决定将两军合编为东北抗日联军第一路军，共辖两个军、六个师。第一师、第二师和第三师由第一军组成，原有的序列不变；第四师、第五师和第六师，由第二军的第一师、第二师和第三师依次改变。会议推举杨靖宇为第一路军总司令兼政委，王德泰为副总司令。同时，会议决定，将东满、南满两个省委合并，叫作东南满省委，领导第一路军，并选举魏拯民为省委书记。

东北抗日联军第一路军的成立，更加引起了日伪政权的恐慌。为此，伪满洲国军政部最高顾问官佐佐木亲自策划组织，调集两万五千人的日伪军，裹挟地方日伪军警，向杨靖宇的抗日联军第一军发起大讨伐。与此同时，他们为了实现"标本同治"的妄想，疯狂推行"集团部落"，大肆制造"无人区"，企图切断抗日联军与群众的联系，断绝抗日联军的粮食来源。杨靖宇审时度势，一边沉着迎战，一边按部就班实施自己的西征计划。

在东北抗日联军坚守国土的战斗中，曾经有过两次战略性的西征，一次是北满的西征，一次是南满的西征，但西征的目的却不尽相同。

北满的西征分为两个时段。第一时段由赵尚志领导，是主动的西征，西征的目的是为了扩大抗日游击区，更广泛地打击日本侵略者，造成更大的影响；第二时段由张寿篯（李兆麟）等领导，是被动的西征，目的是跳出敌人的包围圈，实施从小兴安岭以东到小兴安岭以西的转移，或者说是到敌人势力比较薄弱的地带，开展抗日斗争。

杨靖宇的西征则是从战略角度出发，意图越辽北，跨热河，翻长城，最终与关内的八路军会师，将关里关外的抗日战场连成一片，改变东北抗日联军孤军作战的局面，并恢复同党中央的联系。那时，

1936 年的 2 月，中共已组成"中国人民红军抗日先锋军"，东渡黄河，进入了山西。杨靖宇就是在读到《东征宣言》后开始筹备西征的。

1936 年 6 月 28 日，第一支西征队伍出发了。率领这支队伍的是军政治部主任宋铁岩、第一师师长程斌、参谋长李敏焕。队伍由第一军第一师师部、三团、保卫连和少年营组成，共四百多人。西征军经过连续的夜行军，到达了辽宁省岫岩县的北部山区。日伪政权发现了西征军的意图后，立即从沈阳、辽阳、海城等地调集大量兵力，前来围剿西征军。

西征军闻讯则退，像是不堪一击；日伪军穷追不舍，人不脱衣，马不停蹄，幻想着垂手可得的胜利。7 月 15 日这天，这支日伪军走进摩天岭时，突然遭到了西征军的伏击。结果，西征军击毙一名叫今田的大尉、三十多个日军和一百多个伪军。战斗进行中，一股增援的日军匆匆赶来参战，同西征军展开激战，力图解被困日伪军之围。结果，又扔下了几十具尸体。不幸的是，参谋长李敏焕在这次战斗壮烈牺牲。

此次西征虽然没有成功，但摩天岭大捷却给了日军以沉重的打击。杨靖宇为此欢欣鼓舞，灵感爆发，挥笔写下了一首《西征胜利歌》：

红旗招展枪刀闪烁，我军向西征；
大军浩荡人人英勇，日匪心胆惊。
纪律严明到处宣传，群众俱欢迎，
创造新区号召人民，为祖国战争！
中国红军已到热河，眼看到奉天，

西征大军夹击日匪，赶快来会面。
日匪国内党派横争，革命风潮展，
对美对俄四面楚歌，日匪死不远！
紧握枪刀向前猛进，同志齐踊跃，
歼灭日匪金田全队，我军战斗好。
摩天高岭一场大战，惊碎敌人胆，
盔甲枪弹胜利缴获，齐奏凯歌还！
同志快来高高举起胜利的红旗，
拼着热血势必打倒日本帝国主义。
铁骑纵横满洲境内已有十大军，
万众蜂起勇敢杀敌祖国收复矣！

　　杨靖宇是个胸怀广阔，性格刚毅，意志坚韧不拔的人。第一次西征失利后，他立即着手组织第二次西征。这样，1936 年 11 月，第三师师长王仁斋、政委周建华、参谋长杨俊恒率领第二支西征军出发了。此次，杨靖宇将西征部队由步兵变为骑兵，意图提高战斗力，提高行军速度。

　　日伪闻讯后，再调动大批部队，尾随而来，企图消灭西征军，活捉杨靖宇——他们收到个错误情报，说是这次西征带队的是杨靖宇。西征军一边灵活作战，一边迂回西进，辗转到了辽河东岸。谁知天公不作美，西征军原打算踏冰过河，不料那年气候变暖，冬天仍然落雨，西征军因找不到渡河的船只，只有绕道返回根据地。

　　"七七"事变后，中国抗日战争全面爆发。日本关东军为了抽出身来，以便调动更多的兵力支援关内主战场，又对东北抗日联军展开了空前惨烈的大讨伐。而东北抗日联军为了配合关内的抗日战争，粉碎敌人的大讨伐，也在积极运作，精心策划。如此，1938年5月，第二军政委魏拯民率领四百多人，前往辑安县，在老爷岭山区的五道沟找到了杨靖宇，共商协同作战大计。

久别重逢，杨靖宇十分激动。他握住魏拯民的手摇了又摇，摇得魏拯民就有些栽栽歪歪。杨靖宇略有所悟，放开手，两眼观察着魏拯民的脸，说，你又瘦了。魏拯民随意一笑，躲开杨靖宇的目光，说，我这阵子总感到身体乏力，好像是连续行军累的。说过，他摘下眼镜，佯作擦拭镜片，心中就掠过一丝忧伤。那时，魏拯民已罹患肺结核，身体极度衰弱。但他不想说出事实，以免杨靖宇为自己担忧。

这躲不过杨靖宇的眼睛。他轻轻叹息一声，含糊其辞地说，你一定要保护好身体。我们只有保护好自己，才能更好地打击敌人，恢复东北失地。魏拯民戴上眼镜，会心一笑，有种蒲公英的味道，说，我魏拯民就是死，也要等到把日本侵略者赶出中国以后，再死。杨靖宇嗔怪地说，干吗说死呢？我们不怕死，但也绝不轻易言死。魏拯民两颧泛起潮红，镜片后的大眼睛溢出湿润的亮光，说，我对此信心十足……话没说完，他就咳嗽起来，咳嗽得眼泪滴滴流上颧骨。杨靖宇胸口隐隐作痛。他知道魏拯民患的是肺结核，需要营养，需要药品，需要休息，而这些，非但魏拯民无法得到，就是自己也帮不上忙。

1938年5月中旬，东北抗日联军第一军和第二军再次召开联席会议，商量怎样粉碎敌人全面进攻，怎样保证抗日联军配合作战，怎样在游击战争中保存实力等等。参加这次会议的有杨靖宇、魏拯民、黄海峰、徐哲、吕伯岐、尹俊山、宋茂璇等，会议推举魏拯民任副总司令兼政治部主任，再次组织率队西征。

会议结束之后，杨靖宇所部袭击蚊子沟伪自卫团，袭击土口子火车隧道工程，袭击伪军骑兵第五团团部，袭击日本满洲矿山株式会社，取得了连环式的胜利，搅得日伪政权寝食难安。日伪《治安肃正计划成果报告书》报告说，自1938年4月至1939年3月，安东省讨伐抗日联军作战共157次，通化省讨伐作战共652次。这样的数字足可以说明，当年杨靖宇率领的第一路军，同日伪战斗的次数是多么繁多，任务是多么艰巨，战斗是多么残酷。更为残酷的是，抗联队伍里有一些人，经不住生死的考验，经不住饥饿的考验，经不住艰苦的考验，投降叛变了，这里面就有第一师师长程斌。

这程斌原是杨靖宇麾下一员战将，自打杨靖宇领导南满的抗日战争时起，他就跟着杨靖宇南征北战，东杀西挡，立下很多功劳，并一步步升任为第一师师长。

程斌叛变是从1938年6月开始的。

那次，程斌率队朝宽甸一带退却。队伍连续几天行军、战斗，却没有吃上一顿饱饭，没有睡过一次囫囵觉，指战员已经熬煎得面黄肌瘦、腰酸腿疼、东倒西歪，每走一步，都像大腿上拴两块石头，脚板上拖两条脚镣。师长程斌见队伍已没有力量继续前进，只好选择一块靠近树林的草岗坐下休息。

草岗上绿草茸茸，蒸腾着湿漉漉的香气，一缕缕穿透程斌的鼻孔。程斌薅下一绺小草，塞进嘴里，细细咀嚼，目光游移着从一个战士脸上转到另一个战士脸上。这时，他就发现指导员李向前正扭脸看着他，目光怪异，像从深井中拱出的水气，嗖嗖嗖地冒着凉风。程斌呸的一口，吐掉嘴里的青草，吧嚓吧嚓嘴唇，问李向前，我看你的眼光不对劲啊！告诉我，你茶呆呆地想啥呢？李向前朝后缩缩脖子，说，我……什么也没想。程斌立起眼睛道，胡说！你一撅尾巴，我知道你屙几个屎蛋。不要掖着瞒着，有什么话就照直蹦。李向前躲过程斌的目光，有气无力地说，师长，我们今后怎么办？程斌睁大眼睛，搜查着李向前，从上到下，从下到上，最后定格在他脸上，说，什么怎么办？你这话说的是什么意思？李向前欲言又止。他扭头看看左侧，回头再看看右侧，身左身右都是疲惫不堪的战士，有的坐着，有的躺着，有的倚着，有的趴着，个个都破衣烂裳，疲惫满面。

　　隔了一会儿，李向前两手撑着草地，朝程斌挪挪屁股，目光闪烁地说，眼前的情况是秃头上的虱子，明摆着的事。我们要吃的没吃的，要喝的没喝的，要打仗，子弹又快打光了，今后怎么办？程斌狐疑地看了李向前一眼，说，车到山前必有路。我想我们熬出目前的困境，前途还会是一片光明的。说完这话，他不知不觉地摇摇头，自感底气不足，声音有气无力。李向前窥程斌一眼，再朝他蹭蹭屁股，试探着问，就是熬过眼前的难关，前途就一定会光明吗？程文斌道，你……这话是什么意思？他下意识地摸摸腰间的手枪。李向前说，唉，我跟师长这么些年了，说句掏心窝子的话，以前我总想咱是中国人，要爱国，要豁出命去打小日本，把小日本赶出中国去，哪怕打到只剩一个人，也要坚守到最后胜利。现在……我不这样想了……李向前说到这儿，又觑程斌一眼。程斌眯起眼睛，问，你现在，怎么想？李向前目光游移了一圈，用蚊子一样的声音说，我们中国人，是应该爱国家。可我们爱国家，国家爱我们吗？原来我们再艰苦再困难，还想着关内有国民政府，还盼望有大事变，像杨司令说的，到那时好里外夹攻，把小日本赶进东洋大海去。可我们盼星星，盼月亮，好不容易盼来全国抗战，结果又咋样呢？他国民政府向关外派过一兵一卒吗？原来我心里还犹疑，这工夫我是琢磨透了，他们是把东北给扔了，他是不管我们东北老百姓了。要不，怎么会签订什么鸡巴《何梅协定》呢？既然他们大人物都不要东北了，我们小部勒子，还爱的哪份国……程文斌喝止住他，说，住嘴，再说……我就毙了你。听到这里，他已知李向前想干什么了。他从草地上站起身，从腰间拔出手枪，俯视李向前，恶狠狠地说，你再胡说八道，扰乱军心，我毙了你个胆小鬼。

程斌拔出手枪只是想震慑震慑李向前，李向前却做贼心虚，他一侧身体，从屁股底下摸出手枪，砰地就朝程斌打上一枪，而后撒腿就跑。原来，他已预先将枪压在屁股底下了。程斌也不含糊，当即拔枪，打伤了李向前的右肩膀。李向前向前趔趄两步，直腰又朝前跑去。程斌的两个警卫抽出手枪，就要去追李向前。程斌摆摆手，有气无力地说，别……追……放他一条生路吧……说过，他两手蒙面，低声哭泣起来——他怎么也想不到，李向前跟随他多年，竟然在他最艰难的时刻，背叛了他。

李向前逃跑后，直接投降了日军"长岛工作班"。那时，日本人为了招降抗日联军，已建立了十几个工作班，目标就是策反东北抗日联军指战员。长岛工作班见李向前来降，立即让他写劝降书，并派他返队，劝说程斌投降。

程斌接到劝降书后，犹豫再三，思前想后，最终答应率部投降。他带上五十多人、五挺轻机枪、十七支手枪、五十四支步枪、四千多发子弹投降了日本人。

这一天是 1938 年 6 月 29 日。

杨靖宇得知程斌叛变的消息时，已是 7 月中旬，他正驻扎在老岭密营。杨靖宇伤心地落了泪。程斌是他一步步带起来的，走一步，带一步，深一脚，浅一脚，从柳河县游击队政治部主任到第一师政治部主任再到第一师师长。程斌的背叛，对他是个重大的打击。他清楚，程斌熟知抗联的各地密营，熟知抗联的战略战术，甚至熟知自己的行止规律，在程斌那里，抗联无秘密可言，自己无秘密而言，部队将面临巨大的危险。前思后想，杨靖宇马上通知魏拯民召开紧急会议，制定应变措施。

魏拯民如约赶到老岭，会议如期召开。只是参加会议的人意见相左，分成两派。一派主张过境进苏联，先保存实力，以图卷土重来；一派主张继续坚守国土，化整为零，同敌人血战到底。

杨靖宇是坚守派。他不想离开南满，说我们一走，南满的日本人就会高枕无忧，老百姓就会以为没有希望，国内国际也会以为南满不再有抗日武装，这是我们的耻辱。过境派就劝杨靖宇，说是留得青山在，不怕没柴烧。我们先在苏联休整一阶段，避过风头，等到时机成熟，再大干一场，有什么不好呢？杨靖宇目光坚毅，动容地说，你们要走，就走你们的，反正我不走。这么大个东北，三千多万同胞，再没有几个人坚守到底，打击日本侵略者，也太丢我们中华民族的面子了。最终，会议决定，将第一路军改编为三个方面军和一个总部警卫旅。第一方面军总指挥曹亚范；第二方面军总指挥金日成；第三方面军总指挥陈翰章，警卫旅旅长方振声。

老岭紧急会议后，杨靖宇率领警卫旅和第一方面军第二师，开始向通化、临江一带运动。

1938 年 8 月 2 日，杨靖宇走到埋财沟西北时，偶遇一些老百姓扶老携幼，正在朝山上爬。那时，他率队刚从北坡翻上山冈，那群百姓恰好从南坡登上了山岗。

杨靖宇知道是有了敌情。他叫住个老乡，问是怎么回事。那老乡告诉他说，伪军索旅旅长索景清已侦探到他们的行踪，带领一团骑兵、一团步兵，正朝这边搜索前进呢。老乡们怕遭受索旅的祸害，只有跑到山上避难。

此时，索旅还没有发现抗联队伍，杨靖宇想走，完全来得及，也安全得多——毕竟下山比上山快，又要省力得多。但杨靖宇要打索景清。这一是可以保护逃难的老乡；二是可以打击号称"满洲剿匪之花"的索旅气焰，震慑日伪政权；三是可以获得一些给养，解决部队的困难。如此，杨靖宇嘱咐老乡们朝北沟跑，到那里躲避索旅炮火，自己则率领队伍火速进入南沟埋伏下来。南沟是条西北走向的大沟，两边山势虽高，但坡度比较平缓，坡下就是埋财沟河。

时节已是盛暑。天上的小太阳肆无忌惮地烧烤着岩石，烧烤着树木，烧烤着缓缓而流的埋财沟河，炙得埋财沟河喘着粗气，沿两岸低矮的柳毛通流淌，弯弯曲曲，高高低低，轻轻重重，呜呜咽咽。

午后三点，索景清率部走进了南沟。他站在埋财沟河岸，举起望远镜仔细观察，没发现两面山坡上有什么异常。放下望远镜，他展开双臂，伸个长长的懒腰，传令埋锅造饭。那时，伪军们顶着烈日行军，饥渴难熬，疲惫不堪，得到原地休息的命令，个个笑逐颜开，欢天喜地。他们有的脱下衣裳，跳到小河里洗澡；有的脱光衣服，翻来翻去地抓虱子；有的来来回回地走动，忙碌着烧菜做饭。就在这时，两面山坡上响起了枪声，如疾风暴雨，呼啸着喷向索旅。索旅伪兵顿时乱作一团，像炸了窝的马蜂，有的朝前跑，有的朝后跑，有的朝河里钻，有的趴在地上，不敢抬头。

如此这般，只不过几十分钟，杨靖宇消灭了这伙伪军。伪旅长索景清见大势已去，只好带几个亲随从北山跳崖而逃。

1938年9月17日，杨靖宇突破日伪军的围剿，率警卫旅和少年铁血队四百多人，来到了浑江边。浑江正在涨水，水面浊浪翻滚，波涛震耳欲聋，腾腾寒气扑面而来，像是水妖喷吐着的妖气。部队想渡河，没船；不渡河，追兵又尾随而至。怎么办？前头部队正徘徊不定，杨靖宇从后边跑上前来，朝滚滚的浑江扫上一眼，便将匣枪举过头顶，果断地说，过河。身材高的男同志，一定要保护好身材矮的女同志。说过这话，他迈开大步，率先踏进浑水之中。

渡过浑江，就是岔沟。岔沟归属临江县，由两个大沟构成，一个叫里岔沟，一个叫外岔沟。外岔沟三个方向是大山，南面是浑江，凶险程度正应了那句古话：一夫当关，万夫莫开。此时的杨靖宇还不知道，日伪军已在此地埋伏下了重兵。他们根据飞机侦察的图像，分析杨靖宇的行动走向，猜测他的行军意图，确定他将从岔沟经过，便调动日伪军一千五百多人，埋伏在外岔沟，妄图围歼杨靖宇的主力。

9月18日这天，天蒙蒙亮时，杨靖宇的先头部队突然发现外岔沟的沟口已被日伪军封锁。当机立断，杨靖宇立即指挥部队朝山上撤。队伍撤到半山时，天光已是大亮，山上一顶顶帐篷原形毕露，像是一张张大口，等待吞噬着杨靖宇的队伍。

此时，天上又传来飞机的轰鸣声，嗡嗡嗡嗡，震耳欲聋，掀动得灌木林梢前仰后合。杨靖宇抬头看天，一架飞机正从他头顶飞过，低矮得能看清飞行员唇上的人丹胡。杨靖宇正猜测，漫天的传单已飘落下来，像片片硕大的雪片。他弯腰拾起一张，略一掠眼，便看清了上面的大字：杨靖宇，我们已摆下铁桶阵，你们跑不了啦；杨靖宇，只要你投降，要什么给什么，我们让你当东边道的都督……杨靖宇嘿嘿一笑，咔哧咔哧两声将传单撕碎，信手抛向空中，揶揄地说，东边道都督，好大的官啊。可这满足不了我的胃口，我杨靖宇想要的是东三省。说完这话，杨靖宇拔出手枪，天摇地动地喊一声，同志们，我们同他们拼了！

战斗十分惨烈。敌人一次次冲锋，都被抗联击退了；抗联一次次突围，都被敌人挡住了。如此你进我退，我退你进，战斗一直纠缠到天黑，双方不约而同停了下来。敌人想的是，等候到天亮，再将抗联就地歼灭；杨靖宇想的是，利用这个时间休息，积蓄力量再行突围。

夜色沉沉，外岔沟上空聚集着黑灰色的阴霾。阴霾下的山冈上，日伪军营地闪耀着篝火，高一处，底一处，大一团，小一团，明暗明暗，近近远远，像是一只只妖魔的眼睛。抗联的营地没有篝火，借着阴霾掩护，杨靖宇和他的战友们正讨论着突围之计。经过分析判断，他们确定正面的伪军，应该是叛徒程斌的队伍。程文斌死心塌地投降了日军，但他手下的那些人，大都跟杨靖宇打过日伪军，大都有着或长或短的抗日经历，他们肯定不会像程斌那样同抗日联军做死对头。如此，杨靖宇选出二十多名少年，齐声高唱抗联歌曲。歌声穿越灌木林，漫山回响，悲壮激昂，突破黑如锅底的夜空，动摇着程斌手下的灵魂。与此同时，杨靖宇开始调兵遣将，组织突击队。他将二十几挺机枪调集到一起，构成最强烈火力，做突围的先锋。

1938 年 9 月 19 日凌晨，杨靖宇率队开始偷袭程斌阵地。那时，天将放亮，程斌的士兵正在酣睡。他们被抗日联军的歌声搅得六神无主，辗转反侧，刚刚进入梦乡，便被爆豆般的枪声惊醒。眼见火光划破夜空，耳听枪声惊天动地，他们个个懵懂，分不清哪里是抗联，哪里是自己人，仿佛四面都是埋伏，仿佛四面都是抗联，混乱之至，竟然互相开火。待到天亮，发现上当时，再也找不到抗联的踪影。

从此，一个传说在民间传说开来。传说里说，杨靖宇是天上的神仙。岔沟突围那天，他从天而降，手擎一碗小红灯。那红灯照到敌人后，又化作一道长虹，载着杨靖宇他们飞奔而去，像一条腾云驾雾的火龙。伪军只能看到一道红光，他们被红光刺得睁不开眼睛，等到睁大眼睛时，杨靖宇已无影无踪。

岔沟突围成功后，杨靖宇审时度势，决定再将队伍化整为零，分头作战，全面开花，让敌人摸不到抗日联军的虚实。

战斗越打越多，越打越残酷，越打人越少。战斗到1940年1月底，杨靖宇身边尚有七十多人；2月1日，身边还剩下十五个人；2月2日，他的身边仅仅剩下了七个人——2月1日晚上，警卫队队长张秀凤叛逃了，他投降了讨伐队，带着七名战士、四支手枪、九千多元现金以及机密文件。杨靖宇悲愤交加，伤心至极。这张秀凤原来是个孤儿，在他十五岁那年，讨饭途中饿昏，倒在路边，是杨靖宇救下他，又将他放到身边，培养他成为贴身警卫。杨靖宇对他非常信任，让他掌握一些机密。谁都可能叛变，只有张秀凤不可能叛变。杨靖宇曾经这样想过。张秀凤一叛变，杨靖宇的战斗历程，也跟着画上了句号。

1940年2月15日，清晨，杨靖宇和七名战士，与大批敌人不期而遇。这个地方是濛江县五斤顶子山。杨靖宇并不畏惧，他带领七名战士沉着迎战，边打边退。日本人却倚仗人多，一心要活捉杨靖宇。他们让伪军呼喊口号：杨靖宇，你投降吧，投降了要啥有啥，想当多大的官，给多大的官；杨靖宇，你投降吧，只要你投降，想要多少钱，给多少钱；杨靖宇，你投降吧，只要你过来，想要多少美女，给多少美女。杨靖宇先是用枪声回答，后来灵机一动，他又向敌人喊话，你们要我投降，那就派个人过来谈判吧。

想到杨靖宇别无出路，听到杨靖宇呼喊谈判，讨伐队副队长伊藤立功心切，他从一块卧牛石后闪出身来，整整军服，正欲朝杨靖宇走去，杨靖宇的枪响了。那伊藤只来得及怪叫一声，人便双手捧腹，咣当一声，摔倒在了雪地上。敌人手忙脚乱，杨靖宇则趁机率领战士们突破重围。随他突围的战士只有两人，一个是朱文范，一个是聂东华。

2月18日，杨靖宇等三人来到了大东沟屯外的山上。山下就是保安村。此时，他们又冷又饿，举步维艰，只能用匕首艰难地剥掉松树的外皮，再将内皮切割成条条，一口口地咀嚼着充饥。

囫囵吞枣填饱肚皮之后，杨靖宇让朱文范和聂东华下山设法找点吃的。杨靖宇一手拉着朱文范，一手拉着聂东华，面部刚毅，声音沉重地说，再不吃点粮食，我们都得饿死。朱文范哽咽着说，杨司令放心，只要我们活着，就有你吃的。说过这话，他就和聂东华下山了，不再回头。他们怕回头时，让杨靖宇看到他们眼中的泪水。

他们没有回来。他们被敌人发现了，双双牺牲在了海龙河畔。日本人从他们身上搜出了三支手枪、一把口琴，还有一枚杨靖宇的印章。凭此，他们断定杨靖宇就在山上，立即通知日伪军，大批增援大东沟，为着对付一个杨靖宇。

2月23日，杨靖宇在山上碰到四个农民。他们是保安村的村民，上山砍柴，走在前头的叫赵廷喜。那时，杨靖宇已经几天没有吃到粮食了，欺骗肚皮的只有枯草、树皮和从破棉衣里掏出来的棉花。杨靖宇眼睛里闪出了渴望的光芒。他相信他们会帮助他，他是为他们而战。他有气无力地对赵廷喜说，我……给你们钱，请你们帮我搞些吃的东西。

赵廷喜一脸惶惑。满村里贴告示，满村人都在说杨靖宇，他当然想得出面前的这个人是谁。他朝后退一步，说，你麻溜地投降吧，眼巴前的满洲国，不砍投降人的脑瓜壳。杨靖宇无奈一笑，说，我是中国人，我的良心是不会允许我投降的。赵廷喜翻翻眼睛说，这咋这么傻呢，只要你投降，要啥有啥，想干什么都赶趟儿。杨靖宇收敛起笑容，冰冰地说，我再说一遍，我是中国人，不能向日本人投降。赵廷喜莫名其妙地看看杨靖宇，摇摇脑袋说，那，你在这疙瘩等着，我们回屯给你找嚼磕去。

赵廷喜四人一边走，一边嘀咕，该不该给杨靖宇送食物。送吧，伪满洲国有连坐法，倘若被发现，就是砍脑袋的勾当；不送吧，抗日联军打的是日本人，为的是中国好，但凡有点中国人的良心，都应该救助。四人正商量不定，迎面走来了李正新。这李正新是日本特务，他见赵廷喜四人目光躲闪，神情紧张，便咋咋呼呼地问，你们是不是碰到红胡子了？赵廷喜看到警察特务腿就软，周身就哆嗦，他不打自招，说，我们还真碰到一个人，横是饿急眼了，让我们买点嚼磕。李正新两只牛眼睛立时瞪大，差点嘣嘣两声，眼睛从眼眶里迸出来，连忙问，那人长得什么样？赵廷喜回道，人长得挺履瓜的，穿件破大氅，脚上轧鞡都咧开了大嘴……李正新嗖地抽出手枪，对着赵廷喜四人说，别再啰唆了。都跟我下山，谁也不行要单帮。而后，他将赵廷喜四人押回村公所，立即向日本人报告说，发现了杨靖宇。

濛江县警务科警佐西谷接到警报，显得有些慌张。那时，满县城的日伪军都被征调去围捕杨靖宇了，他眼前没有可用之兵。万般无奈，西谷警佐只好组织起来二十多个老弱病残先行赶往保安村三道崴子，同时派人通知围剿杨靖宇的日伪军。如此，警佐西谷前脚扑到三道崴子七〇三高地，后脚就有五批日伪军接踵而至。他们构成堵堵人墙，将杨靖宇团团围在其中。

杨靖宇已将生死置之度外。他双手持枪，一边沉着迎战，一边寻找突破口，伺机突围。只是，他的速度越来越慢，敌人越逼越近。他太饥饿了，他太疲劳了，他还在不断地奔跑，身上热量正在迅速消失。最终，他不得不退到一条小河边，凭借一块卧牛石，向敌人射击。

此时，敌人距杨靖宇只有三十米左右。警佐西谷用中国话劝降杨靖宇，喊道，杨的，你的命要紧，抵抗已没用了，还是投降吧。杨靖宇沙哑着声音喊，我不跟日本人对话。你们里边有谁原来是抗联的，我要跟他说话。杨靖宇牺牲之前，兀地想到了西楚霸王。他也要学项羽，临死时将脑袋留给故人，让他原来的部下去领那肮脏的五千块赏钱。只是，他喊话过后，那些原来的部下竟无一人敢出来应承，他们是无颜面对杨靖宇。

杨靖宇不再喊话，他沉默着，用子弹回答敌人。突然，一颗子弹击中了他的左手，将他左手上的枪落。他从卧牛石后闪过身，再躲到一棵大树背后，用右手开枪点射敌人。敌人被杨靖宇的顽强镇得一时呆愣。杨靖宇趁这个机会，拔脚又朝树林里跑去。这时，叛徒张奚若操起机枪，噗噗噗噗，噗噗噗噗，朝杨靖宇射出一串罪恶的子弹。杨靖宇高大的身躯摇摆两下，轰然一声倒在地雪地，像是一尊铁塔，震得冰地一阵战栗，溅起雪花纷纷扬扬。雪花散后，冰雪中又现出耀眼的红花。

日本人不相信杨靖宇已经牺牲。他们喊了一会儿话，再也听不到回答后，这才胆战心惊地围住杨靖宇。他们从杨靖宇身上搜出毛瑟枪一支，子弹一百六十发；考尔手枪一支，子弹四十发；手册一本，钢笔一管，口琴一把，现金六千六百六十元。日本人不相信杨靖宇胃里没有食物。他们切开了杨靖宇的腹部，结果发现里边除了草根树皮，再有就是一团团没有消化的棉花。这使他们的另一个企图落了空。原来，他们还想通过查看杨靖宇腹中食物，顺藤摸瓜，找到其他的抗日联军。

这就是杨靖宇。日本人为了证实杨靖宇的身份，紧急召来了张秀凤。张秀凤走到马爬犁后，俯身看着杨靖宇，那个身躯高大的杨靖宇，那个爱他如子的杨靖宇，那个永不言败的杨靖宇，那个双腿拖在爬犁后的杨靖宇。他好半天才直起腰来，慢慢腾腾地说，这就是——杨靖宇。从此，他就消失了，活不见人，死不见尸。

这一天是 1940 年 2 月 23 日。

陈翰章得到杨靖宇牺牲的消息时，已是 1940 年 3 月底。他明明知道，杨靖宇牺牲后，日伪军会把他的第二方面军作为围剿重点，还是决定主动出击，打击日寇，为杨靖宇复仇。

陈翰章率兵攻进了黄泥河子村。撤退途中，他们走进一座破庙，正埋锅造饭时，几百个日伪军围了上来。战士们知道决战时刻到了，纷纷向陈翰章表态，要和敌人血战到底，不是网破，就是鱼死。陈翰章却决定坚守破庙，固守到天黑后再行突围。如是，他带领战士们顽强抵抗，从下午两点一直打到晚上八点钟。八点钟一到，天色已完全黑了下来。陈翰章凭借夜色掩护，率领战士们冲出了包围圈。在突围过程中，陈翰章的大腿受了洞穿伤。

很快，陈翰章的伤口开始化脓，整条大腿肿得像个面缸。医生拿出黄碘药膏，准备给陈翰章上药。陈翰章眼睛盯着那点药膏，问，你如实说，咱队上还剩多少药膏了？医生如实回答，说是就剩下这半瓶了。陈翰章摇摇头，说，把这点药膏留下来吧，留给更需要的战士用。医生也摇摇头，说，那你，怎么办？陈翰章微微一笑，说，我吗？你给我一块纱布就成。医生心中迷惑。但他还是找来一块纱布，递给了陈翰章。陈翰章接过纱布，说，你再给我找一根小棍子来。医生这时已有所醒悟。他犹豫片刻，只好走出了窝棚。再从外边回来时，他手里就多了根柳树树条子。陈翰章接过树条，将纱布缠在树条顶端，再递给医生说，来，你帮帮忙，帮我把它插进伤口，把里边的脓水搅出来。医生手执树条，看看陈翰章，看看伤口；再看看伤口，再看看陈翰章，无奈地垂下了头——他无法下手。

陈翰章哼哼鼻子，他从医生手里要过树条，一点点将纱布捅进伤口，再一点点从大腿另一边薅出来，眼睛铮铮放光，脸上大汗如雨。医生不敢看陈翰章，眼睛盯着那块浸满脓血的纱布，禁不住大腿就哆嗦起来，像是打摆子。陈翰章扫医生一眼，轻轻叹口气。他原来还想让医生将纱布上的脓血弄掉，现在他不想了。他瞧瞧纱布上的脓血，抿抿嘴唇，将上边的血渍甩到地上，而后，又将纱布从这边捅进伤口，再从那边薅出来。如此几个来回，不仅陈翰章虚汗如雨，胸膛起伏，像是海上的波浪，就连医生也是满脸热气蒸腾，泪水和汗水交流，像是溢出岸堤的海潮。医生帮陈翰章重新包扎好伤口，心悦诚服地感叹道，过去我看《三国演义》，还以为关云长刮骨疗毒是夸大事实，现在我信了。

陈翰章伤好之后，仍然坚持战斗，能打就打，不能打就走，边打边走，边走边打。

12月6日这天，陈翰章率十几名战士前往镜泊湖东大庙，他们想在那里过夜。夜很静，雪很厚，雪地上响起一串脚步声，咔嚓咔嚓，咔嚓咔嚓，这串清脆的音符给沉寂的山林增加一点生动。他们是排着一路纵队行军的。走在最后边的战士是倒退着走，他一边走，一边用树枝扫除脚印，不给敌人留下痕迹。

队伍在默默前进。战士们的帽上、脸上、胸前，都蒙着厚厚的霜雪，像贴着厚厚的银甲，每喘一口气，又将那银甲增厚，闪闪发光，发出沙沙沙沙的响声。再走一段路，走在队伍后边的战士蓦然悟到：他身后不再有沙沙沙的响声。他惊讶地回头，结果真没看到那个负责扫雪的战士。不好！他暗叫一声，慌忙追上前边的陈翰章，并向陈翰章发誓追回那个脱队的战士。陈翰章收住脚，茫然地朝山下瞭上一眼，摇摇头说，他是看到山下有屯子，去投降了。像这样意志不坚定的人，走就走吧。

12月8日，天上落着大雪，它是想掩埋盖战士们的足迹。这天下午，陈翰章他们拢起一堆篝火，架上日本钢盔，煮了一钢盔的麦粒粥。柴火在钢盔下噼噼啪啪燃烧，麦粒粥在钢盔中咕嘟咕嘟翻腾，战士们在盯着钢盔，眼睛里闪烁着急切的渴望，渴望钢盔里的粥早一些熟烂。就在这时，山下传来了吵吵嚷嚷的声音。陈翰章知道是敌人追上来了，他立即命令机枪手将轻机枪架在山口，对准上山的小路，自己则带着十几名战士，埋伏在轻机枪两侧。

来的果然是伪警察的讨伐队。这支队伍由两部分伪警察组成，一部分是镜泊湖伪满警察署讨伐队，一部分是南湖头伪满军驻军部队。他们在得到扫雪战士的情报后，立即合兵一处前来追赶陈翰章。

很快，对峙的局面形成了。伪警察讨伐队队长让投降的战士喊话。那叛徒畏缩地看讨伐队长一眼，躲到一棵大树后，侧着脑袋喊，陈指挥，别打了，他们的人很多。陈翰章回答叛徒的是一串愤怒的子弹。

战斗坚持到天蒙蒙黑时，陈翰章身边只剩下了几个人。他把曲团长叫到身边，说，你带同志们立即朝山上跑，我掩护。曲团长执拗地说，不行，你是全军的负责人，你走，我掩护。陈翰章大声说，废话，这是命令！他的话音刚落地，一颗炮弹呼啸而来，轰隆一声爆炸。他的警卫员明基眼疾身快，一个跳跃，就将陈翰章扑倒在自己身下。结果，陈翰章安然无恙，明基和曲团长却受了伤。曲团长是头部受伤，伤势很重。陈翰章呼喊一声，啊，老曲！连忙摘掉曲团长的狗皮帽子，从怀里抽出毛巾，给曲团长包扎伤口。曲团长推开陈翰章的手，说，我不行了……你赶快走……我掩护……坚守……他话没说完，人就栽在了陈翰章怀里。

陈翰章和几个战士用雪埋葬了曲团长，而后，他从机枪手手里夺过轻机枪，大喝一声，你们都给我朝山上撤！喊过，他打响了怀里的轻机枪。很快，机枪的子弹打光了。他扔下机枪，再用匣子枪朝敌人射击。

敌人从四面包围上来。他们仍然向陈翰章喊话，陈翰章，投降吧，投降给你大官做！回答的是一串子弹。敌人不再抱有幻想了，他们打起了排枪。陈翰章倒在了雪地上。

所有的日本兵和伪军都围了过来。一个日军军官从腰间拔出短刀，邪恶地笑笑，再蹲下身去，用短刀去刺陈翰章的眼睛。陈翰章下意识地一扭脸，骂道，我 × 你祖宗，小日本！那日本军官兽性大作。他挥动手中的短刀，生硬地割下了陈翰章的脑袋。

陈翰章就这样牺牲了。那年，他二十七岁。敌人除了带走陈翰章的头颅，还带走毛瑟手枪一支，勃朗宁手枪一支，宁安县十万分之一地图一份，五万分之一地图一份。

　　陈翰章牺牲后，指挥东北抗日联军第一路军的重任，全部压在了魏拯民肩上。此时，魏拯民已是重病缠身，但他还是坚持穿梭在各支队伍之间，没日没夜，直到因饥寒交迫，肺结核和心脏病并发而病逝。

　　那是 1941 年 3 月 8 日黎明。在桦甸县夹皮沟密营，魏拯民再次从昏迷中醒来。他将压在脑袋下的一包文件拖向通讯员，叮咛着说，我死之后，你一定要将它……交给党组织……转给党中央。说完这话，他就停止了呼吸。

　　魏拯民牺牲后，南满省委已不复存在。

　　1941 年 3 月，退居苏联的抗联南野营开会，将南满党组织以及第一路军残部并入吉东省委和第二路军总指挥部。第一路军至此结束了它的历史使命。

　　魏拯民，1909 年 2 月 3 日出生，山西省屯留县王村人。1926 年，参加共青团团，1927 年，转为中共党员。1931 年，"九一八"事变后，他被派往东北沦陷区工作，任中共哈尔滨市道外区委书记、哈尔滨市委书记。1934 年，被派到东满，任中共东满特委书记，参与创建东北人民革命军第二军后，任政治委员。1935 年，参加在莫斯科召开的共产国际第七次代表大会。1936 年，任东满省委书记、东北抗日联军第二军政治委员。同年，中共东满省委和南满省委合并，组成中共南满省委，任中共南满省委书记；东北抗日联军第一军、第二军合编，成立东北抗日联军第一路军，任总政治部主任。1941 年 3 月 8 日，他病逝于桦甸县抗日联军密营，时年三十二岁。

　　陈翰章，1913 年 6 月 14 日出生，吉林省敦化县西半截河屯人。1932 年，参加王德林的抗日救国军，任司令部秘书，在此期间参加了中共地下党。1934 年，被调到中共领导的宁安工农义务队，任政治指导员。1935 年，担任东北反日联合军第一师政治部主任，后调任第二师参谋长。1936 年，被调到东北抗日联军第二军，任第二师参谋长、代师长。1939 年，任东北抗日联军第一路军第三方面军指挥。1940 年 12 月 8 日壮烈牺牲。

第二十四章

▶ 农家妇舍亲救婴

抗联第三路军指挥部遗址

杨靖宇精神超离肉体而升华的时候，正是赵尚志精神受折磨的时候——北满省委第十次常委会决定，永远开除赵尚志的党籍。这是 1940 年 1 月 28 日的事儿。当时，赵尚志正在苏联伯力开会。他代表的是北满省委，北满省委却开除了他的党籍。

赵尚志听到消息后彻夜未眠。第二天早上，他两眼布满红丝，找到冯仲云说，你们开除我的执委行，你们撤掉我的总司令也行，但你们不应该开除我的党籍啊，而且还是"永远"开除。冯仲云满脸尴尬。他拍拍两手，说，老赵，我跟你一样，不都在苏联吗？赵尚志摸摸脑袋，又问冯仲云，那你说这事怎么办吧？能怎么办呢？冯仲云摘下眼镜，低头擦拭着镜片，不知如何回答是好。他在考虑，北满省委为什么这样痛下杀手；他在考虑，他应该在这场变故中持什么态度。足足过了一根烟的工夫，他将眼镜戴上鼻梁，说，我想，你应该给省委写封信，向他们申诉你的意见。赵尚志不满意冯仲云的回答，他眯起右眼问冯仲云，那你呢？冯仲云坦然地说，我也不能袖手旁观，该说的要说，该顾全大局还要顾全大局。赵尚志仰面朝天，突然就哈哈哈大笑，笑得冯仲云莫名其妙，他诧异地问，你笑什么，老赵？赵尚志敛住笑声，拍拍冯仲云的肩头，说，我平时看你冯群是个正人君子，果然就是个正人君子。他这么说。

赵尚志是含着笑送走冯仲云的，赵尚志却是流着泪给北满省委写信的。他在信中写道："党籍是每个共产党员的生命。我参加党的革命工作已将十五年。党的一切工作就是我一生的任务，我郑重恳求恢复我的党籍，我一天也离不开党，希望党组织一天也不要放弃对我的领导。"

赵尚志走后，冯仲云找到了周保中。周保中也觉得北满省委如此草率处分赵尚志，有些过分。他决定代表吉东党组织，给"金策同志、寿篯同志暨北满省执委同志"写信，说明吉东省委的观点："我们认为北满党组织执行党的纪律，给赵尚志同志以开除党籍的处分，这在组织是原则，是可以指出的。诚然赵尚志同志在思想上、在政治上、党的纪律行动上都犯了许多为党所不容许的错误，党组织既正确地分析和指出尚志同志主观方面的错误——由于自己之错误，同时不应忽略这种错误产生的全部原因，以及更不能不估计到尚志同志对于错误改正和革命斗争前途有希望，因此向你们提出意见，请示你们对于赵尚志开除党籍问题和决议重新加以审查。我的具体意见是，给以相当的处罚留在党内……"

从周保中那里回来，3月19日，冯仲云也写信给北满省委，请求省委重新考虑给赵尚志的处分决定："赵尚志同志过去犯了许多严重的错误，但估计到最近在上级援助之下，和我们互相开展斗争的结果，尚志同志已经决意转变和改正自己的错误。同时估计到尚志同志过去在民族革命战争中的光荣历史和地位，对革命事业的忠实，我请求党还要爱护他，并容许他留在党内改正自己的错误。"

北满省委的复信是6月中旬发回来的。他们在信中说："开除赵尚志的党籍，党方面毫无问题是对的，是列宁斯大林党所应采取的必要步骤，是给始终执迷不悟的反党顽固分子应有的回答。党不但在今天这样做，将来永远也会这样做的……对于赵尚志同志的具体意见是：根据上级的提议，兄弟党吉东党的提议，可以责成中共北满、吉东各级党开展这个斗争的原则下面，同时将赵尚志'永久'开除党籍的字样取消，别的是不能调和下去的……"

只是，这时赵尚志已经离开苏联了。他是 3 月 26 日走的，跟周保中一起回国，到第二路军任副总指挥。赵尚志和周保中走后，冯仲云也回国了。他回国的任务是寻找北满省委，寻找第三路军，向他们传达毛泽东同志的《论持久战》，落实伯力会议精神，同北满省委一起，领导北满的抗日战争。在东北抗日史上，冯仲云总是扮演着信使的角色。1932 年 10 月，他以中共满洲省委驻下江代表的身份，到松花江下游去组织领导抗日斗争；1933 年 5 月，他受满洲省委的指派，到南满磐石县等地传达中共中央的"一二六"指示信。

1940 年 3 月底，冯仲云率高禹民、马克正、夏振华、李敏等三十多人，取道苏联波亚尔科沃，回到了黑龙江右岸，历经千辛万苦，在濒临饿死的紧要关头，碰到了第三路军总指挥张寿篯（李兆麟）。

张寿篯（李兆麟）见到冯仲云，先是疑惑地摇摇头，而后抱过冯仲云的肩头，情绪激动地说，老冯，是老冯啊。真没想到我还活着，你也活着。冯仲云顿时热泪盈眶。他哽咽着说，我还活着，我们都还活着，不把日本侵略者打走，我们怎么能死呢？现在，我就给你带来一件克敌制胜的宝贝。张寿篯（李兆麟）两眼闪烁，急不可耐地问，什么宝贝？冯仲云从怀里取出《论持久战》，递给张寿篯（李兆麟）说，这是毛泽东同志的《论持久战》。这是由中文翻译成英文，由英文翻译成俄文，再由俄文翻译成中文的。可能词句有些差误，但基本精神不会有误。张寿筏（李兆麟）接书在手，感慨地说，雪中送炭，你这是雪中送炭了。冯仲云勉强一笑，说，你快给我们找些吃的吧。

当天晚上，冯仲云向张寿筏（李兆麟）等人传达了伯力会议精神。根据北满省委和吉东省委联席会议纪要，他们决定取消"军"的番号，将第三路军第六军王明贵部编为第三支队，任命王明贵为支队长，高禹民为政治委员（后为陈雷），王钧为政治部主任；将陈绍滨带领的队伍编为第九支队，陈绍滨为队长（陈绍宾离队后，由边凤祥担任），郭铁坚为参谋长，边凤祥为副官长。此后，冯仲云巡视各支抗联队伍，又将原第三军张光迪部编为第六支队，支队长张光迪，政治委员于天放；将原十一军李景荫部编为第九支队一部，由李景荫、朴吉松负责；将原第三军、第三路军参谋长许亨植部编为第十二支队，支队长由许亨植兼任。

告别张寿筏（李兆麟），冯仲云来到了铁力县北的老金沟。他是来找北满省委书记金策的，金策却去燕窝山找许亨植了，迎接他的是侯启刚、张光迪和于天放等人。冯仲云拉过侯启刚的手，半开玩笑半认真地说，你现在看什么书呢，"侯大林"同志？侯启刚这人熟读马列主义书籍，有较高的马列主义理论水平，又写过两本理论高深的书，平时张嘴列宁，闭嘴斯大林，由此得一个绰号，叫作"东方侯大林"。

候大林侯启刚听冯仲云如此说，眼睛一亮，立即猜出冯仲云是给他带了好书。他拉过冯仲云的手说，看来，你是有好书送我了。冯仲云故意闪烁其词道，好书是有，但不是给你一个人的，而是给所有人看的。侯启刚一脸问号，问道，这是什么书啊？冯仲云掏出

《论持久战》，低头理顺着书皮的皱褶。侯启刚看到封面上印着"毛泽东"三字，就出手将书抢在手里，像饥饿的人突然获得了粮食，连忙说，我先看，看完了再给他们讲。冯仲云说，你先看可以。但真讲课时，可千万别讲走样啊。侯启刚嘿嘿一笑，说，你别忘记，我可是老赵任命的抗日联军政军学校的教育长。冯仲云扫侯启刚一眼，面露忧思。侯启刚这人对人热情，却不会处理人际关系；喜欢钻研马列理论，又有些本本主义。如此，他遭到一些人的厌恶，在东北抗日联军里，"官"是越做越小。投身东北抗日战争时，他担当的是哈尔滨市团委书记，而后是赵尚志第三军第三团的政治部主任，东北抗日联军政治军事学校的教育长，第三军第三师的政治部主任，汪雅臣第八军（后改编为抗联第十军）的政治部主任，第十一军的政治部主任（未到任）。并且，到1938年8月7日，他和抗联三军政治部主任金策率领七十多人西征到达老金沟时，职务还是新编第四师的政治部主任。但从1939年1月14日起，他便走上了人生的下坡路。那天，北满抗联总政治部做出决议，撤销他的三军三师政治部主任职务。仅仅过一个月，2月14日，北满省委及联军总政治部再作决议，撤销他的十一军政治部主任职务；4月12日，北满临时省委执行委员会第二次全会决定，给侯启刚定性为执行"右倾取消主义路线"，开除他的党籍，让他担任医院院长，同时主管开荒种地。

医院院长侯启刚得到《论持久战》，如获至宝。他不再理会身边的人，握着《论持久战》跑到窝棚下，坐在一棵倒木上，目不转睛地看起书来，甚至冯仲云跟他说话，他也是有一句没一句地应承。

开晚饭时，冯仲云找他吃饭，问，怎么样，老侯，你看这本书怎么样？侯启刚红光满面地说，好啊，很好，我觉得里边不少东西，都和我想到一起去了。冯仲云就瞥侯启刚一眼，说，这个侯大林啊，都参加革命这么些年了，怎么还这么疯疯癫癫的，没个稳重劲。他这样想时，还想劝说侯启刚两句，嘴唇嚅动嚅动，话又改了主题，说道，明天我到南河去找金策，你有没有什么事？我只想问问……侯启刚这回放下了书，两眼盯着冯仲云，欲言又止。冯仲云奇怪地说，你有什么事，尽管说，吞吞吐吐可不是你的性格啊。侯启刚孩子似的一笑，说，我想问问老赵现在做什么。冯仲云哦了一声，看了侯启刚一眼，说，他还在苏联。侯启刚问，那他知不知道这边开除他党籍的事儿？冯仲云说，他已经知道了。侯启刚说，唉，就他那个火爆脾气……你再回苏联时，就跟他说，我侯启刚对不起他。冯仲云眼睛蒙上了一层阴霾，问道，这是为什么？侯启刚戚戚地说，去年临时省委反老赵的"左倾关门主义"，他们让我找吉东的周保中串联。我本来不愿意去，结果想到组织原则，还是去了。现在看看我的遭遇，再回头来想想当年我对老赵的态度，真的对不起他了。说着，他垂下了头。

　　冯仲云沉默好久，才说，好吧，等有机会，我会把你的话捎他的。侯启刚腼腆一笑，说，另外，我还写了份申诉材料，请你再回苏联时，想法帮我呈送给党中央。我就想不通，现在我们面对强敌，困难重重，还今天你整我，明天我整你地窝里斗，这不是在帮日本人的忙吗！冯仲云心顿时沉重起来，像坠着一块大石头，重重地说，这事都怪陈绍滨和尚连生。他们从下江那边过来，说老赵打乌拉嘎，让战士每人扛两袋白面，有的战士不扛，他就枪毙了战士。他们还说老赵认定北满省委里有奸细……侯启刚打道，你给我住嘴！他满脸风起云涌，不容冯仲云说完，就轰轰轰轰打起了响雷，喝道，我们都是从珠河那儿出来的，别人不了解他老赵，我们还不了解吗……

咳咳咳咳……侯启刚因情绪激动，说到这儿时，干咳了一阵儿，胸腔里呼哧呼哧响，像是一个破风匣，出的气多，进的气少。

冯仲云走后，老金沟密营里的粮食又断了顿。侯启刚便派人去联系绥棱抗日救国会，抗日救国会说是已筹备出三百斤玉米，藏在白家窑屯里，让抗联的人去取。侯启刚便挑选于兰阁、刘善魁、董长山和老王头跟他去背粮。队伍临出发，金玉坤听到消息，说是她也要去。侯启刚看了一眼金玉坤凸起的肚皮，说，这里离白家窑七十多里路，你一个人走都费劲，更不用说扛粮食了。金玉坤不服气，说，你这是瞧不起我们女同志。多一个人多一份力量。我不能多背，还能少背。侯启刚只好摇下手说，你想去就去，那就少背点吧。他知道金玉坤性格倔强，选择好道路，就会一条道跑到黑，碰到南墙都不回头。

粮食顺利地取了回来。金玉坤背着四十多斤玉米，跟男同志一起朝老金沟走。走到一条小河边，她收住了脚步。时值4月，小兴安岭乍暖还寒，小河水上蒸腾着一股股凉气，她不寒而栗，周身泛起了鸡皮疙瘩。侯启刚走到金玉坤身边，关心地说，你把粮食放下，我背你过河。金玉坤低头看看自己的肚子，说，你背我？怕是背不动吧。侯启刚自信地一笑，说，身大力不亏。你看我长得人高马大的，能背不动你吗？金玉坤还是摇头，说，不行，男同志能做到的，我也能做到。说过，她就走下河岸，哗啦哗啦，就蹚进了寒水里。刹那间，她周身战栗，从脚上一直麻到脑袋，两排牙齿敲打起来，咯咯咯咯，咯咯咯咯，想忍也忍不住。她不想让同志们看到自己的孱弱，便侧过身去，一步一步朝前挪动。离河岸只有几步远时，她再也迈不开步了，身体摇摇欲坠，像风中摇摆的一枝干树枝。于兰阁见了，迅速上岸，再返身下河，连拉带拖，总算将金玉坤扶上了岸。上了岸的金玉坤一屁股坐在枯草地上，再也不想动弹。侯启刚上前拉起她的手说，不行，这样不行，这样会坐大病的，赶快走，走出一身大汗，就没事了。

队伍走走歇歇，走到二道河子的时候，金玉坤肚子一阵阵剧痛，额头上的虚汗不断溜地淌，像瓢泼大雨。侯启刚只好下令休息，拢起了一堆篝火。刘善魁以为金玉坤是极度虚弱，便从怀里抠出一点大烟膏，递给金玉坤说，给你，吞下当事。金玉坤苦苦一笑。她知道自己是要临盆了，便说，你们歇你们的，我要解手。说罢，她就朝河边的树林挪去，一步步，哪一步都要用上千钧之力。在林边，她选中一棵红松，再连搂带薅，艰难地划拉起一堆枯草。铺好枯草后，她仰面朝天，头顶松树，开始给自己接生。

很快，孩子呱呱坠地了。她痛苦地喊一声，快给我拿剪刀！这时，那些男人们才如梦初醒。董长生掏出剪刀，飞身朝金玉坤跑去。在离金玉坤半米开外的地方，他背过身，将剪刀伸给了金玉坤。金玉坤摸过剪刀，剪断脐带，穿好衣服，毅然朝火堆走去。她刚走两步，孩子就哇哇哇哇地哭了起来。她收住脚，热泪盈眶，再反身，弯腰抱起了那个女婴。

几个男同志围了过来。侯启刚脱下老羊皮大衣，递给金玉坤说，快，快给孩子包上。金玉坤执拗地摇摇头，说，这孩子……来得不是时候。侯启刚狠狠地瞪金玉坤一眼，说，这不行。她是我们抗联的后代，来到这个世上不容易，我们不能抛弃她。说过，他从金玉坤手里接过小女孩，裹进自己的大衣，再高高托起，亲婴儿的脸蛋，亲了又亲，亲也亲不够，眼睛里闪着晶莹的泪光。

金玉坤左右为难。她想不要孩子，知道同志们不会答应；她想留下孩子，又知道很难养活，更会拖累其他同志。她正犹豫不决，老王头儿发话了，他说，你不用发愁。我们就是再苦再累，也要把她养活。说过，他嘶啦一声拽下半截棉袄袖筒，递给金玉坤说，给你，包孩子。金玉坤人到此时，已别无选择。她从侯启刚手里接过女婴，花开满脸，说，侯主任，你读过大书，就给他起个名字吧。侯启刚说，可惜孩子他爸爸不在身边，要是他在身边，这名字还是他起好。其他战士听侯启刚这么说，七嘴八舌都帮金玉坤说话，让侯启刚给起。侯启刚笑笑，说，那就叫她凤兰吧，像一只凤凰，展翅飞翔在蓝天上。

　　小凤兰长到五个月时，山里的天气变凉了，队伍又要出山打游击。金玉坤考虑再三，决定把孩子送给老百姓。能活下来，算她命大；活不下来，就算为打小日本牺牲了，总不能因为她，害了更多的同志。金玉坤这么想，便找到了侯启刚。侯启刚先是呆呆地看着金玉坤，而后长长地吁口气，再垂下了头，说，也许，这是孩子最好的归宿。你去找块布来，我给孩子写个证明，等抗日胜利了，我们再把她——找回来。金玉坤说，这，已经准备好了。她将一块旧白布递给了侯启刚。侯启刚将布条铺在木桌上，让金玉坤抻住布条两边，他则抽出口袋上的钢笔，摘下笔帽，猛甩两下，艰涩地写上两行字：父隋德胜，母金玉坤。一九四一年四月十四日巳时生，名叫凤兰，名字不要改。侯启刚写完布条，再重新检查时，已看不清布条上的字迹。金玉坤紧紧抱着小凤兰，人已哭成了个泪人。

　　这年中秋节刚过，孙德珍抱着小孩回了娘家。她是庆城县东升河村人，嫁给了一撮毛村的杨青林，那年十八岁，有个五个多月的男孩。一撮毛村离东升河村很近，只有几里路，孙德珍三天两头回娘家。

屁股还没有坐热，邻居冯有媳妇走了进来。她怀里抱着个婴儿，愁眉苦脸地说，我家老爷们夜儿个（昨天）捡了个丫头片子，可我没奶水，只好烀土豆子喂她，孩子又是发烧，又是闹肚子，八成要喂狗了，你好歹给她喂上几口吧。这荒山野岭的，上哪儿捡孩子，除非是抗联的。孙德珍眼睛里画着问号，犹犹豫豫，还是抱起了孩子。那孩子瘦脸蜡黄，眼睛却很大，黑油油、亮晶晶的，很是讨人喜欢。孙德珍正细看，那小凤兰启唇一笑，伸出两只小手，就朝孙德珍乳房上抓。孙德珍的眼泪唰地落下了来。她解开外衣纽襻，将左侧乳房塞进了凤兰嘴里。小凤兰哑哑地吸吮着，两眼微合，很快就睡在了孙德珍怀里。

从此，孙德珍天天回娘家，抱着自己的孩子去给小凤兰喂奶。刮秋风了，她不耽误；下凉雨了，她不耽误；自己的孩子闹小病了，她不耽误。她拿凤兰当成自己的孩子喂养。

这天，屋外刮起了寒风。孙德珍抱着孩子出屋，山风扑面而来，刺得她身上泛起一层鸡皮疙瘩。她退后一步，略一犹豫，还是顶着狂风走出了一撮毛村。结果，那天夜里，孩子发起了高烧，折腾到天明时咽了气。孙德珍哭得死去活来，哭过之后，她索性把小凤兰抱回了家。

没有不透风的墙。这天冯有套皮子刚进屋，打从门外闯进来五个伪警察，他们是从庆城县城里来的。内中一个警尉劈头就问，你们把红胡子那个小崽子弄哪去了？冯有是个猎人，人称"冯炮"，常年进山打猎，出山卖皮货，山里山外地跑，经得多，见识广，便也不把伪警察的威吓当回事。他从腰间拔出小烟袋，装上大半烟袋锅烟沫，再从炕沿缝里抠出一根火柴，刺啦一声在炕沿上划亮，点着烟沫，美美地吸上一口，然后四平八稳地说，十里八村的，谁不知道我冯炮是个老实人。这年头，别说是抗联的孩子，就是陌生人的孩子，我也不敢留啊。

那伪警尉原来还耐着性子，等待冯有吸烟，指望冯有会说出实话，而今听冯有如此说，他立时虎了脸，啪的一声，就扇了冯有一个大嘴巴，吓得烟袋锅里的火星蹦到锅外，哗哗啦啦怪叫着，向四外逃窜。冯有却没有害怕。他用右手捂住左脸，斜视着警尉，恍然大悟似的说，哦，我明白了，你问的是不是我要的那个孩子？伪警尉撇嘴一笑说，对，对头。快说，那个孩子在哪儿呢？那孩子是个好孩子，怪可人的，可惜没命，前几天闹病，让我扔出去喂狗了。这，全村人都知道。不信，你就挨个问问。伪警尉的一个大嘴巴，把冯有的聪明扇了出来。他急中生智，便将孙德珍的孩子安在了凤兰身上。

伪警尉翻翻眼睛，便派四个伪警察出去查问。结果，问了几个老百姓，都说是有这么回事。那伪警尉不甘心，还是把冯有带进了县城里伪警务科。此时，冯有才探听明白，原来是他外甥告的密。这个外甥是远房外甥，名叫赵兴全，平日游手好闲，走东家，串西家，不务正业。那天，他去找舅舅要钱，没看到舅舅冯有，却看到了小凤兰，便嬉皮笑脸地说，这是哪家大闺女生的私孩子，让你们捡回来了？冯有媳妇想为孩子辩白，她一时失智，信口说道，你小子狗嘴哪能吐出象牙？这丫头可不是私生子，人家是从山里抱出来的。赵全兴听过，心中大喜。他连等冯有都不等了，屁颠屁颠地进城，就到伪警务科告了密。

事出意外，冯有媳妇不想再隐瞒了。她走进孙德珍家，拿出那块布条，将真情实话告诉了孙德珍。孙德珍一手攥布条，一手抱紧凤兰，哽咽说，孩子她爸妈为了救咱中国，把孩子都撇了，我就是头拱地，也要把孩子侍奉好。冯有媳妇听了这番话，感激得啜泣起来。抽抽搭搭好一会儿，她抬起袖筒，揩掉脸上的泪痕，说，我们家老爷们一口咬定，说那闺女已经死了，你可要饦住啊。孙德珍在凤兰腮上亲了一口，抬头说，你就把心放到肚子里吧，他大嫂，我就是不要我这条命，也要保住这孩子的命。

这天上午，孙德珍正在给凤兰缝衣服，屋门砰的一声，突然被人撞开。孙德珍侧头去看，就看到了她的大伯哥杨青有，杨青有火急火燎地说，快，快，打城里开来一电车的警察，我估计是奔这孩子来的，你麻溜抱孩子躲出去吧。孙德珍不敢怠慢，慌忙将孩子包好，从后窗户跳出草屋，钻进了屋后的树林。

近午时分，孙德珍听村子里没有什么动静，这才抱着凤兰回了家。人一进屋，孙德珍的目光就直了。家里已是盆朝天，碗朝地，箱箱柜柜被乱扔了一地。孙德珍正发愣，她的丈夫杨青林走进屋来，告诉孙德珍说，伪警察没有找到她，就把他大哥杨青有狠打一顿，押到县城里去了，说他报信是通匪。

夫妻两人正琢磨解救杨青有的办法，街上又响起了杂乱的脚步声。孙德珍脸上顿时变色，她把凤兰送到杨青林怀里，说，八成是那帮警察二番脚又回来了，你跑得快，快抱孩子逃跑吧。我一个老娘们，他们不能把我咋样。

杨青林刚从后窗户跑走，伪警察就从前门闯了进来。那伪警尉瞪着孙德珍，恶狠狠地说，好你个臭娘们，我们这么些人被你折腾了一上午，你倒躲了清静。说，那个红胡子的小崽子在哪儿，是不是冯有给你的？孙德珍说，自个家祖坟还哭不过来呢，我还有心思哭那些乱葬岗子？伪警尉不相信，他眼睛盯着孙德珍，问，那你奶没奶过冯有的孩子？孙德珍说，奶是奶过。不过，我听人家说，那孩子死了。

伪警尉说，你敢给那小崽子喂奶，就不是良民。说罢，从腰间抽出皮带，嗖的一声就抡向孙德珍。几个伪警察见警尉动了手，也不甘示弱，他们团团围住孙德珍，你一拳，我一脚，边打边骂，很快就将她打倒在地。

这时，呼啦啦啦，打从大门外跑进来几个老乡。他们急三火四地乱喊，不好了，不好了，你们家杨老大被打得浑身是血，死在大道边了，赶快去收尸吧。孙德珍听说这话，霍地从地上跳起来，拔脚就朝门外跑，一边跑，一边哭骂。

打那以后，孙德珍提心吊胆又过了几年。光复以后，1957年那年，她打听到凤兰的母亲还在，就把凤兰送还给了金玉坤。金玉坤为了感激孙德珍一家的救命之恩，就重新给凤兰起了个姓名，叫隋杨兰。当然，这些都是后话了。

冯仲云在老金沟、依吉密河和燕窝山传达过《论持久战》，再回到朝阳山时，最先碰到的是第九支队。他和支队长边凤祥、政委高禹民商量后，决定带队去找三支队的王明贵。他们不知道王明贵的确切位置，只知道大致的方向在讷河一带。

这天，边凤祥等带队走进侯家屯前屯时，听到后屯有狗叫声，就决定先摸后屯的情况，然后再定宿营地。他们悄悄地接近屯东时，猛然听到哗啦一声大枪响，而后就是一声喝令，谁？口令？冯仲云一听问话，已知对方是抗联的人，便直接回答，我们是九支队的，你们是哪部分？那哨兵听说来人是九支队的，拔腿就朝屯里跑。

王明贵听说是九支队来了，半信半疑，便带着几个人迎了过去。那时他集合队伍，正准备去打克山呢。再朝前走几十公尺，他就跟冯仲云他们走了个碰头。啊，真的是冯政委啊。天虽然黑，王明贵单凭身影，还是认出了前边那人就是冯仲云。真没想到能碰到你，真没想到我们在这里会面。他快乐地喊一声，上前就握住冯仲云的手，说。说完，又去握边凤祥、高禹民、郭铁坚的手。冯仲云半是风趣半是表扬地说，我们在前屯，你们在后屯，距离这么近，我们却不知道你们在这儿，保密工作做得挺好啊。王明贵答非所问，说，我正要打克山，你们一来，我的信心就更足了。走，我们到场院那儿去，商量商量怎么个打法。如此，两个支队首脑在冯仲云的主持下，敲定了进攻克山县城的方案：九支队负责攻打伪军团部；三支队七大队负责攻打伪县公署大院；三支队八大队负责牵制西大营日军，攻占中心炮台以及东门外的种马场；全体指战员都换成伪军服装；两支队伍统归王明贵指挥。

1940年9月25日傍晚，两支队伍穿上伪军服装，打起伪军旗帜，列成两路纵队，大模大样地开进克山县城，并迅速进入了各自的战斗岗位。

王明贵率领七大队接近伪县公署大院时，迎面走过来一个人，这人穿着一身绿色协和服。王明贵断定此人非同一般老百姓，他拦住那人，劈头就问，你是干什么的？那人歪着脖子，瞟着王明贵的伪军服装，傲慢地说，我是县公署的职员，你有什么话要问？王明贵开门见山，直奔主题说，告诉我，县公署的大门关上没有？那人说，关上了。王明贵怕那人撒谎，便靠前一步，压低声音说，你要说实话，我们是抗日联军。啊……那人听说对面的人是抗日联军，声音立马变了，说，我是……最后一个出院的……大门千真万确是关上了。王明贵点点头，说，那好，就请你为我们带路吧。那人看看王明贵，再看看王明贵身后一个个虎视眈眈的战士，硬起头皮说，那，好吧，我带你们走后门。

后门也紧关着。大院的土墙很高，足足有七米开外，墙头上插着玻璃碎片，架着铁丝网。王明贵命令战士驾起人梯，剪断铁丝网，再将大衣压住玻璃碎片，而后鱼贯而跃，一个个跳进了大墙里。战士们的脚步虽轻，还是惊动了屋里的伪军，他们率先开了枪。王明贵命令战士还击，并很快占领了伪县公署。之后，王明贵带上十几名战士，直扑大院右后方的监狱。

在监狱门前，一个伪军眼睁睁地看着王明贵他们跑来，竟一动不动，像是中了哪个武林高手的点穴法。王明贵将枪逼向那人胸膛，说，别动。动我就打死你。那伪军高高兴起双手，连连说，不动，不动……我给你们开门。

王明贵率人跑到监狱时，监狱里已扭打成一团。原来，监号里的囚徒听到大院里枪声不断，知道是抗联来了。他们戴着手铐脚镣，迫不及待地跟看守搏斗起来。王明贵来得正是时候。他很快解决了几个日本看守，再将囚徒们集合起来，向他们讲话，说，我们是东北抗日联军，是共产党领导的队伍。你们当中想打小日本的，马上跟我们走；不想打的，也要赶快逃走。否则的话，我们一走，小鬼子是不会饶过你们的。王明贵的声音刚落地，囚徒们便咆哮起来，喊道，我们要打小鬼子，我们要打小鬼子……他们一边呼喊，一边砸开手铐脚镣，再跟着王明贵的队伍一起从仓库里朝外搬运枪支、子弹、军服和其他物品。

驻守西大营的日军听到城里枪响，立即集合队伍，准备支援城里的人。只是他们刚跑出营房，就遭到了八大队猛烈射击。日军守备队队长不甘心被受阻，重新组织力量，再开动两辆汽车，朝大门外冲锋，结果还是被八大队挡在了营里。

这是一次漂亮的战斗。这次战斗击毙日军警正一人，打死打伤伪警察二十多人，俘虏伪军一百多人，缴获步枪一千多条，子弹几万发，击毁日本汽车两辆，解放囚徒三百多人，而抗联的代价仅仅是一死三伤。

克山战斗之后，冯仲云决定九支队和三支队分开活动：他率领九支队，返回南北河，坚守老游击区；王明贵率领第三支队，北上甘南县、阿荣旗、布特哈旗、巴彦旗，开辟新游击区，再逐步扩大游击范围，试图穿内蒙，越热河，再与关内的八路军会师长城。王明贵朝冯仲云要政工人员，冯仲云将九支队的高禹民调给王明贵，任三支队政委。

这天，王明贵带领八十多名骑兵来到了霍龙门。霍龙门是北（安）黑（河）线上的一个铁路总供应站。站内储存有大量的武器、弹药、汽油、粮食、被服等物资。王明贵决定打下霍龙门，筹集越冬的物质。

王明贵参加抗日武装前，曾是一名马车老板。这次，他又将自己扮成一个车老板，带上中队长修身，找个农民做向导，亲自去霍龙门侦察敌情。在霍龙门外，他们碰到一座炭窑。向导告诉王明贵说，这炭窑里的人经常给霍龙门的日本人送木炭，他们能知道日军的布防的情况。王明贵便让向导回避，他则和修身进炭窑询问情况。

炭窑里有位老人正在做饭，见王明贵和修身突然闯进窝棚，满脸恐慌，两腿颤抖。王明贵连忙安慰老人说，我们是抗日联军，只想攻打霍龙门，不会危害你们。请你给我们介绍介绍那里的情况，好吗？那老人听王明贵说是抗日联军，满脸的乌云一扫而空，两条腿又重新伸直，呵呵一笑，说，你们有啥要求尽管吩咐，只要我能办到，绝不含糊。如是，他一五一十讲出了霍龙门的火力部署，并自告奋勇，说是由他再去趟霍龙门。老人说，我也有阵子没进霍龙门了，最好是再去一次，免得把事情弄岔劈了，反倒帮了倒忙。王明贵思考片刻，同意了老人的主意，并嘱咐老人说，遇事机灵点。能行就行，不能行也不要冒险。那老人一捋颏上胡须，嘿嘿一笑道，你看，我都胡子一大堆了。

天将擦黑时，老人从霍龙门回来了。他眉飞色舞地讲述了他进霍龙门的经过，一一指点出日伪军的人数、位置和火力部署。说过这些，他一拍脑袋，又说，真悬，差点忘记了件大事。我出城那工夫，看到约莫有三四百人的军队，一水水的都是日本兵，坐火车朝嫩江那边开去了。

1940年10月17日夜，袭击霍龙门的战斗打响了，各大队按照王明贵的部署，分头扑向各自的战场。

八大队队长是徐宝和。他率领八大队刚摸到伪军骑兵连营房，就被伪军哨兵发现了。那哨兵惊惶失措，顺手就向八大队开了一枪。他本意是给营房里的伪军报讯，没想到却也成了八大队发起进攻的信号。战士们听到枪声，纷纷将事先准备好的毛毯，搭上围墙的铁丝网，再越墙翻进院内，将伪军堵在屋里，瓮中捉鳖，俘虏了全部伪军。

八大队那边枪一响，七大队长白福厚立即命令中队长安永化率队攻打伪铁路警察队，命令韩中队长带队封锁日军营房大门。很快，安永化收缴了二十多名伪军的枪支。但韩中队长那边却不顺利。日本兵困兽犹斗，他们疯狂地向韩中队长反击，战斗形成了胶着局面。日军想朝外冲，冲不出去；抗联想朝里打，打不进去。双方的机枪怒吼着，一条条火线像一条条火龙，交错着射向对方的阵地，空气里弥漫着浓浓的硝烟味道。再互相射击十几分钟，韩中队长牺牲了，几名战士也负了伤，双方火力的强弱形成了明显的反差。就在这千钧一发时刻，白福厚带着援兵赶到了，抗联的火力彻底压住了日军的火力，为其他各队夺取武器、服装、粮食和其他物品争取了时间。

与此同时，王明贵带队攻进了日本工程技术人员宿舍，俘虏了二十几名日本侵略者。参谋长王钧带队砸开了车站仓库，将日本侵略者的铁路供应总站变成了三支队的物资供应站，并迅速将里边的物品搬运一空。看看收缴的物品，战马、棉衣、皮鞋、皮帽、军大衣、皮手套和毛毯，足以分配给每个指战员，王钧下令将余下的物品分给老百姓，然后放上把火，将铁路供应总站付之一炬。

第二十五章

▶ 大英雄忍辱负重

被抗日联军颠覆脱轨的列车

  1940 年 3 月 27 日，赵尚志和周保中跨过乌苏里江，回到了东北。3 月 31 日，他们找到了第七军政治部主任王效明，在虎林县小穆河村，周保中当众宣布，任命赵尚志为第二路军副总指挥。5 月 29 日，第二军总部直属部队召开党员大会。会议决定开办《东北红星壁报》，由副总指挥赵尚志担任主笔，也就是记者兼编辑。周保中怕赵尚志闹情绪，他问赵尚志想不想干。赵尚志哈哈一笑道，只要能把日本侵略者赶出中国，我干什么都成。你也知道，我当年投奔孙朝阳，他让我当的是马倌。

  这天晚上，周保中走进赵尚志的窝棚，一脸乌云密布，仿佛眨巴下眼睛都会落下雨来。赵尚志正刻钢板，他放下铁笔，两手撑着桌面，站起身来问，怎么，保中同志，是身体不舒服吗？周保中眼眶立时湿润起来，哀哀地说，刚收到情报，我的第一师师长张镇华牺牲了。他死得很惨，很壮烈，我想请你尽快刊出《东北红星壁报》第二期，宣传他的事迹，鼓励战士们的士气。赵尚志说，快出壁报，这没问题。我在哈尔滨时，就跟登贤、靖宇他们印刷过小报。但对张镇华的事，却不了解，你得给我讲讲。周保中叹息一声说，张镇华，可是一条铁汉啊……周保中给自己拉过一条桦木板凳，重重地摔在上边，说，好吧，我讲吧。

1933年2月，张镇华被派往穆棱县，组建了穆棱抗日游击队。从此以后，他先后担任了绥宁反日同盟军第五军警卫连长、东北抗日联军第五军第一师参谋长、东北抗日联军第二路军第一师师长。

1937年初，军长周保中找到张镇华，郑重其事地说，交给你一个重要的任务，你能不能承担？我保证完成任务。张镇华啪的一个立正，说，军长有什么任务，请吩咐。张镇华人长得额平脸方，五官端正，说起话来铿铿锵锵，如同响鼓，不用重锤敲。周保中说，我想让你策反三道河子森林警察大队大队长李文彬，你能做到吗？张镇华当即回答，那没问题。

周保中听张镇华回答得如此痛快，他反倒有些顾虑了。他皱着眉头，走到张镇华面前，两眼审视着张镇华方正的脸，问，你，就这么自信？张镇华轻松一笑，说，保证没问题。你不知道，李文彬有个表兄，叫王亚东，我跟王亚东是把兄弟。另外，王亚东的媳妇冯淑艳，也是我们党的人。她在地方从事妇女抗日会工作，是个双手使枪的女英雄。我想，他们联合在一起，共同做李文彬的工作，保准能做成。周保中啪地击下掌，满脸红光地说，这我就放心了。但有一点，你们都要注意。我听说李文彬这人虽然正直，富于爱国心，但他性格比较内向，轻易不肯向别人透露自己的观点。

第三天，张镇华来到三道河子，找到了冯淑艳。冯淑艳那时随军，正跟王亚东住在三道河子。

冯淑艳看进屋的是张镇华，眼睛一亮，就知道是有重要任务需要她担当了。她一脸阳光，迎向张镇华说，什么风把你给吹来了？张镇华说，我是来看王二哥来了。冯淑艳一翘嘴说，你看我们家掌柜的，到军营里去看啊，怎么到我们家来了？冯淑艳人长得四肢匀称，身轻体健，说起话来也是嘎嘎地脆，像个小镗锣。张镇华看屋里并无他人，便简单扼要地将他的来意讲给了冯淑艳。冯淑艳立刻就要去找李文彬。她说，我是她表嫂，他平时看重我，我看这事差不多。张镇华说，心急吃不了热豆腐。这事不是一蹴能成的事儿，我们还要好好商量商量，不能把好事办砸锅了。冯淑艳便说，那你说，我们该咋办，我听你的。张镇华说，我看这样好一些。从今天起，你平时多跟亚东吹些耳边风，让他在李文彬面前多下些毛毛雨。我也要找机会，多接触接触李文彬，同他建立良好的关系。如此双管齐下，我们的事也就成了。

从此，张镇华身着便服，经常到兵营去看王亚东，一来二去的，时间再长些，他便在下层兵士中培养了几个骨干。在此期间，冯淑艳有事没事的也总是到李文彬家里去，柴米油盐，家长里短，无话不说，同李文彬夫妻的关系越来越铁。

这天，冯淑艳走进李文彬的办公室，看到李文彬正对着窗户发呆，一脸烟雨迷蒙。冯淑艳心中暗喜，便用揶揄的语气说，放着好日子不过，你发的是哪份子愁呢？李文彬回过头来，苦着声音说，日本指导官宫泽刚刚找我谈过话，说是过几天就去打抗日同盟军。冯淑艳明知故问，那你发的哪份子愁啊？李文彬反问冯淑艳，我的心别人不明白，你还不明白吗？冯淑艳一脸江南三月，桃红柳绿，问道，那你是怎么说的？李文彬说，我跟宫泽说，同盟军有几千人，我们只有一百多人，让我去打同盟军，这不是拿鸡蛋碰石头吗？李文彬脸上山重水复，找不到一条路。冯淑艳欲擒故纵地问，可你不去，日本人能饶你么？李文彬说，饶我？能饶我吗？他们几次想谋害我，都让我躲过去了。躲过了初一，躲不过十五。照这样下去，我看早晚得出事。那我，怎么办？李文彬问过这话，倒背着两手，耷拉着脑袋，就屋里走来走去，黑皮鞋拖得地板哧溜哧溜响，像有两个老鼠在啃噬地板。冯淑艳目光跟着李文彬走，她已经预感到李文彬要出牌了。

果然，李文彬第五次经过冯淑艳面前时，他收住了脚，说道，表嫂……冯淑艳扬起脸，用鼓励的目光问，你想说什么？他们都不把问题挑破，但谁的胸中都有数。李文彬眉头乌云聚集，云山雾罩地说，我内心很矛盾，真的不知该怎么办好。冯淑艳却拨开重重迷雾，阳光明媚地说，武大郎服毒，喝是个死，不喝也是个亡。我看你就不如弃暗投明。李文彬眼睛瞪成两个鸡蛋，面颊闪闪发光，说道，什么？冯淑艳索性直说，当明人不说暗话，我是受同盟军张镇华的指令，来策反你的。李文彬惊诧地问道，什么？镇华是共产党？冯淑艳说，他不但是共产党，还是同盟军的师长。李文彬沉吟道，请你转告镇华，这事不是小事，得容我空，让我做好属下工作。冯淑艳回答他说，这方面的工作，镇华那边已经做好了。李文彬顿时胸中火起，吼道，你们这样做，不是拆我的台吗？冯淑艳也激动地说，怎么叫拆你的台？这不是给你补台吗，这不是让你走正道吗，这不是免得你落千秋骂名吗……李文彬哑口无言。好一会儿，他慢腾腾地说，好吧，你把镇华给我找来，我要亲自跟他谈谈。总之，我想我不举事则已，一旦举事，就只能成功，不能失败。更重要的是，我还有六七百人的家属，我们不能不管他们。冯淑艳开心一笑，说，这些，镇华都给你想到了。只要你一起义，抗联就来接应你们。我说的是全部，包括随军家属。

1937 年 7 月 11 日，张镇华身着便装，一脸肃穆走进了李文彬兵营。他再从兵营出来时，脸上掩饰不住鸟语花香——他已跟李文彬约定，第二天起义。

第二天傍晚，李文彬将两支匣子枪送到冯淑艳面前，庄重地说，嫂子，你枪法好，先点日本人的炮。冯淑艳接过两支德国造二十响，掂量掂量，微微一笑，说，你了解嫂子。李文彬说，你也了解我啊。说过，他就派人去剪断电话线，撤掉岗哨和巡逻，并将两挺机枪架好，对准日本人住所。一切安排就绪后，他集合起队伍，发表演说：弟兄们，我决定率领你们弃暗投明，今天晚上就收拾日本鬼子。你们都要听我的指挥，谁要想替小日本卖命，明年今天就是他的周年。李文彬的话刚落地，已被张镇华争取过来的蒋继昌、费广兆、张诚池等人就一齐呼喊道，我们听大队长的，我们跟大队长走。谁想帮小鬼子，我们就打死谁！

惊雷般的呼喊声惊动了日本人。加藤情知大事不妙，他叽里哇啦地喊起日本人，带队就朝门外跑。只是，他刚露头，就被冯淑艳右手一枪，打倒在地。日本教官田中不知死活，还朝外冲，冯淑艳左手一枪，又将他打倒在地。剩余的日本人见走投无路，只好举手投降。

如此，李文彬带领一百五十多名反正伪军，连同七百来名家属，在张镇华的策应下，开赴三道通。那里驻扎着东北抗日联军第五军。军长周保中为李文彬举办了盛大的欢迎会，宣布东北抗日联军第二军警卫旅成立，李文彬为旅长。

1939年冬天，为了突破日伪军的重兵围困，张镇华率一师九团五十多名战士朝宝清方向转移。路上，他们忍饥挨饿，爬冰卧雪，边打边走，待走到大梨树窝棚时，张镇华的身边只剩下二十几名战士。

张镇华决定在窝棚里歇息。只是，他们喘息方定，就被日伪军团团包围了。张镇华抱起轻机枪，先扫射一阵子，压住敌人的火力，然后命令战士们突围。战士们想跑，迈不动双腿；想打，又拉不开冻实的枪栓。张镇华震怒了，喊道，你们，都给我跑啊！跑出一个是一个，跑出去就能打小日本。听到张镇华惊天动地的呼喊，战士们的周身爆发出一股奇异的力量。他们纷纷朝门外跑去，结果却是跑出一个，牺牲一个。张镇华的眼睛红了，他不管不顾，一口气打光了所有的子弹。

最终，他和五个女战士被堵在了窝棚里。这五名女战士是朱新玉、刘英、崔顺善、郭英顺、崔正淑和片莲荷。张镇华是条硬汉，每次打仗，都极力保护女战士。冲锋，男战士在先；撤退，女战士在前。而他的前任，后来当了叛徒的关书范则相反，在生死存亡之时，竟能舍下八名女战士，让她们去阻挡敌人，最终壮烈投身乌斯浑河，自己做债军之将，苟全性命。

日本兵因遭到重创而羞怒，他们把怒火发泄到张镇华身上，便用刺刀乱捅张镇华身躯。转眼之间，张镇华的身体已被搠成了血葫芦。任是如此，他也不告饶，不呼叫，只是口口声声说，你们快放开她们，快放开她们，我是师长，你们抓我一个好啦。

日本人是不会听张镇华话的。他们以为女人好欺侮，决定先行审问女战士。承担主审官的有两人，一个是日本指导官石川，一个是伪警尉吴扒皮。这两个魔鬼先来软的，他们哄骗女战士说，只要她们说出五军密营的位置，就放她们回家。五名女战士不予理睬。石川嘿嘿一笑，就叫人给她们上大挂，坐老虎凳，用烙铁烫她们的乳房，结果都是一无所获。

石川狼笑一声，命令日本兵扒光女战士们的衣服，再将她们拖到张镇华的牢房，当着他的面，让日本兵强奸这些女战士，妄图以此羞辱他，摧毁他的意志，逼迫他投降。结果，石川还是失败了。他只好枪毙了五名女战士，再把张镇华带回佳木斯模范监狱。

在模范监狱，审判官不再使用各种诱降伎俩，而是直接对张镇华施以酷刑。烙铁板，滚铁笼，装进麻袋朝地下摔，用竹签子钉指甲，企图翘开张镇华的嘴，迫使他投降，说出五军的营地。张镇华咬紧牙关，横竖是只字不招。审判官黔驴技穷，兽性大发，索性扒光张镇华衣服，用开水浇烫张镇华。他们先浇张镇华的上体，浇掉一层皮肉，问他，你招不招？张镇华闭上眼睛，并不开口；他们再浇他的大腿，撕掉大腿上一层皮肉，问他，你招不招？张镇华冷冷一笑，并不开口；他们又浇张镇华的下体，他的下体又被撕掉一层皮肉。此时，张镇华已成为一具骷髅。他怒瞪两眼，悲愤地喊道，儿啊，你爸爸已被烫成一架骨头了，你知道吗？你长大了可要替爸爸报仇啊……

周保中讲到这里，已是泣不成声。赵尚志也是热泪满面。他站起身来，抬头呆呆地凝视着窝棚的土棚，不声不响。过了许久许久，他垂下头，吟了一副楹联：锅盔山前皎洁雪地透红斑应知将军经鏖战，宝石河头凄凉月夜对青流岂料英雄殉节休。

1940年10月中旬，周保中接到苏联方面的通知，说是12月要召开东北党和干部会议，届时将会有中共中央的人来，要求周保中、赵尚志等人参加。11月底，周保中、赵尚志越过乌苏里江，到伯力参加会议，史称"第二次伯力会议"。

伯力会议正进行时，1941年1月，第二路军"党的积极分子"召开会议，说赵尚志有反党言论，有破坏军队的阴谋，要求严肃处分赵尚志。据此，中共吉东省委决定，撤销赵尚志第二路军副总指挥的职务，撤回从前向北满省委提出的关于赵尚志开除党籍的重新审查案，认为北满省委开除赵尚志党籍是必要的。

赵尚志对此满腹牢骚，他想找周保中理论理论，结果还是忍耐了。那时，抗日联军的南北野营里，都在张罗着过辛巳年的春节了。赵尚志不想因为自己的事，影响大家过春节。

春节过后，农历正月十六，赵尚志去找周保中，想跟他谈谈，让周保中重新甄别他的"反党"言论问题。他走进周保中办公室时，却看到周保中倒背着双手，正在屋子里转圈子呢，像是走马灯。周保中见赵尚志进屋，看了赵尚志一眼，没等他问，便沉沉地说，据我的情报人员报告，第十军军长汪雅臣，牺牲了。赵尚志扬起脸，无比惊愕地说道，什么？你是说双龙没了？这怎么可能呢！双龙这人精明得很，行踪神出鬼没，连我想找他都不容易，小日本怎么就把他找到了？周保中不回答赵尚志的话，弯腰将手中握着的一张纸递给了赵尚志。

1941年1月，汪雅臣率部正在寒葱河一带活动，战士郭珍耐不住饥饿和严寒，偷偷下山投降了日寇，并向沙河子日军守备队提供了汪雅臣的住所。这样，1941年1月28日，农历正月初二，沙河子日本守备队队长尾田真治率领六十多名日伪军，围住了寒葱河子屯。只是，他来晚了一步，汪雅臣已经提前转移到了石头亮子村。尾田真治不敢怠慢，慌忙驱兵再扑石头亮子，向汪雅臣发动了进攻。

这天是1月29日，农历正月初三，汪雅臣身边只有二十几名战士。

拂晓时分，汪雅臣听到枪响，立即命令副军长张忠喜带十几人向村东突围，他则带上几个人，跑到村西狙击日军，掩护张忠喜他们突围。他根据枪声判断，村东的敌人应该是伪军队伍，容易冲破。

但张忠喜没有冲出去，他的人太少，伪军的火力太猛。

汪雅臣不再坚守了，他端着轻机枪，大喊一声，给我冲啊！便率先开路，带领战士们朝村西面突围。可惜，他跑到半路时，警卫员中弹牺牲，他自己的腹部也被子弹射穿，被日本人抓住了。

日本人想从汪雅臣嘴里获得情报，就命令几个伪军，抬着汪雅臣走。汪雅臣却不想活了。当日伪军走到贾家沟时，他眯眼觑觑两边，突然发力，人从担架上滚落到地上，壮烈牺牲。日军将汪雅臣的遗体运回五常县城，先立在十字街口，暴尸示众，而后残忍地割下了他的头颅。

汪雅臣牺牲后，他的余部仍有一些人，留在九十五顶子山一带。他们不肯解散，更不肯投降，就在那里隐蔽下来，直到日本侵略者战败投降。

第二十六章

▶ 燕窝山金策践行

抗联战士袭击克山县城时留下的弹痕

1941年1月初，东北抗日联军召开了联席会议，在苏联伯力城。参加这次会议的有周保中、张寿筏（李兆麟）、冯仲云、金日成、金策、崔庸健、柴世荣、王效明、季青、安吉、徐哲等11人，他们分别代表的是吉东、北满和南满省委。

1941年3月28日，会议选举周保中、崔庸健、张寿筏（李兆麟）、冯仲云、金策、王效明组成东北党代表组，另由周保中、张寿筏（李兆麟）、崔庸健组成三人团，负责统一领导东北中共党组织和抗联部队。

会议结束后，张寿筏（李兆麟）和金策先后回到东北，领导第三路军的抗日斗争。此时，坚守在国内的第三路军有第六支队、第九支队和第十二支队，总共有二百人左右。1941年3月，王明贵又带着六十多人回国抗日，这使第三路军的人数增加到三百人左右。

1941年10月初，金策从苏联回到了东北。他和张寿筏（李兆麟）共同商量，写信给第三路军参谋长许亨植，嘱咐他"采取暂时迂回办法"，将大部分抗联人员调回苏联。许亨植受命，集中第六支队、第九支队和第十二支队的一百五十人，由于天放率领退回苏联。剩下的抗联人员，许亨植则将他们编为两支小队伍。一支由十二支队支队长朴吉松率领，活动在安帮河下游，庆城、铁力一带；一支由张瑞麟、鈕景芳率领，活动在安帮河上游，巴彦、木兰和通河一带。

1941 年 10 月中旬，为了执行许亨植的命令，转移日伪的视线，掩护于天放率部赴苏并解决过冬的粮食，第三路军第六支队指导员高凤祥、十二支队队长朴吉松、第十六大队大队长隋德胜决定，率领两个支队的三十多名战士，攻打庆城县的大罗镇。

发动进攻前，朴吉松带着两名战士，潜进大罗镇，找到了伪甲长家。这伪甲长见朴吉松进屋，眯起眼睛，皮笑肉不笑地说，我知道你们是谁啦，说吧，你们都要什么，我给你办。朴吉松轻松地说，我们现在缺吃的。我想多给你些钱，请你帮我们搞一些粮食。军长一口应下来，说，这没说的，没说的。你们见天忍饥挨饿，爬冰卧雪，图个啥，还不是为了咱老百姓吗。他飘给老婆个眼色，又说，去，快去街上买瓶好酒，好给三位好汉暖暖身子骨。那妇女闻言，趑身刚想朝外走，却被朴吉松拦住了。他暧昧笑笑，说，我们三个都不会喝酒。你们有什么现成的饭菜，给我们吃点就行。说罢，他也给那两战士飞个眼色。那两个战士心领神会，他们欻欻两声，同时抽出了怀里的手枪。朴吉松扫那伪甲长一眼，再将目光落在他两个儿子身上，微笑着说，咱们初次相交，我要请你的两个孩子到山里做客，你能答应吧？伪甲长听朴吉松如此说，明知道是把他的两个儿子作了人质，但还是勉强一笑，连连地说，这好啊，这好啊，多个朋友多条路嘛，你们山里人干事就是敞亮。

朴吉松回到树林里时，把两个人质交给两个战士看守，一个是朝鲜族人，叫朴义；一个是汉族人，姓孟。那朴义早已揣了一份投降的心。如此，他故意制造机会，让两个人质逃跑了。朴吉松以为朴义是老战士，不存在故意放敌的问题，只是责令朴义和小孟追回两个人质。

朴义和小孟沿着两个人质的脚印，一路追进了大罗镇甲长的家里。甲长见朴义和小孟脚跟脚进了屋，他连连赔罪，说，我那两个孩子不懂事，被饿得跑了回来，还麻烦你们俩来看望。既来之，则安之。你们先歇着，等我给你们张罗点酒菜，你们吃饱了，喝足了，再消消停停地走也不迟。小孟看看朴义，朴义一脸欢喜地说，好不容易捞这么个机会，我们就吃完饭再走。

这边，甲长花言巧语，安稳住了两个抗联战士，那边，甲长老婆已跑进警察署。伪警察署长听到情报，慌忙摇电话，报告给了庆城警务科。庆城警务科科副小松贵听到情报，立即命令伪警察署长想法联系伪甲长，一定要稳住两个抗联战士。随后，他带上几名特务，会同庆城县伪山林警察大队大队长果长有，开动汽车，直奔大罗镇。在距大罗镇三里开外的路上，小松贵下了车，率领十来个人，一路小跑，摸进了伪甲长家大院。两个抗联战士正睡着大觉呢。昨夜，他们俩大吃二喝，最后都喝醉了，朴义轰轰地打着呼噜，震得纸棚上下颤动，像是起伏的波浪。

小孟听到屋外有动静，一个鲤鱼打挺，右手摸起手枪，左手就去推动朴义。朴义从昏睡中醒来，两眼惺忪地瞪着小孟手里的枪，诧异地问，你想干啥？小孟目示窗外，说，有情况。说罢，举枪就要下炕。朴义一把夺过小孟的枪，啪叽一声扔到地下，板起面孔说，想打？就我们两个人，不是擎等着送死吗。小孟问，那……我们怎么办？朴义嘻嘻一笑，转过脸来对着窗外喊，别开枪，我们投降。结果，两人一枪没放，双双做了俘虏。小松贵没用动武，也没有多费口舌，朴义和小孟就答应替他诱捕朴吉松。小松贵吩咐朴义和小孟，回去见到朴吉松时，就说甲长已经答应明天九点钟整，如数将粮食送到抗联指定的树林外。

第二天九点一刻，朴吉松带队走出树林，果然看到十几麻袋的粮食。麻袋口都敞开着，挨排摆在雪道上，明晃晃地裸露着大米、小米、麦子、玉米。

战士们见到粮食，个个瞳孔放大，浑身颤抖。他们不等朴吉松下令，便踊跃跑上大道，纷纷朝自己的口袋里分装粮食。这时，枪声响了。一排排子弹呼啸着从道那边的树林里喷射向抗联，震得枝头雪快纷纷飘落，压得战士们抬不起头来。朴吉松意识到是中了计，再寻找朴义和小孟，朴义却在大道那边喊了起来，朴主任，别打了，再打只有死路一条了。朴吉松目光凛然，甩手就朝声音扫上一梭子子弹，随后下命令说，扔下粮食，撤，机枪掩护！原来，为了预防突发事变，朴吉松已让隋德胜带着助手李瞎子，高凤祥带着助手高玉林，组成两个机枪小组，吩咐他们一旦情况有变，就轮番扫射敌人，再设卡子相互掩护，掩护大队撤退。

隋德胜和李瞎子先打头阵。他们用机枪封锁住敌人的火力，掩护高凤祥和高玉林到后方设卡子。高凤祥和高玉林设好卡子后，立即向敌人开枪，掩护隋德胜和李瞎子后退，再到后方设卡子。

如此几个来回，高凤祥不幸中弹，倒了下去。高玉林抱起机枪，边打边朝隋德胜和李瞎子的卡子退。偏偏就在这生死瞬间，他的机枪卡了壳。他只能提着机枪，一边朝后跑，一边喊隋德胜，大队长，快接应我！我的枪……卡壳了！隋德胜便朝高玉林挥手，示意高玉林朝北面跑，避开敌人射击，他则抱起机枪，朝敌人扫射，嗒嗒嗒嗒，吸引敌人的火力。

高玉林借这个机会，处理好机枪，正想到后面设卡子，却没有听到隋德胜的枪声。他扭头去看，发现隋德胜已倒在了雪地上，而他的助手李瞎子正一边拼命地朝上抱着隋德胜，一边呼喊，隋大队长，隋大队长……隋德胜就这样牺牲了。他牺牲时还不知道，他有个可爱的女儿，已经出生在春天的小河边。那时，小河潺潺始流，但河边的冰凌花却开得火热，一朵朵，一簇簇，像一颗颗小星星，透露着暖暖的春意。

高凤祥和隋德胜牺牲了，朴吉松带队摆脱了敌人的追赶。他不敢再回燕窝山密营，怕将密营暴露给敌人。那时，在燕窝山、神仙摞和平顶山一带，密布着几个抗联密营，第三路军总指挥部也设在这里。

庆城县伪县公署却以为朴吉松逃回了燕窝山，他们给铁力县伪县公署发公文，要求铁力县派人协助"剿匪"。铁力县伪山林警察队奉命摸上了燕窝山朴吉松密营。结果，此地已是人去屋空，长长的木刻愣屋子里，只剩下两台手摇缝纫机。

他们不甘心无功而返，再仔细搜查，发现铁炉子里的木灰尚有余温。他们凭此判断，抗联还没有走远，又开始搜山。就在他们找到一个山洞时，洞里射出来一颗颗仇恨的子弹。子弹是留守密营的战士射出来的。他们原想躲在山洞里，等敌人离开时再回密营。

他们的子弹很快打光了，敌人呼号着冲进了洞里。洞里仅仅剩下三名女战士，还有一个还抱着孩子。

这让伪军喜出望外。他们一步步朝女战士逼去，嘴里喊着淫荡的话：赶快投降吧，小娘们，日本人要钱给钱，要男人就给你们找老爷们……女战士不想投降，就一步步朝后退，一直退到后洞口，突然手拉着手，纵身跳下了悬崖。只是这悬崖不高，她们都摔伤了，并没有摔死。敌人捉住她们，将她们押上汽车，朝铁力县城里送。车到半路时，一名女战士因伤情过重，牺牲在了汽车上。

第二天，日本人在伪县公署门前广场召开"庆功大会"，两名女战士被押进了会场，五花大绑，头戴狗皮破帽，脚穿咧着嘴的牛皮靰鞡，身穿棉花飞扬的破棉衣。她们被强迫站在一条木桌前边。木桌上摆放着日本人缴获来的缝纫机、子弹袋、两支短枪、七支长枪，还有牺牲女战士的头颅。大会过后，日本人砍下她们的头，摆上会场的木桌，以此恐吓群众，以此渲染他们"剿匪"的胜利。

人们不知道这三名女战士的名字，只知道她们是朝鲜族人，一直到现在，也许就是永远。

第二十七章

▶ **赵尚志死不瞑目**

图为赵尚志烈士遇难地

　　1941 年 10 月中旬，赵尚志终于获得机会回国抗日。当时的他已不担当领导职务，不是共产党员，身份相当于班长，带着四名抗联战士：姜立新、张凤岐、韩有和赵海涛。

　　那天天气很好。黑龙江岸上杂树生花，流光溢彩，恣意地张扬着生命的绚丽。赵尚志站在陡峭的岸上，两手横托藤条，回眸黑龙江那岸，一时泪眼模糊，喟然长叹道，我赵尚志就是死，也要死在东北抗日战场上。

　　张凤岐抬头当地就顶了赵尚志一句，说，你说这话吉利不吉利啊，老赵。张凤岐原是三军三师三团的团长，赵尚志的老部下。他们这次跟赵尚志回国，只执行一个特殊的任务，就是搜集情报，一旦日军对苏联开战，就炸毁兴山发电厂和佳木斯大桥。那时，德国法西斯对苏联开战已三个月，苏联人分析日本可能要落井下石，从背后捅刀子，不得不早作准备。如此，赵尚志多次要求回东北的愿望才得以实现。苏军让他们在中国只逗留三个月。送他们的苏联军官这么说，三个月一到，无论能不能完成任务，你们都要立刻回苏联。赵尚志不置可否。他已暗暗发誓：左脚踏上黑龙江右岸，右脚就不准备再踏上左岸了。

赵尚志听了张凤歧的话哈哈大笑。笑过，他豁豁亮亮地承诺道，好，好，咱们不死，让小鬼子死，咱们还要活着建设新中国呢！说罢，他弯下腰去，开始收拾行囊。他们的行囊很重，除了全副日军行头，一部电台，每人背上还背着十五公斤炸药。同其他四人相比，赵尚志肩上还多了一个皮包，皮包里装的是一些重要资料和活动经费。

这天午后，赵尚志来到了姜把头趟子房。趟子房就是猎人打猎时住的小屋子，也叫椎营。猎人打猎的工具叫椎，椎是在倒树上钉一溜小木桩，一尺左右高，两排相对，形成一个通道。在通道的尾端，再架起一个木棒，只要小动物沿着通道走到尾端，就会碰到一个小销销。销销一犯，吊在上边的木棒也会落下来，砸死或者砸伤一些小动物，貂、貉、灰狗子、小狐狸等等。赵尚志曾同姜把头打过交道，认定姜把头可靠。如是，这次回国，他把姜把头趟子房作为活动据点。赵尚志选中姜把头趟子房的另一个理由是，那里离兴山近，执行任务方便。兴山就是今天的鹤岗。

姜把头溜完趟子，回到趟子房时，天色已经见黑。他突然看到屋里站着坐着几个人，胸口怦怦乱跳，两眼转来转去，站在地当间，一时不知如何是好。赵尚志扑哧一笑，拍拍炕沿，说，来，坐下说话，怎么连老朋友都不认识啦？姜把头听声音像赵尚志，再眨巴眨巴眼睛，果然就是赵尚志。姜把头趋前一步，当胸就给赵尚志一拳，大大咧咧地说，我 ×，我当是谁呢，原来是老赵啊。可你也是，穿啥不好，偏穿一身小日本的狗皮，吓人八道的。说过，他回身拉过一个小青年，目光指着赵尚志说，给你开开眼界，这就是你成天挂在嘴边的赵尚志，赵司令。那小青年两片厚嘴唇嚅动嚅动，想说点什么，又说不出什么，只有憨憨地笑。姜把头翻那青年一眼，回头对赵尚志说，他叫王永孝，是到山里靠你的。

赵尚志上下打量王永孝一个来回，说，好啊，好，我刚一回国，就有投奔的，这可是好兆头啊。说罢，他把烟簸箕推到炕沿边上，说，抽着，抽着。这老蛤蟆头，真冲。姜把头从裤腰里拔出短杆烟袋，烟锅朝下，扣在簸箕里，而后拧拧烟袋杆，再翻过烟袋时，烟锅里已塞满了关东烟沫。姜把头嘴噙烟袋，平伸右臂，用大手指摁摁烟锅，又将烟锅探到赵尚志脸前说，就手给我点着，我手都冻木了。赵尚志从炕席缝里抠出一根火柴，刺啦一声在炕沿上划着，点上姜把头的烟锅，而后，两人就拉开了话匣子。

屋小炕小。晚上睡觉时遇到了麻烦。炕上只能挤下五个人，除去一个站岗的，还有个人无处安身。赵尚志便说，你们都上炕睡，我在烟囱桥下眯着就行。姜把头当即插话说，这哪成啊，你是大司令啊。永孝这小子年轻，身子骨硬实，就让他在地下憋屈着吧。说过，他拉起赵尚志的手，又说，来，来，你挨着我，睡炕二。赵尚志歉意地看王永孝一眼，随后上炕，头朝里，脚朝外，挨着姜把头躺了下来。山里人习惯夜里睡觉头朝里，脚朝外，面对门窗。这样可以应付随时发生的情况，如闯进的野兽或者是敌人。

赵尚志贴着姜把头刚躺下，一股呛鼻的味道扑鼻而来，熏得他昏头涨脑，就说，你这行李是啥味道啊，能把人熏死。姜把头扑哧一笑，说，我一个老轱辘棒子，能有啥好鸡巴味，将就着过吧。赵尚志就劝姜把头说，看看有相当的，找个老伴吧。姜把头叹息一声说，找个伴？说得好听。谁家有姑娘舍得给我，跟我在深山老林里喝西北风啊？可你也是的，队上有那么多丫头片子，咋就不寻思办一个呢？赵尚志如实相告，我已发下誓言，不把小日本赶出中国就不结婚。姜把头立时顶上一句，我 ×，要是一辈子赶不走小日本，你还一辈子打光棍咋的？赵尚志信心足足地说，那怎么可能？你等着瞧吧，不出三年五年，我们保管能把小日本打回去。姜把头嵌起上半身，瞅瞅赵尚志，再瞅瞅另外几个人，说，就凭你们这几头蒜？赵尚志说，我们的人多着呢，你看到的只是眼前这几个人，你看不到还有我们的人在别的地方战斗着呢。另外……赵尚志思忖片刻，又说，现在苏联跟德国人开了战，一旦苏联战胜德国法西斯，就会出兵帮中国打小日本。那样，我们的胜利就会来得更快一些。姜把头听赵尚志讲这些话，似懂非懂，他有他的道理，他说，其实呢，我一个老山狗子，也不明白什么大道理。早些年中华民国时，我是打猎赶趟子；现今几个满洲国，我还是赶趟子打猎。赵尚志听姜把头说这样的话，他心里有气，便撞姜把头一句，那你还跟着我赵尚志干啥？姜把头连想也不想就回答，那还不是我老姜头看你赵尚志人好，够交。赵尚志一时无语。姜把头放肆一笑，说，咋样，没嗑摸了吧。别说我姜万山平头百姓一个，就连谢文东、李华堂他们那些大人物，还不是看上你赵尚志的人品，才跟着你打小日本的吗？归期末了咋样？你一过江，到老毛子那边不回来，他们都降了小日本。赵尚志哑口无言。想起抗联鼎盛时期的局面，他脸色阴沉，眼圈湿润。

赵尚志在苏联的时候，总想着回国抗日，而一旦回到国内，他又不能立即开展抗日活动。这是他回国的任务决定的，不能因小失大。为此，他总是内心矛盾，心烦意乱。心烦意乱的赵尚志不好当着部下发泄，就到树林里抽甩藤条，当鞭子用，以此甩脱时时袭来的烦恼。

这天，赵尚志正在树林里抽藤条，姜立新来了。姜立新跟着赵尚志的年头久长，了解赵尚志的禀性。他知道赵尚志烦躁的根源，他跟赵尚志有着同样的心理。

赵尚志听背后有呼哧呼哧的喘气声，回头就看到了姜立新。他尴尬着面孔，自我辩解地说，我是憋得难受啊，立新。姜立新说，你急，谁不急啊。我想我们应该趁这机会干点事才好。赵尚志手挽藤条，将藤条弯成一圆小环，再轻轻抖开，说，要服从大局，我的同志，要服从整个反法西斯战场的大局。现在第二次世界大战已经开战，苏联是主战场，也是最大的战场，只有苏联胜利了，世界反法西斯战争才可能取得胜利。姜立新苦着一张方脸说，那我们就在这儿干待啊？赵尚志摇摇头说，怎么叫干待呢？我们这叫蓄精养锐，等待时机。说过，他舒展一下双臂，故意做出一种轻松的样子。

等待的时间很漫长，很揪心，像老牛拉破车，拖得人五脊六兽之后，才把人们带进1942年的1月。

新年伊始，赵尚志收到苏军电报，让他带小部队回苏联。赵尚志只把张凤歧和韩有派了回去，留下了姜立新和王永孝。那阵儿，王永孝已成为赵尚志小部队的一个成员。张凤歧不愿意离开赵尚志，也不想让赵尚志留在国内，就说，留得青山在，不怕没柴烧。我们一起过江等待时机，再回来打小日本，不好吗？赵尚志的回答斩钉截铁，不行。张凤歧又说，那你也把我留下吧。赵尚志说，不行。张凤歧嘴噘得像个雷公，便用眼睛去剜赵尚志。赵尚志问，你那么恶狠狠地瞅我，想干啥？张凤歧说，你偏向姜秃手。张凤歧说这话的意思是姜立新已冻掉了脚趾和手指头，行动不如自己方便，赵尚志应该留他而不是留姜立新。赵尚志解释说，立新比你更熟悉森林，你是用眼睛看路，立新是用鼻子闻路，你说我用谁吧！

这天近午时分，赵尚志估计姜立新和姜把头要回来了，便走出趟子房，去接溜趟子的姜立新和姜把头。

雪地上反射着耀眼的光芒，照得赵尚志睁不开眼睛。赵尚志弯起右手，遮住明晃晃的光线，眯着眼朝东南张望，就看到一个人朝趟子房走来，蹚着没膝的大雪，走一步身子都要摇晃两下。这个生人是哪来的呢？赵尚志想，立马回头喊，小山东子，拿枪来。小山东子就是王永孝。

王永孝正在盛玉米粥，听赵尚志喊，连忙放下手中的桦木饭勺，跑进里屋，抓起赵尚志的手枪，蹚身又跑出了门。赵尚志接过枪，眼睛眯着王永孝说，你猜猜，那个人是干什么的？王永孝说，这样的大冷天，别人谁稀罕进山，俺想这人跟咱们有关。赵尚志满意地点点头，说，不赖，小山东子，没白跟我一回。现在日本人看山看得这么紧，就是一只老鼠想进山都不容易，何况一个大活人。

两人正说着，那人已在几步远的雪窝里站定，伸手抬起狗皮帽子，露出一张汗涔涔的黄脸，看看赵尚志又看看王永孝，问，你们是趟子房的？赵尚志不说不是，也不说是，只是冷冷地说，有事进屋再说。以赵尚志的判断，来人百分之七八十是特务，但观察外貌，又一无所获。不管来人是好人还是坏人，只要进了屋，自己就会游刃有余。赵尚志这么想，便闪开身，意思是让那人先进门。那人笑笑，露出半口黄牙，喷出一缕臭烘烘的烟味。

那人进屋后，摘下老羊皮大手闷子，很随便地甩到炕上，而后就低头搓着双手，等待赵尚志的问话。赵尚志审视着来人，不动声色，从上到下，再从下到上。来人年纪在四十以上，中等身材，刀条脸，罗汉眉，鼻头上翘，嘴唇很薄。从相貌上看，还不像个坏人。赵尚志突然发问，你叫什么名字，干什么的？那人回答道，我叫刘德山，是梧桐河的矿工。赵尚志接着问，说吧，你进山的目的是什么？前些日子我跑丢了两匹马。矿上让我进山找马，说是找不到马就要我的命。我被逼无奈，只好进山来找抗联。

如果刘德山不说找抗联，赵尚志的警惕性也许会放松一下；刘德山一说找抗联，反倒让赵尚志感觉到内中一定有诈。赵尚志就将枪口指向刘德山脑袋，微微一哂道，编得挺像。不过我告诉你，刘德山，你这套话只能糊弄鬼，糊弄不了我赵尚志。走吧，我送送你。刘德山顿时脸色煞白，两腿哆嗦。赵尚志嘲弄地说，走吧，别装孙子了。刘德山自打邂逅赵尚志，就已认定面前的人就是赵尚志。此时，听到赵尚志自己报出自己的姓名，他心中是又喜又忧。喜的是，总算让他找到了赵尚志，这些天的功夫没有白费；忧的是，赵尚志马上要处决他，他是偷鸡不成，倒蚀了一把米。

刘德山只好慢腾腾地朝门外挪动双腿。他是在磨时间，期待着事态有所逆转。结果，转机就真的来了。刘德山两腿抖出趟子房，迎面碰上了姜立新和姜把头。姜把头枪筒子上吊着两只野兔，姜立新肩上扛着一只火狐狸。刘德山见是姜立新，踉跄一步，扯着姜立新的皮袄说，立新，你可得救……救我啊。姜立新认出那人是刘德山，便对赵尚志说，老赵，你别误会，刘炮是好人。赵尚志说，你怎么认识他？姜立新说，他叫刘德山，外人都叫他刘炮，也是咱珠河人，是我的老邻居。刘德山听姜立新替自己说好话，眼泪就流了出来，结结巴巴地说，立新……你可得救救……我啊……赵尚志沉吟片刻，对姜立新说，既然你认识他，我们进屋再唠唠吧。刘德山清楚自己已逃过一劫。他两膝一弯，人就跪在雪窠里，说，谢谢赵司令不杀之恩，谢谢赵司令不杀之恩。

灶坑里桦木劈柴烧得咔吧咔吧爆响，趟子房里热气扑面。赵尚志他们围坐在火炕上，喝热热的玉米粥，嚼烂烂的煮狍子肉，个个脸上流着汗水。

因有刘德山入队，赵尚志心里痛快，又想刘德山是个老山狗子，应该了解山里的近况，便问刘德山，你总在山里转，听没听说过陈绍滨在哪一带活动？刘德山本来不认识陈绍滨，更不知陈绍滨在哪带活动。他察言观色，从赵尚志急迫的语气中，听出了赵尚志的愿望，便信口胡诌道，我听说陈师长他们在西大荒那边活动。赵尚志面露喜色。姜立新却苦着一张脸白了刘德山一眼，心想，你这样瞪着眼睛说瞎话，是讨好赵尚志吗？有这个必要吗？姜立新嫌刘德山说话水分太大，心底生出一丝疑惑，但也只是稍纵即逝，又把思绪转向了赵尚志。他不明白，当年陈绍滨曾想逮捕赵尚志，赵尚志为什么还对陈绍滨这么感兴趣，便问，老赵，我记得前年陈绍滨曾要对你下毒手，你怎么还想找他？赵尚志说，当年他怀疑我是汉奸，带兵围我，又想借小日本的手杀我，这些事我都清楚。但现在回过头来想，我做的也有毛病。我不能允许我怀疑别人，却不允许别人怀疑我。姜立新不以为然，说，陈绍滨兴许就是叛徒。赵尚志眯起一只眼睛，说，如果他真是叛徒，前年他轻而易举就会把我抓去送给日本人了。那时我身边只有几个人，他可是带着几十人啊。还有，你想没想过，假如他真是奸细，现今不早跑到小日本那里擎功领赏去了，何必还跑到西大荒去喝西北风呢？我想，我们要建立大三角游击区，得有几个好人带队才行。别说是陈绍滨，就是谢文东、李华堂他们肯反悔，痛改前非，我还是会考虑再用他们的。赵尚志说这话时，左眼下方的伤疤闪着耀眼的红光。姜立新眼圈就湿润了——这老赵啊，这老赵啊，天有多阔，他的心胸就有多阔。

赵尚志说到远处的陈绍滨，又想到眼前的刘德山。用人不疑，疑人不用。我应该给刘德山一个职务。赵尚志这么想时，便从炕稍摸起一把三八枪，顺炕伸到刘德山膝前说，这枪归你用了。从现在起，你就是我的副官兼汤东游击队队长。刘德山连忙说，谢谢赵司令的信任。说罢，他接起三八枪，哗啦一声拉开大拴，看看枪膛，又说，这三八大盖，真带劲，嘎嘎新。赵尚志的心就咯噔一跳，脸色立时沉了下来：这刘德山本来是炮手，他怎么能如此熟悉日本人的三八枪？刘德山窥出赵尚志脸上的变化，心中懊悔不迭，便低头摆弄三八枪，自言自语地说，我这半辈子，尽摆弄枪了，到现在总算得到了一把快枪。刘德山的话果然就晃过了赵尚志。他反过来怕刘德山难堪，便转移话题说，这三八枪枪苗子长，射程远，小日本最喜欢这种枪。要不现在全世界许多国家都换成了冲锋枪，他们也早就换了。刘德山眨巴眨巴眼睛，他明白赵尚志转移话题的用意，内心竟热了一热，随即口不应心地说，请赵司令放心，我刘德山要是对赵司令有半点不忠，就是小姑娘揍的。赵尚志释然一笑，含而不露地警告刘德山，刘炮，你也用不着起誓发咒，你在抗联最困难时期投奔我，我赵尚志感谢你。不过，我想你既然投身抗联，就要做宋炮，而不是做于炮。刘德山就信誓旦旦地说，我刘德山要是对赵司令有二心，天打五雷轰，不得好死。刘德山说这话时，心惊肉跳，眼前闪动着田井久二郎的面孔。

田井久二郎是兴山伪警察署署长，心里总想着为日本天皇建功立业。如是，当听到赵尚志在本辖区活动的消息后，他欣喜若狂。冷静下来之后，他清楚要想消灭赵尚志，单靠大部队进剿，将一无所成。最好的办法是选派特务，打进赵尚志的队伍，伺机刺杀赵尚志。田井久二郎后来做了中国人民的俘虏。1956 年，他在交代材料里说："赵将军受着中国爱国人民的绝对支持。所以，即使动员日军一个师的兵力，也不能使他落网。'讨伐'行动不可能成功。因此，一定要想方设法采取极秘密地派遣伪装的密探，潜入赵尚志的部队，将他引诱到警察势力范围内，伺机使他负重伤并因以逮捕。"

田井久二郎选中的人就是刘德山。他对刘德山说，你知道我为什么选中你么？刘德山的眼睛瞄着田井久二郎，说，太君是看我山林熟？田井久二郎摇摇头。刘德山的心就跳得慌，说，太君是看我枪头子准？田井久二郎摇摇头。刘德山两眼巴结地看着田井久二郎，诚惶诚恐地说，那……我就不知道了。田井久二郎眯着眼睛，慢慢走到刘德山面前，盯着刘德山的眼睛说，我看中的是你要钱不要命。刘德山一脸尴尬，说，我对太君可是忠心耿耿啊。

田井久二郎以为刘德山很快会传来佳音，结果却是音讯皆无，这让他怀疑刘德山是暴露了马脚。这样，在焦急中等待一个月后，他又派特务张春玉进山，协助刘德山。田井久二郎对张春玉说，如果刘德山在，你就配合刘德山，诱出赵尚志；如果刘德山不在，这任务就由你单独完成。那一万元奖金，可就是你一个人的事了。

张春玉也是个山狗子，他很容易就找到了姜把头趟子房。刘德山没有想到张春玉会来，他见张春玉走进姜把头趟子房，先是大吃一惊，随即对赵尚志说，你看看，你看看，赵司令，这不，我老妈看我这么长工夫没消息，就让我表弟找来了。张春玉知道刘德山这是给自己打埋伏，便借坡下驴，说，可不是咋的，我姑妈想我哥想得眼睛都要瞎了。

赵尚志已先相信了刘德山，对张春玉的突兀到来虽然感到意外，但并不怀疑。张春玉暗自高兴，便向赵尚志献计说，我来时路过梧桐河警防所，看那里没鸡巴几个人，防备也稀屃松，咱们是不是打他个狗日的，搞点嚼磕过大年。

这正中赵尚志的下怀。那几天他都在考虑打个敌人据点，一是给小日本点颜色看看，二是搞些给养过个肥年。

　　1942年2月8日，农历腊月二十三，赵尚志踏上了攻打梧桐河之路。战前，他把人员分成两组。他和王永孝、刘德山为第一组，攻打梧桐河警防所；姜立新、姜把头和张春玉为第二组，袭击梧桐河金矿警察队。赵尚志这样安排是经过深思熟虑的。他把刘德山跟张春玉分在两组，是想万一刘德山和张春玉真是奸细，他们两个人对付一个人，绰绰有余。

　　2月12日午夜，赵尚志小组接近了吕家菜园子。那天是农历腊月二十七。天上没有月亮，也没有星星，空中飘浮着零星的雪片，雪片夹杂在浓浓的雾气里，只感到它轻轻地落，想看却看不到。刘德山看机会成熟，便对赵尚志说，这地界离梧桐河只有二里路，咱们是不是先派我表弟去了解下情况？赵尚志认为刘德山话说得在理，便回头喊第二组的张春玉。张春玉深一脚，浅一脚地跑到了赵尚志面前。黑暗中，他看不清赵尚志的面容，只能看到赵尚志的眼睛闪闪发光。他问赵尚志，司令喊我什么事？赵尚志说，你熟悉梧桐河的情况，先进去侦查一下，我们在菜园子等你。张春玉巴不得早点脱离赵尚志，听了赵尚志的命令，撒腿就朝梧桐河跑去。

　　刘德山盯着张春玉的背影，懊悔之情骤然而升。他暗暗地责怪自己，他妈拉巴子的，我让张春玉去报信儿，这头功不就让他擎去了吗？再则说了，他张春玉进了警防所，我还扎在赵尚志堆里，等会儿双方一交火，第一个吃枪子的就是我。刘德山越想越怕，越想越悔，最终决定自己先动手，抢第一功。如此，他对赵尚志说，你们先进屋吧，我屙泼屎。说罢，他蹲下身去，佯作解手，看赵尚志超过自己，他举枪朝赵尚志勾动了扳机。

赵尚志猝不及防，只"啊"了一声，人就倒在了雪地上。就在倒地的刹那间，他给了刘德山一枪。响的是两枪，那时，刘德山也朝王永孝开了枪。

听到枪响，姜立新和姜把头跑了过来。姜立新狠狠踢了刘德山一脚，见刘德山已经断气，这才弯腰抱起赵尚志。赵尚志睁开眼睛，闪姜立新一眼，喃喃地说，我赵尚志只想死在小日本手里，没想到死在刘炮手里。咱中国，汉奸咋就这么多啊……姜立新哭喊，老赵，老赵啊，你不能死啊。赵尚志说，我不行了，你们马上走吧，再晚，就来不及了。姜立新说，我不走，要死就死在一块，要走就一起走。说着，他强行抱起赵尚志，走进了菜园子土屋。他的后边跟着姜把头，姜把头怀里抱的是王永孝。王永孝也被刘德山打中了要害部位。

土屋里有两男两女。深更半夜，他们见四个穿日本兵服的人闯进屋来，都乖乖地靠墙站着，大眼瞪着小眼，连大气都不敢喘。姜立新将赵尚志横放在炕上时，赵尚志睁开了眼睛。他深情地扫姜立新一眼，说，你们……快走……姜立新说，我跟你死在一块儿。赵尚志说，听……话，你马上走吧。记住，一定要告诉那边的人，就说我赵尚志是抗日死的，让他们……恢复我的党籍。姜立新泪如雨下，还是不肯动步。赵尚志就拼尽力气地喊，你能不能听懂我的话啊……立新……我们总得有个回去报讯吧……赵尚志说完这话，周身已凉成了一坨冰，上下两排牙咯吱咯吱地敲打声一片。他转过脸来，笑笑，对帮他绑扎伤口的中年妇女说，大嫂，给我捂捂手……

姜立新含泪刚跑出吕家菜园子，张春玉带着讨伐队就跑过来了。他们迅速包围了吕家菜园子，并一点点朝那座低矮的草房摸来。此时，赵尚志和姜把头已卧倒在草屋门口。他们没有打开门，就默默地听着屋外的响声，估计敌人离草屋仅剩下十几米时，姜把头用脚蹬开屋门，赵尚志手中的枪就响了。但他们没有坚持太长时间。十五分钟后，他们先后倒在了屋地上。

讨伐队没有敢立刻进屋，他们在草房外等待了几分钟，再也听不到枪响时，才心惊肉跳地摸进草房。此时，姜把头已经牺牲，赵尚志和王永孝都昏迷了过去。讨伐队从他们身上搜出一枚赵尚志印鉴，一把美制手枪，两支三八枪，二百三十发子弹，十颗手榴弹，几张任命状。

讨伐队想从赵尚志嘴里获得情报，他们怕赵尚志很快牺牲，便快马加鞭，用马爬犁将赵尚志和王永孝拉进了梧桐河警察分驻所。分驻所所长见赵尚志已经苏醒，立即审问他，你是赵尚志吗？赵尚志睥那伪警官一眼，说，不错，我是赵尚志。你是谁？你和我不一样都是中国人吗，却当了卖国贼，该杀！说过这话，他不再说话，只是用眼睛瞪着那伪警官。

赵尚志至死没有闭上眼睛。他的眼睛翻得又大又圆，像两个白色玻璃球。伪满洲国审讯资料里说，赵尚志*"一直睥视审讯官，置刀枪痛苦于不顾，显示无愧于匪中魁首之尊严，而终于往生"*。

赵尚志牺牲的那年是三十四岁，牺牲的那天是 1942 年 2 月 13 日，而不是一些资料里说的 2 月 12 日。赵尚志到吕家菜园子的时间，是 2 月 12 日午夜一时。再隔几个小时，赵尚志便壮烈殉国了。

那天是农历腊月二十八，再过两天就是壬午年的春节，天空中不时爆响三声两声爆竹——性急的孩子已开始过伪满洲国的年了。

第二十八章

▶ 于天放逃脱牢笼

抗联第十二支队纪念碑

　　赵尚志牺牲后的第七天，1942 年 2 月 20 日，于天放从黑龙江左岸，回到了右岸，带着六个抗联战士。他是受抗联南北野营三人团的指派，以北满省委特派员的身份接替金策指挥北满的抗日战斗的。那时，在整个东北沦陷区，仍然坚持战斗的，只有北满的抗日队伍，也仅仅是几十名战士。

　　1942 年 3 月 19 日，于天放找到了金策。金策听过于天放传达的抗联野营的指令，轻轻地摇摇头，说，现在我们仅剩下几十人，我再走，人不就更少了么？于天放说，你跟别人不一样，你是省委书记啊。金策说，正因为我是省委书记，我在，同志们的斗志会更加顽强。于天放还是劝说道，你的腿脚有毛病，行动起来不方便。金策笑了，说，要说不方便，钳景芳少一只胳臂，不比我更不方便吗？好了，我不跟你说了，等我过江再跟他们说去。

　　这时，许亨植正带着警卫员陈云祥来找金策，金策和于天放却带着队伍上老金沟了。许亨植没有找到金策，只是找到了张瑞麟。他在跟张瑞麟小分队活动些日子后，决定告别张瑞麟，回燕窝山密营。张瑞麟看他身边只跟一个战士，就把自己的警卫员王兆庆派给了他。

1942年8月2日，许亨植等三人走到青峰岭下时，天已大黑，许亨植决定在此打个小宿。第二天清晨，陈云祥找来一些湿树枝，准备烧早饭。树枝太湿，他和王兆庆连吹带煽，忙活了好一阵儿，总算点燃了篝火。篝火有气无力，浓烟却生动活泼，飘荡在低潮的山林间，迟迟不肯散去。

这惹起了果长有的注意，当时他正带着一伙人，在燕窝山一带寻找抗联。果长有怀疑那里有抗联的人，便兵分三路，从南、东、北三个方向，朝许亨植他们包抄过去。

正是大关门时候，林密叶繁，茂盛的森林为虎作伥，掩护了果长有的伪军。许亨植他们直到敌人临近，方仓促迎战，边打边撤，最后是陈云祥战死，王兆庆突围成功，许亨植被敌人尾追不舍，脱不了身。此时，许亨植的子弹已经打光。他一边跑，一边将钱撒在地上，试图趁伪军拾钱的工夫，甩脱追兵。追在他身后的伪兵叫朱希林。这朱希林贪财好色，管钱叫祖宗。他舍不得小钱，更舍不得重赏，于是一手拾钱，一手开枪，将许亨植打倒在地。

　　许亨植，朝鲜族，原名许克，别名李熙山、李三龙。1909年5月21日生于朝鲜庆尚北道善山郡，因其父参加朝鲜反抗日本殖民统治活动，于1913年迁居中国辽宁省开原县，再迁到黑龙江省宾县。1930年加入中国共产党，"九一八"事变后，直接投入抗日斗争，历任宾县中共特支委员，东北反日游击队哈东支队政治指导员，东北人民革命军第三军第一师第二团

团长、第三团政治部主任、第三师政治部主任，中共
北满临时省委委员，东北抗日联军第一师政治部主任、
第九军政治部主任、第三军第三师师长、第三军军长、
第三路军总参谋长兼第三军军长、第十二支队政委。

　　许亨植战死的消息传到老金沟时，已是 1942 年 10 月。金策匆
匆忙忙赶到燕窝山密营，主持召开了紧急善后会议。参加人有于天
放、朴吉松、张瑞麟、马克正、阎断哲等。会上，金策将北满抗联
所剩的五十多人编成了四个小队。一队是于天放小队，十几个人，
活动在海伦、绥棱一带；一队是朴吉松小队，二十几个人，活动在
铁力、庆城一带；一队是张瑞麟小队，七八个人，活动在东兴、木
兰一带；一队是马克正小队，他率领陈富、苏方和陈铁嘴子三人，
活动在铁力的神树、小白一带。

　　金策走后，朴吉松决定再次攻打庆城大罗镇，以此震慑日伪统
治者，消灭一些敌人，替许亨植报仇，并筹备越冬粮食。粮食，粮
食，还是粮食。粮食是抗联的朋友，也是敌人的帮凶。它帮助抗联
去战胜敌人，也帮助敌人去饿杀抗联。在当年东北抗日战场上，许
多抗联战士不是战死的，而是饿死的。日伪政权的"集团部落"政
策、"坚壁清野"手段，隔绝了抗日联军与广大群众的联系，迫使
他们不得不用生命的代价去换取粮食。

　　第二次攻打大罗镇，朴吉松很是谨慎。这一是因为他的人少，
只有十七人；二是因为上次攻打大罗镇，他吃了亏。为此，他住进
一个伐木人的工棚，托人找来了史国范。

　　史国范走进工棚，先揉揉眼睛，再睁大眼睛时，就看到面前站
着一个戴墨镜的人。那人也不寒暄，开口就问，你知道我是谁吗？

史国范自信地点点头说，知道，你是朴主任。朴吉松淡淡一笑道，那么，你知道我为什么请你来吗？史国范摇摇头。朴吉松说，我想请你进大罗镇，替我们侦察侦察敌情。史国范愣愣，说，你就那么相信我？朴吉松嘿嘿一笑，翘起右手大拇指，说，我知道你过去不少帮助抗联，我信任你。史国范的眼圈就有些湿润。他拉过朴吉松的手，动情地说，我姨妈家在大罗镇，我可以假装走亲戚，进去摸摸底儿。

1942年10月14日，朴吉松带着十七名战士，来到了大罗镇村外。根据史国范提供的情报，他把十七个人分成两个小组。第一小组由钼景芳率队，带四名战士，任务是从镇东进村，切割电话线，占领村公所，焚烧大烟管理所，由此吸引敌人的注意力；第二组由他率队，任务是攻打村西警察署，端掉敌人的老巢。

第一小组首先行动。钼景芳带领他的小队越过村外壕沟，攀过土墙，很快掐断了电话线，切断了大罗镇与外界的联系。而后，他和四名战士迅速摸进村公所，一枪未发，缴了几个自卫团丁的枪，再冲进大烟管理所，将存放的大烟收拢到一处，点燃了熊熊大火。

朴吉松看到大火燃起，立即带队急奔伪警察署。在大门侧，他先派两名战士缴了门岗的枪，随后他率领队员们冲进大院，将支支枪口捅进伪军宿舍，高声呼喊，不准动，谁动就打死谁，我们是抗日联军！那时已是午夜，伪警察们刚被大火惊醒，睡眼惺忪，突然又面对这么多枪口，一个个蒙头转向，战战兢兢，只好乖乖举起手来。

战斗顺利结束后，朴吉松召开了群众大会。会上，他先将部分战利品分给穷苦群众，然后发表讲话，说，现在，伟大的苏联已向德国法西斯发起了反击，不久的将来，他们就要出兵中国，小日本的日子是兔子尾巴——长不了啦。群众散后，他又将俘虏集合起来，向伪警察们训话，说，你们一个个都要睁大眼睛，好好看看自己的前途，自己的命运。从此以后，我希望你们不要再当伪兵，不要再给日本人卖命。谁要是不听话，我朴吉松绝不轻饶，一定要找你算账。

朴吉松打开大罗镇的消息，像一阵强劲的秋风，呼呼地席卷着伪满洲国大地。庆城、铁力两县的日伪军寝食难安，他们派出大量特务、日伪军，寻找朴吉松。

1942 年 12 月中旬，朴吉松的燕窝山密营被铁力警务科特务王文普发现了。他化装成收山货的商人，在燕窝山、老金沟一带转了两个来月，总算如愿以偿。特务股长中西正枝接到情报后，立即带领三十多名日本兵、四十多名伪警察连夜赶赴燕窝山。朴吉松经过两个小时的激战，终于突出重围，带着警卫员唐春生跑进福合隆村，住进了干妈褚侯氏家。

这天是 1943 年 1 月 2 日。大地一派肃杀，白雪无边无沿，像茫茫的大海，承载着这条叫作福合隆的破船。福合隆的房屋都半埋在冰雪里，高高矮矮，大大小小，像一座座坟墓，只有一两股炊烟，从这里那里袅袅升起，还表明着一点生气，让人想到这里也有人间烟火。

褚侯氏见朴吉松又黑又瘦，疲惫满脸，便让朴吉松和唐春生睡在火炕上。朴吉松不肯答应，他让唐春生睡在锅台边的柴火堆上，自己则从萝卜窖里捡出一些萝卜，围出个围墙，作为自己的卧席。做好卧席之后，他满意地笑笑，再想想，又挪动水缸和酸菜缸，将它们立在卧席的外侧，形成一道屏障。

第二天近午，张廷贞找到了褚侯氏家。张廷贞也是朴吉松的警卫员，跟他一起来的，还有个叫刘玉祥的战士。朴吉松为了减小目标，安排他们住进了段家屯和三合屯。这两个村子离福合隆村很近，只有两三里的光景。

第三天早上，朴吉松派唐春生和张廷贞进庆城县城探听敌情，捎带给刘玉祥买条棉裤。那时，刘玉祥还穿条破单裤。这让褚侯氏看着脸热，却又无能为力——她家除了穿在身上的，再也找不到一件衣服。

唐春生和张廷贞刚进庆城东门，就碰到了姜贞。这姜贞也跟着朴吉松打过几天游击，后来因遭不了罪，挨不了饿，最终脱离了抗联队伍。姜贞见到唐春生和张廷贞，两眼滴溜溜乱转，惊惊喜喜地说，哎呀，我的天老爷，这可真邪门了，夜儿黑上我还梦着咱们在一起喝酒，今儿早上就让我碰到你们。走，走，啥话也别说了，咱们有缘分，到我家喝酒去。唐春生看看张廷贞，张廷贞看看唐春生，两人一时左右为难。他们想起了朴吉松的嘱咐。朴吉松在送他们出村时，曾一脸肃穆地对他们说，现在情况很危险，闹不好就是掉脑袋。你们千万要记住，不能跟任何人接触，特别是不能跟熟人接触。

姜贞见两人都不说话，斜眼一笑，说，怎么，别人不相信我，你们还不相信我吗？咱们可是磕头弟兄啊。说过，他不容唐春生和张廷真推辞，一手挎起唐春生的胳臂，一手挎起张廷贞的胳臂，有说有笑地走进了自己的家门。进门后，他高声大嗓让老婆张罗酒、张罗菜，暗里却叮咛老婆赶快找他大舅哥王青山，再让王青山去伪警察署报告。

伪警察大队大队长曹荣听到报告，立即派他的兄弟曹贵带着三个亲信先，去福合隆村。送走曹贵四人后，他再到警务科找到科副日本人小松贵三，向他汇报了朴吉松住在福合隆村的事。小松贵三决定先去抓捕唐春生和张廷贞。此时，唐春生和张廷贞已喝得头重脚轻，意识模糊，他们只能眼睁睁地看着日伪将他们绑起，再吆吆喝喝地押进伪警务科。

一进警务科，看到阴森森的各种刑具，两人的酒立时吓醒了。小松贵三眯起鼠眼，让翻译姜国昌告诉他们说，日本人很欣赏他们的精神，只要他们肯与日本人合作，就既往不咎，让他们有享不完的荣华富贵。张廷贞听了这话，就去看唐春生；唐春生躲过张廷贞的目光，低头去看地板。姜国昌看两个人都不说话，就谄媚着一副瘦脸，对小松贵三说，太君，现在剩下的红胡子，个个都是硬骨头，不打是不会招供的。小松贵三斜姜国昌一眼，阴阴一笑道，他们的，都是明白人的，我还不想给他们用刑。说过，他从火炉里抽出一根铬铁，在唐春生面前，摇摇，唐春生下意识地朝后退了一步；再挪到张廷贞面前，摇摇，张廷贞惊慌地侧起脸，颜色比铬铁还红，吭吭哧哧地说，别……不用……我们都说。

如是，小松贵三组织起一支二十多人的队伍，带上唐春生和张廷贞，坐上汽车直奔福合隆村而去。

车到离福合隆村三里地的刘喜红屯时，小松贵三叫停汽车，命令伪警察和特务下车步行。那些伪警察、特务立功心切，争先恐后跑向福合隆村，像是百米冲刺。

这时，褚侯氏的女儿褚桂芬离开母亲家，正朝自家院子里走，怀里抱着她的妹妹。她见一队警察朝她家跑来，反身又朝大门里跑，一边跑，一边喊，警察来了，警察来了！屋里的朴吉松听到褚桂芬的喊声，冷静地说，他们是冲我来的，你们快领孩子出去躲躲。说着，他从上衣口袋里摸出一个小本本，转身扔进灶炕里，再转身时，他已将两把大镜面匣子枪打开保险，冲出了屋外。此时大门已被日伪军团团封锁，朴吉松情知已无法冲出院子，只好退回屋里，退到水缸和酸菜缸后面。褚侯氏见状，慌忙将个大笸箩立在水缸和酸菜缸外边。她那时的想法很简单，就是想遮掩住朴吉松，试图蒙混过关。

最先冲进屋的是特务平海泉，他的身后跟着赵全胜。刚从外面闯进屋里，平海泉眼睛不适应屋里的黑暗，只看到了褚侯氏，并没有看到笸箩后的朴吉松。他就气势汹汹地问褚侯氏，住在你们家的那个高丽棒子哪去了？褚侯氏此时显得异常镇定。她瞭平海泉一眼，说，我们家没住过外人。平海泉骂一声，放你娘的臭屁！抬脚就朝里屋走。他的前脚刚踏进里屋，后脚还留在外屋，朴吉松的枪响了。平海泉妈呀一声哀叫，人就摔倒在了地上，像装满了粮食的面袋子。赵全胜转身正想朝外跑，朴吉松再扣动扳机，他也跟着倒在了地上。

趁这工夫，朴吉松一脚踹倒笸箩，飞身跃出了屋门。恰巧，那时翻译姜国昌跑进了大门。朴吉松眼疾手快，飞起一枪，又将姜国昌撂倒在雪地上。趁姜国昌倒地的工夫，朴吉松飞速翻越土院墙，跑进一户人家的碾房，想借助石碾作掩体，再跟追敌较量。不料，那石碾底下竟然藏着特务陈德林。陈德林见朴吉松跑了过来，顺手开枪，击中了朴吉松的大腿。朴吉松一边回枪，一边单腿跳跃，跑出了院门。院门外正埋伏着两个特务。他们如饿狼扑羊，制服了受伤的朴吉松。

朴吉松被捕后，日本人将他送到庆城县医院治疗伤口。他的伤口还没有完全愈合，永井弘就来到了庆城县。永井弘是伪北安省警务厅思想课长,受命来说教朴吉松,企图诱降朴吉松,结果碰了一鼻子灰。永井弘黔驴技穷,只好将朴吉松押送回北安,关进了警务厅特务分室监狱第二号牢房。1943 年 8 月 12 日,哈尔滨伪高等法院、哈尔滨伪高等检察院和伪北安省法院组成特别法庭,判决朴吉松死刑。

1956 年,原铁力县伪警务科特务股长中西正枝被押上了中国法庭。他在供词里说,朴吉松"由警务厅八名职员押往刑场,由分室属官田崎九三郎拿日本刀,斩首杀害,把尸体埋在该监狱东侧离城墙十五米的地方"。

朴吉松,朝鲜族,1918 年 8 月 18 日生于吉林省汪清县。1933 年参加反帝大同盟,曾任中共东满特委第二区青年团宣传干事、中共汪清县委儿童局长、汪清县第四区共青团书记。1936 年 4 月加入中国共产党,历任东北抗日联军第三军少年排排长、第三师组织科长,警卫团政治部主任,独立二师政治部主任,东北抗日联军第三路军第六支队政委、第十二支队支队长。1943 年 1 月 4 日,在庆安县福合隆村受伤被俘,后被押送伪北安省警务厅监狱。8 月 12 日被判处死刑,9 月初,被用日本战刀砍死。

朴吉松牺牲后,北满抗日联军的人数愈加减少,活动愈加困难。1943 年 3 月,北满省委书记金策派刘铁石和钮景芳过江进苏联,向教导旅三人团汇报国内情况。

4 月中旬，钳景芳带着于义受和王云庆，回到了燕窝山密营。他向金策传达了三人团的指示，要求北满的全体抗联人员退回苏联，集中学习整训。金策派人去联系于天放，没有找到；联系马克正，也没有找到。这样，他只好带着张瑞麟、张相龙、张祥、安福、李绍刚、李桂林以及从苏联归来的钳景芳、于义受、王云庆，总共十人退回到了苏联。

如此，在东北仍然坚守国土，同日伪政权进行殊死战斗的抗联战士，只剩下于天放小队十几个人，马克正小队的四个人。

于天放已做好了长期坚守战场的准备。为此，他决定将十几个人的小队伍，再分成两部分：一部分由孙国栋负责，带六七个人在山里屯垦种地，以保证过冬的粮食；一部由他率领，十来个人，在绥棱、海伦、庆城、铁力一带展开游击战。孙国栋却不赞成分兵。他说，我们总共只有二十来人，再分成两块，力量不就更单薄了吗？于天放沉吟半晌，说，这几年，我们为取得粮食，死了太多的人，甚至比战死的还多。所以，我认为种地也是战斗，也是一场你死我活的殊死战斗。孙国栋听于天放决心已定，只好说出了自己的担忧：其实，我就怕你们人少，再发生意外。于天放不去看孙国栋，他把目光转向了茫茫林海，那林海连绵起伏，曲线壮观，色彩分明，像一幅大写意的山水画卷。许久，他收回目光，凝着浓眉说，危险时刻跟随着我们，像影子似的须臾不离，这也是我主张分兵的道理。你想想，东北这么大，现在只剩下我们十几个人还在战斗，我们总不能让日本人一网打尽吧。孙国栋叹息一声，说，我听说十军双龙那边还有人留在山里，我们能不能派人联系联系他们？于天放说，我们跟他们已经失联好几年了，五常的南山又那么大，我们上哪儿去找他们呢？再则说了，在当前这种条件下，我们即使找到他们，他们能相信我们吗？孙国栋垂下脑袋，无可奈何地说，那好吧，我去种地。不过，你得把大致行动方向告诉我，一旦有事儿，我好有地方找你。于天放抬头东望，说，最近这段时间，我去王道屯养腿伤，再远的方向……我就说不准了。

于天放说的王道屯，隶属伪北安省铁力县，他养伤的地点是孙绍文家。孙绍文是王道屯的村长，曾经给于天放队伍送过粮食、衣服、药品等物品。为此，于天放很是信任他，这次就去孙绍文家里养伤。于天放到后，孙绍文白天将于天放背进小树林里隐蔽，晚上再把他背回家里歇息，做得是神不知，鬼不觉。

这天上午，孙绍文把于天放送进小树林不久，又慌慌张张地跑了回来。于天放知道情况有变，就问，有什么情况吗？孙绍文揩掉额头上的汗水，神色紧张地说，刚才我去火道南，碰到王山东子上朝火车站那边去了。于天放释然一笑，说王山东子是谁，让你这么害怕？孙绍文却忧虑着脸说，这王山东子大号叫王水山，是铁力城里大特务李秉衡的腿子，平时扮成货郎，摇着拨浪鼓，成天这村那屯地转。我怕他黄鼠狼子进村，没好事。于天放神情也紧张起来，说，既然如此，我就不能再待在树林里了。这林子太小，也显眼。于天放说过，眼睛瞄着树林外一块玉米地，又说，那片苞米也有半人高了，你就把我背到那块苞米地里去吧。

孙绍文安排好于天放，九点多钟，正在家里给于天放收拾饭菜，就听到村东头传来了马达声。这么快就来了？孙绍文自言自语，半信半疑，不慌不忙地朝院外走去。

他走出大院，一辆汽车也停在了大门口。最先从驾驶室里跳下来的，是大特务李秉衡。李秉衡下车先踩两下脚，再扑打扑打衣服，抖落身上的灰土，这才把目光锁定孙绍文的脸，问，我听说于天放藏在你们屯里，你知道他住在谁家吗？孙绍文装聋作哑，摇摇脑袋说，你说的是啥？于天放？我要是知道于天放，早给你们送信了，那可是五千块奖金啊。李秉衡就哼一声，说，屎罐子镶金边，嘴好。说过，他朝车上一挥手，说，快，都快给我下车，挨家给我搜。

结果时近中午，二十几个伪警察搜遍全村，也没有搜出于天放。孙绍文故意讨好李秉衡，问，眼瞅着响午歪了，是不是该给你们做饭吃了？李秉衡大眼珠子翻翻，说，饭就先免了。你马上给我挨家挨户通知，所有的人都带上家把式，跟我去拉大网。

很快，王道屯的老百姓都出动了，男男女女，老老少少，有的拿木叉，有的拿铁锹，有的拿锄头，有的拿镐头，有的拿二尺子，有的拿烧火棍，尾随城里来的特务和伪警察，乱哄哄地朝村外走去。

人群走到小树林时，李秉衡叫停了队伍。他左手托着下巴，两眼琢磨着那片小树林，一时拿不定主意，是搜还是不搜。孙绍文就走到身边，说，李股长，我看这片树林挺密实的，拉吧。李秉衡却诡异一笑，再睁大眼睛，放下左手，遥指玉米地说，每隔三条垅放一个人，立刻拉大网，给我搜他妈的那片苞米地，有胆敢窝藏不报的，以通匪论处。

孙绍文听李秉衡要搜玉米地，脚底就升起一缕凉风，嗖嗖嗖地上蹿，迅速弥漫上了头顶。他不能违抗李秉衡，只好咋咋呼呼，推推搡搡，安排那些老百姓拉大网。

拉大网的人各怀心腹事。他们手里执着各自的"武器"，一边朝前趟着，沿地垅沟前行，一边胡乱地喊着，快出来吧，于天放，日本人发现你了……快投降吧，于天放，日本人说了，投降会有好吃好喝……看见你了，于天放，再不出来就开枪了……

小太阳一步步朝西南方向移动，拉大网的人一步步朝东北方向行进。走到玉米地中间的时候，一个村民突然收住了脚步。孙绍文斜眼瞥向村民那边，果然就看到了于天放，左手撑地，右手举枪，半侧身躺在垄沟里，正看着那个村民，目光灼灼。孙绍文顿时头皮发麻，周身战栗不已。他立起眼睛，瞪着那个村民，说，磨蹭什么磨蹭，还不赶快朝前搜。那村民眨巴眨巴眼睛，又朝前走去，手里挥动镰刀，嘴里胡乱地呼喊，于天放，你跑不了啦；于天放，你快快出来投降吧……孙绍文借这个机会，横穿两条垄，走到于天放身边，眼睛看着前方，说，别动，天黑时我来接你。

拉大网结束时，太阳已经偏西，大地上飘起层层露气。李秉衡走到孙绍文面前时垂头丧气，恼着一张方脸，吩咐孙绍文说，晚上你给我多派些老百姓，守住各个路口，别让天放给我溜了。等明儿个多找些村屯，再来拉大网。我就不信到嘴的肥肉还能丢了。孙绍文说，用不用吃完黑上饭再走？李秉衡瞥孙绍文一眼，气囔囔地说，吃，吃，就知道吃，你以为我也像你们穷光蛋，什么东西都朝嘴里填啊。孙绍文说，那是，那是。那我就不留李股长了。说罢，转身就走。李秉衡狼着声音问，你这么着急，通风报信啊？孙绍文回头一笑道，你看看你，李股长，我就是通风报信，也先报告给你啊。

天将将擦黑，孙绍文找到那个发现于天放的村民，让他把于天放送到鸡爪山。那里建有于天放的两座密营，一座是前营，一座是后营。后营和前营一北一南，相距有十来里路。

秋天刚到，孙国栋找到了于天放的后营，满脸疲惫，一双眼睛流露出惭愧的神色。原来，他带上六个人，在铁力县神树村的分水岭种地。半个月前，他们收好玉米和马铃薯，正准备给于天放送粮，却被伪山林警察队包围了。孙国栋奋勇突围，结果三名战士牺牲，两名战士被俘，仅孙国栋和一名战士找到了鸡爪山。于天放没有埋怨孙国栋，另派三名战士跟他住进了前营。

1943年12月11日，日本讨伐队搜索到了前营。

那天夜晚很冷，气温降到零下三十七八度，孙国栋等四人守着火炉，烤了半宿的火。将近午夜，三名战士陆续睡觉了，只有孙国栋没睡，他要担当警戒。就在这时，他听到窝棚外有沙沙沙沙的动静，若有若无。他警觉地从火炉前站起，快步走到前墙，将右耳贴上泥墙，再仔细倾听，那沙沙声又变成了脚步声，嚓嚓嚓嚓，正朝窝棚这边爬来。他高喊一声，不好，有情况！他箭步跨到炕前，抓起手枪就躲在门侧。那三名战士从梦中惊醒，各自摸起自己的短枪，六只眼睛齐崭崭地瞟着孙国栋。孙国栋说，注意，我一打开房门，你们就朝外开枪，掩护我去后营送信。

孙国栋的话音刚落，窝棚外就传来了喊话：孙大队长，你不要再抵抗了，赶快投降吧，投降就能吃饱饭。孙国栋狠狠地咒骂一句，我 × 你祖宗！他猛地拽开板门，同时拽进来一串串呼叫的火苗，压得三名战士抬不起头来。我们被包围了！孙国栋大喝一声，举起匣枪先甩出一串子弹，而后飞身出门，沿着窝棚就朝北边跑。窝棚里的三名战士则集中火力，将敌人的火力吸引到窝棚里来。

这给孙国栋赢得了时间。他穿着短裤，光着身子，赤着双脚，踩着没髁深的积雪，没命似的朝后营跑。跑到后来，他跑不动了，就走；再到后来，他走不动了，只好找到一根木棍，用双手撑着，再朝前挪。最后，他连挪也挪不动了，只好躺在雪地上喘息，呼出去的多，进去的少，四肢麻木，周身的血液仿佛都冻结了，像一条条小河骤然遇到严寒。他知道自己将要冻死了，便双手并用，艰难地举起手中的匣枪，朝黑黢黢的夜空勾动了扳机。

于天放他们听到了枪声，飞快地跑到了孙国栋身边。孙国栋瞪大眼睛，却说不出话来，两滴眼泪艰涩地渗出眼窝，又很快冻结在眼睑上。

鸡爪山密营被破坏了，于天放带着十来个人，再次回到老金沟。这时已是1944年年初，他们断粮多天，面临着饿死的危险。别无选择，于天放只好冒险派孙国栋、于兰阁带四名战士，再回鸡爪山密营，去取埋藏的粮食。以他的判断，那些围剿的日伪军，应该是撤退了。

孙国栋等人潜回鸡爪山时，发现山坡上仍然卧着六顶帐篷。这帮狗杂种还没走，怎么办？孙国栋问于兰阁。于兰阁应声便说，打吧。不打只有饿死，打还有一条活路。孙国栋目光盯着帐篷，从老羊皮套袖里抽出一双手，嗤嗤嗤嗤搓起手来。于兰阁和四名战士看孙国栋搓手，就知道他是准备打了，便也跟着搓起手来。再过一会儿，孙国栋感到两手全部软活时，便将右手向下一压，同时压出一句话：打！我们一人管一顶帐篷，同时扔手榴弹，然后再扫射。

孙国栋部署好战斗，六个人开始分头行动，各自摸到一顶帐篷前。孙国栋见战士已全部到位，他举起手榴弹，稍一停顿，就抛了出去。炸响的是六颗。六颗手榴弹响处，六顶帐篷呼嗵嗵烧起了大火，烧得帐篷里的日伪军鬼哭狼嚎。他们正晕头转向，找不到东南西北时，帐篷外又嘎嘎嘎嘎射进来一串串子弹。结果，帐篷里的几十名日伪军，一部分葬身火海，一部分逃离战场，又被冻死，将省下的大米、白面、猪肉、粉条留给了抗联。

精美的食品帮于天放他们过了个肥年。春节一过，密营又面临着断炊的危险。孙国栋就自告奋勇下山去联系村民，解决粮食问题。

这天，孙国栋碰到了张录和张守信，他们是宋万金屯的村民，上山来拉木头。见到孙国栋时，这二人四条大腿发，两对眼睛发愣，呆呆盯着孙国栋，谁也不敢挪动地方。孙国栋将手枪塞回套袖里，顺势拱起袖筒，温着一张脸说，你们不要害怕，我是抗联的孙国栋，专门打小日本，绝不伤害老百姓。

听孙国栋说自己是抗联，张录鼓起勇气，怀疑地问，你，真是抗联？孙国栋微微一笑，说，不是抗联，谁还坚守在这深山老林里。张录胆子陡然增大，他清楚孙国栋是想向他们求助，问道，那……你想让我们干什么？孙国栋说，实不相瞒，我们断粮都五六天了，再不吃饭，只有死路一条。如果你们有中国人的良心，就想法儿给我们弄点粮食来；如果没胆量，我也不勉强。张录就问，你们想要多少？孙国栋狮子大开口，说，越多越好。张录和张守信面对面嘀咕好一阵儿，最终跟孙国栋约定，后天这个时间，将粮食送到这个地点。

孙国栋回到密营，问于天放取不取。于天放说，取，怎么能不取？如果这次成功，我们再做做他们工作，争取将宋万金做个联系点。这不但解决了我们粮食问题，还可以让我们站稳脚跟，扩大队伍，继续抗日。

自此，于天放小队就总到宋万金屯里活动。春天时候，他们佯做张录家的雇工，帮助张录种地，寻找抗日积极分子；夏天时候，他们借助铲地机会，宣传抗日思想。如此一来二去的，他们在宋万金屯成立了抗日爱国会，吸收了一些抗日人员，其中就有王明德。

王明德是小学教师。他民族意识强烈，对日本占领东北愤愤不平。农历四月十八那天，他去赶庙会，偶然拾到一份抗联传单，这让他眼睛放亮，萌发了同抗联接触的想法。他把这种想法跟张录说了，张录又传达给了于天放。于天放认为王明德是棵好苗子，决定亲自找王明德谈话。

几年后，于天放在他的《牢门脱险记》里写道："1944年1月，在山上运木头时，他（张录——作者注）跟我部副官孙国栋接头，使他认识了抗联是救国救民的队伍。从那以后，他和抗联来往很密切，替我们买粮食、衣服和日常用的东西，同时，更为我们探听敌情；我军地方工作人员，随时可以住在他家；我也在他家住过多日，相处跟亲兄弟一样，他家里男女老少对我们都很亲热。当年八月，经他介绍，我又和该屯小学教员王明德认识。

王明德是一个贫苦的青年知识分子，为人热情直爽，有爱国救国的志愿。刚见面时，我化名'王文礼'，扮装是张禄的表弟，'满洲土木会社'的事务员，我说我在齐齐哈尔中学毕业，他在克山县师范学校毕业，因为都是读书人，更加亲近一些。开始和他漫谈一些私人的、社会上的事情，先试探他的口气，感觉这个人确实有国家民族的观念，张禄向我介绍的情况是正确的。进一步谈到国内国外大事，最后谈到战争，先唠苏德战争，后唠中日战争。他对战争有很正确的观察，他说：'苏联全国团结一心，英勇抗战，已转入反攻阶段。苏联一定胜利，德国一定失败。如果德国失败，苏联出兵东北，日本也一定会被击败的，中国胜利为期不远。'彼此谈话很投缘，很兴奋，我判断这个青年是有爱国思想的，以后我就大胆地把我的真姓名说出来了，这时他非常兴奋地紧紧握住我的手说：'久仰久仰，你可来了！你的名字我太熟了！快对我说说抗战的情况吧！'我们谈到了抗联的情形，国民党和共产党的关系，抗战胜利的前途……交谈了三四个钟头，直到黄昏以后。过了几天，我就搬到了学校去住，学生们都知道我是张禄的表弟。不久，王明德就成为一个忠心耿耿的抗日民族战士了。由于他参加了革命，在绥棱县教育界中扩大了抗日救国组织，教育救国会和情报工作也大大加强了。我能够在宋万金屯比较长期工作，主要依靠忠诚的农民张禄和爱国青年教师王明德的掩护。"

这天傍晚，1944 年 12 月 19 日，于天放正跟王明德吃饭，街上传来了急匆匆的脚步声。王明德扫眼于天放，说，你吃你的，我出去看看是什么情况。王明德说过这话，放下饭碗就朝门外走。不料，他刚出屋门，就被几个特务控制了。王明德情知大事不妙，他想给于天放报信，便大声呼喊，我是老师，你们抓我干啥？于天放听到王明德的喊声，急忙放下筷子，准备外逃。就在这时，房门咣当一声，被人从外边踢开，打从门外冲上几个人，不容分说，五花大绑捆起了于天放。

捕捉于天放的是大特务李秉衡。自从于天放"脱钩"之后，他始终怀恨在心，就派他的腿子王山东子王水山四处寻找于天放。王山东子用尽心机，百般搜求，终于在绥棱县探得了于天放的行踪。李秉衡闻讯，立即带着十几个特务远道奔袭绥棱，联同绥棱县伪警察分头行动，在绥棱宋万金村、绥棱小五部村、绥化九井子村等地，将于天放、孙国栋、于兰阁、杜希刚、张录、王明德等"一网打尽"。

于天放被捕，让伪满洲国欢喜若狂，他们放假三天，以示天下太平。

1945 年 1 月，于天放被押送到伪北安省首府北安县，关进了监狱。他住的二号牢房，恰恰是关押过朴吉松的牢房。

这是于天放自己发现的。于天放被关进牢房后，脑海里总浮动着越狱的念头。我现在想逃生，唯一的希望就是越狱。他每每这样想时就观察牢房，寻找破绽。到了第三天，他突然发现水泥地上似乎刻着字。他两手抚地，将脸贴近那行模模糊糊的字迹，立刻就认出这是朴吉松的字，用锐器划出的一行字是"打倒日本帝国主义"。啊，老朴！于天放暗呼一声，周身顿时热血沸腾，两眼浸满泪水，胸中波涛起伏，百感交集：老朴，你在那边慢点走，等我一些时间。我要是能逃出去，就给你报仇；逃不出去，咱们一起到马克思那里报到。

这天，于天放正在思考越狱方案，永井弘走进了牢房，他是伪北安省警务厅思想课长，来劝降于天放。于天放正坐在木椅上，目光斜睨着永井弘，屁股连嵌缝都没有嵌。永井弘脸上就浮起两片红，他从白手套里抽出右手，摸摸光光的板床，说，天放君，这里的温度还可以吧？于天放说，不错，晚上没有被冻成冰棍。永井弘尴尬一笑，又摘下左手手套，将一双手套放在床上，说，我让他们好好招待你，不知他们做得怎么样？于天放说，不错，天天有鱼有肉，我很满意。永井弘嘿嘿一笑：我知道天放君是清华大学的高才生，学识渊博，满腹经纶。因之，我想向你求教，天放君，你对欧洲战场和大东亚战场的前景是如何判断的？于天放侃侃而谈，说，这是一目了然的事，只要美国、英国一出兵，德国很快就会战败。德国一战败，你们的侵略战争还会坚持下去吗？永井弘歪起脑袋说，你说得不对，天放君。我们到满洲来，不是侵略，而是要建立"五族协和"的新秩序，帮助满洲国走上繁荣富强的道路。比如说，这些年来，我们在满洲修筑了很多铁路。于天放反唇相讥道，你们修铁路是为我们中国吗？那么，你能不能告诉我，你们运走了我们中国多少煤炭，多少木材，多少矿石，多少粮食？永井弘无言以对。他脸上一阵子白，白得像抹了一层厚厚的烟粉；一阵子红，红得像腐烂了的西红柿。再思索片刻，他忽然就转移了话题，说，你这样的人死了，真让人可惜。实不相瞒，当今的大满洲国，已是"五族协和""国泰民安"，你对我们已毫无利用价值。但我还是想听一听，你们抗联的情况。这对我们没什么用处，但对你，却大有好处。

于天放垂下头，作沉思状。他是故弄玄虚，让永井弘相信他已有所醒悟。永井弘果然暗生欢喜，趁热打铁，说，你放心，天放君。我们知道你是大读书人，爱面子，我可以向你保证，对你提供的情报，我们绝对保密。于天放再思考一会儿，长长打个唉声，然后说出了一些废弃的密营，或者是已被破坏的屯垦点。永井信以为真，当天就通报日伪军前去围剿。结果，那些密营要么不存在，要么早已被破坏掉了，纯属子虚乌有。

这让永井弘受到了侮辱，他就让人给于天放用刑，鞭背、电刑、上大挂、灌辣椒水，结果仍然是一无所获。如此，他们只好将于天放判处死刑，上报伪满洲国司法部，等待批复。同时，他们也不想放过任何诱降于天放为他们做事的机会。

当天午后，永井弘笑嘻嘻地走进了牢房。他将一张苏联地图摊在于天放面前，故作轻松地说，这是一份苏联地图，我想让你仔细看看，天放君，哪些公路能走重型汽车，哪些道路能运坦克大炮，假如日苏开战，苏联人将会走哪条道路进攻满洲。于天放皱起眉头，慢腾腾地说，我的大脑让你们的电刑打坏了，你把地图先放在我这儿，我需要慢慢地想，才能标识出来。永井弘喜不自胜，连忙说，这不着急，这不着急，你可以慢慢地想，慢慢地画。他心里想，反正司法部的批复要等七八个月才能发下来，你只要在死刑前画出来，我就算大功告成。于天放心里则想，能腾一天是一天，最好是腾到青纱帐起，那时我越狱的成功性会更大一些。此时，于天放已找到了一块铁器。这是安放在铁炉子的小铁门，东西虽小，只有击中敌人要害，足可以置敌人于死地。

七月的一天，于天放的牢房里又塞进来一个人，名叫赵忠良。于天放经过考察，确认赵忠良是抗联人员，便将自己的越狱计划全盘托给了赵忠良。赵忠良自然是欣喜异常，他和于天放共同制定了周密的越狱方案。

吉人自有天助。7月11日午夜，日本看守石丸从外边回来，竟鬼使神差地问于天放，于先生，你想不想去厕所？于天放的心怦怦乱跳，面上仍然是风平浪静，说道，谢谢你，石丸先生，我正要上厕所呢。石丸天真一笑，从腰间摘下钥匙圈，翻出二号牢房的钥匙，就给于天放打开了牢门。于天放走出牢门两步，又磨蹭起来。石丸奇怪地问，于先生，你还想干什么？于天放说，永井弘股长明天要看地图，我得连夜给他画出来。可牢房里的灯光太暗，我想在你的办公桌上画，不知你同意不同意？石丸听于天放愿意跟他们合作，心里自然欢喜，便陪于天放走进他的办公室，让于天坐在办公桌前，安安静静地画，他则站在于天放背后监视。

这时，赵忠良就在牢里嚷嚷，说是要上厕所。石丸一脸嗔怒，便侧过头去看牢房。说时迟，那时快，于天放从怀里掏出铁炉门，突然就砸向石丸的脑袋。石丸呼的一声，转身抱住于天放，就把于天放摔倒在地。此时，赵忠良也跑进了办公室。他见于天放正跟石丸翻滚，便扑上去帮助于天放。石丸自知不敌，张开大嘴就想喊人。于天放情急之中，将手插进了他的嘴里，结果是受了重伤。打死石丸后，他们拿过石丸钥匙，先后打开两道牢门，再从一扇打开的窗户逃了出去。

于天放越狱，对伪满洲国来说，无疑是一场地震。几乎所有的伪满洲国报刊都刊登消息，说"于天放逃跑，满洲国失去了一大半"。为此，伪满洲国停止办公一个月，全力捉拿于天放。日本关东军更是悬出重赏，发出重誓，说是捉住于天放者，奖赏一百万元；隐藏于天放者，全村诛灭。

于天放，原名于九公，1908年出生，黑龙江省呼兰县人。1931年加入中国共产党，历任北平市委清华支部书记，巴彦抗日游击队特派员，满洲省委龙江特派支部书记，东北抗日联军第十一军一师政治部主任、第三路军三支队和六支队政委、第三路军总指挥部军政特派员。他是在东北坚持到最后的抗日将领。抗战胜利后，他任中长铁路护路总监，黑龙江省参议会议长，东北民主联军黑龙江军区政委、副司令员，东北军区黑龙江军事部长，黑龙江省人民政府副主席，黑龙江省人民委员会副省长兼哈尔滨师范学院院长，牡丹江地委第二书记兼专署专员，黑龙江省政协副主席兼黑龙江大学校长。

尾 声

　　这天午后，哈尔滨伪刑务支署监狱显得异常寂静，寂静得有些瘆人，仿佛是世界末日，有种毛骨悚然的感觉。所有的人都在守候着结局：一个是失败，对看守者来说；一个是胜利，对被看守者说。胜利者和失败者同样焦虑，低压的黑云笼罩着这座监狱，这座位居哈尔滨市道里区水道街的监狱。

　　突然，阴森森的走廊里传进一串脚步声。走进来的是监狱长奥园，他的身后跟着沟口嘉夫，伪满洲国哈尔滨高等检察官。奥园耷拉着脑袋走到十三号牢房门前，从腰间摘下一串钥匙，翻得钥匙圈唰唰嘟嘟响，好一阵，才捏住十三号牢门钥匙，哆哆嗦嗦插进了铁锁。可他扭动了半天钥匙，却没有打开牢门。沟口嘉夫从兜里掏出手枪，顶住奥园的后腰，阴沉着声音说，快！奥园先是一哆嗦，再咬咬牙，咔吧一声打开了铁锁。一道强烈的白光呼啦啦蹿进牢房，像是探照灯，照在孙国栋的脸上。奥园右手拉着牢门，左手指着孙国栋，有气无力地说，孙国栋，出来。孙国栋睥睨奥园，再乜乜沟口嘉夫，随后两手撑地，慢慢从地铺上站起身，回手拍打拍打屁股，径直朝牢门挪去，拖着当啷当啷响的脚镣。

　　孙国栋从监号走到监外，两眼有些发痒，脑袋也有些眩晕。他闭上眼睛，适应片刻，再睁开眼睛时，回头漫视牢房阴森森的走廊，说，永别了，同志们。我叫孙国栋，是东北抗日联军三路军第九支队的大队长。我很高兴，我为我的祖国坚守到了最后的胜利。说过，他转起头，两眼眯着大墙下的一根木桩，当啷当啷就朝那木桩移去。那木桩是座绞刑机，上方安有一个滑车。处决"犯人"的时候，刽子手让"犯人"坐在木桩前，将绳锁套在脖子上，再摇动滑车，直到窒息而死。

执行绞刑的刽子手叫郭天宝，是个职业杀手，经他处死的人无计其数。但今天他不想干了，他要给自己留条后路。这样，他对沟口嘉夫说，这五块钱……我不要了，不要了。按照狱里规定，每处决一名"犯人"，郭天宝将会得到五块钱的酬金。

沟口嘉夫气急败坏，欻的一声抽出指挥刀，恶狠狠地架在郭天宝的脖子上，说，快，快快的。郭天宝冷眼觑着沟口嘉夫的指挥刀，脸色由白变红，说，我勒了这么多年的人，今天不勒了，你给多少钱，我也不勒了。沟口嘉夫高高举起指挥刀，歇斯底里地喊，你不干，我的劈了你！

这时，孙国栋说话了，他用怜悯的目光盯着郭天宝，说，你用刑吧，这不是你的问题。但有一条，你不能让我遭罪。郭天宝闻言，就一步一步地挪向了绞刑机。孙国栋知道最后的时刻到了，他昂起头，拼尽全身力气高呼，中国万岁！中国共产党万岁！中华民族解放万岁！

如此，孙国栋成为最后一名牺牲的抗日联军战士，时间是1945年8月14日的傍晚。那时，西方的落日不再炙人，苍白苍白的，如同一张流尽鲜血的脸。

孙国栋，出生年月不详。原为东北军兴安屯垦军班长，后加入马占山部队。1932年马占山抗日失败后，他拉出部分士兵，报号"压满洲"，开始抗击日本侵略者。1936年被抗联第三军收编，任独立营营长，并加入共产党。1939年6月，任抗联三路军九支队二十五大队大队长。1940年任三路军政治部特派员。1941年被编入于天放的小分队。1944年12月被俘。1945年8月14日下午4点，被绞杀于哈尔滨道里监狱。

　　孙国栋牺牲后仅仅十五个小时，1945年8月15日上午7时，中国重庆、美国华盛顿、英国伦敦、苏联莫斯科，用华语、英语、俄语同时向全世界宣布：日本政府正式无条件投降。

　　1956年，绞杀孙国栋的凶手沟口嘉夫被押上了中国政府特别军事法庭。他在供述中说："1945年8月，战争的形势对日本很不利，苏联也参加了战争。9日，我曾到哈尔滨郊外挖防战车壕，但是不久挖防战车壕的工作就停下来了，这样我就完全清楚地看到日本一定要失败了。8月12日回来后，我就越发想到一定要把孙国栋先生杀害，因为我是审讯孙国栋事件的一个主要负责人，如果不杀掉孙国栋先生，我的生命是有危险的。8月14日，我在哈尔滨高等检察厅见到了伪滨江省警务厅的特务科长高锦警佐，我就和他讲必须杀掉狱中的中国抗日救国人员和爱国者，如果在监狱里不便执行，希望能使用警力把他们全部杀掉。高锦警佐立即回答说，可以派几个年轻的部下把他们杀掉。当天下午3时，我去哈尔滨道里监狱，在二楼看见奥园监狱长，我要他把监狱里的全部死刑犯都杀掉。他当时回答说，全部杀掉是不可能的，因为监狱中的看守不会服从这个命令。当时我就命令他，那不行，至少一定要把共产党人，特别是抗日联军的领导人孙国栋杀掉。当时我身上带着枪，我把枪拿到前面，严厉地命令监狱长奥园，结果他服从了我的命令。他就命令他的部下把孙国栋先生从监狱里提出来，押到哈尔滨刑场绞死了。当时我也在场。孙国栋先生是喊着'中国共产党万岁'死在刑场上的。"

沟口嘉夫被判处有期徒刑十五年。1959年，中国政府提前释放了沟口嘉夫。回国后的沟口嘉参加了"中国归还者联络会"，并被选为常务委员，为促进中日友好，宣传中日不再战，做了大量工作。此外，他还多次组团访问中国，受到周恩来、郭沫若、廖承志等党和国家领导人的接见。

附录

东北抗日及抗日联军大事年表

1931 年

9 月 18 日，日军侵占沈阳北大营，拉开了侵华战争序幕，史称"九一八"事变，东北人民抗日战争开始。19 日，中共满洲省委发表《为日本帝国主义武装占领满洲宣言》。20 日，中共中央发表《为日本帝国主义强暴占领东三省事件宣言》。22 日，中共满洲省委召开紧急会议，讨论日军占领东北后东北党组织的任务，做出《关于日本帝国主义武装占据满洲与目前的紧急任务的决议》。24 日，依兰镇守使兼第二十四旅旅长李杜向所辖各县通电，宣布抗日。

10 月 12 日，中共中央向中共满洲省委发出《关于满洲士兵工作的指示》。22 日，黑龙江省代主席兼代军事总指挥马占山宣布抗日。月初，辽宁凤城县公安局长邓铁梅组建抗日武装"东北民众自卫军"，自任司令。

11 月 4 日，马占山所部在嫩江桥狙击日寇。本月，中共满洲省委派童长荣到东满任特委书记，东北军驻吉林延吉县第十三旅六十三团三营营长王德林宣布抗日。

12 月 26 日，邓铁梅率东北民众自卫军攻克凤城县城。

1932 年

1 月 31 日，吉林省自卫军成立，公推李杜为总司令。

2 月 2 日，日军进攻哈尔滨，吉林自卫军奋起反抗，打响了哈尔滨保卫战。8 日，吉林"中国国民救国军"在延吉县小城子成立，王德林任总指挥，李延禄任参谋长兼补充团团长。15 日，王德林率中国国民救国军攻占敦化。本月，马占山投降日军。

3 月 1 日，伪满洲国发表"建国宣言"，宣布傀儡政权伪满洲国成立。9 日，清废帝溥仪就任伪满洲国执政。20 日，李延禄率吉林中国国民救国军补充团，在宁安县城墙缝一带伏击日军上田支队，歼敌八十多人。23 日，原东北军第二十一旅第六六〇团连长张宪廷率部伏敌，打死日寇一百多人，所部一百零六人全部牺牲。28 日，救国军收复宁安县城。

4 月 1 日，马占山反正，再次宣布抗日，组织"黑龙江省抗日救国军"，任总司令。12 日，满洲反日总会党团书记赵尚志和范廷桂，在哈尔滨成高子火车站颠覆日军兵车一辆。23 日，"辽宁民众自卫军"成立，唐聚五任总司令。25 日，吉林自卫军冯占海部占领方正县城。本月，中共满洲省委派军委书记杨林到吉林磐石县领导创建抗日武装。中共满洲省委派军委书记周保中到吉东地区指导抗日斗争。王凤阁组建"辽东民众义勇军"，自任总司令。共产党员张甲洲率于天放、夏尚志、张清林、张文藻、郑炳文等人从北京返回东北，参加抗日战争。

5月3日，吉林自卫军冯占海部攻入宾州县城。10日，周保中到了宁安县花脸子沟，打进刘万奎的队伍。14日，马占山在黑河举行出征誓师大会，准备再攻哈尔滨。16日，"东北人民抗日义勇军"在黑龙江省巴彦县成立（后改名叫"东北工农义勇军江北骑兵独立师"，又称巴彦游击队），张甲洲任总指挥。本月，原东北军第二十六旅二十四团士兵汪雅臣拉出几个人，成立抗日山林队，后来报号"双龙"。

6月1日，冯占海部义勇军攻入哈南重镇阿城。20日，王凤阁部攻占金川县城。23日，王凤阁部攻克辉南县城。24日，"北方五省委代表联席会议"在上海召开，史称"北方会议"，推行王明左倾路线，撤销罗登贤满洲省委书记，魏维凡代理书记。本月，中共满洲省委军委书记赵尚志到巴彦游击队指导工作，并任参谋长和政委职务。

7月12日，中共满洲省委召开扩大会议，贯彻"北方会议"精神。会后，省委书记罗登贤被调回上海。13日，冯占海部义勇军收复舒兰县城。

8月30日，巴彦游击队在张甲洲、赵尚志指挥下，联合抗日义勇军攻克巴彦县城。本月，周保中担任救国军前方司令部总参议。李杜部自卫军营长李华堂在林口县刁翎镇组织"自卫军吉林混成旅第二支队"，简称"李华堂支队"。

9月3日，苏炳文在海拉尔组织"东北民众救国军"，宣布抗日。周保中指挥救国军一部联合义勇军攻入敦化县城。

10月10日，汤原游击队在半截河子建立，命名为"红三十三军汤原游击中队"。29日，张甲洲和赵尚志率领巴彦游击队，联合

"绿林好"等义勇军，攻克东兴设治局。

11 月　1 日，赵尚志在反击日军进攻东兴时，左眼眶下受伤，导致失明。2 日，中共满省委代表杨靖宇到磐石巡视、指导抗日活动。

12 月　4 日，马占山、苏炳文率部经满洲里退入苏联境内。

1933 年

1 月　4 日，李延禄在穆棱县五河林宣布，救国军补充团脱离救国军，改编为抗日游击总队。9 日，李杜率余部由虎林退入苏联境内。13 日，王德林、孔宪荣率救国军一部退入苏联境内。杨靖宇参加中共海龙中心县委扩大会议，帮助整顿海龙工农义勇军，成立"中国工农红军第三十七军海龙游击队"。17 日，中华苏维埃共和国临时中央政府、工农红军革命军事委员会发表《为反对日本帝国主义侵入华北愿在三条件下与全国各军队共同抗日宣言》。25 日，中共满洲省委决定杨靖宇留磐石工作，任南满游击总队政委。26 日，中共驻共产国际代表团以中共中央名义发出《给满洲各级党部及全体党员的信——论满洲的状况和我们党的任务》，史称"一二六"指示信。本月，在宁安一带活动的抗日游击队改编为"东北抗日救国游击军"，李延禄任总司令。巴彦游击队因遭伪军和地方反动武装袭击，在铁力县北部失败，赵尚志回哈尔滨向省委汇报工作，被以执行右倾路线为名，开除党籍。

2 月　7 日，中共满洲省委做出《满洲目前民族革命战争形势与我们的任务决议》。

3 月　30 日，日军间岛辎重队的日本共产党党员伊田助男，用汽车载十万发子弹送给反日游击队，因未找到游击队，遗书自尽，子弹为李延禄部所得。本月，赵尚志在宾县参加孙朝阳抗日义勇军，任马夫。

4月 21日，"饶河农工义勇军"成立。珲春"反日游击队总队"成立。

5月 15日，中共满洲省委召开扩大会议，讨论、研究贯彻中央"一二六"指示信精神，派冯仲云到南满盘石、海龙等地传达"一二六"指示信。28日，曹国安、宋铁岩组织、率领驻烟筒山伪军第十四团迫击炮连起义，加入南满游击总队。本月，抗日武装李荆璞的"平南洋"总队改编为"宁安反日工农义务队"。

6月 19日，中共珠河中心县委派遣李启东等人打进孙朝阳义勇军，与赵尚志接触。本月，桦川县驼腰子金矿工人祁宝堂（祁致中）带领五人暴动，成立"东北山林义勇军"，对外称"明山队"。

7月 1日，中共满洲省委发出《给磐石中心县委及南满赤色游击队的信》，提出将党所领导的反日游击队改编建立"东北人民革命军第一军"。20日，南满游击队联合部分抗日军，成立联合参谋处，杨靖宇任政治委员长。本月，"东北抗日救国游击军"召集抗日军和山林队首长会议，宣布成立"东北人民抗日革命军"，李延禄任军长。

8月 10日，中共满洲省委发出《致各级党部及全体同志信》，进一步阐述党的全民抗日、统一战线思想。11日，赵尚志率孙朝阳部攻下宾县县城，赵尚志被委任为参谋长。

9月 8日，"九一八"事变两周年纪念日，"中国红军第三十二军南满游击队"改编为"东北人民革命军第一军独立师"，杨靖宇任师长兼政委，李红光任参谋长，宋铁岩任政治部主任。同日，李延禄的"救国游击军"改称为"东北人民革命军第四军"，李延禄任军长。

10月　10日，珠河县"东北反日游击队"宣告成立，赵尚志任队长。20日，中共满洲省委公布《东北人民革命军斗争纲领》。

11月　15日，第一军独立师与伪军邵本良部遭遇，在金川县碱水顶子，中共满洲省委常委金伯阳牺牲。24日，杨靖宇率领第一军独立师主力攻占柳河县三源浦。本月，夏云杰重新创建汤原反日游击队。

12月　23日，杨靖宇率第一军独立师，联合"老常青"等抗日军，袭击伪军邵本良兵站凉水河子。31日，中共满洲省委发出《给珠河县委及游击队同志信》，指示游击队应与一切抗日义勇军结成反日统一战线或缔结反日作战协定。

1934 年

1月　17日，杨靖宇率第一军独立师联合其他抗日军，攻占临江县八道江屯。

2月　3日，饶河"民众反日游击队"成立。4日，中共满洲省委发出关于粉碎日伪军"第二期讨伐"的工作决议。21日，在濛江县（今靖宇县）城墙砬子，东北人民革命第一军独立师与南满十七支抗日武装举行大会，成立"东北抗日联合军总指挥部"，杨靖宇当选为总指挥。本月，汪雅臣在五常县组织"反满抗日救国义勇军"。

3月　1日，伪满洲国实行"帝制"，溥仪在长春称"帝"。9日，景振清、谢文东等组织依兰土龙山农民暴动。10日，暴动武装击毙前来镇压的关东军第十师团第六十三联队长饭冢朝吾大佐。12

日，土龙山农民暴动武装在半截河子召开整编会议，组成"东北民众救国军"，推举谢文东为总司令。21日，在汪清县十里坪庙沟，中共东满特委书记童长荣在与日伪军激战中牺牲。本月，赵尚志开辟珠河道北游击区，联合义勇军和山林队，成立"东北反日联合军司令部"，被推选为总司令。

4月 10日，民众救国军围攻孟家岗日本武装移民团。23日，民众救国军攻占驼腰子金矿。

5月 1日，民众救国军攻袭湖南营日本武装移民团，前敌总指挥景振清牺牲。9日，赵尚志率反日联合军五百余人围攻宾县县城。20日，中共宁安县委决定成立宁安游击队。30日，邓铁梅在岫岩县头道干沟被叛徒密捕，押送奉天警备司令部，9月28日遇害。本月，汪雅臣成立"反满抗日救国义勇军"，被推选为义勇军总首领。

6月 7日，赵尚志率反日联合军在宾县三岔河与日伪军展开激战，并突围成功。10日，中共满洲省委发布《临时东北人民革命政府政纲草案》。15日，夏云杰率汤原游击队围攻汤原县太平川伪警察署，建立太平川抗日游击根据地。29日，珠河东北反日游击队改编为"东北反日游击队哈东支队"，赵尚志任支队司令。

7月 5日，珠河游击队路南大队联合义勇军攻打五常县城。

9月 中共驻共产国际代表团派吴平巡视吉东地区抗日，吴平主持召开中共密山县委扩大会议，决定东北人民抗日革命军与密山反日游击队合并，组成"东北抗日同盟军"，李延禄为总司令。

10月 20日，中共满洲省委发出《为粉碎冬季大"讨伐"给全党同志信》。

11月 7日，东北人民革命军第一军成立，下辖二个师。杨靖宇任军长兼政委，宋铁岩任政治部主任。25日，在方正县肖田地，赵尚志率哈东支队与日伪军激战，赵尚志左臂受伤。

12月3日，伪民政部发布"集团部落建设"布告，开始在抗日武装活跃地区搞"归屯并户"，建立"集团部落"，实行经济封锁，断绝抗日武装与群众的联系。16日，中共满洲省委发出指示信，要求开展反对"归大屯"的斗争。本月，中共满洲省委派魏拯民到东满巡视工作。

1935年

1月11日，杨靖宇率第一军司令部在临江县红土崖伏击伪军混成第五旅第五团骑兵。12日，中共满洲省委做出恢复赵尚志党籍的决定。28日，在珠河县道南半截河，"东北反日游击队哈东支队"正式改编为东北人民革命军第三军，赵尚志任军长。

2月10日，绥宁反日同盟军改编为"东北反日联合军第五军"，周保中任军长。李学福率领饶河游击队夜袭爆马顶子。

3月9日，赵尚志、李华堂、谢文东、祁致中（祁宝堂接受冯仲云的建议，改名叫致中）等率领联合军，攻克方正县城。本月初，赵尚志率三军一部，在方正县大罗勒密与谢文东、李华堂所辖部队会合，经三方协商，建立"东北反日联合军总指挥部"，赵尚志为总指挥。

4月5日，中共满洲省委向各地党组织发出《临时通知》，要求各地按中央指示，独立自主地进行工作。

5月11日，第一军第一师师长李红光在与日军交战中负重伤，次日牺牲。16日，第一军司令部直属部队在桓仁被一千多个日伪军包围，杨靖宇指挥部队胜利突围。30 日，东北人民革命军第二军发表成立宣言，军长王德泰，政治委员魏拯民。本月，魏拯民离开东满，前往苏联向中共驻共产国际代表团汇报工作。

6 月 3 日，中共驻共产国际代表团发出《给东北负责同志的秘密信》。17 日，第四军政治部主任何忠国在勃利马鞍山附近与敌战斗中牺牲。

7 月 2 日，李学福率领饶河游击队攻入虎林县七区马鞍山。20 日，伪滨江省召集宾县、五常、双城、珠河、延寿、阿城六县参事官会议，决定在帽儿山设立六县办事处，对哈东地区抗日游击区实行"大讨伐。"

8 月 1 日，中共中央发表《为抗日救国告全体同胞书》（即"八一"宣言）。20 日，饶河民众反日游击队改编为东北人民革命军第四军第四团，团长李学福。28 日，第一军第一师师长韩浩在桓仁与日军作战中牺牲。

9 月 10 日，中共珠河中心县委召开县执委会议，决定第三军主力向松花江下游汤原一带转移。16 日，第三军一师一团和四军二团及谢文东、李华堂部队，共同攻打刁翎，19 日，又攻下林口。本月，冯治纲带领抗日义勇军"文武队"，加入"汤原反日救国总队。"

10 月 4 日，在濛江县那尔轰附近老龙岗，第一军司令部和第二军第二团召开会师庆祝大会。本月，赵尚志遵照珠河县委执委会决议，率部向方正、依兰、勃利一带进军。

11 月 15 日，第三军第二团政治部主任赵一曼在战斗中身负重伤，后被俘。本月，第三军军部在勃利县青山里召开会议，史称"青山里会议"，决定与第四军联合行动，北上汤原，扩大松花江以北游击根据地。

12 月　本月，中共驻共产国际代表团先后派韩守魁、魏拯民等到东北，传达共产国际建立"四个省委和两个特委"的指示，第三军一部、第四军一部、民众救国军、自卫军支队等相继到达汤原县抗日游击区。

1936 年

1 月　9 日，中共满洲省委被撤销。28 日，第三军、第四军、汤原游击总队及民众救国军、自卫军支队领导人在汤原县吉兴沟召开会议，决定成立"东北民众反日联合军总司令部"，赵尚志为总司令。30 日，汤原反日游击总队正式扩编为东北人民革命军第六军，夏云杰任军长，张寿篯（李兆麟）代理政治部主任。

2 月　5 日，中共东满特委书记魏拯民在从苏联返回东满途中，找到第五军，向周保中传达共产国际中共代表团两个指示。第一是撤销中共满洲省委，建立南满、东满、吉东和松江（北满）省委；第二是统一东北抗日武装名称，一律叫东北抗日联军。8 日，魏拯民由宁安转赴额穆，向王德泰、李学忠传达关于建立四个省委和东北抗日联军决定。10 日，中共驻共产国际代表团发表《为建立全东北抗日联军总司令部决议草案》。20 日，《东北抗日联军统一军队建制宣言》发表。本月，"东北反日联合军第五军"改编为东北抗日联军第五军，周保中任军长。

3 月　月初，在安图县迷魂阵，东北人民革命军第二军召开领导干部会议，决定改编为东北抗日联军第二军，王德泰任军长，魏拯民任政委。12 日，中共驻共产国际代表团以"中央驻东北代表"名义，发出《致珠河团县委及第三军司令部信》。吉东特委指示饶河中心县委以第四军四团为基础，积极创造条件，建立抗联第七军。15日，"东北抗日同盟军第四军"正式改编为东北抗日联军第四军，李延禄任军长。19日，张寿篯（李兆麟）率领第六军一部，奔袭汤旺河沟里敌人据点老钱柜。25日，第四军第四团在饶河关门嘴子改编为东北抗日联军第四军第二师。本月，赵尚志将原来的四个团扩展为四个师。赵尚志率领第三军司令部，自汤旺河沟里出发开始西征，开辟新游击区。

4月5日，杨靖宇率领第一军司令部直属部队及第一师一部，在辑安县二道崴子伏击伪奉天骑兵教导团。10日，第二军第一师攻占敦化县大蒲柴河镇。13日，赵尚志率第三军西征部队袭击依兰县舒乐镇。本月，第四军军长李延禄奉命去莫斯科。日本关东军炮制出镇压东北抗日军民的"三年治安肃正计划（1936年4月至1939年3月）"。赵尚志在小兴安岭伊春河畔开办"东北抗日联军政治军事学校"，任校长。

5月20日，祁致中部改编为东北抗日联军独立师，祁致中任师长。22日，第六军军长夏云杰指挥部队袭击兴山镇（今鹤岗）。

6月20日，第四军直属部队及七团与三军四师部队组成远征队，由勃利向宝清进军。23日，在本溪、凤城交界的和尚帽子，第一军政治部主任宋铁岩主持召开一军一师党委扩大会议，部署一师向辽西、热河一带西征。28日，第一军第一师开始向辽西远征。本月，在金川县河里地区，第二军政委魏拯民与杨靖宇会师。在舒兰县朱旗镇，汪雅臣率第八军伏击敌人，受伤。

7月4日，中共南满第二次代表大会在金川县河里地区召开，决定将东北人民革命军第一军改编为东北抗日联军第一军，杨靖宇任军长兼政委，随后召开南满、东满特委及第一、二军领导干部会议，将南满、东满党的领导机构合并为中共南满省委，将第一、二军编为东北抗日联军第一路军，杨靖宇任总司令，王德泰任副总司令，魏拯民任政委。15日，第一军第一师西征部队在本溪县摩天岭与日军激战，参谋长李敏焕牺牲。赵尚志派第六师师长张光迪、政治部主任兰志渊、参谋长雷炎率队，继续向通河、庆城（庆安）、铁力西征，本人带队返回小兴安岭根据地。本月，第三军再增添四个师。

8月　1日，东北人民革命军第三军改编为东北抗日联军第三军，军长赵尚志。2日，赵一曼被杀害于珠河县（今尚志县）小北门。4日，杨靖宇率第一军直属部队在通化县四道江大拐弯子伏击伪军。17日，第二军第六师主力部队联合抗日义勇军围攻抚松县城。本月，第二军一部在抚松县东岗与敌人激战，李学忠不幸牺牲。

9月　18日，在汤原县帽儿山，第三、六军党委和珠河、汤原中心县委召开"珠、汤联席会议"，决定成立中共北满临时省委，赵尚志被选为执行委员会主席，冯仲云为北满临时省委书记。谢文东领导的东北民众救国军改编为东北抗日联军第八军，谢文东任军长。本月，东北人民革命军第六军改编为东北抗日联军第六军，夏云杰任军长、张寿篯（李兆麟）代政治部主任。赵尚志部署西征，任命一师政治部主任许亨植为哈北司令，率部先行到铁力、庆城山区，与六师张光迪部会合。

10月　1日，日伪在通化成立"讨伐指导部"，对南满抗日游击区展开"大讨伐"。本月，周保中将东北抗日联军第四军、第五军、第七军、第八军组织起来，成立东北抗日联军第二路军，周保任总指挥，崔石泉任参谋长。（依冯仲云说，第二路军不包括汪雅臣的第十军。）

11月 7日，第二军军长王德泰率军部及第四师一部，在濛江县小汤河活动时，遭敌袭击，壮烈牺牲，魏拯民继任军长。15日，第四军第二师正式编为东北抗日联军第七军，陈荣久任军长，崔石泉任参谋长。23日，在汤原西北，第六军军长夏云杰遭敌伏击，身受重伤。26日，夏云杰牺牲，戴鸿宾代理六军军长。本月底，赵尚志率第三军一支骑兵部队，自汤原再次西征黑嫩平原。杨靖宇在桓仁县召集第一军第三师干部会议，部署西征，王仁斋、周建华、杨俊恒率领三师开始西征。

12月 1日，第三军第五师师长景永安率部攻克佛山县城（今嘉荫）。21日，在长白县七道沟，第一军第二师、第二军第四师、第六师与日伪军激战，二师师长曹国安牺牲。本月，赵尚志西征到达铁力县，与先遣队伍会师。汪雅臣所部改编为东北抗日联军第十军，汪雅臣任军长。

1937 年

1月 28日，李华堂支队改编为东北抗日联军第九军，李华堂任军长。

2月 2日，第六军召开军政干部联席扩大会议，决定戴鸿宾任军长。11日，第一军第一师建立。一军政治部主任宋铁岩壮烈牺牲。

3月 5日，第七军军长陈荣久率部在小南河与日伪军激战，毙伤日军数十人，陈荣久牺牲。7日，赵尚志率第三军西征部队在通北冰趟子设伏，毙伤日伪军三百多人，史称"冰趟子大捷"。14日，吉东党组织在四道河子召开扩大会议，宣布中共吉东省委成立。本月，第七军召开党代表会议，决定崔石泉任七军代理军长。

4月　1日，抗日军领袖王凤阁及妻儿被害于通化玉皇山下。14日，第八军袭击桦川县黑金河金矿伪军警备队。15日，日伪军警宪特对哈尔滨、大连等地的中共地下党员和爱国人士进行大逮捕，史称"四一五"事件。本月，第五军军长周保中会见第三军军长赵尚志。第六军司令部决定三师为西征先遣队，从汤原向海伦远征，第三军哈东游击司令李福林在通河与敌作战中牺牲。

5月　18日，冯治纲指挥第六军夜袭汤原县城。

6月　28日，中共北满临时省委在浩良河召开执委扩大会议，参加会议的有北满临时省委执行主席、抗日联军总司令、第三军军长赵尚志，北满临时省委书记冯仲云，吉东省委代表、抗日联军第五军军长周保中，北满临时省委宣传部长张兰生，北满临时省委执行委员、抗日联军总政委张寿篯（李兆麟）。会议通过了《中共北满临时省委执委扩大会议对目前政治形势的分析及关于政治路线的决议案》，决定将抗日联军第四军、第五军、第七军、第八军、第十军划归吉东省委领导，第三军、第六军、第九军和祁致中的抗联独立师划归北满临时省委领导，东北抗日联军总司令部改称为北满抗日联军总司令部。

7月　7日，日本侵略军向驻守北平郊区卢沟桥的中国守军发动进攻，史称"七七"事变，全国抗战开始。8日，中共中央发布《中国共产党为日军进攻卢沟桥通电》。12日，宁安县三道河子伪森林警察大队大队长李文彬起义，率部加入抗联第五军，被编为警卫旅，任旅长。25日，东北抗日联军第一路军总司令部发布《为响应中日大战告东北同胞书》。本月，在勃利县青龙山，第三军第四师师长郝贵林率部与日伪军激战，壮烈牺牲，戴鸿宾率六军西征到达海伦，活动月余后返回汤原游击区。

8月 20日至24日，中共北满临时省委召开军、政联席会议，决定在"九一八"国耻纪念日，组织下江民众举行抗日反满大暴动。21日，周保中指挥第五军警卫旅、八军及独立师骑兵队伍，在桦川县五道岗伏击日军黑石部队。28日，在由富锦县赴独立师营地途中，原巴彦游击队队长张甲洲遭敌袭击，不幸牺牲。

9月 13日，第一军第三师师长王仁斋率领小股部队在沈阳东陵附近活动，活捉伪奉天省公署土木厅高级官员村上博。17日至18日，汤原县格区等地区民众举行抗日反满大暴动。18日，赵尚志以东北抗日联军总司令的名义发表通告，号召各界同胞积极行动起来，配合全国抗战，光复东北，赢得民族解放。

10月 5日，抗联第一军三师师长王仁斋率小分队潜入抚顺城里扰敌，回师途中壮烈牺牲。本月，东北抗日联军独立师改编为东北抗日联军第十一军，军长祁致中。第三军第十师成立，第三军人数达六千多人，为三军鼎盛时期。

11月 26日，赵尚志致信苏联远东军司令布留赫尔，寻求军援。29日，周保中赴第四军军部，整顿四军。本月，赵尚志智取叛变投敌的第七师师长于九江。

12月 4日，在本溪县南营房、老边沟附近，杨靖宇指挥一军直属部队与日伪军激战。本月，在依兰县杨家沟，中共北满临时省委召开会议，决定派赵尚志作为省委代表去苏联求援。

1938 年

1月 本月赵尚志从萝北过界赴苏求援，被苏方扣留。

2月 4日，为接应赵尚志回国，第六军军长戴鸿宾按原来计划率第三军一师，第三军九师以及第六军部分骑兵五百名，袭击萝北县城，撤退至上街基时，与日军板坂部队遭遇，激战五小时，毙敌板坂大尉以下十八名。越界入苏后，戴鸿宾被苏方扣留，三军第一师师长蔡近葵、第九师师长李振远等五百名骑兵被苏方遣送到新疆。

3月13日，杨靖宇指挥第一军直属部队分兵三路，袭击辑安老岭铁路隧道工程。

4月28日，杨靖宇指挥第一军一部，袭击辑安县太平沟伪警察分所。

5月1日，在宝清县境，吉东省委和第二路军总指挥部召开四、五军领导干部会议，决定向五常、舒兰等地进行西征。本月，在桦川县李老卓屯，第十一军政治部主任金正国被叛徒杀害。11日，抗联第二军政委魏拯民率部到辑安县老岭，同杨靖宇的抗联第一军会师。

6月19日，杨靖宇率领第一军教导团和第二师一部，袭击了土口子隧道工程现场，解放劳工七百多人。24日，杨靖宇再次袭击该地工程现场，动员劳工参加抗联，日本工人福建一夫参加。29日，第一军第一师师长程斌，在本溪县胁迫本部投敌。本月，中共北满临时省委召开第八次常委会议，决定北满抗联部队分批西征海伦，第九军政治部主任魏长魁率第九军二师、第三军一部，从小兴安岭西征绥棱、海伦。

7月21日，中共吉东省委发出"给五、七军党干部重要指示信"，决定成立第四、五、七军下江临时党团，季青任书记。本月，因程斌叛变，在辑安县（集安）老岭，杨靖宇和魏拯民召开紧急会议，决定将抗日联军第一路军改编为三个方面军，一个警卫旅。

8月2日，在辑安县长岗，杨靖宇率领第二路军总部和警卫旅，伏击伪军索旅骑兵团。8日，第七军军长李学福因病久治不愈，逝世，崔石泉任代理军长。第三军政治部主任金策、原第三军三师政治部主任侯启刚、第六军第三师师长王明贵，率领二百多名骑兵开始西征。16日，第七军三师师长景乐亭率部截击日军汽艇，击毙日寇日野武雄少佐及其随从日寇三十九人（有资料说此次战斗为代军长崔石泉指挥，日野武雄为少将，恐误——作者注）。22日，第八军政治部主任刘曙华，在勃利县通天沟被叛徒杀害。本月，第六军参谋长冯治纲、二师师长张传福率部从萝北县向海伦地区远征。

9月　19日，杨靖宇率队在临江县岔沟，突破了日伪军重兵围困。

10月　4日，在率部西征到达海伦后，第三军三师政治部主任常有钧被叛徒杀害。本月中旬，第五军一师西征部队返回刁翎地区途中，在牡丹江支流乌斯浑河渡口与敌遭遇，妇女团冷云等八人为掩护大部队，壮烈殉国，史称"八女投江"。15日，在海伦县境，金策主持召开三、六军主要领导干部会议，确定在黑嫩平原开展游击活动的计划，筹备成立"北满西北临时指挥部"。18日，杨靖宇率警卫旅和少年铁血队四百多人，在向金川县河里山区转移途中，于临江县岔沟遭大批一千五百多日伪军包围，经一昼夜的激战，毙敌伪团长一名，毙伤敌人七十多人，最终冲出重围。

11月　20日，在五常县一面坡，第四军军长李延平被叛徒杀害。23日，在宝清县张家窑，第六军一师政治部主任徐光海牺牲。本月初，北满抗联总政治部主任张寿篯（李兆麟）、第十一军第一师师长李景荫、政治部主于天放，率领第六军教导队、第十一军一师，开始西征。

12月　本月，在五常县九十五顶子山，前往联络第十军的第四军副军长王光宇牺牲。中共吉东省委执行部成立，周保中任主席。

1939 年

1 月　22 日，北满龙南部队第三支队，在队长王明贵、政治部主任于天放率领下，袭击绥棱县一棵松出河场，夺回战马二百多匹，将步兵武装成了骑兵。本月初，北满抗日联军总政治部主任张寿篯（李兆麟）主持召开联席会议，将第三军、第六军、第十一军的西征队伍改编为龙北、龙南两个部队，内含四个支队。

2 月　12 日，朴吉松、高继贤和隋德胜率五十多战士袭击铁力县东北的鱼眼泡，朴吉松眼部受伤，损一目。

3 月　11 日，日伪实施"东南部治安肃正特别工作"，集中"围剿"第一路军所属各抗日部队。19 日，第八军军长谢文东带领二十四人叛变投敌。本月，在虎林县秃顶子，吉东省委下江三人团书记季青召开第七军党特委会议，决定崔石泉任第七军党特委书记，景乐亭为代理军长。

4 月　7 日，杨靖宇率领第一路军警卫旅、少年铁血队和二军四师夜袭敦化县大蒲柴河镇。11 日，杨靖宇率领第一路军部队再次袭击大蒲柴河。12 日，中共北满临时省委召开第二次执委会议，决定改北满临时省委为北满省委，将第三军、第六军、第九军、第十一军联合成为抗联第三路军。会议认为，自"珠、汤联席会议"以来，赵尚志犯有"左倾"关门主义路线错误，决定在党内，撤销其北满临时省委执行委员、省委执行委员会主席职务，并给予严重警告处分；在军内，撤销其抗日联军总司令及第三军军长职务。23 日，柴世荣率领五军主力部队，于穆棱泉眼河伏击前来追击的日伪军，五军代理政治部主任王克仁牺牲。

5 月 7 日，周保中率第二路军总部冲破重围，抵达宝清县兰棒山留守处密营。30 日，抗联第三路军在德都县朝阳山宣告正式成立，李兆麟任总指挥，许亨植任参谋长。本月，冯仲云代表省委赴下江地区领导抗日斗争工作，苏联军方释放赵尚志，宣布赵尚志为东北抗日联军总司令。

6 月 24 日，赵尚志、戴鸿宾、祁致中等率一百零五名战士，从苏联返回东北。25 日，赵尚志率队袭击乌瓣嘎金矿，原第十一军军长祁致中被处死。

7 月 10 日，中共吉东省委执行部发出《关于东北游击运动目前严重阶段的斗争任务紧急通知》。本月，在魏拯民主持下，第二军第四师、第五师在敦化汉阳沟，正式合编为第一路军第三方面军，指挥陈翰章。第九军军长李华堂叛变投敌。

8 月 22 日，第三路军龙北部队攻袭克山县北兴镇。24 日，第一路军第三方面军攻克安图县重要据点大沙河，副指挥侯国忠在战斗中牺牲。

9 月 13 日，第二路军五军三师师长李文彬在宝清遭敌袭击牺牲。18 日，第三路军第二支队长冯治纲率部攻陷讷河县城。28 日，第三路军总指挥张寿篯（李兆麟）到六军十二团对龙北斗争进行部署，决定将部队化整为零，分散活动。30 日，赵尚志以东北抗日联军总司令的名义，召集北满党、军负责人到汤原马把头锥营开会。金策、张寿篯（李兆麟）等人半途而退，未参加。本月，日伪政权把"治安肃正"的重点从伪三江省转移到东南满地区。中共北满省委常委冯仲云过界赴苏，准备参加吉东、北满党军领导人会议。

10 月 30 日，第三路军龙北部队袭击克山县西城镇。

11 月 19 日，张寿篯（李兆麟）主持召开第三路军龙北部队领导干部会议，正式成立龙北指挥部。本月，第二路军总指挥周保中过界赴苏，准备参加吉东、北满党军领导人会议。

12月24日，杨靖宇率部在临江县板石沟（今属白山市）同日伪军激战。本月，第三路军龙北部队在冯治纲率领下，到达呼伦贝尔地区活动。本月，赵尚志率队再次进入苏联。赵尚志、冯仲云、周保中在苏联伯力开会，讨论吉东、北满两省党内争论问题，总结东北游击运动的经验教训，确定今后斗争策略，史称"第一次伯力会议"。

1940 年

1月24日，中共吉东省委和北满省委在伯力召开联席会议，参加人有周保中、冯仲云和赵尚志。28日，中共北满省委召开第十次常委会，认为赵尚志有"反党行为"，决定将赵尚志"永远开除"出党。同年6月，在吉东省委和周保中的建议下，去掉"永远"两字，开除其党籍（1982年6月8日，中共黑龙江省委决定，撤销1940年北满省委开除赵尚志出党的决定，恢复赵尚志党籍）。

2月4日，在内蒙古阿荣旗任家窝堡，第三路军龙北指挥部指挥、第二支队队长冯治纲率队与日军展开激战，壮烈牺牲。12日，第三路军龙南部队攻袭铁力县依吉密日本守备队。23日，在濛江县保安村三道崴子，杨靖宇只身与敌战斗，壮烈殉国。

3月3日，在铁力县东五花一带，东北抗日联军第三路军第一师政治部主任周庶泛被叛徒杀害。13日至15日，魏拯民在桦甸县头道溜河，主持召开中共南满省委和第一路军领导干部会议。本月，冯仲云带领三十几人回国，寻找第三路军，传达毛泽东的《论持久战》，落实伯力会议精神，即将东北抗日联军三个路军编制为十二个支队。

4月 3日，第二路军第七军在宝清召开党代表大会，会议根据吉东、北满两党伯力会议精神，将第七军改为第二路军第二支队，王汝起任队长。本月，冯仲云到达第三路军总指挥部，就任第三路军政治委员职务。第三路军所属部队先后改编为第三、第六、第九、第十二支队。

5月 20日，第三路军第六支队攻袭铁力县火车站。第二路军第二支队在饶河县大岱河伏击伪军，战斗中，支队长王汝起牺牲。王效明继任支队长。

6月 1日，在队长张光迪、政委于天放的带领下，第三路军第六支队夜袭铁力县东北部的日本守备队和伪警察。10日，第三路军第三、第六、第九、第十二支队政治部发表《告北满各界同胞书》。

7月 20日，日伪军偷袭第三路军总指挥部驻地德都县朝阳山，三支队政委赵敬夫、北满省委委员张兰生牺牲。21日，第一路军第三方面军指挥陈翰章率部队攻入五常县冲河镇。

8月 本月，在队长戴鸿宾、政委许亨植的率领下，第三路军十二支队从铁力县南安帮河密营出发，进入三肇（肇东、肇源、肇州）地区，开展游击活动。

9月 11日，第三路军十二支队袭击肇州县丰乐镇，缴获大量武器和钱物。第二路军第二支队策应驻宝清县七星河镇伪军三十团官兵举行起义。汪雅臣的第十军袭击拉滨线山河屯。25日，第三路军第三、第九支队，在政委冯仲云、第三支队支队长王明贵的指挥下，攻克克山县城。30日，苏军代表王新林给东北抗联各军领导人发通知，召开东北党组织和游击队领导人会议。

10 月 17 日，第三路军第三支队队长王明贵率领八十多名骑兵，袭击嫩江县霍龙门车站。22 日，第二路军总指挥周保中率总部由宝清地区向东转移，31 日到达乌苏里江边，渡江入苏，赴伯力参加东北党组织和抗联领导干部会议。

11 月 8 日，第三路军十二支队联合当地义勇军攻占肇源县城。本月，第三路军总指挥张寿篯（李兆麟）赴伯力参加东北党组织和抗联领导干部会议。

12 月 1 日，第三路军第三支队在阿荣镇鸡冠山与敌遭遇，政委高禹民牺牲。8 日，在宁安县镜泊湖南湖头小湾沟，第一路军第三方面军指挥陈翰章被日军包围，壮烈牺牲。18 日，第二路军总部及第三路军一部，在伯力召开党的干部联席会议，选举北野营党临时委员会。本月，金策、冯仲云分别率第三路军一部入苏，赴伯力参加东北党组织和抗联领导干部会议，第一路军和第二路军一部越境赴苏后，在双城子（乌苏里斯克）附近建立南野营。

1941 年

1 月 5 日，吉东、北满、南满省委负责人周保中、崔石泉、季青、张寿篯（李兆麟）、冯仲云、金策、安吉等，在苏联伯力开会，史称"第二次伯力会议"。29 日，在五常县石头亮子村，第十军军长汪雅臣、副军长张忠喜与敌作战，牺牲。本月，吉东党组织认为赵尚志有严重错误言论，撤销其第二路军副总指挥职务。

2 月 8 日，在宁安县境泊湖上湾沟，中共南满省委委员、一路军参谋长兼警卫旅政委韩仁和在与日军作战中牺牲。

3月 8日，在桦甸县牡丹岭抗联密营，中共南满省委书记、第一路军副总司令魏拯民病逝。本月，第三路军第三支队重返东北，转战于北安、黑河、嫩江以东地区。第三路军总指挥张寿篯（李兆麟）由苏联回到铁力庆城之间安帮河上游的第三路军总部。

4月 13日，《苏日中立条约》正式签订，苏方要求抗联"暂时停派"游击队回东北活动。

5月 23日，第三路军第九支队攻破绥棱县安古镇日本武装开拓团。

6月 22日，苏德战争爆发。23日，第三路军第三支队袭击瑷珲县罕达气金矿，随后进入大兴安岭地区开展游击战争。

7月 13日，金策率小部队离开苏联，回庆城、铁力一带开展游击活动。

8月 11日，季青率小部队由南野营出发，回东宁、汪清、宁安等地活动。第三路军第三支队袭击格尼河日本怡合公司。25日，第三路军第三支队袭击阿荣旗震威庄。

9月 16日，第三路军第三支队袭击甘南县宝山镇伪警察署。20日，在莫力达瓦旗郭泥屯，第三路军第九支队参谋长郭铁坚率部与日伪军作战，牺牲。

10月 12日，抗联北野营召开全体党团员大会，总结工作，布置今后任务。本月，赵尚志率姜立新、张凤岐、韩有和张海涛四人由苏联返回东北，在萝北、汤原、鹤立一带活动。北满省委书记金策由苏联回国，在第三路军总部与张寿篯（李兆麟）会面，两人共同决定，写信给第三路军参谋长许亨植，要求他保存实力，"暂时采取迂回办法"。许亨植接信后，将第六、第九和十二支队一百多人集合起来，由六支队政委于天放率领，越境去苏联北野营进行整训。

11月 1日，第三路军第三支队袭击牙克石附近扎敦河日本协和伐木公司。

12月 8日，太平洋战争爆发。14日，周保中派交通小队，由北野营出发，回国到饶河、宝清一带，联系王效明小队。21日，第三路军第三支队攻袭呼玛大乌苏门金场。

1942 年

1月 4日，北野营召开党的积极分子会议，研究加强组织工作、军事训练、政治教育等问题。

2月 12日，赵尚志率小分队袭击鹤立县梧桐河伪警察分驻所，途中遭混入队内的特务刘德山黑枪，重伤后被俘，13日壮烈牺牲。13日，第三路军第三支队在巴彦旗库楚河遭敌攻袭后转入苏境。

3月 20日，南野营派陶净非率小分队去五常、舒兰活动。25日，南野营派季青率小部队去吉东地区活动。

4月 20日，周保中、张寿篯（李兆麟）提出《党组织彻底改组与集中领导》的提案，要求建立东北党组织的统一领导机关。27日，南野营派崔贤率小部队去延吉、汪清活动。

5月 6日，北野营派出两个分遣队：第一分遣队到佳木斯、勃利、宝清、密山等地执行侦察任务；第二分遣队到富锦、宝清、同江和饶河一带执行侦察任务。

6月 30日，北野营召开党团员大会，就领导方法与严格纪律问题做出决议。

7月 4日，周保中在北野营作时局问题报告。7日，驻饶河县东安镇伪靖安军第二团第二营起义，进入苏境，加入抗联。22日，东北抗日联军南北两野营及在东北活动的抗联人员，统一编为东北抗联教导旅（亦称八十八独立步兵旅），周保中任旅长，张寿篯（李兆麟）任政治副旅长。

8月 1日，抗联教导旅正式宣告成立。3日，第三路军总参谋长许亨植到巴彦、木兰、东兴一带检查工作，返回途中壮烈牺牲。

9月 14日，东北党组织在抗联教导旅第一营营部召开第一次中共特支会议，正式成立支部局委员会，崔石泉任书记。

10月 14日，第三路军第十二支队队长朴吉松、政治部副主任张瑞麟，率小部队攻打庆城县大罗镇伪警察署。29日，张寿篯（李兆麟）打电报给金策，让其选择可靠人员分散潜伏在北安、绥化、庆城一带，执行侦察任务。本月，中共北满省委书记金策在铁力南河召开第三路军干部会议，将部队编成三个小分队开展活动。

11月 本月，周保中派金润浩等五名队员去牡丹江、宁安等地侦察敌情。

12月 本月，第三路军第十二支队长朴吉松率队在庆城、铁力、巴彦、通河一带活动。

1943 年

1月 2日，在庆城县福合隆村，因叛徒出卖，第三路军第十二支队支队长朴吉松被俘。6日，抗联教导旅接受苏联工农红军独立步兵第八十八旅军旗。

2月　29日，周保中指示王效明侦察富锦、宝清地区敌情。

3月　15日，日伪在巴彦、木兰、东兴三县大肆逮捕中共地下党员和抗日群众，史称"巴木东事件"。

4月　本月，王效明率领第二路军二支队小部队回到抗联教导旅。

6月　1日，周保中写信给王新林，希望得到苏方的帮助，同中共中央取得联系。

8月　7日，周保中指示第二路军二支队队长刘雁来回饶河、宝清，侦察敌情。12日，朴吉松被判死刑。

9月　朴吉松被砍杀于北安城北土桥下。

10月　本月，北野营派于天放、鈤景芳率六人小部队回东北，由于天放接替金策指挥国内抗日活动。

11月　本月，于天放率孙国栋等，在庆城二道河子设伏，击毙伪讨伐队队长及其手下十几人。

12月　3日，中共东北党委员会召开会议，讨论1943年秋季政治、党的工作总结及冬季学习任务。

1944 年

1月　本月，中共北满省委书记金策率三路军一支小部队进入苏境，去北野营参加整训。

12月　19日，第三路军特派员、六支队政委于天放到绥棱县宋万金屯活动时被捕。同时被捕的还有第三路军第六支队大队长孙国栋以及于兰阁、杜希刚、张义、刘祥、王明德等。

1945 年

7 月　12 日，于天放在北安省监狱越狱成功。

8 月　8 日，苏联对日宣战。10 日，抗联教导旅召开配合苏联红军反攻东北动员大会。14 日，日本检察官沟口嘉夫跑到哈尔滨道里区监狱，私自提出东北抗联第三路军第六支队大队长孙国栋，对其实施绞刑。孙国栋成为坚守东北抗日战场最后牺牲的抗联战士。15 日，日本天皇宣布无条件投降，并颁发停战"诏书"。

9 月　2 日，日本在投降书上正式签字。3 日，抗日战争取得最后胜利，是日被世界反法西斯各国确定为反法西斯战争胜利纪念日。